Constitución
y
Cánones

Junto con
Las Reglas de Orden

Para el gobierno de La Iglesia Episcopal Protestante
en los Estados Unidos de América, conocida como

La Iglesia Episcopal

Adoptado en Convenciones General 1789-2024
Revisado por la 81st Convención General
2024

Derechos de autor 2024.
La Sociedad Misionera Nacional y Extranjera de
la Iglesia Episcopal Protestante
de los Estados Unidos de América

Editado por
La Oficina Ejecutiva de la Convención General
Episcopal Church Center
815 Second Avenue
New York, New York 10017

TABLE DE CONTENIDO

CONSTITUCIÓN DE LA CONVENCIÓN GENERAL

Preámbulo 1
Artículos
    I: de la Convención General 1
   II: de los Obispos... 3
  III: de los Obispos consagrados para el extranjero 4
  IV: de los comités permanentes.. 5
   V: de la admisión de diócesis nuevas... 5
  VI: de las Diócesis Misioneras 6
 VII: de las provincias... 7
VIII: de los requisitos para la ordenación.. 7
  IX: de los tribunales 8
   X: del Libro de Oración Común 9
  XI: de las diócesis y diócesis misioneras.. 10
 XII: de las enmiendas a la Constitución 10

CÁNONES DE LA CONVENCIÓN GENERAL

Título I Organización y Administración
Cánones
  1: de la Convención General 11
  2: del Obispo Presidente.. 26
  3: de la Sociedad Misionera Nacional y Extranjera 31
  4: del Consejo Ejecutivo... 32
  5: de los Archivos de La Iglesia Episcopal 39
  6: del Modo de Obtener una Apreciación Precisa del Estado de esta Iglesia..... 41
  7: de los Métodos Administrativos en Asuntos de la Iglesia 42
  8: del Church Pension Fund 44
  9: de las Provincias... 47
10: de las Diócesis Nuevas... 50
11: de las Jurisdicciones Misioneras... 52
12: de los Comités Permanentes 54
13: de las Parroquias y Congregaciones 55
14: de las Juntas Parroquiales.. 56
15: de las Congregaciones en el Extranjero 56
16: del Clero y las Congregaciones que Desean Afiliarse a esta Iglesia 59
17: de las Reglas Relacionadas con los Laicos.. 59
18: de la Celebración y Bendición del Matrimonio 62
19: del Reglamento que Rige el Sagrado Matrimonio:
     sobre la preservación y disolución del matrimonio, y segundas nupcias 63
20: de las Iglesias en Plena Comunión... 64

Título II Culto
Cánones
   1: de la debida Celebración Dominical 67
   2: de las Traducciones de la Biblia 67
   3: del Libro de Oración Común 67
   4: de los Tipos de Textos Litúrgicos Adicionales 70
   5: de la Autorización de Formas Especiales de Oficio 71
   6: de la Música de la Iglesia 72
   7: de las Iglesias Dedicadas y Consagradas 72

Título III Ministerio
Cánones
   1: del Ministerio de Todas las Personas Bautizadas 73
   2: de las Comisiones sobre el Ministerio 74
   3: del Discernimiento 74
   4: de los Ministerios Autorizados 75
   5: de las Disposiciones Generales sobre la Ordenación 76
   6: de la Ordenación de Diáconos 78
   7: de la Vida y Obra de los Diáconos 83
   8: de la Ordenación de los Presbíteros 88
   9: de la Vida y Obra de los Presbíteros 95
  10: de la Recepción de Obispos, Presbíteros y Diáconos de otras Iglesias 109
  11: de la Ordenación de los Obispos 118
  12: de la Vida y Obra de un Obispo 125
  13: de las Diócesis sin Obispos 137
  14: de las Órdenes Religiosas y otras Comunidades Cristianas 137
  15: de la Junta General de Capellanes Examinadores 140
  16: de la Junta para el Ministerio de Transición 141

Título IV Disciplina Eclesiástica
Cánones
   1: de la Responsabilidad y la Disciplina Eclesiástica 143
   2: de la Terminología Empleada en este Título 143
   3: de la Responsabilidad 147
   4: de las Normas de Conducta 147
   5: de las Estructuras Disciplinarias 148
   6: del Ingreso y Remisión de la Información Relativa a Ofensas 152
   7: de la Directiva Pastoral, Ministerio Restringido y
      Suspensión Administrativa 155
   8: de la Respuesta Pastoral 157
   9: de los Acuerdos entre Obispos Diocesanos y Acusados
      por Cuestiones de Disciplina 158
  10: de la Conciliación 159
  11: de las Investigaciones 160
  12: de los Paneles de Conferencia 161
  13: de los Paneles de Audiencias 163
  14: de los Acuerdos y las Órdenes 169
  15: de la Revisión 173
  16: del Abandono de La Iglesia Episcopal 177

17: del Proceso para Obispos 179
18: de la Modificación y Exoneración de Órdenes 184
19: de las Disposiciones Generales 186
20: de las Disposiciones de Transición y las Enmiendas
    para ajustarse a otros Cánones 196

Título V Disposiciones Generales
Cánones
1: de la Promulgación, Enmienda y Revocación 199
2: de la Terminología Empleada en estos Cánones 201
3: de los Organismos de la Convención General; Quórum 201
4: de las Vacantes en los Organismos Canónigos 201

REGLAS DE ORDEN

Cámara de Obispos
I: Servicios y Devociones 203
II: Primer Día de Sesión 203
III: Órdenes del Día 204
IV: Nombramiento de Comités 206
V: Reglas Generales para las Reuniones de esta Cámara 207
VI: El Obispo Presidente 215
VII: Obispos Misioneros 215
VIII: Órdenes Permanentes 216
IX: Resoluciones Permanentes 218

Cámara de Diputados
I: las Sagradas Escrituras 219
II: Reglas Generales 219
III: Diputaciones 220
IV: Privilegios y Arreglos del Seno 221
V: Funcionarios 223
VI: Agenda de las Sesiones Ordinarias 224
VII: Resoluciones y Homenajes 226
VIII: Comités Legislativos 228
IX: Otros Comités 236
X: Comités Especiales 237
XI: Sesiones de la Cámara 238
XII: Debate 239
XIII: Mociones 240
XIV: Votación 243
XV: Elecciones 245
XVI: Confirmación de la elección de un Obispo Presidente 247
XVII: Autoridad Parlamentaria 247
XVIII: Cláusula de Supremacía y Vigencia 247
XIX: Enmiendas a las Reglas de Orden 247

Reglas Conjuntas - Cámara de Obispos y Cámara de Diputados
  I: Composición de los Comités Permanentes Conjuntos y
     Comités Legislativos Conjuntos 249
  II: Propuestas para Consideración Legislativa 250
  III: Resumen de Actos de la Convención General 252
  IV: Comité Permanente Conjunto sobre Planificación y Arreglos 252
  V: Comité Permanente Conjunto sobre Nominaciones 253
  VI: Comité Legislativo Conjunto sobre Comités y Comisiones 255
  VII: Grupos de Trabajo de la Convención General 255
  VIII: Reglas Vigentes 256

ÍNDICES

Resoluciones que Enmiendan la Constitución, los Cánones y
    las Reglas de Orden 257
Índice de la Constitución, Cánones y Reglas de Orden 261

CONSTITUCIÓN

PREÁMBULO

La Iglesia Episcopal Protestante de los Estados Unidos, conocida de otra manera como La Iglesia Episcopal (otro nombre por el cual se designa también a la Iglesia), es miembro constituyente de la Comunión Anglicana, una Comunidad dentro de la Iglesia Única, Santa, Católica y Apostólica compuesta por las Diócesis, Provincias e Iglesias regionales formalmente constituidas, en comunión con la Sede de Canterbury, que mantienen y propagan la Fe y el Orden históricos estipulados en el Libro de Oración Común. Esta Constitución, adoptada en Convención General en Filadelfia, en octubre de 1789 y enmendada en Convenciones Generales posteriores, dispone los artículos básicos para el gobierno de esta Iglesia y de sus jurisdicciones misioneras en el extranjero.

Nombre de la iglesia

Comunión Anglicana

ARTÍCULO I: DE LA CONVENCIÓN GENERAL

Sec. 1. Esta Iglesia tendrá una Convención General compuesta por la Cámara de Obispos y la Cámara de Diputados, las cuales se reunirán y deliberarán por separado; y en todas las deliberaciones se reconocerá la libertad de debate. Cualquiera de las Cámaras podrá iniciar y proponer legislatura, y todos los decretos de la Convención serán adoptados y autenticados por ambas Cámaras.

Convención General

Sec. 2. Cada Obispo de esta Iglesia que tenga jurisdicción, todos los Obispos Coadjutores, todos los Obispos Sufragáneos, todos los Obispos Asistentes y todos los Obispos que, en razón de su edad avanzada o fragilidad física o que, en razón de haber sido electos a un cargo creado por la Convención General o que, respondiendo a motivos de estrategia misionera determinados por actos de la Convención General o la Cámara de Obispos, hayan renunciado a una jurisdicción, deberán tener escaño y voto en la Cámara de Obispos. Será necesaria una mayoría de Obispos con derecho a voto, excluidos los Obispos que hubiesen renunciado a su jurisdicción o cargo, a fin de constituir quórum para desempeñar las actividades.

Cámara de Obispos

Quórum

Sec. 3. En la siguiente Convención General anterior al vencimiento del mandato del Obispo Presidente, se elegirá al Obispo Presidente de la Iglesia. La Cámara de Obispos escogerá a uno de los Obispos de esta Iglesia para ser el Obispo Presidente de la Iglesia mediante el voto de la mayoría de todos los Obispos, excluidos los Obispos jubilados ausentes, salvo que cuando se hallen presentes dos tercios de la Cámara de Obispos, será suficiente una mayoría de votos, estando tal opción sujeta a la confirmación de la Cámara de Diputados. El período y ejercicio en el cargo y los deberes y pormenores de la elección que no se contrapongan a las disposiciones precedentes serán los prescritos por los Cánones de la Convención General.

Elección del Obispo Presidente

Sin embargo, si el Obispo Presidente de la Iglesia renunciara a su cargo, quedara incapacitado a causa de una enfermedad o falleciera,

Sucesión

el Obispo que, según las Reglas de la Cámara de Obispos, pase a ser su Funcionario Presidente, convocará inmediatamente (a menos que la fecha de la siguiente Convención General sea en los siguientes tres meses) a una reunión extraordinaria de la Cámara de Obispos para elegir a un miembro de la misma para el cargo de Obispo Presidente. El certificado de elección por parte de la Cámara de Obispos será enviado por el Funcionario Presidente a los Comités Permanentes de las diferentes Diócesis y, si una mayoría de los Comités Permanentes de las Diócesis coincidiesen en la elección, el Obispo electo devendrá en Obispo Presidente de la Iglesia.

Cámara de Diputados

Sec. 4. La Iglesia de cada Diócesis que haya sido admitida a incorporarse a la Convención General, cada Área Misionera establecida de acuerdo con las estipulaciones del Artículo IV y la Asamblea de las Iglesias Episcopales de Europa tendrán derecho a una representación en la Cámara de Diputados de no más de cuatro personas ordenadas, Presbíteros o Diáconos, con residencia canónica en la Diócesis, y no más de cuatro laicos, adultos confirmados comulgantes de esta Iglesia, en buena posición, pero no necesariamente domiciliados en la Diócesis; no obstante, la Convención General, por Canon, podría reducir la representación a no menos de dos Diputados en cada orden. Cada Diócesis y la Asamblea de las Iglesias Episcopales en Europa, dispondrá la forma en que sus Diputados serán escogidos.

A fin de constituir quórum para validar la evacuación de las diligencias, el orden Clerical deberá estar representado por lo menos por un Diputado en cada una de la mayoría de las Diócesis con derecho a representación, y el orden Laico de igual modo deberá estar representado por lo menos por un Diputado de cada una de la mayoría de las Diócesis con derecho a representación.

Voto de la mayoría

Votación por Órdenes

Sec. 5. La votación en todos los asuntos tratados ante la Cámara de Diputados se regirá por las siguientes disposiciones, complementadas por cualquier disposición procesal que pudiera adoptar la Cámara de Diputados en sus Reglas de Orden:

Salvo que esta Constitución o los Cánones dispongan una votación mayor sobre cualquier asunto en casos no tratados específicamente por esta Constitución, o a menos que se requiera votación por órdenes para un asunto, el voto afirmativo de la mayoría de todos los Diputados presentes y votantes será suficiente para resolver cualquier asunto. Se realizará una votación por órdenes sobre cualquier asunto si fuese requerido por esta Constitución o por los Cánones para dicho asunto o si la representación Clerical o Laica de tres o más Diócesis separadas lo requiriesen en el momento de votar sobre ese asunto. En todos los casos de una votación por órdenes, el voto de cada orden, Clerical y Laica, se contará por separado, teniendo cada Diócesis un voto en la orden Clerical y un voto en la orden Laica; y el voto afirmativo de una orden en una Diócesis requerirá el voto afirmativo de la mayoría de los Diputados presentes en dicha orden en esa Diócesis. Para resolver de manera afirmativa cualquier asunto sobre el que las órdenes estén votando, será necesario que coincidan afirmativamente los votos de las dos órdenes a menos que esta Constitución o los Cánones requieran una votación numérica mayor en casos no específicamente tratados por esta Constitución; el acuerdo afirmativo por orden requiere el voto afirmativo en esa orden por una mayoría de las Diócesis presentes en dicha orden.

Sec. 6. En cualquiera de las Cámaras, cualquier cantidad inferior al quórum puede levantar la sesión de un día para otro. Ninguna de las Cámaras, sin el consentimiento de la otra, podrá levantar la sesión por más de tres días, ni podrá trasladarse a otro lugar que no sea aquel en que se está celebrando la Convención. *Levantamiento de la sesión*

Sec. 7. La Convención General celebrará su reunión regular por lo menos una vez cada tres años, en la fecha y en el lugar designados de conformidad con los Cánones. En caso de que un cambio de circunstancias indique la necesidad o la conveniencia de cambiar la fecha de dicha reunión ordinaria de la Convención General más allá de tres años, dicha reunión podrá ser reprogramada según lo dispuesto por el Canon. Podrá haber Reuniones Especiales según las disposiciones del Canon. *Fecha y lugar de las reuniones*

ARTÍCULO II: DE LOS OBISPOS

Sec. 1. El Obispo o el Obispo Coadjutor de cada Diócesis será elegido de acuerdo con las reglas dispuestas por la Convención de esa Diócesis, siempre y cuando la fecha de jubilación del Obispo Diocesano no tenga lugar más de treinta y seis meses después de la consagración del Obispo Coadjutor. Los Obispos de las Diócesis Misioneras serán elegidos de conformidad con los Cánones de la Convención General. *Elección de Obispos*

Sec. 2. Nadie será ordenado y consagrado Obispo sin tener al menos treinta años de edad, ni sin el consentimiento de una mayoría de los Comités Permanentes de todas las Diócesis y el consentimiento de una mayoría de los Obispos con jurisdicción en esta Iglesia. Nadie será ordenado ni consagrado Obispo por menos de tres Obispos. *Ordenación de Obispos*

Sec. 3. Los Obispos limitarán el ejercicio de su cargo a la Diócesis en que sean elegidos, a menos que la Autoridad Eclesiástica de otra Diócesis les pidan que realicen actos episcopales en la misma, o a menos que hayan sido autorizados por la Cámara de Obispos o por el Obispo Presidente actuando con instrucciones de la Cámara, para actuar temporalmente en caso de necesidad dentro de cualquier territorio aún no organizado como Diócesis de esta Iglesia. *Jurisdicción de los Obispos*

Sec. 4. Será legal que la Diócesis, a petición del Obispo de la misma, elija a no más de dos Obispos Sufragáneos, sin derecho de sucesión, y con escaño y voto en la Cámara de Obispos. Se consagrará a un Obispo Sufragáneo, el cual desempeñará su cargo con las condiciones y limitaciones, aparte de las dispuestas en este Artículo, que pudieran disponer los Cánones de la Convención General. El Obispo Sufragáneo será elegible para la elección como Obispo Diocesano u Obispo Coadjutor de una Diócesis o como Obispo Sufragáneo en otra Diócesis. *Obispos Sufragáneos*

Podrá asumir Autoridad Eclesiástica

Sec. 5. Será legal que una Diócesis prescriba, mediante la Constitución y los Cánones de dicha Diócesis, que cuando el Obispo fallezca o sea destituido, o si renuncia, un Obispo Sufragáneo de esa Diócesis se haga cargo de ella y se convierta temporalmente en su Autoridad Eclesiástica hasta que se escoja y consagre a un nuevo Obispo; o que, durante la discapacidad o ausencia del Obispo, un Obispo Sufragáneo de dicha Diócesis pueda encargarse y se convierta temporalmente en su Autoridad Eclesiástica.

Renuncia

Sec. 6. Los Obispos no podrán renunciar a su jurisdicción sin el consentimiento de la Cámara de Obispos.

Obispo Sufragáneo para las Fuerzas Armadas

Sec. 7. Será legal que la Cámara de Obispos elija a un Obispo Sufragáneo que, bajo la dirección del Obispo Presidente, estará a cargo del trabajo de los capellanes que sean Ministros ordenados de esta Iglesia y sirvan en las Fuerzas Armadas de Estados Unidos, en los Centros Médicos de la Administración para Veteranos y en las Instituciones Correccionales Federales. El Obispo Sufragáneo así elegido será consagrado y desempeñará su cargo con las condiciones y limitaciones, aparte de las dispuestas en este Artículo, que dispongan los Cánones de la Convención General. El Obispo Sufragáneo calificará para ser electo como Obispo Diocesano, Obispo Coadjutor u Obispo Sufragáneo de una Diócesis.

Elección de Obispos para otras jurisdicciones

Sec. 8. Un Obispo Diocesano o Coadjutor que haya fungido como Obispo Diocesano u Obispo Coadjutor de una Diócesis durante cualquier período, podrá ser elegido como Obispo Diocesano, Obispo Coadjutor u Obispo Sufragáneo de otra Diócesis solo si han transcurrido cinco o más años desde que fungió como Obispo Diocesano u Obispo Coadjutor de la diócesis en la que se encuentra actualmente o en la que fungió por última vez como Obispo Diocesano u Obispo Coadjutor. Antes de la aceptación de dicha elección, presentará ante la Cámara de Obispos su renuncia a la jurisdicción en la Diócesis en la cual el Obispo se encuentre sirviendo, con sujeción a la obligatoria aceptación de los Obispos y de los Comités Permanentes de la Iglesia y además, si el Obispo fuese Obispo Coadjutor, una renuncia a su derecho de sucesión. Dicha renuncia al derecho de sucesión en el caso de un Obispo Coadjutor requerirá el consentimiento de la Cámara de Obispos.

Edad obligatoria de jubilación

Sec. 9. Al cumplir los setenta y dos años de edad, el Obispo deberá presentar su renuncia a toda jurisdicción.

ARTÍCULO III: DE LOS OBISPOS CONSAGRADOS PARA EL EXTRANJERO

Obispos consagrados para el extranjero

Se podrá consagrar a Obispos para territorios en el extranjero con la debida petición y con la aprobación de una mayoría de los Obispos de esta Iglesia con derecho a voto en la Cámara de Obispos, certificada por el Obispo Presidente, y según las condiciones que pudieran ser prescritas por los Cánones de la Convención General. Los Obispos así consagrados no podrán ser elegidos para el cargo de Diocesanos o de Obispos Coadjutores de ninguna Diócesis de Estados Unidos, ni tendrán derecho a voto en la Cámara de Obispos; tampoco realizarán ningún acto episcopal en ninguna Diócesis o Diócesis Misionera de esta Iglesia, a menos que la Autoridad Eclesiástica de la misma así lo pida. Si un Obispo así consagrado fuera posterior y debidamente elegido Obispo de una Diócesis Misionera de esta Iglesia, entonces gozará de todos los derechos y privilegios otorgados por los Cánones a dichos Obispos.

ARTÍCULO IV: DE LOS COMITÉS PERMANENTES

En todas las Diócesis, la Convención nombrará un Comité Permanente, salvo cuando haya una disposición para llenar vacantes entre reuniones de la Convención en los Cánones de la Diócesis respectiva. Si hubiera un Obispo a cargo de la Diócesis, el Comité Permanente será el Consejo Asesor del Obispo. Si no hubiera Obispo, Obispo Coadjutor u Obispo Sufragáneo autorizado por los Cánones para actuar, el Comité Permanente será la Autoridad Eclesiástica de la Diócesis para todos los propósitos declarados por la Convención General. Los derechos y deberes del Comité Permanente, salvo los que dispongan la Constitución y los Cánones de la Convención General, podrán ser prescritos por los Cánones de las respectivas Diócesis.

Comités permanentes

ARTÍCULO V: DE LA ADMISIÓN DE DIÓCESIS NUEVAS

Sec. 1. Se podrá formar una nueva Diócesis, con el consentimiento de la Convención General y bajo las condiciones que la Convención General disponga por Canon o Cánones Generales (1) por la división de una Diócesis existente; (2) por la unión de dos o más Diócesis, o partes de dos o más Diócesis; o (3) por la creación de una Diócesis en una zona no organizada evangelizada como se dispone en el Artículo VI. El procedimiento se iniciará en una Asamblea del Clero y Laicado de la zona no organizada, convocada por el Obispo para ese propósito; o, con la aprobación de la Autoridad Eclesiástica, en la Convención de la Diócesis que se dividirá; o (cuando se proponga formar una Diócesis nueva mediante la unión de dos o más Diócesis, o de partes de dos o más Diócesis) por mutuo acuerdo de las Convenciones de las Diócesis involucradas, con la aprobación del Obispo de la Autoridad Eclesiástica de cada Diócesis. Una vez obtenido el consentimiento de la Convención General, cuando se presente ante el Secretario de la Convención General una copia certificada de la Constitución debidamente adoptada de la nueva Diócesis y esta sea aprobada por el Consejo Ejecutivo de esta Iglesia, incluida la accesión sin salvedades a la Constitución y los Cánones de esta Iglesia, dicha nueva Diócesis será admitida a unión con la Convención General.

Admisión de nuevas Diócesis

Sec. 2. En caso de que una Diócesis se dividiera en dos o más Diócesis, el Obispo de la Diócesis dividida deberá elegir, por lo menos treinta días antes de la división, la Diócesis en la que el Obispo continuará su jurisdicción. Luego, el Obispo Coadjutor, si lo

Derechos de los Obispos cuando una Diócesis se divide

hubiese, deberá elegir antes de la fecha de la división, la Diócesis en la que continuará su jurisdicción el Obispo Coadjutor, y si no fuese la Diócesis elegida por el Obispo, devendrá en el Obispo de la misma.

Diócesis formadas a partir de otras diócesis

Sec. 3. En caso de que se forme una Diócesis a partir de dos o más Diócesis, cada uno de los Obispos y Obispos Coadjutores de las distintas Diócesis a partir de las cuales se ha formado la nueva Diócesis, tendrá derecho a escoger, en orden de jerarquía por consagración, entre su propia Diócesis y la nueva Diócesis así formada. En caso de que la nueva Diócesis no sea la escogida, esta tendrá el derecho de escoger a su propio Obispo.

Sec. 4. Siempre que se forme una nueva Diócesis y se erija a partir de una Diócesis existente o de dos o más Diócesis existentes o partes de ellas, el proceso de formación de la Diócesis recién formada, incluyendo la adopción de su Constitución y Cánones, será como se establece en los Cánones.

Cantidad de presbíteros y parroquias

Sec. 5. No se formará ninguna nueva Diócesis, a menos que contenga por lo menos seis Parroquias y por lo menos seis Presbíteros con residencia canónica por lo menos un año dentro de los límites de la nueva Diócesis, establecidos en forma regular en una Parroquia o Congregación y calificados para votar por un Obispo. Tampoco se formará una nueva Diócesis si por ello cualquier Diócesis existente se viera reducida a menos de doce Parroquias y doce Presbíteros que hayan residido y establecido en la misma y califiquen en la forma dispuesta arriba.

Cesión de territorio diocesano

Derechos de los Obispos

Aprobación de la Convención General

Sec. 6. Por acuerdo mutuo entre las Convenciones de dos Diócesis adyacentes, y con el consentimiento de la Autoridad Eclesiástica de cada Diócesis, podrá cederse una porción del territorio de una de dichas Diócesis a la otra, y tal cesión se considerará completa al otorgar su aprobación a ella la Convención General, o bien por una mayoría de los Obispos con jurisdicción de Estados Unidos y de los Comités Permanentes de las Diócesis, de acuerdo con los Cánones de esta Iglesia. Así, la parte del territorio cedido se convertirá en parte de la Diócesis que lo acepta. Las disposiciones de la Sección 3 de este Artículo V no se aplicarán en tal caso, y el Obispo y el Obispo Coadjutor de la Diócesis que cedan dicho territorio, si los hubiera, continuarán en su jurisdicción sobre el resto de la Diócesis, y el Obispo y el Obispo Coadjutor de la Diócesis que acepten la cesión de dicho territorio, si los hubiera, continuarán en jurisdicción sobre la Diócesis y tendrán jurisdicción en esa parte del territorio de la otra Diócesis que ha sido cedido y aceptado.

ARTÍCULO VI: DE LAS DIÓCESIS MISIONERAS

Misiones de Área

Sec. 1. La Cámara de Obispos podrá establecer una Misión en cualquier zona no incluida dentro de los límites de otra Diócesis de esta Iglesia o de cualquier Iglesia en plena comunión con esta Iglesia, y elegir o nombrar un Obispo para la misma.

Sec. 2. La Convención General podrá aceptar una cesión de la jurisdicción territorial sobre parte de una Diócesis cuando dicha cesión haya sido propuesta por el Obispo y la Convención de dicha Diócesis, y cuando hayan dado su consentimiento tres cuartas partes de las Parroquias en el territorio cedido, y también la misma proporción de las Parroquias dentro del territorio restante.

Cesión de la jurisdicción

Cualquier jurisdicción territorial total o parcial que hubiese sido cedida por una Diócesis según la disposición anterior, podrá ser retrocedida a dicha Diócesis por acto conjunto de todas las partes como se estipula en el presente para su cesión, salvo que en el caso de retrocesión de territorio, no será necesario el consentimiento de las Parroquias incluidas en el territorio retrocedido; *siempre que,* dicho acto de la Convención General, bien sea cesión o retrocesión, sea por voto de dos tercios de todos los Obispos presentes y votantes y por voto de órdenes en la Cámara de Diputados de conformidad con la Sección 5 del Artículo I, salvo que el acuerdo por órdenes requerirá el voto afirmativo de cada orden de dos tercios de las Diócesis.

Retrocesión de dicha jurisdicción

Sec. 3. Las Diócesis Misioneras se organizarán de la forma prescrita por Canon de la Convención General.

Diócesis Misioneras

ARTÍCULO VII: DE LAS PROVINCIAS

Las Diócesis podrán conjugarse en Provincias en la manera, bajo las condiciones y con las facultades que disponga, por Canon, la Convención General; *se dispone, no obstante,* que ninguna Diócesis sea incluida en una Provincia sin su propio consentimiento.

Provincias

ARTÍCULO VIII: DE LOS REQUISITOS PARA LA ORDENACIÓN

Ninguna persona será ordenada Presbítero o Diácono para ejercer el ministerio en esta Iglesia sin antes haber sido examinada por el Obispo y dos Presbíteros y haber presentado las cartas de recomendación y otros requisitos que dispongan los Cánones en ese caso. Ninguna persona será ordenada y consagrada Obispo, ni ordenada Presbítero o Diácono para ejercer el ministerio en esta Iglesia, a menos que en tal momento, y en la presencia del Obispo u Obispos ordenantes, la persona firme y declare lo siguiente:

Requisitos para la ordenación

> Creo que las Sagradas Escrituras del Antiguo y Nuevo Testamento son la Palabra de Dios y que contienen todas las cosas necesarias para la salvación; y me comprometo solemnemente a atenerme a la Doctrina, Disciplina y Culto de La Iglesia Episcopal.

Declaración

Se dispone, no obstante, que cualquier persona consagrada como Obispo para ejercer el ministerio en cualquier Diócesis de una Provincia de una Iglesia o Iglesia autónoma en plena comunión con esta Iglesia, podrá, en lugar de la anterior declaración, hacer las promesas de Avenencia requeridas por la Iglesia en la que dicho Obispo ejercerá el ministerio.

Disposición

Si un Obispo ordenase a un Presbítero o Diácono para ejercer el ministerio en cualquier otra parte que no sea en esta Iglesia, o si ordenase como Presbítero o Diácono a un ministro Cristiano que no hubiese recibido la ordenación Episcopal, lo hará solamente de acuerdo con las disposiciones que se dispongan en los Cánones de esta Iglesia.

Admisión de un clérigo extranjero

Ninguna persona ordenada por un Obispo extranjero o por un Obispo que no esté en plena comunión con esta Iglesia tendrá autorización para oficiar como Ministro de la misma antes de haber cumplido con el o los Cánones dispuestos para el caso y de haber firmado la anterior declaración.

Clero de las Iglesias en plena comunión

Un Obispo puede permitir que un ministro ordenado y en buena posición en una Iglesia con la cual esta Iglesia tiene una relación de plena comunión según lo especifican los Cánones, y quien haya hecho la declaración anterior, o un ministro ordenado en la Iglesia Evangélica Luterana de Estados Unidos o su predecesor que haya hecho una promesa de conformidad requerida por la Iglesia en lugar de la declaración anterior, lleve a cabo las funciones de manera temporal como ministro ordenado en esta Iglesia. Ningún ministro de dicha Iglesia que haya sido ordenado por alguien que no sea un Obispo, a menos de que se trate de un ministro designado como parte del Pacto o Instrumento por medio del cual se estableció la plena comunión, deberá ser elegible para oficiar en virtud de este Artículo.

ARTÍCULO IX: DE LOS TRIBUNALES

Tribunal para el juicio de Obispos

La Convención General podrá, por Canon, establecer uno o más Tribunales para el Juicio de Obispos.

Para el juicio de presbíteros y diáconos

Los presbíteros y diáconos serán juzgados por un tribunal instituido por la Convención General por Canon.

Tribunales de revisión

La Convención General, de igual manera, podrá establecer o disponer que se establezcan Tribunales de Revisión de la determinación de los tribunales de primera instancia diocesanos o de otra índole.

El Tribunal para la revisión de la determinación del Tribunal de primera instancia, en el juicio de un Obispo, estará compuesto únicamente por Obispos.

Tribunal de apelación

La Convención General, de igual manera, podrá establecer un Tribunal de Apelación final únicamente para la revisión de la determinación de cualquier Tribunal de Revisión sobre asuntos de Doctrina, Fe o Culto.

Un Obispo dictará la sentencia

Nadie más que un Obispo dictará sentencia de admonición, suspensión o destitución del Ministerio contra un Obispo, Presbítero o Diácono; y nadie más que un Obispo amonestará a un Obispo, Presbítero o Diácono.

Suspensión

Una sentencia de suspensión deberá especificar los términos o condiciones y la duración de la misma. Una sentencia de suspensión podrá ser remitida según se disponga por Canon.

ARTÍCULO X: DEL LIBRO DE ORACIÓN COMÚN

Sec. 1. Se entiende por Libro de Oración Común aquellas formas litúrgicas y otros textos autorizados por la Convención General según lo dispuesto en este artículo y los Cánones de esta Iglesia.

Libro de Oración Común

El Libro de Oración Común de esta Iglesia pretende ser una oración comunitaria y devocional enriquecida por los contextos culturales, geográficos y lingüísticos de nuestra iglesia. El Libro de Oración Común contendrá tanto el culto público como las oraciones privadas.

El Libro de Oración Común, en su versión actual o con las modificaciones que la Convención General pudiera hacer en el futuro, se utilizará en todas las Diócesis de esta Iglesia.

Sec. 2. No se hará ninguna alteración, modificación o adición al Libro de Oración Común, a menos que la Convención General la apruebe en primera lectura en una reunión ordinaria de la Convención General y, por resolución que así lo disponga, sea enviada por el Secretario de la Convención General al Secretario de la Convención de cada Diócesis, para que se dé a conocer a la Convención Diocesana en su siguiente reunión ordinaria, y sea adoptada en segunda lectura sin modificaciones por la Convención General en su siguiente reunión ordinaria por la mayoría de todos los Obispos, excluyendo a los Obispos retirados que no estén presentes, del número total de Obispos con derecho a voto en la Cámara de Obispos, y por un voto afirmativo por órdenes en la Cámara de Diputados de acuerdo con el Artículo I, Sec. 5 de esta Constitución, con la salvedad de que la concurrencia afirmativa de las órdenes requerirá el voto afirmativo en cada orden de la mayoría de las Diócesis con derecho a representación en la Cámara de Diputados.

Cambios y adiciones

Sec. 3. No se hará ninguna alteración ni adición a menos que haya sido previamente autorizada para su uso a modo de prueba, de acuerdo con este artículo y los Cánones de esta Iglesia.

Autorización de Uso de Prueba

Sec. 4. La Convención General podrá, en cualquiera de sus reuniones, por una mayoría de la cantidad total de Obispos con derecho a voto en la Cámara de Obispos, y por una mayoría de los Diputados del Clero y Laicos de todas las Diócesis con derecho a representación en la Cámara de Diputados, votando por órdenes en la forma dispuesta en este Artículo:

Excepciones

    a. Enmendar la Tabla de Lecciones y todas las Tablas y Rúbricas relativas a los Salmos.

Leccionario

    b. Autorizar para su Uso de Prueba las alteraciones o adiciones completas o parciales que se hagan al Libro de Oración Común establecido, que puedan ser propuestas de conformidad con los Cánones de esta Iglesia, y que se emprendan e implementen debidamente de conformidad con las directivas de la Convención General.

Uso de Prueba

    c. Autorizar para su uso en toda esta Iglesia, según lo dispuesto por Canon, liturgias alternativas y adicionales

Liturgias adicionales

para complementar las previstas en el Libro de Oración Común.

Formas especiales de culto

Sec. 5. Ningún texto de este Artículo deberá interpretarse como una restricción a la autoridad de los Obispos de esta Iglesia de aceptar dicha orden dentro de lo permitido por las Rúbricas del Libro de Oración Común ni por los Cánones de la Convención General para el uso de formas especiales de culto.

ARTÍCULO XI: DE LAS DIÓCESIS Y DIÓCESIS MISIONERAS

Interpretación del término "Diócesis"

Cuando se utilice el término "Diócesis" sin salvedades ni limitaciones en esta Constitución, se interpretará como una alusión tanto a Diócesis como a Diócesis Misioneras; y además, cuando corresponda, a todas las demás jurisdicciones con derecho a representación en la Cámara de Diputados de la Convención General.

ARTÍCULO XII: DE LAS ENMIENDAS A LA CONSTITUCIÓN

Cambios o enmiendas a la Constitución

No se introducirá cambio ni adición alguna esta Constitución, a menos que se proponga primero en una reunión ordinaria de la Convención General y, por una resolución de la misma, se envíe en el plazo de los seis meses siguientes al Secretario de la Convención de cada Diócesis para su presentación ante la Convención Diocesana en su siguiente reunión, y la Convención General la adoptará en su siguiente reunión ordinaria por una mayoría de todos los Obispos con derecho a voto de la Cámara de Obispos, excluyendo a los Obispos jubilados ausentes, y mediante una votación por órdenes en la Cámara de Diputados, según las disposiciones de la Sección 5 del Artículo I, salvo que el acuerdo por órdenes requiera el voto afirmativo de cada orden por una mayoría de las Diócesis con derecho a representación en la Cámara de Diputados.

No obstante las disposiciones del párrafo anterior, la aprobación de cualquier cambio o enmienda a esta Constitución que inserte o revoque un Artículo, Sección o Cláusula de un Artículo, involucrará los cambios necesarios en la numeración o las letras de los Artículos, Secciones o Cláusulas de un Artículo que le sigan y las referencias que se hagan en esta Constitución a cualquier otra parte, sin la necesidad de tener que establecer una disposición específica al respecto en el cambio o enmienda.

Fecha de vigencia

Cada cambio o enmienda debidamente aprobado a esta Constitución, entrará en vigencia el primer día de enero posterior a la clausura de la Convención General en la cual sea finalmente aprobado, a menos que en la misma se disponga expresamente lo contrario.

TÍTULO I
ORGANIZACIÓN Y ADMINISTRACIÓN

CANON 1: de la Convención General

Sec. 1. a. En la fecha y en el lugar señalados para la reunión de la Convención General, el Presidente de la Cámara de Diputados o, en su ausencia, el Vicepresidente de la Cámara o, en ausencia de ambos, un Funcionario Presidente *pro tempore* nombrado por los miembros del Comité Conjunto sobre Arreglos para la Convención General de la Cámara de Diputados, declarará constituida la asamblea con los miembros presentes. El Secretario de la Cámara de Diputados o en su ausencia, un Secretario *pro tempore* designado por el Funcionario Presidente, inscribirá los nombres de aquellas personas cuyas cartas de recomendación hayan sido presentadas en debida forma, y dicha inscripción será prueba *prima facie* de que las personas cuyos nombres aparecen ahí inscritos tienen derecho a escaño. En caso de que se presenten cartas de recomendación por o en nombre de personas de jurisdicciones que no hayan estado representadas anteriormente en una Convención General, entonces el Secretario de la Cámara de Diputados, o uno designado en su lugar según lo dispuesto en este documento, procederá según lo dispuesto en la Cláusula c. Si hay quórum presente, el Secretario de la Cámara de Diputados así lo certificará, y la Cámara procederá a organizarse mediante la elección, por votación, de un Secretario de la Cámara de Diputados, siendo necesaria la mayoría de los votos emitidos para dicha elección. Al efectuarse la elección, el Funcionario Presidente declarará organizada la Cámara. Si hubiese vacante en el cargo de Presidente o Vicepresidente, se procederá a llenarlas por medio de votación y el término del delegado así elegido durará hasta la clausura de la Convención General. Al llenar dichas vacantes, el Presidente nombrará un Comité que estará al servicio de la Cámara de Obispos y le informará de la organización de la Cámara de Diputados y de su disposición para evacuar las diligencias.

Organización de la Cámara de Diputados

b. Habrá un Presidente y un Vicepresidente de la Cámara de Diputados, quienes serán responsables de las funciones que normalmente corresponden a sus respectivos cargos o las que sean especificadas en estos Cánones. Serán electos a más tardar el séptimo día de cada reunión ordinaria de la Convención General en la forma aquí establecida. La Cámara de Diputados elegirá entre sus miembros, por una mayoría de votos en votaciones separadas, a un Presidente y a un Vicepresidente, quienes serán de órdenes diferentes. Dichos delegados ocuparán sus cargos cuando se levante la reunión ordinaria en la cual tuvo lugar su elección, y seguirán en sus puestos hasta que se levante la siguiente reunión ordinaria de la Convención General. Serán y permanecerán miembros *ex officio* de la Cámara durante el plazo de sus cargos. Ninguna persona que haya sido elegida Presidente o Vicepresidente podrá ejercer por más de tres plazos completos consecutivos en cada cargo respectivo. En

Elección de Presidente y Vice-president

caso de renuncia, fallecimiento, ausencia o incapacidad del Presidente, el Vicepresidente cumplirá con los deberes de dicho cargo hasta la clausura de la próxima reunión de la Convención General. En caso de renuncia, fallecimiento, ausencia o incapacidad del Vicepresidente, el Presidente designará a un Diputado de la orden opuesta, siguiendo el consejo y por consentimiento de los miembros laicos y clérigos del Consejo Ejecutivo, quien actuará hasta la clausura de la próxima reunión de la Convención General. El Presidente estará autorizado para nombrar a un Consejo Asesor para consulta y consejo con respecto al desempeño de las funciones del cargo. El Presidente podrá también nombrar un Canciller del Presidente, una persona adulta, confirmada y comulgante de la Iglesia, solvente, versada tanto en leyes eclesiásticas como seculares, para ocupar dicho cargo hasta que así lo desee el Presidente, como consejero en asuntos relacionadas con el desempeño de las obligaciones de dicho cargo.

Nombramiento del Consejo Asesor y del Canciller

c. Con el fin de asistir al Secretario de la Cámara de Diputados en la preparación de las actas especificadas en la Cláusula a., será deber del Secretario de la Convención de cada Diócesis enviar al Secretario de la Cámara de Diputados, en cuanto sea posible, una copia del Diario de la Convención Diocesana, junto con una copia certificada de las cartas de recomendación de los mencionados miembros y copias en duplicado de dichas cartas de recomendación. Cuando se reciban cartas de recomendación de personas procedentes de jurisdicciones que anteriormente no habían sido representadas en la Convención General, el Secretario de la Cámara de Diputados verificará que se hayan cumplido las disposiciones de la Sección 1 del Artículo 5 de la Constitución antes de que se conceda a dichas personas un escaño en la Cámara.

El secretario llevará las actas y expedientes

Envío de Diarios Diocesanos

Se requieren cartas de recomendación

d. El Secretario llevará las actas completas de las deliberaciones de la Cámara, registrándolas, con todos los informes, en un libro preparado para ese efecto; conservará los Diarios y Registros de la Cámara; los entregará al Secretario en la forma especificada a continuación, y llevará a cabo cualquier otra tarea que pudiera disponer la Cámara. El Secretario podrá, con la aprobación de la Cámara, nombrar Secretarios Adjuntos y el Secretario y sus Secretarios Adjuntos continuarán en sus cargos hasta que se organice la siguiente Convención General y hasta que sus sucesores sean elegidos.

Enmiendas a la Constitución y al Libro de Oración

e. Será deber del Secretario de la Cámara de Diputados informar a la Autoridad Eclesiástica de la Iglesia en cada Diócesis, así como al Secretario de la Convención de cada Diócesis, siempre que se proponga cualquier propuesta de cambio al Libro de Oración Común o a la Constitución, o sobre cualquier otro asunto presentado a la consideración de las distintas Convenciones Diocesanas, y el Secretario deberá presentar ante la Convención General en su siguiente sesión un comprobante escrito de que dicho requisito se ha cumplido. Todos los avisos serán enviados por medios electrónicos, y los certificados del Secretario habrán de devolverse. El Secretario notificará a todos los Secretarios Diocesanos de su obligación de dar a conocer dichos cambios propuestos al Libro de Oración Común y a la Constitución, y cualquier otro asunto, a la Convención de su Diócesis en su próxima sesión, y certificará ante el Secretario de la Cámara de Diputados que tal medida se tomó.

f. El Secretario de la Cámara de Diputados y el Tesorero de la Convención General tendrán derecho a escaños en la Cámara, y con el consentimiento del Presidente, podrán exponer temas relacionados a sus respectivas funciones.

El Secretario y el Tesorero tendrán escaño y voto

g. En las reuniones de la Cámara de Diputados, el Reglas y las Órdenes de la reunión anterior seguirán vigentes hasta que la Cámara las enmiende o revoque.

Reglas de la Cámara de Diputados

h. En caso de renuncia, fallecimiento o discapacidad total del Presidente y Vicepresidente durante el receso de la Convención General, el Secretario de la Cámara de Diputados desempeñará las funciones *ad interim* que correspondan al cargo de Presidente hasta la siguiente reunión de la Convención General o hasta que dicha incapacidad ya no exista.

i. Si se produjera una vacante durante el receso en el cargo de Secretario de la Cámara de Diputados, sus obligaciones recaerán en el Primer Secretario Adjunto o, si no lo hubiera, en un Secretario *pro tempore* nombrado por el Presidente de la Cámara, o si el cargo de Presidente también se encontrara vacante, entonces por el Vicepresidente; si ambos cargos estuvieran vacantes, entonces por los miembros de la Cámara de Diputados del Comité Conjunto de Planificación y Arreglos de la Convención General siguiente que designen la Convención General precedente.

j. En toda reunión ordinaria de la Convención General, el Secretario elegido por la Cámara de Diputados, por acto simultáneo de las dos Cámaras de la Convención General, será nombrado también Secretario de la Convención General, y será responsable de organizar e imprimir el Diario de la Convención General, así como de cualquier otro asunto que le fuese encargado y fungirá hasta que se elija a un sucesor.

El Secretario será Secretario de la Convención

Sec. 2. a. La Convención General, por Canon, puede establecer Comisiones Permanentes para estudiar y redactar propuestas sobre temas importantes, considerados como asunto de interés continuo para la misión de la Iglesia. El Canon deberá especificar las obligaciones de cada una de esas Comisiones Permanentes. Las Comisiones Permanentes deberán estar formadas por cinco Obispos, cinco Presbíteros o Diáconos de esta Iglesia y diez Laicos, quienes deberán ser adultos confirmados, comulgantes, en buena posición en esta Iglesia. Los Presbíteros, Diáconos y Laicos no están obligados a ser Diputados de la Convención General.

Comisiones Permanentes

b. Los períodos de todos los miembros de las Comisiones Permanentes deberán ser iguales al intervalo entre la reunión regular de la Convención General que antecede a su designación y la clausura de la segunda reunión regular posterior de la Convención General, y dichos períodos deberán rotarse para que, tan cercano como se pueda, el período de la mitad de los miembros vencerá al terminar

Términos

cada reunión regular de la Convención General. El período de servicio de un miembro quedará vacante en caso de dos ausencias de las reuniones de la Comisión en el intervalo entre reuniones regulares sucesivas de la Convención General, a menos que sea justificado por la Comisión por causas válidas.

Nombramiento de miembros

c. El Obispo Presidente nombrará a los miembros Episcopales, y el Presidente de la Cámara de Diputados designará a los miembros Laicos y otros miembros clérigos de cada Comisión tan pronto como sea posible después de la clausura de la Convención General, pero no después de 90 días de que se levante. Los miembros episcopales nombrados después de la clausura de cualquier Convención General en la cual se elija un Obispo Presidente serán nombrados por el Obispo Presidente electo. Las vacantes se deberán resolver de la misma manera; *se dispone, sin embargo,* que las vacantes que se produzcan durante el año previo a la siguiente Convención General ordinaria no se deberán llenar a menos que lo pida la Comisión.

Consultores y enlaces

d. El Obispo Presidente y Presidente de la Cámara de Diputados podrán nombrar conjuntamente a los miembros del Consejo Ejecutivo como enlaces para facilitar la comunicación entre el Consejo Ejecutivo y cada Comisión Permanente y la coordinación de la labor de cada Comisión Permanente y los comités del Consejo Ejecutivo. Se notificará al Secretario de la Convención General de dichos nombramientos. Estos enlaces no podrán ser miembros de la Comisión, pero tendrán escaño y voto. Los gastos razonables de estos enlaces los cubrirá el Consejo Ejecutivo. Cada Comisión tendrá personal de apoyo de la Sociedad Misionera Nacional y Extranjera designado por el Obispo Presidente. Cada Comisión podrá constituir comités de entre los que sean miembros o los que no sean miembros de la Comisión, y con sujeción al presupuesto de la Comisión, podrá contratar los servicios de los consultores y coordinadores que sean necesarios para llevar a cabo su trabajo.

Miembros ex officiis

e. El Obispo Presidente y el Presidente de la Cámara de Diputados serán miembros *ex officiis* de cada Comisión, o podrán nombrar representantes personales para asistir a cualquier reunión en su lugar, pero sin voto.

Notificación

f. El Director Ejecutivo de la Convención General deberá, a más tardar (120) días después de la reunión de la Convención General, notificar a los miembros de la misma de las designaciones para las Comisiones y su obligación de presentar informes en la próxima Convención, y programará una reunión organizacional para cada Comisión. Un año antes del día de la inauguración de la Convención, el Director Ejecutivo de la Convención General deberá recordarles esta obligación a los Presidentes y Secretarios de todas las Comisiones.

Funcionarios

g. Todas las Comisiones elegirán a un presidente, un vicepresidente y un secretario.

Remisiones

h. La Convención General podrá remitir un asunto pertinente a una Comisión para su consideración, pero no podrá ordenar a la Comisión que llegue a una conclusión determinada.

TÍTULO I

CANON I.1.2.i - I.1.2.n.1

i. Las Comisiones darán aviso oportuno y apropiado a la Iglesia de la hora, lugar y orden del día de las reuniones, así como de las instrucciones sobre cómo los miembros de la Iglesia pueden presentarle sus opiniones a la Comisión. — *Aviso público*

j. Toda Comisión deberá preparar un informe, el cual, en conjunto con cualquier informe minoritario, deberá enviarse a más tardar a 150 días antes del día de la inauguración de cada Convención, al Director Ejecutivo de la Convención General, quien deberá distribuirlo a todos los miembros de la Convención. — *Plazos para los informes*

k. El Informe de cada Comisión presentado en la Convención General deberá: — *Contenido del informe*
1. Indicar los nombres de sus miembros originales, cualquier cambio en la composición, los nombres de todos los que aprueban y todos aquellos quienes rechazan sus recomendaciones.
2. Resumir el trabajo de la Comisión, lo cual incluye los diversos asuntos estudiados, las recomendaciones de resolución por parte de la Convención General y los borradores de las Resoluciones propuestas para adopción con el fin de implementar las recomendaciones de la Comisión.
3. Incluir un informe detallado de todos los recibos y gastos, lo cual incluye dinero recibido de cualquier fuente, durante el intervalo que antecede y si recomienda que se continúe, los requisitos estimados para el intervalo resultante hasta la siguiente reunión regular de la Convención General.

l. Toda Comisión, como una condición precedente a la presentación y recepción de todo informe a la Convención General, en el cual dicha Comisión proponga que se adopte alguna Resolución deberá, por medio del voto, autorizar a un miembro o a unos miembros de la Convención General, quienes, de ser posible, deberán ser miembros de la Comisión, con las limitaciones que pueda establecer la Comisión, para aceptar o rechazar, a nombre de la Comisión, cualquier enmienda propuesta por la Convención General para cualquiera Resolución; en el entendido, sin embargo, que ninguna de dichas enmiendas puede cambiar la sustancia de la propuesta, sino deberá ser básicamente para fines de corregir errores. El nombre del miembro o miembros de la Convención Generala quien dicha autoridad se ha conferido, así como las limitaciones de la autoridad, deberá comunicarse por escrito a los Funcionarios Presidentes de la Convención General, a más tardar en el momento de la presentación de dicho Informe a la Convención General. — *Portavoces*

m. Todas las Comisiones cuyos Informes pidan gastos con cargo al presupuesto de La Iglesia Episcopal (excepto para la impresión del Informe) deberán incluir dicha solicitud en su informe a la Convención General y de conformidad con el Canon I.4.6. — *Requisitos presupuestarios*

n. Deberán existir las siguientes Comisiones Permanentes: — *Estructura, Gobierno, Constitución y Cánones*
1. Una Comisión Permanente sobre Estructura, Gobierno, Constitución y Cánones. La Comisión tendrá la obligación de:

CÁNONES

Las enmiendas tendrán el formato apropiado

i. Revisar las propuestas de enmienda a la Constitución y los Cánones que pudieran presentarse a la Comisión, arreglando cada propuesta de enmienda en su forma Constitucional o Canónica adecuada, incluidas todas las enmiendas necesarias para realizar el cambio propuesto. En el caso de las enmiendas que no están en el formato correcto, la Comisión Permanente sobre Constitución y Cánones podrá remitir a la Comisión de origen a las disposiciones de las reglas canónicas y de orden para hacer enmiendas a la Constitución y Cánones, de modo que la Comisión de origen pueda modificar su enmienda al formato apropiado. La Comisión deberá expresar sus puntos de vista con respecto a la sustancia de cualquier propuesta, solo al proponente de la misma; se dispone, no obstante, que ningún miembro de la Comisión deberá, por razones de membresía, considerarse como impedido para expresar, ante un Comité Legislativo o en la sala de la Convención General, sus puntos de vista personales con respecto al fondo de cualquiera de las enmiendas propuestas.

Revisión continua y exhaustiva

ii. Realizar una revisión exhaustiva y continua de la Constitución y los Cánones con respecto a su uniformidad y claridad internas, y sobre la base de dicha revisión proponer a la Convención General dichas enmiendas técnicas a la Constitución y los Cánones que en opinión de la Comisión sean necesarias o deseables para poder obtener dicha uniformidad y claridad sin alterar la esencia de cualquier disposición Constitucional y Canónica; en el entendido, sin embargo, de que la Comisión deberá proponer, para que las consideren los Comités Legislativos correspondientes de las dos Cámaras, dichas enmiendas a la Constitución y los Cánones que según la opinión de la Comisión sean deseables a nivel técnico, pero que involucren un cambio esencial de una disposición Constitucional o Canónica.

Estatutos de la DFMS

iii. Sobre la base de dicha revisión, sugerir a la Sociedad Misionera Nacional y Extranjera y al Consejo Ejecutivo de la Convención General enmiendas a sus estatutos respectivos que, en opinión de la Comisión, sean necesarias o deseables con el fin de que se apeguen a la Constitución y los Cánones.

Actualizar la versión con anotaciones

iv. Llevar a cabo una revisión continua y exhaustiva y actualizar la versión autorizada de la "Constitución y Cánones Anotados para el Gobierno de la Iglesia Protestante Episcopal de los Estados Unidos conocida como La Iglesia Episcopal", de manera que refleje los actos de la Convención General que enmiendan la Constitución y los Cánones y, a discreción de la Comisión, crear otros materiales apropiados para fines de la "Constitución y Cánones Anotados" y facilitar la publicación de este documento y materiales afines. La Comisión puede disponer o respaldar foros para fomentar el análisis, discusiones y entendimiento de la Constitución y los Cánones.

    v. Cumplir con otras obligaciones que de manera ocasional pudiera asignarle la Convención General.

Recomendaciones sobre la estructura

    vi. Estudiar y hacer recomendaciones acerca de la estructura de la Convención General y de La Iglesia Episcopal. De vez en cuando, deberá revisar la operación de los diversos Comités, Comisiones y -Juntas así como otros organismos rectores sobre los que La Iglesia Episcopal pueda ser legalmente responsable para determinar la necesidad de su continuidad y la eficacia de sus funciones y, en los casos apropiados, procurar una coordinación de sus esfuerzos. Cuando se haga una propuesta para la creación o cambio de afiliación de un Comité, Comisión, Junta u organismo sobre los que La Iglesia Episcopal pueda ser legalmente responsable, deberá, siempre que sea factible, remitirse a esta Comisión Permanente para su consideración y consejo.

    vii. Llevar a cabo una evaluación continua y exhaustiva de los materiales de capacitación del Título IV, incluida la redacción de los cambios que sean necesarios por cambios en esta Constitución y Cánones, o según se considere apropiado para mantener dichos materiales de capacitación en un estado actual y eficaz.

Evaluación continua

2. Una Comisión Permanente sobre Liturgia y Música. El Conservador del Libro de Oración Común será un miembro *ex officio* con voz, pero sin voto. La Comisión tendrá la obligación de:

Liturgia y Música

    i. Cumplir con las obligaciones que le sean asignadas por la Convención General en cuanto a políticas y estrategias relacionadas con el culto común de esta Iglesia.

    ii. Recopilar, cotejar y catalogar material que se relacione con posibles revisiones futuras del Libro de Oración Común.

    iii. Ocasionar que se preparen y se presenten recomendaciones a la Convención General relacionadas con el Leccionario, el Salterio y los oficios para ocasiones especiales, tal como lo autorice o dirija la Convención General o la Cámara de Obispos.

Traducciones autorizadas

iv. Recomendar a la Convención General las traducciones autorizadas de las Sagradas Escrituras de las cuales se deben leer las Lecciones prescritas en el Libro de Oración Común.

Calendario Eclesiástico

v. Recibir y evaluar peticiones para considerar que se incluya a personas o grupos en el año del Calendario del Año Eclesiástico, y que se hagan recomendaciones sobre el mismo a la Convención General para que se acepten o rechacen.

Himnario

vi. Recopilar, cotejar y catalogar material que se relacione con posibles revisiones futuras del Himnario de 1982 y otras publicaciones musicales de uso regular en esta Iglesia, y exhortar la composición de materiales musicales nuevos.

Música eclesiástica

vii. Pedir que se preparen recomendaciones relacionadas con los ambientes musicales de textos litúrgicos y rúbricas, y normas en virtud de la música litúrgica y la manera de interpretarla, y sean presentadas ante la Convención General.

viii. Ante la dirección de la Convención General, servir a la Iglesia en asuntos relacionados con políticas y estrategias que tengan que ver con la música de la Iglesia.

Prolongación del término

ix. Colaborar con el Secretario de la Convención General para realizar la edición final del texto sobre resoluciones adaptadas por la Convención General que establecen materiales litúrgicos nuevos y revisados, y alentar su publicación. Con el único propósito de esta colaboración, los miembros de la Comisión Permanente sobre Liturgia y Música están exentos de la duración de los mandatos establecidos en I.1.2.b y deberán permanecer en funciones hasta que sus sucesores sean nombrados y tomen posesión de sus cargos.

Sitio web de las liturgias

x. Supervisar y mantener el sitio web litúrgico oficial de La Iglesia Episcopal a través de un subcomité cuyos miembros serán el Presidente de la Comisión Permanente sobre Liturgia y Música o un suplente autorizado que sea miembro de la misma; el Conservador del Libro de Oración Común; al menos otro miembro de la Comisión Permanente sobre Liturgia y Música; el Secretario de la Convención General o un suplente autorizado del Secretario; un representante de la editorial afiliada al Church Pension Fund; por lo menos dos miembros con conocimientos de diseño y

codificación de sitios web, que serán nombrados por el Presidente de la Comisión Permanente sobre Liturgia y Música.
3. Una Comisión Permanente sobre la Misión Mundial. La Comisión tendrá la obligación de: *Misión Mundial*
   i. Identificar el trabajo de misión mundial que llevan a cabo la Sociedad Misionera Nacional y Extranjera y las diócesis, congregaciones y organizaciones misioneras en toda la iglesia.
   ii. Consultar con los organismos mencionados anteriormente para visualizar los rumbos a futuro para el compromiso mundial de la iglesia.
   iii. Desarrollar propuestas de políticas para la misión mundial, con el fin de que se consideren en la Convención General.
   iv. Cumplir con otras obligaciones que de manera ocasional pudiera asignarle la Convención General.
4. Una Comisión Permanente sobre Desarrollo Ministerial. La Comisión deberá coordinar y alentar el desarrollo de todas las órdenes del ministerio, alentando y comprometiendo a todos los bautizados en el trabajo de edificación de la iglesia y en el desarrollo de mejores prácticas para asegurar que todas las iglesias se beneficien de la diversidad de los dones de liderazgo que Dios nos ha dado. La Comisión tendrá la obligación de: *Formación y desarrollo ministerial*
   i. Recomendar políticas y estrategias a la Convención General para la afirmación, desarrollo y ejercicio del ministerio por todos los bautizados (laicos, obispos, presbíteros y diáconos).
   ii. Apoyar a las Comisiones Diocesanas en el Ministerio en su apoyo al ministerio de todos los bautizados, según lo establecido en los Cánones III.1 y III.2. *Ministerio de los bautizados*
   iii. Fomentar el reconocimiento de los ministerios de la vida cotidiana por parte de las Comisiones Diocesanas del Ministerio, las congregaciones y las diócesis, de modo que esos ministerios se celebren como expresiones del ministerio de todos los bautizados, dignos de igual respeto que las vocaciones ordenadas. *Ministerios de la vida cotidiana*
   iv. En colaboración con la oficina de toda la iglesia que supervisa la formación, desarrollar y recomendar a la Convención General políticas integrales y coordinadas para personas de todas las edades y etapas de la vida para la formación permanente como seguidores de Jesús.
   v. Recomendar estrategias a la Convención General para el desarrollo y apoyo de redes de individuos, comités y comisiones diocesanos, agencias e instituciones *Desarrollo de redes*

que participan en el reclutamiento, dones de discernimiento, educación y capacitación para el ministerio, la contratación y los nombramientos.

Discernimiento

vi. Estudiar las necesidades y tendencias de discernimiento, y las oportunidades vocacionales para los líderes ordenados y los profesionales laicos dentro de la Iglesia, así como la formación apropiada requerida para vivir en esas oportunidades.

vii. Colaborar con los que desarrollan la red de caminos laicos y la Asociación de Diáconos Episcopales para dar a conocer las competencias promulgadas por esos grupos como directrices para la formación de esas órdenes de ministerio.

Contratación y remuneración justas

viii. Recomendar políticas y estrategias a la Convención General para garantizar la justa contratación y compensación de empleados laicos y ordenados en todos los entornos ministeriales, con especial atención a la paridad en las líneas que históricamente nos han dividido y que incluyen, entre otros, raza, color de la piel y origen étnico, origen nacional, sexo, estado civil, orientación sexual, identidad y expresión de género, discapacidades o edad, salvo que se disponga lo contrario en estos Cánones.

Relaciones Ecuménicas e Interreligiosas

5. Una Comisión Permanente sobre Relaciones Ecuménicas e Interreligiosas La Comisión tendrá la obligación de:

i. Coordinar y fomentar el trabajo de unidad de la iglesia entre los socios cristianos, y la colaboración y desarrollo de la paz con los socios interconfesionales, conciliares y organizaciones interconfesionales.

Desarrollo de asociaciones

ii. Recomendar políticas y estrategias a la Convención General para la afirmación y el desarrollo de sociedades ecuménicas e interreligiosas.

Justicia racial

iii. Colaborar con socios ecuménicos e interreligiosos, organismos conciliares e interreligiosos para desarrollar herramientas que aborden cuestiones de poder, justicia racial, colonialismo, imperialismo y el sesgo racial histórico en los esfuerzos ecuménicos.

iv. Apoyar el compromiso diocesano y local en el ministerio interreligioso y ecuménico.

v. Fomentar el trabajo teológico que reconozca el panorama ecuménico y religioso actual y futuro, las teologías contextuales y las asociaciones con los organismos conciliares y otros para abordar las cuestiones evangélicas de la unidad, la justicia y la paz, y responder como se pide a

TÍTULO I

           los documentos conciliares, ecuménicos u otros interreligiosos.

   vi. En colaboración con la Oficina de Relaciones Ecuménicas e Interreligiosas de la Iglesia, desarrollar y recomendar a la Convención General políticas y directrices integrales y coordinadas para las relaciones interreligiosas y los diálogos y conversaciones ecuménicas. *Directrices para las relaciones inter-religiosas*

   vii. Recomendar a la Convención General estrategias y políticas para la capacitación y el desarrollo del liderazgo, con redes, funcionarios ecuménicos diocesanos, organismos confesionales dentro y fuera de La Iglesia Episcopal. *Capacitación y desarrollo profesional*

   viii. Estudiar las necesidades y tendencias del panorama ecuménico e interreligioso, para apoyar y fomentar el desarrollo de recursos para la formación ecuménica e interreligiosa.

Sec. 3. a. El derecho a convocar reuniones extraordinarias de la Convención General descansará en los Obispos. El Obispo Presidente enviará las convocatorias para dichas reuniones, indicando el lugar y hora de las mismas, con el consentimiento o la solicitud de una mayoría de los Obispos, expresada por escrito. *Reuniones especiales*

   b. Los Diputados electos para la Convención General precedente serán los Diputados a dichas reuniones extraordinarias de la Convención General, excepto en aquellos casos en que otros Diputados hubiesen sido escogidos en el ínter tanto por cualquier Convención Diocesana, y dichos Diputados representarán, en la reunión extraordinaria de la Convención General, a la Iglesia de la Diócesis en la cual fueron seleccionados. *Diputados en reuniones especiales*

   c. Cualquier vacante en la representación de una Diócesis causada por fallecimiento, ausencia o incapacidad de cualquier Diputado, será llenada temporal o permanentemente en la forma dispuesta por la Diócesis o, en ausencia de tal disposición, por nombramiento de la Autoridad Eclesiástica de la Diócesis. Durante los plazos especificados en el certificado que le expida la autoridad designada a dicha persona, el Diputado Provisional así nombrado tomará posesión y tendrá derecho a ejercer la facultad y autoridad del Diputado en cuyo lugar haya sido nombrado. *Vacante*

Sec. 4. a. Todas las jurisdicciones de esta Iglesia facultadas por la Constitución o los Cánones para escoger Diputados de la Convención General, deberán hacerlo a más tardar 12 meses antes de la apertura de la Convención General para la cual son escogidos. Los diputados de las jurisdicciones que no cumplan con este requisito de elección no podrán tomar asiento a menos que así lo permita un dictamen del funcionario presidente. *Elección de Diputados*

   b. Será el deber de todo Diputado con escaño comunicar a la jurisdicción electora las medidas tomadas y las posiciones establecidas por la Convención General.

c. Será la responsabilidad de cada Diócesis facilitar un foro en el cual los Diputados de la Convención General de dicha jurisdicción tengan la oportunidad de informar.

Secretario

Sec. 5. a. El Secretario de la Convención General, *ex officio*, será el Secretario de la Convención General, cuyo deber será el de recibir todos los diarios, archivos, informes y otros documentos o artículos que sean, o que llegasen a ser, propiedad de cualquiera de las dos Cámaras de la Convención General. Asimismo, transferirá los mismos a los Archivos de la Iglesia, como lo disponga el Archivista.

Levantamiento y transmisión de expedientes

b. También será deber de dicho Secretario conservar un registro adecuado de las ordenaciones y consagraciones de todos los Obispos de esta Iglesia, indicando con exactitud el lugar y hora de las mismas, con los nombres de los Obispos Consagrantes y de las otras personas presentes y participantes; también deberá autenticar estos hechos en la forma más completa posible y se asegurará de llevar un registro y autenticación similares de todas las futuras ordenaciones, y consagraciones y entronaciones de Obispos de esta Iglesia; y transmitirá los mismos a los Archivista de la Iglesia como lo disponga el Archivista. El Obispo Presidente informará al Secretario oportunamente del lugar y la hora de dichas ordenaciones y consagraciones; será obligación del Secretario asistir a dichas ordenaciones y consagraciones, en persona o por medio de un Subregistrador clérigo o laico.

Cartas de consagración

c. El Secretario elaborará, en la forma establecida por la Cámara de Obispos, las cartas de Ordenación y Consagración por duplicado, obtendrá inmediatamente las firmas y sellos de los Obispos ordenantes y consagrantes y de todos los demás Obispos asistentes, en la medida que sea factible, entregará una de dichas cartas al Obispo recién consagrado, archivará y conservará debidamente la otra y registrará el hecho en las actas oficiales.

El Secretario como Historiógrafo

d. El Secretario será también el Historiógrafo, a menos que la Cámara de Obispos hubiera nombrado a otra persona, y, en este caso, la Cámara de Diputados confirmará la propuesta.

e. Los gastos necesarios incurridos bajo esta Sección serán sufragados por el Tesorero de la Convención General.

Los diarios y papeles se enviarán al Secretario y a los archivos

f. Será deber de los Secretarios de ambas Cámaras entregarle al Secretario las actas de ambas Cámaras, junto con los Diarios, archivos, papeles, informes, registros electrónicos y todos los demás expedientes de ambas Cámaras de la forma prescrita por el Archivista. Las actas de ambas Cámaras permanecerán archivadas hasta después de clausurada la primera Convención General siguiente a aquella en que se anotaron dichas actas; *se dispone, no obstante,* que cualquier porción de dichas actas que por cualquier motivo no hubiese sido publicada en el Diario, permanecerá en los archivos. El Secretario de la Cámara de Diputados también entregará al Secretario, de la manera prescrita por el Archivista, a menos que se ordene expresamente lo contrario, todos los Diarios, archivos, papeles, informes y otros documentos publicados, no publicados o electrónicos especificados en el Canon I.6. Los Secretarios exigirán del Secretario recibos de los Diarios y otros expedientes. El Secretario deberá transmitir las actas de los secretarios de ambas Cámaras al Archivista de la Iglesia.

g. En caso de una vacante en el cargo de Secretario, el Obispo Presidente nombrará a un Secretario que desempeñará el cargo hasta la siguiente Convención General.

Vacante

Sec. 6. a. La Cámara de Diputados, por propuesta de la Cámara de Obispos, elegirá a un Anotador (quien podrá ser una persona física o una organización incorporada de esta Iglesia), cuyo deber es y será continuar la Lista de Ordenaciones y llevar una Lista de Clérigos solventes.

Anotador

b. Será deber del Obispo o, si no lo hubiera, del Presidente del Comité Permanente de cada jurisdicción, enviar al Anotador a más tardar el primer día de marzo de cada año, un informe certificando la siguiente información hasta el día treinta y uno de diciembre del año anterior: (1) el nombre de los Clérigos con residencia canónica con sus distintos cargos; (2) el nombre de los Clérigos con licencia del Obispo para oficiar, sin estar aún transferidos; (3) el nombre de todas las personas asociadas a la jurisdicción que hayan sido ordenadas Diáconos o Presbíteros durante los doce meses anteriores, con la fecha y lugar de ordenación y el nombre del Obispo Ordenante; (4) el nombre de los Clérigos de la jurisdicción que hayan fallecido en los últimos doce meses, con la fecha y el lugar de su muerte; (5) el nombre de los Clérigos de que hayan sido recibidos en los últimos doce meses, con la fecha de su recepción y el nombre de la jurisdicción de procedencia y, en el caso de Clérigos recibidos de una jurisdicción que no sea de esta Iglesia, la fecha y el lugar de ordenación y el nombre del Obispo Ordenante; (6) el nombre de los Clérigos que hayan sido transferidos durante los doce meses anteriores, con las fechas de las Cartas Dimisorias y de su aceptación, y el nombre de la jurisdicción a la cual fueron transferidos; (7) el nombre de los Clérigos que hayan sido suspendidos en los últimos doce meses, con la fecha y el motivo de la suspensión; (8) el nombre de los Clérigos que hayan sido removidos o destituidos en los últimos doce meses, con fecha, lugar y motivo de la remoción o deposición; (9) el nombre de los Clérigos que hayan sido restaurados en los últimos doce meses, con la fecha respectiva; y (10) el nombre de las Diaconisas canónicamente residentes en la Diócesis.

Información que se enviará al Anotador

c. Será deber del Anotador suministrar, en la autoridad correspondiente y a cuenta del solicitante, toda información que pudiera tener en su custodia el Anotador, partiendo de los informes dispuestos en virtud del Aparato .b del presente.

El Anotador proporcionará información

d. El Anotador elaborará y presentará ante cada sesión de la Convención General una lista de todos los Presbíteros y Diáconos ordenados, recibidos, transferidos, relevados y destituidos, retornados, suspendidos, depuestos o restaurados; de todos los Obispos ordenados, recibidos, relevados y destituidos, retornados, suspendidos, depuestos o restaurados; y de todos los Obispos, Presbíteros y Diáconos

Informe para la Convención General

que hayan fallecido; dicha lista cubrirá el período desde el último informe similar del Anotador hasta el treinta y uno de diciembre inmediatamente anterior a cada sesión de la Convención General.

Gastos

e. Los gastos necesarios incurridos por el Anotador en virtud de esta Sección serán sufragados por el Tesorero de la Convención General.

Vacante

f. En caso de una vacante en el cargo de Anotador, el Obispo Presidente nombrará un Anotador, quien desempeñará el cargo hasta la siguiente Convención General.

Tesorero de la Convención General

Sec. 7. a. En todas las reuniones ordinarias de la Convención General, se elegirá a un Tesorero (quien también podrá ser Tesorero de la Sociedad Misionera Nacional y Extranjera [DFMS] y del Consejo Ejecutivo) por acto simultáneo de ambas cámaras, el cual permanecerá en el cargo hasta que se elija a su sucesor. Será el deber del Tesorero recibir y desembolsar todo dinero recaudado bajo la autoridad de la Convención, siempre que dicha recaudación y desembolso no estén ordenados de otra forma; además, con la asesoría y aprobación del Obispo Presidente y del Tesorero del Consejo Ejecutivo, invertirá, periódicamente, cualquier fondo excedente. El Tesorero rendirá su informe para la Convención en cada sesión ordinaria, el cual será sometido a una auditoría bajo la dirección de un comité que actúe bajo su autoridad.

Vacante

b. En caso de una vacante por fallecimiento, renuncia u otro motivo, en el cargo de Tesorero de la Convención General, el Obispo Presidente y el Presidente de la Cámara de Diputados nombrarán a un Tesorero, quien desempeñará el cargo hasta elegir a su sucesor. En caso de incapacidad temporal del Tesorero para actuar, debido a enfermedad u otra causa, los mismos funcionarios nombrarán a un Tesorero Interino que realizará todos los deberes del Tesorero hasta que dicho Tesorero pueda reanudar sus deberes.

Presupuesto de Gastos de la Convención General

Sec. 8. a. La Convención General deberá adoptar, en cada reunión ordinaria, un presupuesto para La Iglesia Episcopal que incluya los gastos imprevistos de la Convención General, el estipendio del Obispo Presidente, así como los gastos necesarios de su cargo, los gastos necesarios del Presidente de la Cámara de Diputados, incluidos el personal y el Consejo Asesor que se requieran para asistirle en el ejercicio de sus funciones y asuntos relacionados con el Presidente y las alícuotas aplicables al Church Pension Fund. A fin de sufragar los gastos de este presupuesto, se impondrá una alícuota a las Diócesis de la Iglesia de acuerdo con una fórmula que la Convención General deberá adoptar como parte del presupuesto de La Iglesia Episcopal. Deberá ser obligación de cada Convención Diocesana pagarle su alícuota al Tesorero de la Convención General según el calendario establecido por el Consejo Ejecutivo.

Financiación de la Coalición Episcopal para la Equidad y la Justicia Racial

b. La Coalición Episcopal para la Equidad y la Justicia Racial (la "Coalición"), creada por la 80ª Convención General, deberá financiarse en parte con un retiro de una décima parte anual de los fideicomisos y los fondos patrimoniales no restringidos de la Iglesia, tal y como se determina en los estados financieros auditados más recientes, a una tasa porcentual igual al porcentaje del retiro aplicado para financiar el presupuesto de la Iglesia, tal y como se describe en la subsección 8.a de este Canon. La cantidad de financiamiento estimado para la Coalición se describirá en el presupuesto de la Iglesia Episcopal solo con fines informativos. El financiamiento de la Coalición deberá ser proporcionado por el Tesorero después de que el Consejo Ejecutivo declare el porcentaje anual del retiro. La Coalición deberá presentar un informe ante todas las reuniones ordinarias de la Convención General, proporcionando estados financieros e informes auditados sobre su ministerio y su participación en la misión de Dios.

Sec. 9. El Tesorero de la Convención General estará facultado para solicitar préstamos, en nombre del Consejo Ejecutivo, por cualquier cantidad que a juicio del Tesorero fuera necesaria para ayudar a pagar los gastos del presupuesto de La Iglesia Episcopal adoptado según el Canon I.1.8, con la aprobación del Consejo Ejecutivo. *El Tesorero podrá pedir préstamos*

Sec. 10. El Tesorero deberá proporcionar una fianza condicionada al fiel cumplimiento de sus deberes. El monto y los términos de la misma estarán sujetos a la aprobación del Obispo Presidente, y el costo de dicha fianza será sufragado por la Convención General. *Dará fianza*

Sec. 11. El Tesorero podrá nombrar, dependiendo de la aprobación del Obispo Presidente, a un Tesorero Adjunto, quien desempeñará el cargo mientras así lo disponga el Tesorero y cumplirá con aquellos deberes que este le asigne. El Tesorero Adjunto deberá proporcionar una fianza condicionada al fiel cumplimiento de sus deberes. El monto y los términos de la misma estarán sujetos a la aprobación del Obispo Presidente, y el costo de dicha fianza será sufragado por la Convención General. *Podrá nombrar a un Tesorero Adjunto*

Sec. 12. a. Habrá una Dirección Ejecutiva de la Convención General, encabezada por un Director Ejecutivo de la Convención General que será nombrado conjuntamente por el Obispo Presidente y el Presidente de la Cámara de Diputados con el asesoramiento y consentimiento del Consejo Ejecutivo. El Director Ejecutivo se reportará al Consejo Ejecutivo y actuará por órdenes del mismo. *Dirección Ejecutiva de la Convención General*

b. La Oficina Ejecutiva de la Convención General deberá incluir las funciones del Secretario de la Convención General y del Tesorero de la Convención General, así como las del Gerente de la Convención General, y, si los distintos cargos son desempeñados por diferentes personas, dichos funcionarios deberán estar bajo la supervisión general del Director Ejecutivo de la Convención General, quien deberá también coordinar el trabajo de las Comisiones, Comités, Agencias y Juntas financiadas por el presupuesto de La Iglesia Episcopal. *Funciones*

Sec. 13. a. En cada reunión de la Convención General, el Comité Permanente Conjunto sobre Planificación y Arreglos deberá presentarle a la Convención General sus recomendaciones sobre lugares para la celebración de la Convención General que tendrá *Selección de la sede* lugar como segunda Convención General posterior a la Convención General en la que se haya realizado el informe. Al hacer dichas recomendaciones, el Comité constatará a la Convención la disposición de las Diócesis donde se encuentran los lugares recomendados para celebrar la Convención General en sus jurisdicciones.

Aprobación de los lugares

b. De los lugares recomendados por el Comité Conjunto, la Convención General aprobará no menos de tres y no más de cinco lugares como posibles sedes para la reunión de la Convención General.

Determinación del lugar

c. De los lugares aprobados por la Convención General, el Comité Conjunto, con el consejo y el consentimiento de un voto mayoritario de: los Presidentes y Vicepresidentes de ambas Cámaras de la Convención, los Presidentes de las Provincias y el Consejo Ejecutivo, determinarán la sede para dicha Convención General y procederán a hacer todos los arreglos razonables y necesarios y los compromisos para la celebración de dicha Convención General. Por lo tanto, la sede y la fecha se considerarán de este modo como designados por la Convención General, como se dispone en la Constitución.

Aviso a las Diócesis

d. Una vez determinada la sede y los arreglos para la celebración de dicha Convención General, el Comité Conjunto informará al Secretario de la Convención General, quien comunicará esa determinación a las Diócesis.

Cambios en la fecha y la duración de la Convención General

e. Según las pautas establecidas por la Convención General con respecto a la fecha y duración de futuras Convenciones Generales, y de conformidad con los arreglos razonables y necesarios y los compromisos adquiridos con las Diócesis y operadores de las instalaciones dentro de la Diócesis en la cual tendrá lugar la siguiente Convención General, el Comité Conjunto fijará la fecha y la duración de la siguiente Convención, dará esa información al Secretario de la Convención General y la incluirá en su informe para la Convención. En caso de un cambio de circunstancias que requiera la necesidad o conveniencia de cambiar la fecha o duración previamente fijadas, el Comité Conjunto deberá investigar y hacer recomendaciones al Obispo Presidente y al Presidente de la Cámara de Diputados, quienes con el consejo y consentimiento del Consejo Ejecutivo, podrán fijar una fecha o duración diferentes.

CANON 2: del Obispo Presidente

Miembros del Comité Nominador

Sec. 1. a. En cada Convención General se elegirá un Comité Nominador Conjunto para la Elección del Obispo Presidente. El Comité Nominador deberá estar formado por 20 miembros, de la siguiente manera: cinco Obispos elegidos por la Cámara de Obispos; cinco personas del clero, incluida por lo menos una persona del diaconado y cinco del laicado, elegidas por la Cámara de Diputados, que podrían ser miembros de dicha Cámara, aunque no necesariamente; dos personas, de entre 16 y 23 años de edad, designadas por el Presidente de la Cámara de Diputados; y tres personas designadas conjuntamente por el Obispo Presidente y el

Presidente de la Cámara de Diputados para asegurar la diversidad cultural y geográfica de la Iglesia. El Comité Permanente Conjunto sobre Nominaciones propondrá una lista de nominados para los puestos de elección, de acuerdo con su cargo y procedimientos canónicos. En todos los casos, los nominados y designados deberán tener las aptitudes necesarias para prestar un servicio eficaz en el Comité Nominador.

b. En caso de ocurrir vacantes en el Comité Nominador Conjunto después de la elección de sus miembros menos de un año antes de la siguiente Convención General debidas a fallecimiento, discapacidad, renuncia u otra causa, estas no se llenarán y los miembros restantes constituirán el Comité Nominador Conjunto. En caso de que las vacantes ocurriesen más de un año antes de la siguiente Convención General, el Funcionario Presidente de la Cámara de Obispos nominará a Obispos y el Presidente de la Cámara de Diputados nominará a Diputados Clericales y Laicos. Un miembro laico del Comité que es Presbítero o Diácono ordenado, o un Presbítero o Diácono que sea consagrado como Obispo antes de la próxima Convención General, no será elegible para continuar como miembro del Comité Nominador Conjunto hasta la siguiente Convención General siguiente. *Vacantes en el Comité Nominador*

c. El Comité Nominador Conjunto permanecerá en funciones hasta la clausura de la siguiente Convención General, durante la cual se elegirá a un nuevo Comité Nominador Conjunto. Los miembros del Comité pueden postularse para reelección. *Duración del Comité Nominador*

d. El Comité Nominador Conjunto deberá elaborar y administrar un proceso para solicitar e identificar a nominados calificados para el cargo de Obispo Presidente y para proporcionar los candidatos a la Convención General en la que será elegido un Obispo Presidente. El proceso debe permitir que el trabajo se lleve a cabo de manera eficiente y tan rentable como sea posible. Este proceso estará diseñado para alentar la diversidad que refleje la amplitud de La Iglesia Episcopal. El proceso incluirá (1) el Comité Nominador informará a la Iglesia en general sobre el proceso y el programa; (2) el Comité Nominador preparará un perfil para la elección del próximo Obispo Presidente y este perfil se distribuirá por toda la Iglesia; (3) presentando los nombres de al menos tres miembros de la Cámara de Obispos para que juntas, la Cámara de Obispos y la Cámara de Diputados, los consideren para la elección de un Obispo Presidente; (4) estableciendo un proceso oportuno para que cualquier obispo o diputado exprese la intención de nominar a cualquier otro miembro de la Cámara de Obispos por medio de un proceso de peticiones, y para que cada nominado por este medio nominado sea aprobado siguiendo el mismo proceso de comprobación de referencias personales y antecedentes que el resto de los candidatos, y para que cada Obispo por ese medio nominado pueda incluirse en la información que se distribuirá sobre candidatos, y (5) facilitando atención pastoral para cada obispo nominado y su familia y su diócesis. *Proceso de candidatura*

Comité de transición

e. El Obispo Presidente y el Presidente de la Cámara de Diputados nombrarán un Comité de Transición del Obispo Presidente. Los miembros deberán tener las habilidades y talentos necesarios para determinar la necesidad y proporcionar asistencia de transición al Obispo Presidente y al Obispo Presidente electo.

Comité de instalación

f. El Consejo Ejecutivo designará un pequeño Comité de Instalación del Obispo Presidente que cuente con las habilidades y talentos necesarios para planificar y llevar a cabo una Celebración del Nuevo Ministerio para el nuevo Obispo Presidente.

Elección después de la Sesión Conjunta

g. En la Convención General en la cual se elegirá a un Obispo Presidente, el Comité Nominador Conjunto presentará a la Cámara de Obispos y a la Cámara de Diputados en Sesión Conjunta los nombres de por lo menos tres miembros de la Cámara de Obispos, junto con los de los nominados por medio del proceso de peticiones, a la consideración de las dos Cámaras para escoger a un Obispo Presidente, y podrá haber debate sobre todos los nominados. Comenzando al día siguiente de la Sesión Conjunta, la Cámara de Obispos llevará a cabo la elección de entre dichas personas nominadas. Si la Cámara de Obispos no pudiese elegir a un Obispo Presidente de entre dichos candidatos, se celebrará otra Sesión Conjunta, en la cual se podrán recibir candidaturas adicionales, y al día siguiente, la Cámara de Obispos llevará a cabo la elección de entre todos los nominados. Luego de la elección por la Cámara de Obispos, se dará un informe de los resultados a la Cámara de Diputados, el cual incluirá la cantidad de votos emitidos por cada persona nominada en cada papeleta, la cual votará para confirmar o no a la persona nominada como Obispo Presidente.

Vacante entre reuniones de la Convención General

h. En el caso de que ocurriera una vacante en el cargo de Obispo Presidente entre reuniones de la Convención General, según lo especifica el segundo párrafo del Artículo I, Sección 3, de la Constitución, el Comité Nominador Conjunto presentará al Secretario de la Cámara de Obispos, según lo dispuesto en dicho artículo, los nombres de por lo menos tres miembros de la Cámara de Obispos para la consideración de dicha Cámara a fines de escoger un Obispo Presidente para llenar la vacante; simultáneamente, por la misma vía, trasmitirá una copia de dicho informe al Secretario de la Cámara de Diputados a fin de hacer el despacho por correo a todos los Diputados. Tal informe también será despachado a la prensa de la Iglesia y a la prensa secular. Luego, la Cámara de Obispos tendrá una reunión extraordinaria con el propósito de elegir a un Obispo Presidente para llenar la vacante, y en dicha elección, el voto recaerá sobre las personas nominadas por el Comité Nominador Conjunto y cualquiera otra propuesta de algún miembro votante de la Cámara de Obispos. Inmediatamente después de la elección de la Cámara de Obispos, el Secretario de la Cámara de Obispos informará al Presidente y al Secretario del Comité Permanente de cada Diócesis, pidiendo una reunión lo antes posible a fin de considerar la aprobación. Al recibo de la aprobación de una mayoría de los

Comités Permanentes de las Diócesis, el Obispo Presidente Electo será declarado elegido.

Sec. 2. a. El período de ejercicio del Obispo Presidente, cuando sea elegido de conformidad con el primer párrafo del Artículo I, Sección 3 de la Constitución, comenzará el 91° día después de la clausura de la Convención en la que se elija a dicho Obispo Presidente y terminará el 91° día después de la clausura de la tercera reunión ordinaria sucesiva de la Convención General. Pero si el Obispo Presidente alcanza la edad de setenta y dos años antes de completar dicho período de ejercicio, debe renunciar al cargo ante la reunión ordinaria de la Convención General más próxima anterior a la fecha en que alcance dicha edad, y la renuncia entrará en vigor cuando asuma el cargo un sucesor. En esa Convención se elegirá a un sucesor, que asumirá el cargo en el 91° día después de la clausura de esa Convención General. Si la reunión ordinaria de la Convención General en la que se espera elegir al sucesor del Obispo Presidente se pospone más allá de la fecha originalmente fijada de conformidad con el Canon I.1.13.c, y si como resultado de dicho aplazamiento el Obispo Presidente alcanza la edad de setenta y dos años antes de que un sucesor pueda ser elegido y asuma el cargo, entonces el Obispo Presidente podrá ejercer su cargo hasta que el sucesor tome posesión del cargo, independientemente de que haya alcanzado la edad de setenta y dos años, pero a más tardar 90 días después de la clausura de la siguiente reunión de la Convención General.. *Período de ejercicio*

b. Cuando la Cámara de Obispos elija a un Obispo Presidente de conformidad con el segundo párrafo del Artículo I, Sección 3 de la Constitución para llenar una vacante, el Obispo Presidente así elegido tomará posesión de su cargo inmediatamente.

Sec. 3. a. Al vencimiento del mandato del cargo de Obispo Presidente, el Obispo electo como su sucesor presentará ante la Cámara de Obispos su renuncia a su anterior jurisdicción, la cual tendrá efecto en la fecha en que asuma el cargo de Obispo Presidente, o no más de seis meses después, en caso de un motivo justificado y con el consentimiento del Consejo Asesor establecido según el las Reglas de Orden de la Cámara de Obispos. *Renuncia a la jurisdicción anterior*

b. La Cámara de Obispos tomará inmediatamente las medidas respectivas con respecto a esa renuncia.

Sec. 4. a. El Obispo Presidente de la Iglesia será el Pastor Principal y Primado de la Iglesia, y deberá: *Pastor Principal y Primado*
1. Tener responsabilidad de liderazgo en la iniciación y el desarrollo de las políticas y la estrategia en la Iglesia y de hablar por la Iglesia en cuanto a las políticas, estrategias y programas autorizados por la Convención General. *Políticas y estrategia*
2. Predicar la Palabra de Dios a la Iglesia y al mundo, como representante de esta Iglesia y de su episcopado en su capacidad colectiva; *Representante de la Iglesia y episcopado*

Disponer oficios temporales en una Diócesis

Convocar a Obispos

Funcionario presidente

Visitas

Recolección de datos

Informes y cartas pastorales

Podrán delegar autoridad

Podrá nombrar al Canciller

Estipendios

3. Consultar con la Autoridad Eclesiástica, en caso de una vacante Episcopal dentro de una Diócesis, con el fin de disponer Oficios Episcopales adecuados temporales;
4. Asumir responsabilidad de la consagración de los Obispos, cuando debidamente elegidos; y periódicamente, convocar a los Obispos de esta Iglesia a reuniones, como Cámara de Obispos o como Consejo de Obispos y disponer el lugar y la fecha de dichas reuniones;
5. Presidir las reuniones de la Cámara de Obispos y cuando las dos Cámaras de la Convención General se reúnan en Sesión Conjunta, tendrá el derecho de presidir dichas sesiones, convocarlas, recomendar legislación a cualquier de las Cámaras y, después de la debida notificación, presentarse ante la Cámara de Diputados y dirigirse a ella; y cuando se dirija a la Convención General con relación al estado de la Iglesia, será incumbencia de ambas Cámaras considerar y actuar sobre cualquier recomendación contenida en dicha alocución;
6. Visitar todas las Diócesis de esta Iglesia con el propósito de: (i) realizar consultas pastorales con el o los Obispos de las mismas y, por su recomendación, con los líderes Laicos y clericales de la jurisdicción; (ii) predicar la Palabra; y (iii) celebrar la Santa Eucaristía.
7. Tomar medidas para el análisis de datos apropiados sobre la misión de esta Iglesia, sus oportunidades y sus desafíos. Un informe anual, publicado gratuitamente para la Iglesia, incluirá datos que permitan a la Sociedad Misionera Nacional y Extranjera, la Convención General, el Consejo Ejecutivo, las diócesis, las congregaciones y los líderes locales tomar decisiones basadas en datos

b. El Obispo Presidente informará anualmente a la Iglesia y podrá, periódicamente, emitir Cartas Pastorales.

c. El Obispo Presidente desempeñará las demás funciones que se prescriban en estos Cánones; y, para poder desempeñar mejor dichos deberes y responsabilidades, el Obispo Presidente podrá nombrar, en los puestos que establezca el Consejo Ejecutivo de la Convención General, a funcionarios responsables ante él, los cuales podrán delegar la autoridad según lo consideren adecuado.

Sec. 5. El Obispo Presidente podrá también nombrar a un Canciller del Obispo Presidente, que sea un adulto confirmado en buena posición y comulgante de la Iglesia, versado tanto en leyes eclesiásticas como seculares, para ocupar dicho cargo como consejero en materias relacionadas con el desempeño de las obligaciones de dicho cargo hasta que así lo desee el Obispo Presidente.

Sec. 6. Los estipendios del Obispo Presidente y de los asistentes personales que fueran necesarios durante su período de ejercicio para la realización efectiva de sus deberes, y los gastos necesarios de esa oficina, serán establecidos por la Convención General y deberán contemplarse en el presupuesto presentado por el Consejo Ejecutivo, según las disposiciones del Canon I.4.6.

Sec. 7. En caso de discapacidad del Obispo Presidente, el Obispo que le suceda como Presidente de acuerdo con las Reglas de la Cámara de Obispos, sustituirá al Obispo Presidente para todos los efectos de estos Cánones, excepto los titulados "De la Sociedad Misionera Nacional y Extranjera" y "Del Consejo Ejecutivo". *En caso de incapacidad*

Sec. 8. Una vez aceptada la renuncia del Obispo Presidente por causas de discapacidad, antes del vencimiento de su período de ejercicio, el Obispo Presidente recibirá, además de cualquier concesión que pudiera recibir del Church Pension Fund, un subsidio por discapacidad que pagará el Tesorero de la Convención General en una suma que será determinada por el Consejo Ejecutivo y ratificada en la próxima reunión ordinaria de la Convención General. *Subsidio por discapacidad*

CANON 3: de la Sociedad Misionera Nacional y Extranjera

La Constitución de dicha Sociedad, que fue incorporada por decreto de la Legislatura del Estado de Nueva York, con todas sus enmiendas, es por este intermedio enmendada y establecida y dice lo siguiente: *Constitución de la Sociedad Misionera Nacional y Extranjera de La Iglesia Episcopal Protestante de los Estados Unidos de América, establecida en 1821, y enmendada en varias ocasiones posteriores.*

ARTÍCULO I Esta organización se denominará la Sociedad Misionera Nacional y Extranjera de La Iglesia Episcopal Protestante de Estados Unidos de América, y se considerará que la misma incluye a todas las personas que son miembros de la Iglesia. *Nombre de la organización*

ARTÍCULO II El Consejo Ejecutivo, conforme se constituye por los Cánones, será su Consejo Ejecutivo y aprobará los estatutos para su gobierno de conformidad con la Constitución y los Cánones. *Consejo Ejecutivo*

ARTÍCULO III Los funcionarios de la Sociedad serán un Presidente, Vicepresidentes, un Secretario, un Tesorero y los demás funcionarios designados de conformidad con los Cánones o los Estatutos. El Obispo Presidente de la Iglesia será el Presidente de la Sociedad; un Vicepresidente será la persona que ejerza el cargo de Presidente de la Cámara de Diputados y otro será la persona que es el Director de Operaciones; el Tesorero será la persona que ejerza el cargo de Director Ejecutivo de Finanzas del Consejo Ejecutivo; y el Secretario será la persona que ejerza el cargo de Secretario del Consejo Ejecutivo y tendrá las facultades y desempeñará las funciones dispuestas en los Estatutos. Los demás directivos de la Sociedad serán los que se dispongan en los Estatutos de la misma. El ejercicio de los cargos, las remuneraciones, las facultades y los deberes de los funcionarios de la Sociedad serán los que se determinen en los Cánones y los Estatutos de la Sociedad acordes con los mismos. *Funcionarios*

Enmienda

ARTÍCULO IV La presente Constitución de la Sociedad podrá ser modificada o enmendada en cualquier momento por la Convención General de la Iglesia.

CANON 4: del Consejo Ejecutivo

Función y responsabilidad

Sec. 1. a. Habrá un Consejo Ejecutivo de la Convención General (que por lo general se denominará Consejo Ejecutivo o simplemente Consejo), cuyo deber será supervisar la ejecución del programa y las políticas adoptados por la Convención General. El Consejo Ejecutivo tendrá la supervisión de la labor realizada por la Sociedad Misionera Nacional y Extranjera en su calidad de su Consejo Ejecutivo. El Consejo tendrá la responsabilidad de supervisar la disposición del dinero y otros bienes de la Sociedad Misionera Nacional y Extranjera de conformidad con las disposiciones de este Canon y las resoluciones, órdenes y presupuestos aprobados o autorizados por la Convención General. También será responsabilidad del Consejo Ejecutivo supervisar el trabajo de la Oficina de la Convención General y del Director Ejecutivo de la Convención General, quien se reportará directamente ante el Consejo Ejecutivo. Además, el Consejo tendrá la responsabilidad de supervisar la disposición de los fondos de la Oficina de la Convención General. El Consejo adoptará los procedimientos que considere apropiados para la aprobación de los gastos de la Sociedad Misionera Nacional y Extranjera y de la Oficina de la Convención General.

Responsabilidad

b. El Consejo Ejecutivo rendirá cuentas a la Convención General y presentará un informe completo y publicado sobre el trabajo de los organismos bajo su responsabilidad en cada reunión de la Convención General. El informe incluirá información acerca de la implementación de todas las resoluciones adoptadas en la Convención General anterior en las que el Consejo Ejecutivo, la Sociedad Misionera Nacional y Extranjera y la Oficina de la Convención General hayan pedido la adopción de las medidas.

Autoridad

c. El Consejo ejercerá las facultades que le confieran los Cánones, además de las que pudieran ser designadas por la Convención General y, entre sesiones de la misma, podrá iniciar y desarrollar cualquier trabajo nuevo que considere necesario. Con sujeción a lo dispuesto en estos Cánones, puede promulgar Estatutos para su propio gobierno y promulgar procedimientos para sus propios comités.

Composición

d. El Consejo Ejecutivo estará compuesto de (a) 20 miembros elegidos por la Convención General, de los cuales cuatro serán Obispos, cuatro Presbíteros o Diáconos y 12 Laicos que sean adultos confirmados y comulgantes en buena posición (dos Obispos, dos Presbíteros o Diáconos y seis Laicos serán elegidos en cada sesión ordinaria posterior de la Convención General); (b) 18 miembros elegidos por los Sínodos Provinciales, y (c) los siguientes miembros *ex officiis*: el Obispo Presidente y el Presidente de la Cámara de Diputados, y (d) el Director General de Operaciones, el Secretario de la Convención General, el Tesorero de la Convención General, el

Director de Finanzas de la Sociedad Misionera Nacional y Extranjera y el Director Jurídico del Consejo Ejecutivo, quienes tendrán escaño y voz, pero no derecho a voto. Cada Provincia tendrá derecho a ser representada por un Obispo o Presbítero o Diácono con residencia canónica en una Diócesis que sea miembro constituyente de la Provincia, y por un Laico que sea un adulto comulgante, confirmado y con buena reputación de una Diócesis que sea miembro constituyente de la Provincia, y los plazos de los representantes de cada Provincia serán rotados de tal forma que nunca dos personas serán elegidas simultáneamente para períodos de mandato equivalentes.

e. El Consejo Ejecutivo nombrará una comisión de entre sus miembros para ayudar al Consejo a (i) asesorar al Comité Permanente Conjunto sobre Nominaciones y a los Consejos Provinciales en las habilidades, los dones y la experiencia que se necesitan en el Consejo Ejecutivo para que pueda funcionar con la máxima eficacia, y si dichas habilidades están en ese momento representadas o no, y (ii) crear una descripción de las habilidades, los dones y la experiencia necesarios para servir en el Consejo Ejecutivo, incluido el valor de la diversidad cultural y geográfica en el Consejo y el valor de incluir voces históricamente subrepresentadas en el gobierno de la Iglesia.

f. Entre los miembros del Consejo Ejecutivo que elegirá la Convención General, la Cámara de Obispos elegirá a los Obispos con sujeción a la confirmación de la Cámara de Diputados, y la Cámara de Diputados elegirá a los Presbíteros, Diáconos y Laicos con sujeción a la confirmación de la Cámara de Obispos. *Elección*

g. Excepto en el caso de miembros inicialmente electos para plazos más cortos a fin de lograr la rotación de los plazos, el período de ejercicio de los miembros del Consejo (que no sean miembros *ex officiis*) será igual al doble del intervalo entre reuniones ordinarias de la Convención General. El período de mandato de todos los miembros comenzará inmediatamente después de clausurada la Convención General en la cual fueron elegidos o, en el caso de elección por un sínodo, al clausurarse la primera reunión ordinaria de la Convención General después de dicha elección. El período de mandato de un miembro quedará vacante después de dos ausencias de las reuniones del Consejo en el intervalo entre reuniones regulares sucesivas de la Convención General a menos que sea justificado por el Presidente o el Vicepresidente por causas válidas. Los miembros permanecerán en sus cargos hasta que sus sucesores sean elegidos y confirmados. Ninguna persona que hubiese servido por lo menos tres años consecutivos en el Consejo Ejecutivo calificará para reelección inmediata por un plazo de más de tres años. Después de que una persona haya servido seis años consecutivos en el Consejo Ejecutivo, deberá transcurrir un plazo de tres años para que tal persona califique para su reelección al Consejo. *Períodos de ejercicio*

h. En caso de que se produzca una vacante en el Consejo por fallecimiento, renuncia, incapacidad u otra razón con respecto a un miembro elegido por la Convención General, el Consejo cubrirá *Vacante* dicha vacante mediante la elección de una persona adecuada para el cargo hasta que su sucesor sea elegido por la Convención General.

i. Si ocurriera alguna vacante en el Consejo porque un Sínodo Provincial no eligió a un miembro, o porque uno de sus miembros falleció, renunció o lo destituyeron de la Provincia, el Consejo Provincial de dicha Provincia nombrará a una persona apropiada para ocupar el cargo hasta que el Sínodo Provincial llene la vacante mediante elección.

Funcionarios

Sec. 2. a. El Obispo Presidente deberá, *ex officio*, ser el Director Ejecutivo del Consejo Ejecutivo y, como tal, tendrá la obligación de supervisar el trabajo del Consejo Ejecutivo en la implementación del ministerio y la misión de la Iglesia según sean encomendados al Consejo Ejecutivo por la Convención General.

b. El Presidente de la Cámara de Diputados, deberá, *ex officio*, ser el Vicepresidente del Consejo Ejecutivo.

c. El Secretario de la Convención General será *ex officio* el Secretario del Consejo Ejecutivo.

d. El Tesorero de la Convención General será *ex officio* el Tesorero del Consejo Ejecutivo.

e. El Director presidirá las reuniones del Consejo, desempeñará los deberes comunes de dicho cargo y cualquier otro deber que le pudieran conferir los Cánones y los Estatutos del Consejo. En ausencia del Director o por pedido del mismo, el Vicedirector presidirá las reuniones del Consejo y desempeñará cualquier otro deber que le sea conferido por los Cánones y por los Estatutos del Consejo.

f. Previa nominación conjunta por parte del Presidente y el Vicepresidente, el Consejo designará a un Director de Operaciones, quien actuará bajo la dirección de la Presidencia y se reportará ante ella. De ocurrir una vacante en dicho cargo de Director de Operaciones, se designará un sustituto de igual manera.

g. Previo nombramiento conjunto por parte del Presidente y el Vicepresidente, el Consejo designará a un Director de Finanzas, quien actuará bajo la dirección de la Presidencia y se reportará ante ella. Si ocurriese una vacante en dicho cargo, se nombrará un reemplazo de igual manera.

h. Previo nombramiento conjunto por parte del Presidente y el Vicepresidente, el Consejo designará a un Director Jurídico, quien actuará como abogado bajo la dirección de la Presidencia y se reportará ante ella. Si ocurriese una vacante en dicho cargo, se nombrará un reemplazo de igual manera.

Evaluaciones de rendimiento y ministerio

i. El Director de Operaciones, el Director de Finanzas y el Director Jurídico del Consejo Ejecutivo participarán en una evaluación de desempeño anual realizada por el Presidente, cuyos resultados se presentarán ante el Comité Ejecutivo del Consejo Ejecutivo.

j. Los Directores de la Sociedad Misionera Nacional y Extranjera y los Directores del Consejo Ejecutivo, y un comité de seis miembros del Consejo Ejecutivo que no sean directores, deberán participar en una evaluación de ministerio mutua cada dieciocho meses, facilitada por un consultor seleccionado por el Presidente y el Vicepresidente.

k. El Consejo elegirá a los miembros de la Iglesia del Consejo Asesor Anglicano (CCA) y de cualquier otro organismo anglicano y ecuménico para los cuales no se dispone otro procedimiento dispuesto en los Cánones. Los miembros del Consejo Asesor Anglicano que representen a La Iglesia Episcopal se reportarán ante cada Convención General utilizando el calendario y el formato que se requieran para Comisiones Permanentes en estos Cánones y le proporcionarán informes escritos completos al Consejo Ejecutivo en la siguiente reunión del Consejo que ocurra después de cada reunión del Consejo Asesor Anglicano.

Elección de representantes

Sec. 3. Al ser nominado conjuntamente por el Presidente y el Vicepresidente, el Consejo Ejecutivo deberá elegir un Comité de Auditoría del Consejo y de la Sociedad Misionera Nacional y Extranjera. El Comité estará compuesto de seis miembros: uno que, al momento del nombramiento, sea miembro del comité del Consejo Ejecutivo y cuya principal responsabilidad sean asuntos de finanzas; los cinco restantes serán miembros de la Iglesia general con experiencia en prácticas financieras y comerciales en general. Los miembros ejercerán sus funciones por un período que comenzará el 1° de enero siguiente a la reunión ordinaria de la Convención General en la que hayan sido elegidos o inmediatamente después de su nombramiento, lo que ocurra más tarde, y continuarán hasta el 31 de diciembre siguiente a la clausura de la siguiente reunión ordinaria de la Convención General o hasta que se nombre a un sucesor; asimismo, podrán ejercer sus funciones durante dos períodos consecutivos, después de los cuales deberá transcurrir un intervalo completo entre las reuniones ordinarias trienales de la Convención General para poder ser reelegidos. Anualmente el Comité de Auditoría elegirá a un Presidente del Comité de entre sus miembros. El Comité de Auditoría evaluará con regularidad los estados financieros relacionados con todos los fondos a cargo de la administración o control del Consejo y de la Sociedad Misionera Nacional y Extranjera, y emitirá informes al respecto para el Consejo, al menos una vez al año.

Comité de Auditoría

Previa recomendación del Comité de Auditoría, el Consejo Ejecutivo deberá contratar, en nombre del Consejo y la Sociedad Misionera Nacional y Extranjera, a una empresa de contadores públicos certificados para que hagan la auditoría anual de todas las cuentas bajo la administración o control del Consejo y la Sociedad Misionera Nacional y Extranjera. Después de recibida la auditoría anual, el Comité de Auditoría recomendará al Consejo y la Sociedad Misionera Nacional y Extranjera qué medida tomar en cuanto a cualquier asunto que se haya identificado en la auditoría anual y la carta administrativa acompañante. Las obligaciones del Comité de Auditoría deberán disponerse en los Estatutos del Comité de Auditoría. El Comité de Auditoría deberá evaluar los Estatutos del

Auditoría externa

Comité por lo menos cada año, y recomendar cualquier cambio al Consejo Ejecutivo para su aprobación.

Organismos del consejo y períodos de ejercicio

Sec. 4. Después de la clausura de una Convención General y sujetos a los fondos presupuestados para el propósito, el Presidente y el Vicepresidente, habiendo revisado las resoluciones adoptadas por la Convención General que dispongan estudio o actuación adicional, deberán acto seguido recomendar al Consejo Ejecutivo la formación de dichos comités y grupos de trabajo que sean necesarios para realizar ese trabajo. Cualquier resolución del Consejo Ejecutivo que cree un grupo de trabajo o un comité de estudio deberá especificar el tamaño y la composición, las funciones claras y expresas asignadas, el tiempo para completar el trabajo asignado, a quién se presentará el informe del organismo, y la cantidad y la fuente de financiamiento para el mismo. Los miembros de cada uno de esos organismos serán designados conjuntamente por el Presidente y el Vicepresidente, y la composición de los comités y los grupos de trabajo deberá reflejar las diversas voces de la Iglesia y un equilibrio de las órdenes de la Iglesia en consonancia con su sistema de gobierno histórico. Los comités y los grupos de trabajo así formados se vencerán al inicio de la siguiente Convención General, a menos que sean reasignados por el Presidente y el Vicepresidente y que el Consejo Ejecutivo los autorice de nuevo.

Reuniones

Sec. 5. a. El Consejo se reunirá por lo menos tres veces al año en el lugar y en la fecha establecidos conforme se estime conveniente, así como en otros momentos en que sea convocado. El Consejo se reunirá a petición del Presidente o por solicitud escrita de cinco de sus miembros.

Quórum

b. Será necesaria una mayoría de los miembros elegidos del Consejo para constituir el quórum en cualquier reunión del Consejo. No se tomará medida alguna en nombre del Consejo a menos que haya quórum, así definido, presente y votante. Un miembro puede participar y votar en reuniones del Consejo a través de la tecnología que permita a todos los participantes oírse mutua y simultáneamente y de conformidad con los procedimientos y directrices dispuestos en los estatutos del Consejo.

Gastos y salarios

c. Los miembros del Consejo Ejecutivo tendrán derecho al reembolso de los gastos razonables en que incurran por asistir a las reuniones, de conformidad con los procedimientos dispuestos y aprobados por el Consejo Ejecutivo. Salvo lo determinado por la Convención General, los sueldos de todos los directivos del Consejo y de todos los agentes y empleados del Consejo y de la Sociedad Misionera Nacional y Extranjera serán fijados por el Consejo.

Proyecto de Presupuesto

Sec. 6. a. Después de celebrar audiencias presupuestarias abiertas y accesibles, por lo menos cuatro meses antes de la siguiente reunión ordinaria de la Convención General, el Consejo Ejecutivo deberá presentar al Secretario de la Convención General una propuesta de presupuesto de La Iglesia Episcopal para el siguiente período presupuestario (como se utiliza en esta Sección 6, el "presupuesto"). El período presupuestario siguiente comprenderá los años civiles que comiencen el 1° de enero siguiente a la clausura de la última reunión ordinaria de la Convención General y terminen el 31 de diciembre posterior a la clausura de la siguiente reunión ordinaria de la Convención General.

b. Los ingresos para apoyar el presupuesto serán generados primordialmente mediante una alícuota única solicitada a las Diócesis de la Iglesia, basada en una fórmula que será adoptada por la Convención General como parte de su proceso presupuestario. Si en cualquier año el ingreso total esperado para el presupuesto es inferior a la suma requerida en el presupuesto aprobado por la Convención General, la porción canónica del presupuesto tendrá prioridad sobre cualquier otra área del mismo, con sujeción a las reducciones necesarias a fin de mantenerlo equilibrado. *Alícuota única*

c. Después de celebrar audiencias legislativas abiertas y accesibles sobre el presupuesto dentro de los 90 días anteriores a la Convención General y también durante la misma, deberá haber sesiones conjuntas de las dos Cámaras para la presentación del presupuesto; y a continuación, la Convención General lo examinará y tomará las medidas adecuadas al respecto. *Presentación*

d. Después de que la Convención General apruebe el presupuesto de La Iglesia Episcopal y las alícuotas previstas para el período presupuestario, el Consejo notificará formalmente a cada Diócesis de su alícuota para apoyar el presupuesto de La Iglesia Episcopal. *Aviso de alícuota*

e. Será obligatorio que todas las diócesis hagan el pago total de la alícuota diocesana, a partir del 1° de enero de 2019. *Pago*

f. El Consejo tendrá el poder para otorgar exenciones de las alícuotas anuales completas de las diócesis que se requieran dentro del límite establecido por la Convención General. Cualquier diócesis podrá apelar al Consejo Ejecutivo para pedir una exención de la alícuota, en su totalidad o en parte, sobre la base de dificultades económicas, un plan establecido para trabajar hacia el pago completo o por otras razones, según lo acordado con el Consejo Ejecutivo. A partir del 1° de enero de 2019, si no se liquida el pago completo o no se pide una exención, la diócesis no deberá ser elegible para recibir subvenciones ni préstamos de la Sociedad Misionera Nacional y Extranjera, a menos que esto sea aprobado por el Consejo Ejecutivo. *Exenciones*

g. El Consejo tendrá la facultad de disponer de todas las partidas de dinero incluidas en el presupuesto y en los presupuestos estimativos aprobados por la Convención General, dependiendo de las restricciones que pudiesen ser impuestas por la Convención General, incluidas, sin limitación, las prioridades estipuladas en la Sección 6.b de este Canon. También tendrá la facultad de emprender otros trabajos contemplados en el presupuesto aprobado por la Convención General, o cualquier otro trabajo bajo la jurisdicción del Consejo, cuya necesidad hubiese surgido después de la acción de la Convención General y que a juicio del Consejo esté garantizado por sus ingresos. *Autoridad presupuestaria*

Ajustes

h. Con respecto al Presupuesto para La Iglesia Episcopal, el Consejo Ejecutivo tendrá el poder para considerar y votar para hacer los ajustes o adiciones que se consideren necesarios o convenientes, y que, a su juicio se justifiquen, de los fondos disponibles y el ingreso anticipado con sujeción a las restricciones que pudiera imponer la Convención General. Asimismo, deberá tener la facultad de aprobar otras iniciativas propuestas por el Presidente o por otros medios consideradas por el Consejo entre reuniones de la Convención General, mientras el Consejo las estime prudentes y los ingresos de la Iglesia sean adecuados para apoyarlas.

Informes financieros diocesanos

i. Cada Diócesis deberá reportar anualmente al Consejo Ejecutivo la información financiera y de cualquier otra naturaleza pertinente al estado de la Iglesia en la Diócesis, según se requiera en un formulario autorizado por el Consejo Ejecutivo.

j. Cada Diócesis reportará anualmente al Consejo Ejecutivo el nombre y domicilio de toda congregación nueva y de toda congregación que sea clausurada o retirada por cualquiera de los siguientes motivos:
1. Disolución de la congregación.
2. Destitución de la congregación otra diócesis debido a cesión o retrocesión del territorio geográfico en el cual se encuentra la congregación, de conformidad con los Artículos V.6 o VI.2 de la Constitución.
3. Destitución de la congregación a un domicilio físico nuevo, identificando el lugar o domicilio del cual se ha retirado la congregación y el nuevo lugar o domicilio.
4. Fusión de la congregación una o más congregaciones, en cuyo caso la Diócesis deberá incluir en su informe el nombre de todas las congregaciones que hayan participado en la fusión y el lugar físico y domicilio en donde se localizarán las congregaciones fusionadas.

La obligación de financiar la Coalición Episcopal para la Equidad y la Justicia Racial

k. Nada de lo dispuesto en este Canon deberá alterar de ninguna manera la obligación de la Iglesia de financiar la Coalición Episcopal para la Equidad y la Justicia Racial tal como se describe en el Canon I.1.8.b, salvo la determinación del Consejo Ejecutivo del retiro anual de fondos de los fideicomisos y los fondos patrimoniales no restringidos.

Obispos que reciben asistencia

Sec. 7. a. Cada Obispo Misionero o, en caso de una vacante, el Obispo encargado de la jurisdicción, que reciba ayuda del presupuesto de la Convención General, rendirá un informe ante el Consejo Ejecutivo al cierre de cada año fiscal que contenga una descripción del trabajo realizado, un detalle de los fondos recibidos de todas las procedencias y desembolsados para cualquier fin, y el estado de la Iglesia en su jurisdicción a la fecha de dicho informe, todo en la forma que lo disponga el Consejo.

b. La Autoridad Eclesiástica de cada Diócesis que reciba ayuda del Presupuesto de la Convención General presentará un informe ante esta al cierre de cada año fiscal, con una descripción del trabajo en su diócesis que haya sido financiado parcial o totalmente por esa ayuda.

Sec. 8. El Consejo, tan pronto como sea posible después del cierre de cada año fiscal, deberá pedir que se prepare y publique para la Iglesia un informe completo de la labor del Consejo Ejecutivo, la Sociedad Misionera Nacional y Extranjera y la Oficina de la Convención General. Dicho informe incluirá un detalle desglosado de todos los ingresos y egresos así como una a lista de todos los fondos en fideicomiso y otros bienes de la Sociedad Misionera Nacional y Extranjera y de todos los demás fondos en fideicomiso y bienes en su responsabilidad de supervisión. El informe incluirá un calendario detallado de los salarios pagados a todos los directivos y empleados principales de la Sociedad Misionera Nacional y Extranjera y el Consejo Ejecutivo.

Informes del Consejo

Sec. 9. a. Los ministros Ordenados y Comulgantes Laicos de esta Iglesia, o de cualquier Iglesia en plena comunión con esta y en buena posición, que satisfagan los requisitos de conformidad con las normas y los procedimientos adoptados periódicamente por el Consejo Ejecutivo, calificarán para nombramientos como Misioneros de esta Iglesia.

Calificaciones de los misioneros

b. Los miembros en buena posición de Iglesias que no estén en plena comunión con esta, pero que hayan satisfecho los demás requisitos mencionados anteriormente, podrán, a petición de la Autoridad Eclesiástica de la jurisdicción donde exista la necesidad, ser empleados y asignados a cargos para los cuales estén profesionalmente capacitados, y podrán recibir los mismos estipendios y otras asignaciones que los Misioneros designados. La Autoridad Eclesiástica de una jurisdicción podrá emplear a cualquier persona capacitada para trabajar dentro de la jurisdicción.

CANON 5: de los Archivos de La Iglesia Episcopal

Sec. 1. Habrá un Archivo de La Iglesia Episcopal, cuyo propósito será preservar físicamente, organizar y facilitar el acceso a los expedientes de la Convención General, del Consejo Ejecutivo y de la Sociedad Misionera Nacional y Extranjera, y otros expedientes importantes y recuerdos de la vida y el trabajo de la Iglesia y ejecutar un programa de gestión de expedientes que fomente la dimensión histórica de la misión de la Iglesia.

Propósito

Sec. 2. Para fines de este Canon, los expedientes se definen como toda prueba definitiva que haya sido creada, recibida o guardada por esta Iglesia, sus directivos, representantes o empleados en el cumplimiento de sus funciones administrativas y comerciales y la misión programática de la Iglesia, sin importar el método, medio, formato o características del proceso de registro. Los expedientes incluyen todos los materiales originales usados para captar la información, sin importar el lugar o circunstancias de la creación, o la formalidad o informalidad de las características del expediente.

Definición de expedientes

Los expedientes y los archivos de la Iglesia no están limitados por el instrumento en el cual se conservan e incluyen formatos como documentos en papel, documentos electrónicos, documentos impresos y publicaciones, imágenes foto reproducidas, cintas legibles por máquina, películas y discos.

Archivista

Sec. 3. Los Archivos de La Iglesia Episcopal serán administrados por el Archivista.

Informes al Presidente del Consejo Ejecutivo

Sec. 4. Después de consultar con el Consejo Asesor de los Archivos, el Obispo Presidente y el Presidente de la Cámara de Diputados en sus respectivas funciones de Presidente y Vicepresidente del Consejo Ejecutivo, deberán nominar de manera conjunta, y el Consejo Ejecutivo deberá nombrar al Archivista, quien prestará sus servicios a discreción del Presidente del Consejo Ejecutivo y le rendirá cuentas. Si ocurriese una vacante en dicho cargo, se nombrará un reemplazo de igual manera.

Consejo asesor de archivos

Sec. 5. a. Habrá un Consejo Asesor de los Archivos, que estará compuesto del Archivista, el Secretario, el Director Jurídico, el Historiógrafo, y entre ocho y doce personas nombradas, dos o tres de las cuales deberán ser Obispos, dos o tres serán Clérigos y cuatro, cinco o seis serán Laicos. Todos los miembros nombrados para el Consejo Asesor ocuparán sus cargos a partir de la clausura de la Convención General en que se confirmen sus nombramientos y terminarán con la clausura de la segunda Convención regular que le siga.

Miembros

b. Los Obispos serán nombrados por el Obispo Presidente, y otros Clérigos y todos los Miembros Laicos serán nombrados por el Presidente de la Cámara de Diputados; después de los nombramientos iniciales, todos estarán sujetos a la confirmación de la Convención General. Se pondrá especial atención en asegurar que la composición incluya a personas conocedoras de historia o administración de archivos, o que sean personas con conocimientos en disciplinas relacionadas a las resoluciones de lo que incumbe a Archivos. Los puestos de los miembros del Comité que resulten vacantes antes del vencimiento normal del mandato de algún miembro se llenarán por nombramiento del Obispo Presidente o del Presidente de la Cámara de Diputados, según corresponda. Dichos nombramientos serán por el tiempo restante de la porción no cumplida del mandato correspondiente al miembro que produce la vacante, y si hubiese una reunión ordinaria de la Convención General, las designaciones por períodos que se extiendan más allá de dichas reuniones estarán sujetas a confirmación de la Convención General. Dadas las habilidades y conocimientos especiales requeridos por este Comité, un miembro será elegible para ser designado por dos plazos sucesivos, después de los cuales el miembro no podrá ser designado nuevamente antes de la siguiente reunión de la Convención General que siga a la clausura de la reunión en la cual se cumple el segundo plazo sucesivo del dicho miembro. Los miembros designados a llenar vacantes en mandatos no cumplidos no serán por esa razón descalificados para ser postulados para dos plazos completos inmediatamente después.

c. El Consejo Asesor de los Archivos asesorará al Archivista, a los Archivos y al Consejo Ejecutivo sobre la identificación, la recopilación, la conservación, el manejo, el uso y la accesibilidad de los documentos, así como sobre el establecimiento de las mejores prácticas al respecto. *Deberes*

d. El Consejo Asesor de los Archivos se reunirá al menos una vez al año o cuando lo pidan el Archivista o el Presidente y el Vicepresidente del Consejo Ejecutivo. *Reuniones*

Sec. 6. Los gastos de los Archivos de La Iglesia Episcopal serán incluidos en el presupuesto de La Iglesia Episcopal. *Gastos*

CANON 6: del Modo de Obtener una Apreciación Precisa del Estado de esta Iglesia

Sec. 1. Se preparará un informe anual de cada parroquia o congregación de esta Iglesia para el año que termine el 31 de diciembre anterior, según el modelo preparado por el Consejo Ejecutivo y aprobado por el Comité sobre el Estado de la Iglesia, mismo que será presentado al Obispo de la diócesis a más tardar el 1° de marzo o, en caso de no haber un Obispo, deberá hacerse ante la autoridad eclesiástica de la Diócesis. El Obispo o la autoridad eclesiástica, según sea el caso, conservará una copia y enviará el informe al Consejo Ejecutivo a más tardar el 1 de mayo. En cada Parroquia y otras Congregaciones la preparación y envío de este informe será el deber conjunto del Rector o Miembro del clero a cargo y el Clérigo encargado y antes del envío de este informe deberá ser aprobado por la Junta Parroquial o el comité del obispo o el consejo de la misión. Este informe incluirá la información siguiente: *Informes anuales de las parroquias para el Obispo*

1. La cantidad de bautismos, confirmaciones, matrimonios y entierros durante el año; el total de miembros bautizados, el total de adultos comulgantes en buena posición y el total de comulgantes menores de 16 años de edad en buena posición.
2. Un resumen de todos los ingresos y gastos, de cualquier fuente que se hayan derivado y para cualquier uso que se les haya dado.
3. Cualquier otra información pertinente que fuera necesaria para obtener una versión exacta del estado de esta Iglesia, como lo requiere el modelo aprobado.

Sec. 2. Todo Obispo, Presbítero o Diácono cuyo informe no esté incluido en un informe Parroquial deberá también informar sobre el ejercicio de dicho cargo, y si no lo hubiese, sobre las causas o razones que lo impidieron. *Informes no parroquiales*

Sec. 3. Estos informes o las partes de ellos que el Obispo considere apropiados, serán asentados en el Diario de la convención.

Informes diocesanos anuales

Sec. 4. Asimismo, cada año se preparará un informe de cada Diócesis para el año que termina el 31 de diciembre anterior, según el modelo autorizado por el Consejo Ejecutivo y aprobado por el Comité sobre el Estado de la Iglesia; el informe se enviará al Consejo Ejecutivo a más tardar el 1º de septiembre. Incluirá información relativa a la implementación por parte de la Diócesis de las resoluciones de la Convención General anterior que el Secretario de la Convención General haya determinado específicamente que demandan medidas por parte de las Diócesis, según la Regla Conjunto 12.

Los diarios se enviarán al Secretario y a los Archivos

Sec. 5. a. Será deber del Secretario de la Convención de todas las jurisdicciones enviar al Secretario de la Cámara de Diputados por medios electrónicos, inmediatamente después de su publicación, un (1) ejemplar del Diario de la Convención de la jurisdicción, junto con las responsabilidades episcopales, estados de cuenta y todos aquellos expedientes en formato electrónico que pudieran reflejar el estado de la Iglesia en esa jurisdicción y un (1) ejemplar a los Archivos de la Iglesia en el formato electrónico prescrito por el Archivista de la Iglesia.

Informe para la Cámara de Diputados

b Se nombrará un Comité de la Cámara de Diputados al clausurar cada Convención General, para servir *ad interim*, y para preparar y presentar a la próxima reunión de la Cámara de Diputados un informe sobre el Estado de la Iglesia, el cual, una vez aprobado por dicha Cámara, será enviado a la Cámara de Obispos.

CANON 7: de los Métodos Administrativos en Asuntos de la Iglesia

Normas observadas

Sec. 1. En toda Provincia, Diócesis, Parroquia, Misión e Institución asociada con esta Iglesia, se observarán los siguientes métodos administrativos estandarizados:

Las provincias se someterán a auditorías

a. Todas las cuentas de las Provincias se someterán anualmente a la auditoría realizada por un contador público certificado independiente o un contador independiente con licencia, o por algún comité de auditoría autorizado por el Consejo Provincial. El informe de auditoría será entregado al Consejo Provincial a más tardar el 1° de septiembre de cada año, abarcando el año civil precedente.

Condicionado

b. Los fondos permanentes, en fideicomiso y en patrimonio, así como todos los valores de cualquier tipo, representados por evidencia física de propiedad o endeudamiento, serán depositados en un Banco Nacional o Estatal, en una Corporación Diocesana o en alguna otra agencia aprobada por escrito por el Comité de Finanzas o el Departamento de Finanzas de la Diócesis, por medio de una escritura de fideicomiso o un acuerdo de representación que requiera por lo menos dos firmas para cualquier orden de retiro de dichos fondos o valores. Este párrafo, sin embargo, no se aplicará a los fondos y valores rechazados por los depositarios mencionados, por considerarlos de insuficiente cuantía. Dichos

Depósito de fondos

fondos y valores menores permanecerán bajo el cuidado de las personas o corporaciones debidamente responsables de ellos. No se considerará que este párrafo prohíba inversiones en valores emitidos que sean ingresados en el libro en forma de ingreso u otra manera que desligue de la expedición de un certificado evidenciando la propiedad de los valores o de las deudas del emisor.

 c. Deberá llevarse y mantenerse un control de todos los fondos permanentes y en fideicomiso, indicando por lo menos lo siguiente: *Registro de fondos en fideicomiso*
  1. Origen y fecha.
  2. Condiciones que gobiernan el uso del capital y los intereses.
  3. Para quién y con qué frecuencia prepararán informes de su estado.
  4. Cómo se invierten los fondos.

 d. Los tesoreros y conservadores, que no sean instituciones bancarias, deberán contar con fianzas adecuadas, excepto los tesoreros de fondos que no excedan los quinientos dólares en ningún momento dado durante el año fiscal. *Los tesoreros deberán contar con fianza*

 e. Se llevarán libros de contabilidad que servirán de base para una contabilidad satisfactoria. *Libros de contabilidad*

 f. Todas las cuentas de la Diócesis se someterán cada año a la auditoría de un contador público certificado independiente. Todas las cuentas de las Parroquias, Misiones u otras Instituciones se someterán a la auditoría de un contador público certificado independiente o un contador público independiente con licencia, o un comité de auditoría autorizado por el Comité de Finanzas, el Departamento de Finanzas u otra autoridad diocesana adecuada. *Presentación de informes*

 g. Todos los informes de dichas auditorías, incluidos todos los memorandos emitidos por los auditores o el comité de auditoría relativos a controles internos u otros asuntos de contabilidad, junto con un resumen de las medidas tomadas o propuestas para corregir deficiencias o implementar recomendaciones contenidas en algún memorando, se presentarán al Obispo o a la Autoridad Eclesiástica a más tardar 30 días después de la fecha de dicho informe, y en ningún caso después del 1° de septiembre de cada año, y abarcarán los informes financieros del año civil previo. *Auditoría anual*

 h. Todos los inmuebles y su contenido deberán estar adecuadamente asegurados. *Seguro*

 i. El Comité de Finanzas o el Departamento de Finanzas de la Diócesis podrá exigir, para sus archivos, copias de todas las cuentas descritas en esta Sección, e informará anualmente a la Convención de la Diócesis sobre la administración de este Canon. *Informe a la Convención*

 j. El año fiscal comenzará el 1° de enero. *Año fiscal*

Sec. 2. Las distintas Diócesis harán cumplir los anteriores métodos administrativos estandarizados mediante la promulgación de Cánones apropiados que dispondrán invariablemente de un Comité de Finanzas, un Departamento de Finanzas de la Diócesis u otro órgano diocesano apropiados con dicha autoridad. *Las Diócesis se regirán por Canon*

Sec. 3. Ninguna Junta Parroquial, Fideicomisario ni otro Organismo autorizado por la legislación civil o canónica para tener, manejar o administrar los inmuebles de una Parroquia, Misión, Congregación o Institución, podrá gravar ni enajenar los mismos, de manera total *El gravamen sobre propiedades requiere consentimiento* o parcial, sin el consentimiento por escrito del Obispo y del Comité Permanente de la Diócesis a la cual pertenece la Parroquia, Misión, Congregación o Institución, excepto según el reglamento establecido por los Cánones de la Diócesis.

Propiedad en fideicomiso

Sec. 4. Toda propiedad inmobiliaria y personal de una Parroquia, Misión o Congregación se mantiene en fideicomiso para esta Iglesia y la Diócesis a la cual pertenece dicha Parroquia, Misión o Congregación. La existencia de este fideicomiso, sin embargo, no limitará de ninguna manera la facultad y autoridad de la Parroquia, Misión o Congregación, que de otra manera pueda existir sobre dicha propiedad en tanto que la Parroquia, Misión o Congregación en particular permanezca como parte de esta Iglesia, y esté sujeta a su Constitución y Cánones.

Sec. 5. Las diversas diócesis podrán por decisión propia confirmar el fideicomiso declarado en la Sección 4 mediante la medida correspondiente, pero dicha medida no será necesaria para la existencia y validez del fideicomiso.

CANON 8: del Church Pension Fund

Pensión y planes de salud para clérigo y laicos

Sec. 1. El Church Pension Fund, una corporación creada por el Capítulo 97 de las Leyes del Estado de Nueva York de 1914 y sus enmiendas posteriores, está autorizado por este intermedio a establecer y administrar el sistema de pensiones clericales, incluidos los beneficios vitalicios, contra accidentes y de salud de esta Iglesia, esencialmente de conformidad con los principios adoptados por la Convención General de 1913 y aprobados posteriormente por las Diócesis en conjunto, con el propósito de ofrecer pensiones y beneficios similares a los clérigos incapacitados por edad o enfermedad, y a las viudas e hijos menores de los clérigos fallecidos. El Church Pension Fund también tiene autorización para establecer y administrar el sistema de pensión para empleados laicos y el plan de seguro médico confesional de esta Iglesia, sustancialmente de conformidad con los principios adoptados por la Convención General de 2009 en la Resolución 2009-A177, con la intención de proporcionar atención médica y prestaciones afines a los Clérigos y empleados laicos de esta Iglesia que reúnan los beneficios, así como a sus beneficiarios y personas a cargo elegibles.

Elección de los Fideicomisarios

Sec. 2. La Convención General en cada reunión ordinaria elegirá, por nominación de un Comité Conjunto de la misma, a doce personas que desempeñarán el cargo de fideicomisarios del Church Pension Fund y también llenará las vacantes que pudiesen existir en la Junta de Fideicomisarios. Excepto en el caso de un Fideicomisario que cubra una vacante, el período de ejercicio de un Fideicomisario comenzará en la clausura de la reunión ordinaria de la Convención General en la que el Fideicomisario fuera elegido y expirará en la clausura de la segunda reunión ordinaria de la Convención General siguiente. Cualquier persona elegida como Fideicomisario por la

Convención General por doce o más años consecutivos no podrá ser elegible para reelección hasta la próxima reunión ordinaria de la Convención General posterior a aquella en la cual dicha persona no fue elegible para reelección a la Junta de Fideicomisarios. Cualquier vacante que ocurriese cuando la Convención General no se encuentre en sesión podrá ser llenada por la Junta de Fideicomisarios mediante la designación ad interim de un Fideicomisario que desempeñará el cargo hasta que la próxima sesión de la Convención General haya elegido a un Fideicomisario para terminar el mandato no expirado correspondiente a dicha vacante.

Sec. 3. A fin de administrar el sistema de pensiones, el Church Pension Fund tendrá el derecho de recibir y utilizar todos los ingresos netos por concepto de derechos de autor sobre publicaciones autorizadas por la Convención General, y de imponer y cobrar a todas las Parroquias, Misiones y otras organizaciones o grupos eclesiásticos sujetos a la autoridad de esta Iglesia, y cualquier otra sociedad, organización u organismo de la Iglesia que de acuerdo con el reglamento del Church Pension Fund decidan ingresar al sistema de pensiones, alícuotas basadas en los salarios y otras compensaciones pagadas a los Clérigos por dichas Parroquias, Misiones y otras organizaciones u organismos eclesiásticos por servicios prestados actualmente o en el pasado, antes de convertirse en beneficiarios del Fondo. Para los fines de administrar el sistema de pensión y el seguro médico confesional para empleados laicos, el Church Pension Fund tendrá derecho a recolectar de todas las Parroquias, Misiones y otras organizaciones u organismos eclesiásticos sujetos a la autoridad de esta Iglesia, y de cualquier otra sociedad, organización u organismo de la Iglesia que en virtud de los reglamentos del Church Pension Fund elijan ingresar al sistema de pensión para empleados laicos, las imposiciones o aportaciones sobre la base de los salarios y otras compensaciones pagadas a los empleados calificados de dichas Parroquias, Misiones y otras organizaciones u organismos eclesiásticos, determinar la elegibilidad de todos los Clérigos y empleados laicos para participar en el plan de seguro médico confesional a través de un proceso formal de inscripción para los beneficios, y el Church Pension Fund tendrá derecho a imponer y cobrar aportaciones para la atención médica y otras prestaciones relacionadas con el plan de seguro médico confesional de todas las Parroquias, Misiones y otras organizaciones u organismos eclesiásticos sujetos a la autoridad de esta Iglesia con respecto a sus Clérigos y empleados laicos.

Regalías y alícuotas

Sec. 4. El sistema de pensiones será administrado de tal manera que ninguna pensión será asignada antes de que el Church Pension Fund disponga de los fondos suficientes para cumplir con tal pensión, con la excepción de lo dispuesto por la Convención General en 1967.

Límite de la adjudicación

Sec. 5. A todo Clérigo que haya sido ordenado o recibido en esta Iglesia de otra y que haya permanecido en servicio continuo en la función y obra del Ministerio de esta Iglesia por un período de por lo

Subsidio de jubilación mínimo

menos veinticinco años, y para quien las condiciones de este Canon se hayan cumplido con el pago de alícuotas sobre bases razonables que el Church Pension Fund pudiera establecer de acuerdo con sus reglamentos administrativos, el Church Pension Fund proporcionará una asignación de jubilación mínima, cuyo monto será determinado por los Fideicomisarios y también fijará asignaciones para las viudas e hijos menores de los asegurados. En el caso de un Clérigo que en cuyo nombre no se hubiesen pagado las alícuotas por un período de por lo menos veinticinco años, el Church Pension Fund estará facultado para recalcular la asignación de jubilación mínima antes mencionada y los demás beneficios según tasas coherentes con la práctica actuarial apropiada. Por este intermedio, los fideicomisarios del Church Pension Fund están facultados para establecer las Reglas y Reglamento necesarios para cumplir con la intención de este Canon y de acuerdo con prácticas actuariales idóneas. Conforme con las disposiciones de este Canon, se observará el principio general de que debe existir una relación actuarial entre los distintos beneficios; *se dispone, sin embargo,* que la Junta de Fideicomisarios tendrá la facultad de establecer un máximo de anualidades mayores de dos mil dólares pensando en lo que es mejor para la Iglesia, dentro de los límites del ejercicio actuarial idóneo.

Sec. 6. Un Fondo Inicial de Reserva, derivado de aportaciones voluntarias, será administrado por el Church Pension Fund de la Iglesia para asegurar que los clérigos ordenados antes del 1° de marzo de 1917 y sus familias, reciban cualquier aumento al aporte a que pudiesen tener derecho, conforme con las alícuotas autorizadas por este Canon, que pudiese nivelar sus distintas asignaciones según lo aquí establecido.

Fusión

Sec. 7. Quedan por este medio aprobadas las medidas de los Fideicomisarios del Fondo General de Ayuda para los Clérigos, al aceptar las disposiciones del Capítulo 239 de las Leyes de 1915 del Estado de Nueva York, que autorizan la fusión con el Church Pension Fund, según los términos acordados entre los dos fondos. Cualquier corporación, sociedad u otra organización que hasta ahora haya administrado fondos de ayuda para los clérigos podrá fusionarse con el Church Pension Fund, siempre que sea compatible con sus facultades corporativas y sus obligaciones existentes, y hasta donde pudiese ser sancionado por las respectivas Diócesis en el caso de sociedades diocesanas; si tal fusión fuese impracticable, podrá establecer por medio de un acuerdo con el Church Pension Fund el sistema más práctico de cooperación con dicho fondo. Nada de lo aquí expresado podrá ser interpretado en detrimento de corporaciones o sociedades existentes cuyos fondos son derivados de las contribuciones hechas por los miembros de las mismas.

Pensiones para las mujeres

Sec. 8. Las mujeres ordenadas al Diaconado antes del 1° de enero de 1971, que no estuvieran empleadas en servicio activo el

1° de enero de 1977, continuarán disfrutando los beneficios de las disposiciones presentes de protección de pensiones, a costo de sus empleadores, a través del Plan de Pensiones para las Diaconisas dispuesto por la Church Life Insurance Corporation, o a través de algún otro plan de pensiones que ofrezca garantías equivalentes o mejores de un ingreso de jubilación confiable, aprobado por una autoridad facultada para ello. Las mujeres ordenadas al Diaconado antes del 1 enero de 1971, y que estuviesen empleadas en servicio activo el 1 enero de 1977 o posteriormente, tendrán derecho a los mismos beneficios de protección de pensiones que otros Diáconos, en consideración de servicio prospectivo a partir del 1 enero de 1977. Las mujeres ordenadas al Diaconado el 1 enero de 1971 o posteriormente gozarán de la misma protección de pensiones que otros Diáconos.

Sec. 9. La Convención General se reserva la facultad de modificar o enmendar este Canon, pero ninguna enmienda se hará sino hasta después de comunicarla a los Fideicomisarios del Church Pension Fund y hasta que dichos Fideicomisarios hayan tenido amplia oportunidad para expresarse al respecto. *La Convención General se reserva el derecho de enmendar*

CANON 9: de las Provincias

Sec. 1. Respetando la disposición del Artículo VII de la Constitución, las Diócesis de esta Iglesia serán las siguientes y por este medio se unirán en Provincias: *Composición*

La Primera Provincia estará compuesta de las Diócesis que se encuentran dentro de los estados de Maine, New Hampshire, Vermont, Massachusetts, Rhode Island y Connecticut.

La Segunda Provincia estará compuesta de las Diócesis que se encuentran dentro de los estados de Nueva York y Nueva Jersey, las Diócesis de Haití, Puerto Rico y las Islas Vírgenes, y la Asamblea de Iglesias Episcopales de Europa.

La Tercera Provincia estará compuesta de las Diócesis que se encuentran dentro de los estados de Pennsylvania, Delaware, Maryland, Virginia, Virginia Occidental y el Distrito de Columbia.

La Cuarta Provincia estará compuesta de las Diócesis que se encuentran dentro de los estados de Carolina del Norte, Carolina del Sur, Georgia, Florida, Alabama, Mississippi, Tennessee, Kentucky y Louisiana, excepto la porción de la misma que compone la Diócesis de Louisiana Occidental.

La Quinta Provincia estará compuesta de la Diócesis de Missouri y de las Diócesis que se encuentran dentro de los estados de Ohio, Indiana, Illinois, Michigan y Wisconsin.

La Sexta Provincia estará compuesta de las Diócesis que se encuentran dentro de los estados de Minnesota, Iowa, Dakota del Norte, Dakota del Sur, Nebraska, Montana, Wyoming y Colorado.

La Séptima Provincia estará compuesta de las Diócesis de Louisiana Occidental y de Missouri Occidental, y de las Diócesis que se encuentran dentro de los estados de Arkansas, Texas, Kansas, Oklahoma y Nuevo México.

La Octava Provincia estará compuesta de las Diócesis que se encuentran dentro de los estados de Idaho, Utah, Washington, Oregon, Nevada, California, Arizona, Alaska y Hawaii, y la Diócesis de Taiwan y la Misión de Área de Navajolandia.

La Novena Provincia estará compuesta de las Diócesis de esta Iglesia en Colombia, la República Dominicana, Ecuador, Honduras y Venezuela.

Propósito

Sec. 2. Los objetivos principales de las Provincias son proporcionar una estructura que facilite la colaboración interdiocesana para lograr los objetivos diocesanos y de La Iglesia Episcopal y permitir comunicaciones más eficaces y la promoción regional de iniciativas programáticas significativas.

Nuevas Diócesis

Sec. 3. a. Cuando una Diócesis o Misión de Área nueva sea creada enteramente dentro de una Provincia, dicha nueva Diócesis o Misión de Área se incluirá en esa Provincia. En caso de que una Diócesis o Misión de Área nueva abarque un territorio en dos o más Provincias, se incluirá y formará parte de aquella Provincia donde se encuentre la mayor cantidad de Presbíteros y Diáconos con residencia canónica a la fecha de la creación de la nueva Diócesis o Misión de Área. Cuando se forme una Diócesis o Misión de Área nueva de territorio no incluido antes en otra Provincia, la Convención General designará la Provincia a la cual se anexará.

Transferencia de Diócesis

b. Por mutuo acuerdo entre los Sínodos de dos Provincias contiguas, una Diócesis o Misión de Área podrá trasladarse de una Provincia a otra; dicho traslado se considerará completo con la aprobación del mismo por la Convención General. Después de dicha aprobación, el Canon I.9.1 se enmendará debidamente.

Derechos y privilegios de las Diócesis

Sec. 4. Para los propósitos de la Provincia, los derechos y privilegios Sinodales de las distintas Diócesis dentro de la Provincia serán aquellos que ocasionalmente determine el Sínodo Provincial.

Sínodo Provincial

Sec. 5. Habrá en cada Provincia un Sínodo constituido de una Cámara de Obispos y una Cámara de Diputados, y las mismas se reunirán y deliberarán separada o conjuntamente. El Sínodo se reunirá periódicamente según determine cada Provincia con el propósito de organizar y ejecutar las responsabilidades de la Provincia en la forma dispuesta por los Cánones.

Todos los Obispos tienen escaño y voto

Sec. 6. Todo Obispo Diocesano de esta Iglesia, con jurisdicción dentro de la Provincia, todo Obispo Coadjutor, Obispo Sufragáneo, Obispo Asistente y todo Obispo cuyo trabajo episcopal haya sido realizado dentro de la Provincia, pero que en razón de avanzada edad o enfermedad física haya renunciado, tendrá escaño y voto en la Cámara de Obispos de la Provincia.

TÍTULO I CANON I.9.7.a-b - I.9.10

Sec. 7. a. El Presidente de cada Provincia podrá ser uno de los Obispos, Presbíteros, Diáconos o Laicos de la Provincia, elegido por el Sínodo. El método de elección y la duración en el cargo será determinado por las reglas del Sínodo.
Presidente de la Provincia

b. Cuando la persona elegida no sea un Obispo, se elegirá a un Vicepresidente que será un Obispo miembro de la Provincia. En ese caso el Obispo así elegido servirá, *ex officio*, como el Presidente de la Cámara de Obispos del Sínodo, y será el representante de la Provincia en todos los asuntos que requieran la participación de un Obispo.

Sec. 8. Cada Diócesis y Misión de Área dentro de la Provincia tendrá derecho a representación en la Cámara Provincial de Diputados, por medio de Presbíteros o Diáconos con residencia canónica en la Diócesis o Misión de Área, y Laicos comulgantes en buena posición en esta Iglesia, pero no necesariamente domiciliados en la Diócesis o Misión de Área, en la cantidad que disponga el Sínodo Provincial, por Ordenanza. Cada Diócesis y Misión de Área determinará la forma en que serán elegidos sus Diputados.
Cámara de Diputados Provincial

Sec. 9. El Sínodo Provincial tendrá facultades para: (a) promulgar Ordenanzas para su propia regulación y gobierno; (b) desempeñar aquellas funciones que le pudiesen ser encomendadas por la Convención General; (c) tratar todo asunto dentro de la Provincia; *se dispone, sin embargo,* que ningún Sínodo Provincial tendrá la facultad de regular ni controlar las políticas o asuntos internos de ninguna Diócesis constituyente; y *además, se dispone,* que todo acto y procedimiento del Sínodo estará sujeto a las disposiciones de la Constitución y Cánones que gobiernan esta Iglesia; (d) adoptar un presupuesto para el mantenimiento de cualquier obra provincial emprendida por el Sínodo, recaudándose dicho presupuesto en la forma que determinase el Sínodo; (e) crear por Ordenanza un Consejo Provincial con facultades para administrar y realizar el trabajo que le pudiese encomendar la Convención General, el Obispo Presidente y el Consejo Ejecutivo o el Sínodo de la Provincia.
Facultades del Sínodo Provincial

Sec. 10. Dentro de los sesenta días siguientes a cada sesión de la Convención General, los Presidentes de ambas Cámaras de la misma remitirán a los Sínodos Provinciales, o a cualquiera de ellos, aquellos asuntos que la Convención General pudiera ordenar o estimar convenientes para su consideración, y será deber de dichos Sínodos considerar los asuntos remitidos durante la primera reunión del Sínodo celebrada después de la clausura de la Convención General, e informar acerca de su medida y juicio al respecto al Secretario de la Cámara de Obispos y al Secretario de la Cámara de Diputados por lo menos seis meses antes de la fecha de la siguiente reunión de la Convención General.
Considerará los temas determinados por la Convención General

Expedientes a Archivos

Sec. 11. Cada Sínodo Provincial levantará actas, diarios u otros documentos de sus reuniones, y transmitirá una copia de ello al Secretario de la Cámara de Diputados, y una copia a los Archivos de La Iglesia Episcopal. El Sínodo también transmitirá copias de todo expediente inactivo no publicado a Archivos.

Informe anual

Sec. 12. El Presidente de cada Provincia presentará anualmente al Consejo Ejecutivo un informe escrito sobre los ministerios, programas y otros trabajos de la Provincia, incluida una descripción de cómo han utilizado los fondos asignados por la Convención General, y darán cuenta de su trabajo al Consejo Ejecutivo en la fecha y en la forma especificada por este.

CANON 10: de las Diócesis Nuevas

Convención Primaria

Sec. 1. Cuando se forme una Diócesis nueva dentro de los límites de cualquier otra, o por la unión de dos o más Diócesis, o por partes de dos o más Diócesis, las Autoridades Eclesiásticas y los Comités Permanentes de las Diócesis afectadas someterán para su aprobación a las Convenciones de cada Diócesis involucradas un acuerdo conjunto de la unión que establezca sus acuerdos, incluida la manera de determinar el Obispo Diocesano y otros Obispos (si corresponde), las disposiciones de la Constitución y los Cánones de la nueva Diócesis, y otros asuntos que sean necesarios o apropiados. Una vez aprobado por las Convenciones de cada una de las Diócesis involucradas, el acuerdo conjunto de unión deberá ser sometido a la ratificación de la Convención General no menos de noventa (90) días antes del primer día de la siguiente reunión de dicha Convención General.

Cómo se convoca cuando no hay Obispo

Sec. 2. Después de la ratificación por la Convención General, la Autoridad Eclesiástica de la nueva Diócesis, como se dispone en el acuerdo conjunto de unión, convocará a la primera Convención de la nueva Diócesis, con el fin de permitir que se organice, y fijará el tiempo y el lugar donde se lleva a cabo el mismo, estando dicho lugar dentro de los límites territoriales de la nueva Diócesis.

División de una Diócesis existente

Sec. 3. Cuando una Diócesis esté a punto de ser dividida en dos, la Convención de dicha Diócesis declarará qué porción o porciones de la misma constituirán la Diócesis nueva e informará su decisión a la Convención General antes de la ratificación de tal división.

Unión con la Convención General

Sec. 4. Cuando una Diócesis nueva se haya organizado en su primera Convención, de acuerdo con las disposiciones de la Constitución y Cánones hechas y dispuestas para ese fin, y en la forma dispuesta en las secciones anteriores del presente Canon, y haya escogido un nombre y accedido a la Constitución de la Convención General de acuerdo con el Artículo V, Sección 1 de la Constitución, y haya presentado ante el Consejo Ejecutivo copias certificadas de la Constitución adoptada en su primera Convención y de los procedimientos previos a la formación de la Diócesis nueva que se propone, esta será luego admitida en unión con la Convención General.

Sec. 5. En caso de convertir un Área de Misión en una Diócesis de esta Iglesia, de acuerdo con el Artículo V, Sección 1 de la Constitución, la Convocación del Área de Misión tendrá derecho a elegir Diputados a la siguiente Convención General, y también a elegir un Obispo. La jurisdicción anteriormente asignada al Obispo en la Área de Misión cesará con la admisión de la Diócesis nueva.

La Asamblea puede elegir Diputados y al Obispo

Sec. 6. Cuando una Diócesis y una o más Diócesis que fueron formadas ya sea por división o por creación de una Diócesis o una Diócesis Misionera formada por la división, deseen reunirse en una Diócesis, la unión propuesta debe iniciarse con la aprobación, por parte de las Convenciones de las Diócesis, de un acuerdo conjunto de la unión que establezca sus acuerdos, incluida la manera de determinar al Obispo Diocesano y a otros Obispos (si corresponde), las disposiciones de la Constitución y los Cánones de la nueva Diócesis, así como otros asuntos que sean necesarios o apropiados. Si el acuerdo de las Diócesis es aceptado y los consentimientos de sus Convenciones son obtenidos más de tres meses antes de la próxima reunión de la Convención General, el acuerdo y los consentimiento serán certificados por la Autoridad Eclesiástica y el Secretario de la Convención de cada Diócesis a todos los Obispos de la Iglesia con jurisdicción y a los Comités Permanentes de todas las Diócesis; y al recibir el consentimiento de una mayoría de dichos Obispos y una mayoría de los Comités Permanentes de todas las Diócesis y al recibir el consentimiento de una mayoría de dichos Obispos así como una mayoría de los Comités Permanentes para la propuesta reunificación, esto certificará en igual forma ante el Secretario de la Cámara de Diputados de la Convención General, después de lo cual la reunificación se considerará completa. Pero, si se llega al acuerdo y se obtienen los consentimientos en el plazo de los tres meses antes de la próxima reunión de la Convención General, los hechos se certificarán ante el Secretario de la Cámara de Diputados, quien los presentará ante las dos Cámaras y la reunificación se considerará completa una vez aprobada por la mayoría de los votos en la Cámara de Obispos y en la Cámara de Diputados, en votación por órdenes.

Disposición para la reunificación de Diócesis

Sec. 7. Cuando la unión de dos o más Diócesis o partes de Diócesis o la reunificación de las dos o más Diócesis se haya completado, los hechos se certificarán ante el Obispo Presidente y ante el Secretario de la Cámara de Diputados. Entonces el Obispo Presidente notificará al Secretario de la Cámara de Obispos de cualquier cambio en el estado o el estilo del Obispo u Obispos en cuestión y el Secretario de la Cámara de Diputados suprimirá el nombre de cualquier Diócesis que dejará de existir o cuyo nombre se cambiará de la lista de las Diócesis en unión con la Convención General y, si corresponde, modificará el nombre de la Diócesis recientemente unida en la lista de las Diócesis en unión con la Convención General.

Certificado y promulgación

CANON 11: de las Jurisdicciones Misioneras

Responsabilidad de toda la Iglesia

Sec. 1. Las Misiones de Área establecidas conforme a la Sección 1 del Artículo VI, y las Diócesis Misioneras organizadas de acuerdo con la Sección 3 del Artículo VI, constituirán jurisdicciones por las cuales esta Iglesia en conjunto asuma una responsabilidad especial.

La Cámara de Obispos puede establecer Misiones de Área

Sec. 2. a. La Cámara de Obispos podrá establecer una Misión en cualquier Área no incluida dentro de los límites de una Diócesis de esta Iglesia o de una Iglesia en plena comunión con esta, según condiciones y acuerdos compatibles con la Constitución y Cánones de esta Iglesia que pudieran ser aprobados por la Cámara de Obispos ocasionalmente.

Puede ser ecuménica

b. Dichas Misiones de Área podrán emprenderse bajo los auspicios exclusivos de esta Iglesia o junto con otros organismos cristianos, en términos que no comprometan las doctrinas de la fe cristiana en la forma como esta Iglesia las ha recibido.

Se asignarán Obispos para supervisar las Misiones de Área

c. Para cada Misión de Área, la Cámara de Obispos asignará un Obispo de esta Iglesia o de una Iglesia en plena comunión con esta, quien se encargará de la supervisión episcopal. Si la persona así asignada fuese un Obispo de esta Iglesia, este ejercerá jurisdicción como Obispo Misionero de acuerdo con estos Cánones durante el plazo de su nombramiento, en lo que puedan aplicarse a la Misión de Área; si surgiese la necesidad de un Comité Permanente o una Comisión sobre el Ministerio, el Obispo nombrará una junta o juntas de clérigos y Laicos residentes en el área, para cumplir las funciones que pudiesen ser necesarias.

d. Salvo lo expresamente dispuesto de otra forma en los acuerdos mencionados en el párrafo a. de esta sección, el Obispo con jurisdicción en una Misión de Área podrá autorizar el uso de las formas de culto que pudiera considerar convenientes de acuerdo con las circunstancias.

Podrá ser clausurada por la Cámara de Obispos

e. Una Misión de Área podrá ser clausurada por la Cámara de Obispos como misión de esta Iglesia, podrá ser transferida por dicha Cámara para convertirse en misión de otra Iglesia o en parte constituyente de una Provincia autónoma en plena comunión con esta Iglesia o podrá organizarse como una Diócesis extraprovincial.

Representación en su Provincia

f. Una Misión de Área que haya sido emprendida bajo los auspicios de esta Iglesia, con un Obispo de esta Iglesia asignado para darle supervisión episcopal, tendrá derecho a representación en la Cámara Provincial de Obispos y en la Cámara Provincial de Diputados de la Provincia a la cual pertenece.

Vacante episcopal

g. En el caso de que quedara vacante el puesto de Obispo que tenga la jurisdicción de una Misión de Área, la responsabilidad del mismo recaerá sobre el Obispo Presidente, con autoridad para nombrar a otro Obispo como su sustituto en dicho puesto, hasta que la vacante sea llenada por la Cámara de Obispos.

Para adoptar una Constitución y Cánones

Sec. 3. a. Un Área que no haya sido previamente organizada como una Diócesis y que no se encuentre bajo la jurisdicción permanente de un Obispo en plena comunión con esta Iglesia, podrá por medio de una solicitud de admisión, de conformidad con los procedimientos de la Sección 1 del Artículo V, ser admitida como Diócesis, y podrá ser aceptada como Diócesis Misionera dentro de la interpretación de la Sección 1 del presente Canon. Dicha Diócesis Misionera y toda Diócesis Misionera actual organizada por la Cámara de Obispos según Cánones previamente existentes y admitidas en unión con la Convención General, serán gobernadas por una Constitución y Cánones adoptados por la Convención de dicha Diócesis, que reconozcan la autoridad de la Constitución y Cánones de la Convención General y que incorporen las disposiciones establecidas en los párrafos subsiguientes de la presente sección. *Se puede organizar como Diócesis Misionera*

b. En el caso de que una Diócesis Misionera fuera del territorio de Estados Unidos de América no pueda funcionar como una jurisdicción en unión con La Iglesia Episcopal, y el Obispo o, si no hubiera uno, la Autoridad Eclesiástica de dicha Diócesis, después de consultar con las autoridades diocesanas apropiadas, y el Obispo Presidente concuerdan en que la continuación de la unión con esta Iglesia ya no es factible, el Obispo Presidente está autorizado, después de consultar con las autoridades apropiadas de la Comunión Anglicana, a tomar las medidas necesarias para que dicha Diócesis se convierta en una parte constitutiva de otra Provincia o Consejo Regional en plena comunión con esta Iglesia. *Transferencia a otra Provincia*

c. En cada Diócesis Misionera habrá una Convención anual compuesta de uno o varios Obispos, los demás Clérigos de la Diócesis y Delegados Laicos de las Congregaciones organizadas. Dicha Convención elegirá a un Comité Permanente, de conformidad con los Cánones diocesanos, que tendrá las facultades y deberes establecidos para los Comités Permanentes en el Canon I.12 y en otros Cánones de la Convención General. También elegirá los diputados Clericales y Laicos y los Diputados Suplentes a la Convención General, de conformidad con sus Cánones diocesanos y las disposiciones del Artículo I.4 de la Constitución. Si la Diócesis Misionera es miembro de una Provincia de esta Iglesia, también seleccionará los Diputados Clericales y Laicos y los Diputados Suplentes al Sínodo de conformidad con los Cánones diocesanos y las disposiciones de las ordenanzas de la Provincia. *La Convención elegirá a sus funcionarios*

d. La Convención de una Diócesis Misionera también adoptará un presupuesto y programa anual para la Diócesis, proporcionará los medios para su administración durante el año, y hará los arreglos para revisar y aprobar las peticiones de subvenciones de ayuda al Consejo Ejecutivo o a otras fuentes, tanto para las operaciones actuales como para sus necesidades de capital. *La Diócesis Misionera adoptará un presupuesto*

e. La elección del Obispo de una Diócesis Misionera, en caso de una vacante o cuando se otorgue el consentimiento canónigo, y la elección de una persona como Obispo Coadjutor u Obispo Sufragáneo, serán efectuadas por una Convención Diocesana de acuerdo con sus propios Cánones y las disposiciones del Canon III.11 de la Convención General. *Elección de Obispo*

La Convención General puede conceder autonomía

f. A petición de la Convención de una Diócesis Misionera, junto con la presentación de hechos pertinentes y un plan factible, la Convención General podrá, por resolución conjunta: (1) conceder autonomía a dicha Diócesis para unirse a otra Provincia o Consejo Regional que tenga autoridad metropolítica de la Comunión Anglicana; o (2) permitir que la Diócesis que procura su autonomía, pero que no planea unirse a otra Provincia o Consejo Regional, se una con no menos de otras tres Diócesis viables al mismo tiempo que sean geográficamente contiguas o que se localicen geográficamente de tal manera que puedan ser consideradas de la misma región, con el propósito de establecer una Nueva Provincia o un Nuevo Consejo Regional con autoridad metropolítica de la Comunión Anglicana.

Puede transferirse a otra Provincia o Consejo Regional

Una Diócesis Misionera podrá convertirse en una Misión de Área

g. A petición de la Convención de una Diócesis Misionera, acompañada por la renuncia por escrito de su Obispo de jurisdicción permanente, la Convención General podrá cambiar el estado de una Diócesis Misionera al de una Misión de Área, según los términos y condiciones que pudiera estipular la Cámara de Obispos de acuerdo con el Canon I.11.2.a; y en tal caso, cesará su derecho de representación con Diputados en la Convención General.

Se notificará a los Primados

Sec. 4. Se enviará un aviso a todos los Arzobispos y Metropolitanos, y a todos los Obispos Presidentes de Iglesias en plena comunión con esta Iglesia, acerca del establecimiento de cualquier Misión de Área o de la organización o cambio de estado de cualquier Diócesis Misionera fuera de Estados Unidos; y de la consagración o nombramiento de un Obispo Misionero para la misma.

Ejercicio de la jurisdicción

Por este medio, se declara como fallo de esta Iglesia que dos Obispos de Iglesias en plena comunión mutua no deberán ejercer jurisdicción en el mismo lugar, excepto como se defina por concordato adoptado conjuntamente por la autoridad competente de cada una de dichas Iglesias, después de consultar con el organismo interanglicano apropiado.

CANON 12: de los Comités Permanentes

Reuniones

Sec. 1. En cada Diócesis, el Comité Permanente elegirá entre sus miembros a un Presidente y un Secretario. Podrá reunirse ocasionalmente y de conformidad con sus propias reglas, llevará actas de sus deliberaciones, y el Presidente podrá convocar una reunión extraordinaria cuando lo estime necesario. El Comité podrá ser convocado a petición del Obispo, cuando desee su asesoría, y podrá reunirse por propio acuerdo y según sus propias reglas cuando desee aconsejar al Obispo.

Quórum

Sec. 2. En todos los casos en que un Canon de la Convención General ordene el cumplimiento de una función o el ejercicio de una facultad por parte de un Comité Permanente, de los miembros clericales del mismo o de cualquier otro organismo compuesto por varios miembros, la mayoría de dichos miembros constituirá quórum, habiendo sido todos debidamente convocados a reunión, y una mayoría del quórum así reunido tendrá competencia para actuar, salvo que el Canon requiera expresamente lo contrario.

Sec. 3. Todo documento que deba ser firmado por miembros del Comité Permanente, por los miembros clérigos del mismo o por cualquier otro organismo que consista de varios miembros, podrá ser firmado en contrapartes y las contrapartes unidas se considerarán como un solo documento. Los testimonios requeridos para la ordenación y que se requiere que dé un Comité Permanente de conformidad con cualquiera de estos Cánones deben ser firmados por una mayoría del Comité y podrán ser firmados electrónicamente y en contrapartes.

Originales firmados

CANON 13: de las Parroquias y Congregaciones

Sec. 1. Toda Congregación de esta Iglesia pertenecerá a la Iglesia en la Diócesis donde esté situado su lugar de culto. Un clérigo que sirva a un Curato que tenga congregaciones en más de una jurisdicción tendrá los derechos (incluido el de voto), en la Convención de la jurisdicción en la que tenga residencia canónica, que dispongan los cánones de esa diócesis y podrá recibir escaño y voz en las jurisdicciones que no sean su residencia canónica.

Jurisdicción de la Congregación y el Clero

Residencia canónica

Sec. 2. a. La determinación y definición de los límites de las Parroquias o Curatos Parroquiales existentes, así como el establecimiento de una nueva Parroquia o Congregación, y la formación de una nueva Parroquia dentro de los límites de cualquier otra, recaerán en las distintas Convenciones Diocesanas.

Límites parroquiales

b. Hasta que se adopte un Canon u otra regulación de una Convención Diocesana, la formación de nuevas Parroquias o el establecimiento de nuevas Parroquias o Congregaciones dentro de los límites de Parroquias existentes será tarea del Obispo de la Diócesis, actuando con la asesoría y el consentimiento del Comité Permanente de la misma, y, en caso de no haber Obispo, de la Autoridad Eclesiástica.

Formación de una Parroquia nueva dentro de los límites de una Parroquia existente

Sec. 3. a. En los casos en que los límites parroquiales no estén definidos por ley o acordados por actos de la Convención de la Diócesis en virtud de la Sección 2 de este Canon, ni de ninguna otra manera, se definirán de acuerdo con las divisiones civiles del estado en la forma siguiente:

Límites parroquiales cuando no los define la ley

b. Los límites parroquiales serán los límites fijados por la ley de una aldea, pueblo, municipio, municipio incorporado, ciudad o alguna división de un distrito civil similar que pueda reconocer el Obispo como los límites de la Parroquia, actuando con la asesoría y el consentimiento del Comité Permanente.

c. Si hubiera solo una Iglesia o Congregación dentro de los límites de dicha aldea, pueblo, municipio incorporado, ciudad u otra división de un distrito civil, como se contempla aquí, la misma será considerada Curato Parroquial del Clérigo de la misma. Si hubiese

Curato Parroquial

dos o más Iglesias o Congregaciones, el referido distrito civil será considerado Curato de los Clérigos de las mismas.

No afecta los derechos legales

d. Este Canon no afectará los derechos legales con respecto a los bienes de ninguna Parroquia o Congregación.

CANON 14: de las Juntas Parroquiales

Reglamentos sujetos a ley Estatal o Diocesana

Sec. 1. En todas las Parroquias de esta Iglesia, la cantidad, forma de elección y período de ejercicio de Coadjutores e Miembros de la Junta Parroquial, con los requisitos de los votantes, serán aquellos que pudieran permitir o requerir las leyes Estatales o Diocesanas, y los Coadjutores e Miembros de la Junta Parroquial seleccionados según dichas leyes permanecerán en sus cargos hasta que sus sucesores sean seleccionados y califiquen.

Como agentes y representantes legales

Sec. 2. Salvo lo contemplado en las leyes del Estado o la Diócesis, la Junta Parroquial será un agente y representante legal de la Parroquia en todos los asuntos que conciernan a sus bienes corporativos y a las relaciones de la Parroquia con su Clero.

El Rector presidirá

Sec. 3. Salvo que hubiera conflicto con las leyes como se indicó anteriormente, el Rector u otro miembro de la Junta que este nombre, presidirá en todas las reuniones de la Junta Parroquial.

CANON 15: de las Congregaciones en el Extranjero

Congregaciones en el extranjero

Sec. 1. Será lícito, en las condiciones indicadas a continuación, organizar una Congregación en cualquier territorio extranjero que no esté dentro de la jurisdicción de algún Obispo Misionero de esta Iglesia ni dentro de ninguna Diócesis, Provincia o Iglesia Regional de la Comunión Anglicana.

Quién puede oficiar temporalmente

Sec. 2. El Obispo encargado de dichas Congregaciones y el Consejo Asesor dispuesto a continuación, podrán autorizar a cualquier Presbítero de esta Iglesia para oficiar temporalmente en cualquier lugar designado por ellos dentro de cualquier territorio extranjero, al estar convencidos de la conveniencia de establecer en dicho lugar una Congregación de esta Iglesia.

Organización

Sec. 3. Dicho Presbítero, después de haber oficiado públicamente en dicho lugar por cuatro domingos consecutivos, podrá notificar, durante el Oficio Divino, que se celebrará una reunión de las personas mayores de edad presentes en el oficio, en el lugar y fecha que serán fijados por el Presbítero encargado, con el fin de organizar la Congregación. Dicha reunión podrá proceder a efectuar tal organización sujeta a la aprobación del Obispo y del Consejo Asesor mencionados y de conformidad con los reglamentos que dicho Consejo Asesor pudiese disponer.

Se reconocerán la Constitución y Cánones

Sec. 4. Antes de ser admitida bajo la dirección de la Convención General de esta Iglesia, dicha Congregación deberá, en su Constitución, Plan o Artículos de Organización, reconocer y aceptar la Constitución,

Cánones, Doctrina, Disciplina y Culto de esta Iglesia, y convendrá en someterse y obedecer las órdenes que pudieran enviar periódicamente el Obispo encargado y el Consejo Asesor.

Sec. 5. El deseo de dicha Congregación de ser admitida bajo la dirección de la Convención General será debidamente certificado por el Clérigo, un Coadjutor y dos miembros de la Junta Parroquial o Fideicomisarios de dicha Congregación, debidamente elegidos. *Será acogida por la Convención General*

Sec. 6. Dicho certificado, y la Constitución, Plan o Artículos de Organización, serán presentados ante la Convención General, si estuviera en sesión, o ante el Obispo Presidente en cualquier otra ocasión; en caso de satisfacer los requisitos, el Secretario de la Cámara de Diputados de la Convención General, bajo instrucciones escritas del Obispo Presidente, incluirá subsiguientemente el nombre de la Congregación en la lista de Congregaciones en el extranjero bajo la dirección de la Convención General; se enviará un certificado de dicho acto oficial y el Secretario de esta Iglesia lo archivará. Dichas Congregaciones quedan bajo el gobierno y la jurisdicción del Obispo Presidente. *Cómo se acepta*

Sec. 7. El Obispo Presidente podrá, periódicamente, por comisión escrita bajo la firma y sello episcopales, asignar a un Obispo u Obispos de esta Iglesia o de una Iglesia en plena comunión con esta, el cuidado y responsabilidad de una o más de dichas Congregaciones y de los Clérigos que ahí oficien, por el tiempo que estime conveniente; *se dispone, sin embargo,* que si dicho plazo venciera en un año durante el cual se celebrará una Convención General, antes de dicha Convención, la comisión se podrá prorrogar hasta la clausura de la Convención. *El Obispo Presidente podrá nombrar a un Obispo*

Sec. 8. Ninguna parte de este Canon deberá interpretarse como impedimento para la elección de un Obispo para encargarse de dichas Congregaciones en virtud de la disposición del Canon III.12.1-4.

Sec. 9. A fin de ayudar al Obispo Presidente o al Obispo encargado de estas Iglesias en el extranjero en la administración de sus asuntos y en la resolución de aquellos asuntos que pudieran surgir por su situación peculiar, se constituirá de la siguiente manera un Consejo Asesor compuesto de cuatro Clérigos y cuatro Laicos, quienes actuarán como Consejo Asesor del Obispo encargado de las Iglesias en extranjero. Serán seleccionados para servir durante dos años y hasta que sus sucesores hayan sido elegidos y hayan aceptado la elección, por una Asamblea debidamente reunida de todos los Clérigos de las Iglesias o Capillas extranjeras y de dos representantes Laicos de cada Iglesia o Capilla escogidos por su Junta Parroquial o Comité. El Consejo Asesor será convocado a solicitud del Obispo cuando desee su asesoría y podrán reunirse por su propia iniciativa y de acuerdo con sus propias reglas cuando deseen aconsejar al Obispo. Cuando una reunión no sea factible, el Obispo podrá consultarles por carta. *Consejero Asesor*

Será lícito que el Obispo Presidente, en cualquier momento, autorice al Consejo Asesor por escrito bajo su firma y sello episcopal, para actuar como Autoridad Eclesiástica.

Clérigos acusados de una infracción canónica

Sec. 10. En el caso de que un Miembro del Clero a cargo de una Congregación o por otro medio autorizado para servir a la Iglesia en un país extranjero fuera acusado de cualquier ofensa en virtud de los Cánones de esta Iglesia:

a. Con el permiso del Obispo Presidente, el Obispo a Cargo y el Consejo de Asesoramiento se podrá i. involucrar a una Diócesis de esta Iglesia para que facilite las Estructuras Disciplinarias necesarias para cumplir con los requisitos de los Cánones de esta Iglesia o ii. establecer entre las Congregaciones de la Asamblea las Estructuras Disciplinarias necesarias para cumplir con los requisitos de los Cánones de esta Iglesia. En cualquier caso, a los efectos de la aplicación de las disposiciones para Disciplina Eclesiástica (Título IV) de un miembro del Clero, el Obispo a Cargo deberá cumplir la función reservada para el Obispo Diocesano, salvo que el Obispo Presidente deberá aprobar cualquier Acuerdo, cualquier Acuerdo para Disciplina y los términos de cualquier Orden y pronunciar la Sentencia.

Disposición

b. En caso de no existir ninguna otra disposición para organizar o facilitar las Estructuras Disciplinarias para el cumplimiento de los Cánones sobre Disciplina Eclesiástica de una Congregación en un territorio extranjero, será deber del Obispo encargado de dichas Congregaciones convocar al Consejo Asesor y pedir una investigación sobre la veracidad de dicha Acusación; si hubiera pruebas razonables para creerla, dicho Obispo y el Consejo Asesor nombrarán a una Comisión compuesta de tres Clérigos y dos Laicos, cuyo deber será reunirse donde resida el acusado y obtener todas las pruebas del caso de las partes interesadas; ellos le concederán al acusado todos los derechos en virtud de los Cánones de esta Iglesia que puedan ser ejercidos en un territorio extranjero. La decisión de dicha Comisión, solemnemente tomada, será enviada entonces al Obispo encargado y al Obispo Presidente y, se aplicará si fuera aprobada por ellos; *se dispone*, sin embargo, que dicha Comisión no inicie ninguna otra medida disciplinaria que no sea la amonestación o destitución del Clérigo de su cargo en dicha Congregación. Si el resultado de la investigación de la mencionada Comisión revelase pruebas que, a su juicio, tienden a demostrar que dicho Clérigo merece una medida disciplinaria más severa, todos los documentos del caso serán entregados al Obispo Presidente, quien podrá proceder en contra de dicho Clérigo, en la medida de lo posible, de conformidad con los Cánones de la Convención General.

Limitación para Congregaciones nuevas

Sec. 11. Si existiera ya una Congregación dentro de los límites de cualquier ciudad en un territorio extranjero, ninguna nueva Congregación podrá ser establecida en esa ciudad, salvo con el consentimiento del Obispo a cargo y del Consejo Asesor.

Sec. 12. En caso de una diferencia entre el Clérigo y una Congregación en un territorio extranjero, el Obispo encargado examinará debidamente el caso y tendrá plena facultad, junto con el Consejo Asesor, para resolver y conciliar dicha diferencia observando los principios reconocidos en los Cánones de la Convención General. *Relación pastoral*

Sec. 13. A ningún Clérigo se le permitirá asumir la dirección de una Congregación en un territorio extranjero, organizada en virtud de este Canon, sin antes haber sido nominado por la Junta Parroquial del mismo, o, si esta no existiera, por el Consejo Asesor, y aprobado por el Obispo encargado; y cuando dicho nombramiento haya sido aceptado por el Clérigo, este será transferido a la jurisdicción del Obispo Presidente. *Nombramiento de Clérigos*

CANON 16: del Clero y las Congregaciones que Desean Afiliarse a esta Iglesia

Sec. 1. Cuando una congregación de personas cristianas que respetan la fe cristiana como se dispone en los credos católicos y reconocen que las Escrituras contienen todo lo necesario para la salvación pero utilizan un rito distinto al establecido por esta Iglesia, desee afiliarse a esta Iglesia, reteniendo al mismo tiempo el uso de su propio rito, dicha congregación podrá, con el consentimiento del Obispo en cuya Diócesis está situada, solicitarle reconocimiento legal al Obispo Presidente por intermedio del Obispo. *Congregaciones que desean afiliarse a esta Iglesia*

Sec. 2. Cualquier persona que no haya recibido la ordenación episcopal y que desee servir en dicha congregación como Clérigo, deberá cumplir las disposiciones del Canon III.10.4. *Ordenación no episcopal*

Sec. 3. Un Clérigo de dicha Congregación que haya sido ordenado por un Obispo que no esté en plena comunión con esta Iglesia, pero cuya regularidad de la ordenación sea aprobada por el Obispo Presidente, podrá ser admitido en la Orden apropiada según la disposición del Canon III.10.3. *Clérigos ordenados de la manera usual*

Sec. 4. Los clérigos y delegados de dichas congregaciones tendrán escaños sin voto en la Convención Diocesana, a menos que hayan sido admitidos formalmente por dicha Convención. *Escaño pero sin voto*

Sec. 5. La responsabilidad por las Congregaciones así admitidas recaerá en el Obispo de la Diócesis, salvo que este hubiera delegado su autoridad a otro Obispo que puede haber sido comisionado por el Obispo Presidente para asumir la responsabilidad de dichas Congregaciones. *Supervisión del Obispo de la Diócesis*

CANON 17: de las Reglas Relacionadas con los Laicos

Sec. 1. a. Todas las personas que hayan recibido el Sacramento del Sagrado Bautismo con agua en el nombre del Padre, del Hijo y del Espíritu Santo, ya sea en esta Iglesia o en otra Iglesia cristiana, y *Miembros bautizados* cuyo bautismo haya sido debidamente registrado de esta Iglesia, serán Miembros de la misma.

Miembros Adultos

b. Los Miembros que hayan cumplido los dieciséis años de edad serán considerados como Miembros Adultos.

Miembros confirmados o recibidos

c. Se espera que todos los Miembros Adultos de esta Iglesia, después de haber recibido la instrucción correspondiente, hayan hecho una declaración pública madura de su fe y de su compromiso con las obligaciones de su Bautismo y hayan sido confirmados o recibidos por la imposición de manos de un Obispo de esta Iglesia o por un Obispo de otra Iglesia en plena comunión con esta Iglesia. Aquellas personas que hayan hecho una promesa pública en otra Iglesia podrán ser recibidos por la imposición de manos del Obispo, en vez de ser confirmados. Esto puede ser un requisito para funciones de liderazgo específicas, según lo definido por la Constitución y los Cánones de esta Iglesia y sus organismos constituyentes.

Bautismo de adultos

d. Cualquier persona que sea bautizada en esta Iglesia como adulto y reciba la imposición de manos del Obispo en el bautismo, será considerada, para los fines de este y todos los demás Cánones, como bautizada y confirmada. Además:

Cualquier persona que haya sido bautizada como adulto en esta Iglesia y que un tiempo después del bautismo reciba la imposición de manos del Obispo en Reafirmación de los Votos Bautismales será considerada, para los fines de este y todos los demás Cánones, como bautizada y confirmada; además,

Cualquier persona que haya recibido la imposición de manos durante la Confirmación (por cualquier Obispo de la sucesión histórica) y sea acogida en la Iglesia Episcopal por un Obispo de esta Iglesia, será considerada, para los fines de este y todos los demás Cánones, como bautizada y confirmada; y por último,

Cualquier persona bautizada que haya recibido la imposición de manos de un Obispo de esta Iglesia durante la Confirmación o la Recepción, será considerada, para los fines de este y todos los demás Cánones, como bautizada y confirmada.

Comulgantes

Sec. 2. a. Todos los Miembros que hayan recibido la Santa Comunión en esta Iglesia por lo menos tres veces durante el año previo serán considerados Comulgantes de esta Iglesia.

Comulgantes Adultos

b. Para satisfacer las necesidades de correlación estadística en toda la Iglesia, los Comulgantes a partir de los dieciséis años se consideran Comulgantes Adultos.

c. En casos de sensibilidad pastoral, con la aprobación del Obispo, se podrá prescindir de estos requisitos por causa justificada.

Comulgantes en Buena Posición

Sec. 3. Todos los Miembros de esta Iglesia que durante el año anterior se hayan mantenido fieles en el culto corporativo, excepto en caso de causa justificada que se los haya impedido, y que hayan sido fieles en su trabajo, oraciones y donaciones para la expansión del Reino de Dios, se consideran Comulgantes en Buena Posición.

Sec. 4. a. Un Miembro de esta Iglesia deberá procurar una Carta de Transferencia para transferir su membresía de la congregación en la cual su membresía está registrada a otra Congregación. Esta Carta de Transferencia deberá indicar que la persona está registrada como Miembro de esta Iglesia y si dicho Miembro: *Transferencia de membresía*
1. es Comulgante.
2. está registrado como Comulgante en Buena Posición.
3. ha sido confirmado o recibido por un Obispo de esta Iglesia o por un Obispo en plena comunión con esta Iglesia.

Al recibir acuse de que el Miembro que recibió dicha Carta de Transferencia ha sido inscrito en otra congregación de esta u otra Iglesia, el Clérigo a cargo o el Coadjutor que expidió la Carta de Transferencia deberá borrar el nombre de la persona del registro parroquial.

b. El Clérigo a cargo o el Coadjutor de la Congregación a la cual fue enviada dicha membresía deberá incorporar al registro parroquial la información contenida en la Carta de Transferencia presentada, y luego notificará al Clérigo a cargo o al Coadjutor de la congregación que emitió la Carta de Transferencia que la persona ha sido debidamente registrada como Miembro de la nueva congregación. *Anotación en el Registro*

c. Si un Miembro de esta Iglesia que no tenga dicha Carta de Transferencia deseara ser Miembro de una nueva congregación, el Clérigo a cargo de dicha congregación le indicará a esa persona que debe obtener una Carta de Transferencia de su congregación anterior; si no se puede obtener tal Carta de Transferencia, no siendo culpa de la persona que lo solicita, se podrá hacer un asiento apropiado en los registros de la parroquia al presentarse pruebas de condición de miembro que el Clérigo a cargo o el Coadjutor determinen adecuadas.

d. Cualquier Comulgante de una Iglesia en plena comunión con esta tendrá derecho a los beneficios de esta sección hasta donde pudiesen ser aplicables.

Sec. 5. A ninguna persona se le negarán derechos, condición de miembro o acceso a posición de igualdad en la vida, culto, gobierno o empleo de esta Iglesia por motivos de raza, color, origen étnico, origen nacional, estado civil o familiar (incluidos planes de embarazo o guardería infantil), sexo, orientación sexual, identidad y expresión de género, incapacidad o edad, excepto en los casos estipulados por los Cánones. *Derechos de los Laicos*

Sec. 6. Una persona a quien se le hayan negado los Sacramentos de esta Iglesia, a quien se le haya revocado el derecho a la Sagrada Comunión en virtud de las rúbricas o que haya sido informada de la intención de negarle o revocarle el derecho a la Sagrada Comunión en virtud de las rúbricas, podrá apelar ante el Obispo o la Autoridad Eclesiástica. Un Presbítero que niegue o revoque a una persona la Sagrada Comunión o que comunique a una persona la intención de *Negación de la Sagrada Comunión* repelerla de la Sagrada Comunión, deberá informar a dicha persona, por escrito, con una antelación de catorce días de (i) las razones y (ii) el derecho de la persona a apelar ante el Obispo o la Autoridad Eclesiástica. Ningún Clérigo de esta Iglesia estará obligado a admitir a los Sacramentos a una persona a quien se le ha denegado o revocado ese derecho, sin recibir instrucciones por escrito del Obispo o la Autoridad Eclesiástica. El Obispo o la autoridad eclesiástica podrá en ciertas circunstancias considerar que es apropiado requerir que la persona sea admitida o restaurada por insuficiencia de la causa señalada por el Clérigo. Sin embargo, si al Obispo o a la Autoridad Eclesiástica le pareciere que existe causa suficiente para justificar la denegación a la Sagrada Comunión, se deben tomar las medidas apropiadas para iniciar una investigación de conformidad con los Cánones de la Diócesis; de no existir dicho Canon, el Obispo o la Autoridad Eclesiástica procederá de acuerdo con aquellos principios legales y de equidad que aseguren una investigación y un veredicto imparciales. El veredicto deberá expresarse por escrito en un plazo de sesenta días a partir de la apelación y especificar los pasos requeridos para la readmisión a la Sagrada Comunión.

Elegibilidad para la Comunión

Sec. 7. Ninguna persona que no haya sido bautizada podrá para recibir la Sagrada Comunión en esta Iglesia.

Responsabilidad fiduciaria

Sec. 8. Cualquier persona que acepte un cargo en esta Iglesia desempeñará las funciones de ese cargo de manera óptima y fiel, de conformidad con la Constitución y Cánones de esta Iglesia y de la Diócesis en que ejerza su cargo.

CANON 18: de la Celebración y Bendición del Matrimonio

Requisitos legales y canónicos

Sec. 1. Todo clérigo de esta Iglesia se regirá por las leyes del Estado que rigen la creación del estado civil del matrimonio, así como por estos cánones concernientes a la solemnización del matrimonio. Los Clérigos pueden solemnizar un matrimonio por medio de cualquiera de las formas litúrgicas autorizadas por esta Iglesia.

Aviso de intención

Sec. 2. La pareja deberá notificar al Clérigo de su intención de contraer matrimonio por lo menos con treinta días de anticipación a la solemnización; *se dispone sin embargo*, que si una de las partes es integrante de la Congregación del Clérigo, o ambas partes pueden proporcionar pruebas satisfactorias de la necesidad de acortar el lapso, se podrá omitir este requisito por causa justificada; en cuyo caso el Clérigo informará de inmediato de esta medida al Obispo por escrito.

Condiciones

Sec. 3. Antes de la solemnización, el Clérigo determinará:

    a. Que ambas partes tienen derecho a contraer matrimonio de conformidad con las leyes del Estado y consienten hacerlo libremente, sin fraude, coerción, error en cuanto a la identidad del cónyuge, ni reservas mentales.

    b. Que por lo menos uno de los contrayentes está bautizado.

c. Que ambas partes han sido instruidas por parte del Clérigo, o de una persona que el Clérigo conozca como competente y responsable, con respecto a la naturaleza, propósito y significado, así como los derechos, deberes y obligaciones del matrimonio.

Sec. 4. Antes de la solemnización, las partes deberán firmar la siguiente Declaración de Intención:

> Somos conscientes de la enseñanza de la iglesia de que el propósito de Dios para nuestro matrimonio es para nuestro gozo mutuo, para la ayuda y la comodidad que nos brindaremos mutuamente tanto en la prosperidad como en la adversidad, y, cuando sea la voluntad de Dios, para el don y el patrimonio de los hijos y su formación en el conocimiento y el amor de Dios. También entendemos que nuestro matrimonio debe ser incondicional, mutuo, exclusivo, fiel y para toda la vida y nos comprometemos a empeñarnos por aceptar estos presentes y cumplir estos deberes, con la ayuda de Dios y el apoyo de nuestra comunidad.

Declaración

Sec. 5. Al menos dos testigos estarán presentes en la solemnización y, junto con el Clérigo y los contrayentes, firmarán el registro de dicha solemnización en el documento correspondiente; este deberá incluir la fecha y el lugar de la solemnización, los nombres de los testigos, de los contrayentes y de sus padres, la edad de los contrayentes, su condición religiosa y su(s) domicilio(s).

Anotación en el Registro

Sec. 6. Un obispo o presbítero puede pronunciar una bendición de un matrimonio civil usando cualquiera de las formas litúrgicas autorizadas por esta Iglesia.

Bendición de un matrimonio civil

Sec. 7. Cualquier Clérigo de esta Iglesia podrá negarse, a su discreción, a solemnizar o bendecir un matrimonio.

CANON 19: del Reglamento que Rige el Sagrado Matrimonio: sobre la preservación y disolución del matrimonio, y segundas nupcias

Sec. 1. Cuando peligre la unidad marital por disensión y en la medida de lo posible, será deber de una o ambas partes llevar el asunto ante un Clérigo de esta Iglesia, antes de contemplar cualquier medida jurídica; será deber de dicho Clérigo actuar en primer lugar para proteger y promover la seguridad física y emocional de las personas involucradas y solo entonces, si es posible, tratar de reconciliar a las partes.

Cuando el matrimonio se encuentra en peligro

Sec. 2. a. Cualquier miembro de esta iglesia cuyo matrimonio haya sido anulado o disuelto por un tribunal civil, podrá solicitar al Obispo o a la Autoridad Eclesiástica de la Diócesis donde reside legal o canónicamente, un fallo sobre su estado marital a juicio de la Iglesia. Dicho fallo podrá ser el reconocimiento de la nulidad o de la terminación de dicho matrimonio; *se dispone*, sin embargo, que

Solicitud de fallo sobre estado marital

ningún fallo será interpretado de manera que afecte en forma alguna la legitimidad de los hijos o la validez civil de la relación anterior.

Fallo por escrito

b. Todo fallo rendido de conformidad con esta Sección se hará por escrito y formará parte permanente del archivo de la Diócesis.

Condiciones para segundas nupcias

Sec. 3. Ningún Clérigo de esta Iglesia podrá solemnizar el matrimonio de una persona que haya estado casada con otra persona que aún viva, y ningún miembro de esta Iglesia se unirá en matrimonio cuando cualquiera de las partes contrayentes haya estado casada con otra persona que aún viva, salvo en los casos siguientes:

a. El Clérigo quedará satisfecho con las pruebas correspondientes de que el anterior matrimonio ha sido anulado o disuelto a través de un fallo o decreto final de un tribunal civil de una jurisdicción competente.

b. El Clérigo habrá informado a las partes que deben guardar un interés continuo por el bienestar del excónyuge y de los hijos del matrimonio anterior.

c. El Clérigo consultará con el Obispo de la Diócesis donde reside canónicamente o con el Obispo de la Diócesis donde tiene residencia canónica, y obtendrá su consentimiento antes de solemnizar cualquier matrimonio según esta Sección, e informará al Obispo al efecto.

d. Si el matrimonio propuesto se va a solemnizar en una jurisdicción que no sea la que ha dado el consentimiento, este deberá ser confirmado por el Obispo de dicha Jurisdicción.

e. Los Obispos que ejerzan la autoridad eclesiástica, o en su caso la supervisión eclesiástica, que mantengan una posición teológica que no abrace el matrimonio para las parejas del mismo sexo, invitarán, en el caso de segundas nupcias después del divorcio, a otro Obispo de esta Iglesia a supervisar el proceso de consentimiento y a recibir cualquier informe de dichos Matrimonios, según lo dispuesto en la subsección c.

Sec. 4. Todas las disposiciones del Canon I.18 serán aplicables en todos los casos.

CANON 20: de las Iglesias en Plena Comunión

Relaciones de pacto

Sec. 1. La Iglesia Episcopal, miembro de la Comunión Anglicana, tiene una relación de plena comunión con (i) aquellas Iglesias que también son miembros de la Comunión Anglicana por acto del Consejo Asesor Anglicano y (ii) aquellas Iglesias de la sucesión histórica con las cuales celebró acuerdos de pacto antes de 1980, y posteriormente con aquellas iglesias de la sucesión histórica con las cuales ha celebrado acuerdos de pacto adoptados por la Convención General:

a. Las Antiguas Iglesias Católicas de la Unión de Utrecht (mediante la ratificación del Acuerdo de Bonn de 1931 por la 51ª Convención General de 1934).

b. La Iglesia Filipina Independiente (a través del Concordato de Plena Comunión entre la Iglesia Filipina Independiente y La Iglesia

Episcopal de 1961, adoptado por la 60ª Convención General en 1961).

c. La Iglesia Siria Mar Thoma de Malabar (a través del acuerdo entre la Iglesia Mar Thoma y La Iglesia Episcopal de 1979).

d. La Iglesia Episcopal tiene una relación de plena comunión con la Iglesia Evangélica Luterana de Canadá bajo los términos del Memorando de Reconocimiento Mutuo de Relaciones de Plena Comunión de fecha 26 de septiembre de 2018 por y entre La Iglesia Episcopal, la Iglesia Evangélica Luterana en América, la Iglesia Anglicana de Canadá y la Iglesia Evangélica Luterana en Canadá, que fue aceptado por la 80ª Convención General de La Iglesia Episcopal como Resolución 2021-A092.

e. La Iglesia Evangélica Luterana de Baviera (Evangelisch-Lutherische Kirche in Bayern, ELKB) (a través de la aceptación de Compartir los Dones de la Comunión [Acuerdo de Augsburgo] de 2022)

Sec. 2. La Iglesia Episcopal tiene una relación de plena comunión con la Iglesia Evangélica Luterana de Estados Unidos según los términos y la definición de "Llamados a la Misión Común" que la 73a Convención General de La Iglesia Episcopal adoptó como Resolución 2000-A040. *Iglesia Evangélica Luterana*

Sec. 3. La Iglesia Episcopal tiene una relación de plena comunión con las Provincias Norte y Sur de la Iglesia Morava de Estados Unidos en virtud de los términos de "Finding Our Delight in the Lord: A Proposal for Full Communion Between The Episcopal Church; the Moravian Church-Northern Province; and the Moravian Church-Southern Province" (Encontremos nuestro goce en el Señor: una propuesta para la plena comunión entre La Iglesia Episcopal, la Provincia Norte de la Iglesia Morava y la Provincia Sur de la Iglesia Morava), el cual se adoptó en la 76a Convención General de La Iglesia Episcopal como la Resolución A073. *Iglesia Morava*

Sec. 4. La Iglesia Episcopal tiene una relación de plena comunión con la Iglesia de Suecia bajo los términos del Memorándum de Entendimiento entre La Iglesia Episcopal y la Iglesia de Suecia (basado en los entendimientos expuestos en el Informe sobre los fundamentos de las relaciones futuras entre la Iglesia de Suecia y La Iglesia Episcopal), que fue aceptado por la 80ª Convención General de La Iglesia Episcopal como Resolución 2022-A137. *La Iglesia de Suecia*

TÍTULO II
CULTO

CANON 1: de la debida Celebración Dominical

Todas las personas de esta Iglesia deberán celebrar y guardar el Día del Señor, comúnmente llamado domingo, con la participación habitual en el culto público de la Iglesia, escuchando la palabra de Dios leída y enseñada, y por medio de otros actos de devoción y obras de caridad, expresándose siempre de manera piadosa y sobria.

Se observará el Día del Señor

CANON 2: de las Traducciones de la Biblia

Sec. 1. Las lecciones indicadas en el Libro de Oración Común deberán ser leídas de la traducción de las Sagradas Escrituras comúnmente conocida como la versión del Rey Jaime o Versión Autorizada (que es la Biblia histórica de esta Iglesia), junto con las Lecturas Marginales autorizadas por la Convención General de 1901; de una de las tres traducciones conocidas como Versiones Revisadas, que incluyen la Revisión Inglesa de 1881, la Revisión Americana de 1901 y la Versión Estándar Revisada de 1952; de la Biblia de Jerusalén de 1966; de la Nueva Biblia Inglesa con la Apócrifa de 1970; de La Biblia de las Buenas Nuevas de 1976; de la Nueva Biblia Americana (1970); de la Versión Estándar Revisada, Edición Ecuménica, comúnmente conocida como la "Biblia Común V.E.R." (1973); de la Nueva Versión Internacional (1978); de la Nueva Biblia de Jerusalén (1987); de la Biblia Inglesa Revisada (1989); de la Nueva Versión Estándar Revisada (1989, 2022); de la Versión Inglesa Contemporánea (1995); de la Versión Inglesa Contemporánea Global (2005); de Biblia Inglesa Común (2011); de la Nueva Biblia de Jerusalén Revisada (2019); de traducciones, autorizadas por el Obispo diocesano, de aquellas versiones aprobadas y publicadas en cualquier otro idioma que no sea inglés, las cuales deberán ser autorizadas por Obispos Diocesanos para uso específico en congregaciones o ministerios dentro de sus diócesis.

Versiones autorizadas

Sec. 2. Todas las traducciones propuestas para su inclusión en el Canon II.2.1 deberán ajustarse a los criterios para recomendar nuevas traducciones bíblicas para ser utilizadas en el culto público adoptado por la Convención General.

Sec. 3. Todas las traducciones propuestas para su inclusión en el Canon II.2.1 primero debe ser remitidas a la Comisión Permanente sobre Liturgia y Música para su revisión conforme a los criterios para recomendar nuevas traducciones bíblicas para ser utilizadas en el culto público.

CANON 3: del Libro de Oración Común

Sec. 1. La copia del libro de Oración Común aceptada por la Convención General de esta Iglesia, en el año de nuestro Señor de 1979, y autenticada por las firmas de los Funcionarios Presidentes y los

Patrón del Libro de Oración Común

Secretarios de ambas Cámaras de la Convención General, se declara por este medio como el Patrón del Libro de Oración Común de esta Iglesia.

Todas las copias de conformidad

Sec. 2. Todas las copias del Libro de Oración Común que se hagan y publiquen en adelante cumplirán con esta versión uniforme, con su paginación y, hasta donde sea posible, con todo lo referente a su arreglo tipográfico, con excepción de que las Rúbricas podrán imprimirse en rojo o negro, y de que los números de las páginas se colocarán a la par de los distintos encabezados en el índice de materias. El requisito de uniformidad en la paginación se aplicará al libro completo, pero no afectará las ediciones más pequeñas conocidas como 32mo o las ediciones anotadas para música.

Corrección de inexactitudes

Sec. 3. En caso de alguna inexactitud tipográfica en el Patrón del Libro de Oración Común, se podrá ordenar su corrección por medio de una Resolución conjunta de cualquier Convención General, y el aviso de dichas correcciones será comunicado por el Conservador a la Autoridad Eclesiástica de cada Diócesis de esta Iglesia y a las casas editoras del Libro de Oración Común.

Se enviarán copias del patrón a todas las Diócesis

Sec. 4. Deberán enviarse copias foliadas del Patrón del Libro de Oración Común debidamente autenticadas, al igual que el Patrón del Libro en sí, a la Autoridad Eclesiástica de cada Diócesis en confianza para su uso, consulta y apelación de asuntos relacionados con los formularios autorizados de esta Iglesia.

Todas las ediciones deben estar autorizadas

Sec. 5. No se hará, imprimirá, publicará ni utilizará como autoridad en esta Iglesia ninguna copia, traducción o edición del Libro de Oración Común, ni de ninguna parte o partes del mismo, a menos que contenga la autorización del Conservador del Patrón del Libro de Oración Común, certificando que él o alguna persona nombrada por él ha comparado dicha copia, traducción o edición con el mencionado Patrón del Libro o con una copia certificada del mismo, y que cumple con él. El Conservador, o alguna persona designada por el Conservador, podrá ejercer la debida discreción en referencia a las traducciones de todo el Libro de Oración Común o partes del mismo, a otros idiomas, de modo que dichas traducciones reflejen el estilo idiomático y el contexto cultural de esos idiomas. Además, no se hará, imprimirá, publicará ni usará como autoridad en esta Iglesia, ni se certificará como tal, ninguna copia, traducción o edición del Libro de Oración Común, ni parte o partes del mismo, que contenga o que esté relacionada con cualquier enmienda o adición del mismo, o con cualquier otro asunto, excepto las Sagradas Escrituras o el Himnario autorizado de esta Iglesia, o con materiales dispuesto en el Ritual para Ocasiones Especiales y las Liturgias Propias para las Fiestas Menores y Ayunos, en la medida en que dichos libros sean autorizados periódicamente por la Convención General.

Uso de prueba

Sec. 6. a. Cuando la Convención General, de conformidad con el Artículo X de la Constitución, autorice para uso de prueba una revisión propuesta del Libro de Oración Común o de una parte o partes del mismo, la Resolución que así lo permita especificará la duración de dicho uso de prueba, el texto preciso de la revisión y las condiciones o términos especiales que regirán dicho uso de prueba, incluida la traducción.

b. Un período de prueba de conformidad con el Artículo X, Sección 3 de la Constitución debe preceder a la primera lectura para cualquier alteración o adición al Libro de Oración Común de conformidad con el Artículo X, Sección 2, excepto para cambios al Leccionario y Tablas y Rúbricas y el Salterio, según lo dispuesto en el Artículo X, Sección 4.a.

c. Durante el período de uso de prueba, la Comisión Permanente sobre Liturgia y Música examinará la alteración o modificación propuesta utilizando los principios adoptados por la Convención General de esta Iglesia, e incluirá sus valoraciones y recomendaciones en un informe ante la Convención General.

d. El Calendario de la Iglesia, con las celebraciones principales y menores, forma parte del Libro de Oración Común y puede modificarse siguiendo el proceso de uso de prueba previsto para la revisión del Libro de Oración Común en la Constitución y los Cánones de esta Iglesia. *Deberes del Conservador*

e. Será deber del Conservador del Patrón del Libro de Oración Común: *Deberes del Conservador*
1. Concertar la publicación de dicha revisión propuesta;
2. Proteger, por medio de derechos de autor, el texto autorizado de tal revisión, en nombre de la Convención General; esos derechos de autor se cederán cuando las revisiones propuestas hayan sido adoptadas por la Convención General como enmienda o adición al Libro de Oración Común;
3. Certificar que las copias impresas de esas revisiones hayan sido debidamente autorizadas por la Convención General, y que el texto impreso se conforme al texto aprobado por la Convención General.

f. Durante dicho período de uso de prueba y de acuerdo con las condiciones de modificación específicas, únicamente el material así autorizado y en la forma exacta en que haya sido autorizado estará disponible como alternativa para dicho Libro de Oración Común o partes del mismo; *se dispone, sin embargo*, que será facultad conjunta del Obispo Presidente y del Presidente de la Cámara de Diputados, por recomendación de una resolución debidamente adoptada en una reunión de la Comisión Permanente sobre Liturgia y Música y comunicada a dichos funcionarios por escrito, autorizar variaciones, ajustes, sustituciones o enmiendas a cualquier parte de los textos experimentales, que pudieran parecer convenientes como resultado de dicho uso de prueba, y que no cambien la esencia de ningún rito. *Variaciones autorizadas de textos en uso de prueba*

g. En caso de autorizar dichas variaciones, ajustes, sustituciones o alternativas como las indicadas anteriormente, será deber del Conservador del Patrón del Libro de Oración Común notificar a la Autoridad Eclesiástica de cada Diócesis y a la Asamblea de Iglesias Episcopales de Europa sobre dicha medida, notificando también de la misma por medio de los medios de información públicos.

Nombramiento del Conservador

Sec. 7. La designación del Conservador del Patrón del Libro de Oración Común se realizará por nombramiento de la Cámara de Obispos y será confirmada por la Cámara de Diputados en una reunión de la Convención General. El Conservador permanecerá en su cargo hasta la segunda Convención General posterior a la Convención General en que el Conservador fuera propuesto y confirmado. La vacante que se produzca en el cargo de Conservador durante el receso de la Convención General podrá ser llenada provisionalmente hasta la siguiente Convención General por nombramiento del Obispo Presidente, una vez recibida la confirmación del Consejo Ejecutivo.

Medidas por ediciones no autorizadas

Sec. 8. Será deber de la Autoridad Eclesiástica de cualquier Diócesis en que se publique o circule cualquier edición no autorizada del Libro de Oración Común, o cualquier parte o partes del mismo, dar aviso público de que dicha edición no tiene autoridad en esta Iglesia.

CANON 4: de los Tipos de Textos Litúrgicos Adicionales

Sec. 1. El Artículo X de la Constitución define el Libro de Oración Común y un proceso de uso de prueba como un paso hacia la inclusión en dicho Libro de Oración Común. Además del Libro de Oración Común y de los textos autorizados para uso de prueba según sus definiciones en la Constitución y los Cánones de esta Iglesia, la autoridad de esta Iglesia puede establecer Recursos Litúrgicos Suplementarios y Alternativos.

Sec. 2. Autorización y Uso de Recursos Litúrgicos Suplementarios y Alternativos

Autorización de Recursos Alternativos

a. La Convención General en cualquier reunión, por mayoría de los Obispos con derecho a voto en la Cámara de Obispos, excluyendo a los Obispos jubilados no presentes, y por mayoría de los Diputados Clérigos y Laicos que votan por órdenes, puede aprobar para uso de esta Iglesia recursos litúrgicos más allá del Libro de Oración Común o uso de prueba.

b. Cada Texto Litúrgico más allá de los proporcionados en el Libro de Oración Común o uso de prueba según lo aprobado por la Convención General será designado como un Recurso Litúrgico Suplementario (disponible para su uso sin permiso del obispo con autoridad eclesiástica) o un Recurso Litúrgico Alternativo (que requiere permiso del obispo con autoridad eclesiástica).

c. Las Liturgias Suplementarias y Alternativas revisadas y autorizadas pueden ser usadas para el culto público por los ministros de esta iglesia y pueden incluir, pero sin limitarse a ello, lo siguiente:

Libro de Ritos Ocasionales

1. Un Libro de Ritos Ocasionales autorizado para su uso como Recurso Litúrgico Suplementario.

Fiestas y Ayunos Menores, y Leccionario

2. Materiales de apoyo para la celebración de fiestas y ayunos menores, así como un leccionario para la celebración diaria de la Sagrada Eucaristía autorizados para uso en toda la Iglesia.

d. Al proponer o revisar recursos litúrgicos de conformidad con este canon, la Comisión Permanente sobre Liturgia y Música utilizará los principios adoptados por la Convención General de esta Iglesia.

e. Antes de su aprobación por parte de la Convención General, todas las liturgias autorizadas de conformidad con este canon serán traducidas por las autoridades competentes al inglés, español, francés y criollo haitiano, siguiendo los principios de equivalencia dinámica.

Traducción requerida

f. Todos los Recursos Litúrgicos Suplementarios y Alternativos, así como sus traducciones oficiales, estarán disponibles sin derechos de autor, utilizando medios digitales para facilitar el acceso a la Iglesia en general.

Accesso digital

g. Una vez aprobados por la Convención General, los Recursos Litúrgicos Suplementarios y Alternativos podrán ser eliminados por un acto de la Convención.

h. Si en algún momento un Recurso Litúrgico Suplementario o Alternativo previamente aprobado y autorizado por un decreto de la Convención General de conformidad con este canon debe considerarse para uso de prueba, dicha liturgia debe presentarse ante la Convención General para comenzar el proceso de aprobación de uso de prueba como se define en la Constitución y los Cánones de esta Iglesia.

Aprobación para uso en pruebas

Sec. 3. Otros Libros de Oración Común

a. Cualquier Libro de Oración Común conmemorado por la Convención General de esta Iglesia está autorizado para su uso regular en cualquier servicio en todas las diócesis de esta Iglesia. Se entiende que el contenido de cualquier Libro conmemorado es la versión en uso al momento de la conmemoración.

Conmemorado por la Convención General

b. Las liturgias de cualquier otro Libro de Oración Común que haya sido autorizado previamente por la autoridad de esta Iglesia estarán disponibles para su uso en el culto dominical y para otras ocasiones con el permiso del obispo con autoridad eclesiástica.

Con permiso del obispo

Sec. 4. Uso de otras Plegarias y Liturgias Eucarísticas no Autorizadas por La Iglesia Episcopal

Una Plegaria Eucarística preparada de conformidad con An Order for Celebrating the Holy Eucharist (Orden para Celebrar la Sagrada Eucaristía) (Libro de Oración Común, 1979 pp. 400-405) puede ser autorizada para uso estacional en domingo, siempre que haya sido sometida y haya recibido la aprobación previa por escrito del obispo con autoridad eclesiástica.

Aprobación escrita del obispo

Sec. 5. Salterio Alternativo

Se puede autorizar un Salterio Alternativo por resolución en la Convención General para su estudio y uso ocasional en La Iglesia Episcopal con la aprobación del obispo diocesano con autoridad eclesiástica.

Salterio Alternativo

CANON 5: de la Autorización de Formas Especiales de Oficio

En cualquier Congregación cuyo culto se celebre en un idioma que no sea el inglés, y que se haya puesto bajo el cargo de un Obispo de esta Iglesia, será lícito usar una forma de oficio en dicho idioma, *siempre y cuando* dicha forma de oficio haya sido previamente aprobada por el Obispo de la Diócesis, hasta que se establezca por

Formas autorizadas en un idioma que no sea inglés

autoridad de la Convención General una edición autorizada en dicho idioma del Libro de Oración Común; y *se dispone además*, que ningún Obispo permita ninguna forma tal de oficio hasta no haberse primero convencido de que el mismo está de acuerdo con la Doctrina y Culto de esta Iglesia; en ningún caso serán usadas dichas formas de oficio para la ordenación o consagración de Obispos, Presbíteros o Diáconos.

CANON 6: de la Música de la Iglesia

Los Clérigos son responsables de la música

Será deber de todo Clérigo velar por que se use música en su Congregación como ofrenda a la gloria de Dios y como una ayuda a las personas en su culto, de acuerdo con el Libro de Oración Común y en la forma autorizada por las rúbricas o por la Convención General de esta Iglesia. Con este fin, el Clérigo tendrá la autoridad máxima en la administración de asuntos relacionados con la música. Para cumplir con esta obligación, el Clérigo procurará la ayuda de personas con conocimientos de música. Juntos velarán por que la música sea apropiada en el contexto en que se usa.

CANON 7: de las Iglesias Dedicadas y Consagradas

Pruebas de afiliación

Sec. 1. Ninguna Iglesia ni Capilla será consagrada hasta que el Obispo esté suficientemente convencido de que el inmueble y el terreno sobre el cual se construya tienen las garantías de propiedad y uso de una Parroquia, Misión, Congregación o Institución afiliada con esta Iglesia y supeditada a su Constitución y Cánones.

Consenti-miento para gravar o alienar propiedad consagrada

Sec. 2. Será ilícito que una Junta Parroquial, Junta de Fideicomisarios o cualquier otro organismo autorizado por las leyes de cualquier Estado o Territorio para poseer bienes en nombre de una Diócesis, Parroquia o Congregación, grave o enajene a cualquier Iglesia o Capilla dedicada y consagrada, o a cualquier Iglesia o Capilla que haya sido usada exclusivamente para los oficios Divinos, que pertenezca a la Parroquia o Congregación por ellos representada, sin el previo consentimiento del Obispo, actuando con el asesoramiento y consentimiento del Comité Permanente de la Diócesis.

Consenti-miento para desconsagrar una Iglesia

Sec. 3. Ninguna Iglesia o Capilla dedicada y consagrada podrá ser trasladada, desmantelada o en otra forma destinada a cualquier uso mundano o común, sin el previo consentimiento del Obispo, actuando con el asesoramiento y consentimiento del Comité Permanente de la Diócesis.

Todas las Iglesias estarán en fideicomiso

Sec. 4. Cualquier Iglesia o Capilla dedicada y consagrada deberá estar sujeta al fideicomiso declarado con respecto a la propiedad inmobiliaria y personal en posesión de cualquier Parroquia, Misión o Congregación, como lo estipula el Canon I.7.4.

TÍTULO III
MINISTERIO

CANON 1: del Ministerio de Todas las Personas Bautizadas

Sec. 1. Cada Diócesis tomará las medidas necesarias para el desarrollo y la consolidación del ministerio de todas las personas bautizadas, lo cual incluye:

Responsabilidad de la Diócesis

    a. Ayudar a entender que se convoca a todas las personas bautizadas al ministerio en el nombre de Cristo, a identificar sus dones con la ayuda de la Iglesia y a servir a la misión de Cristo en todo momento y en todo lugar.

    b. Ayudar a entender que se convoca a todas las personas bautizadas a que sustenten sus ministerios entregándose a la formación cristiana para toda la vida.

Sec. 2. A ninguna persona se le negará en esta Iglesia el acceso al proceso de discernimiento ni a ningún proceso para el empleo, licenciatura, llamado o utilización para cualquier ministerio, sea esta laica u ordenada, por causa de raza, color de la piel, origen étnico, situación migratoria, nacionalidad, sexo, estado civil o familiar (incluidos planes de embarazo y guardería infantil), orientación sexual, identidad y expresión de género, discapacidad o edad, a excepción de lo que esté dispuesto de otro modo en estos Cánones. No se establece aquí ningún derecho a empleo licenciatura, ordenación, llamado, utilización ni elección.

Acceso al proceso de discernimiento

Sec. 3. A ninguna persona se le negará el acceso al proceso de discernimiento ni a cualquier proceso para el empleo, licencia, llamado o utilización para cualquier ministerio, laico u ordenado, en esta Iglesia debido a su creencia teológica profesada a conciencia de que el matrimonio es un pacto entre un hombre y una mujer, ni que el matrimonio es un pacto entre dos personas. No se establece aquí ningún derecho a empleo licenciatura, ordenación, llamado, utilización ni elección. En las diócesis en las que el obispo que ejerce la autoridad eclesiástica (o, en su caso, la supervisión eclesiástica) no pueda, por razones de creencia teológica profesara en conciencia, ordenar a una persona que sostenga una de las creencias teológicas arriba mencionadas, el obispo que ejerce la autoridad eclesiástica (o la supervisión eclesiástica) invitará a otro obispo de esta Iglesia para que le dé acceso al proceso de discernimiento para la ordenación.

Sec. 4. A ningún presbítero ni diácono se le negará la licencia o la residencia canónica en ninguna diócesis de esta Iglesia debido a su creencia teológica profesada en conciencia de que el matrimonio es un pacto entre un hombre y una mujer, o que el matrimonio es un pacto entre dos personas. No se establece ningún derecho de residencia canónica ni de licencia.

Sec. 5. Las disposiciones de estos Cánones para la admisión de Candidatos para la ordenación a las tres Órdenes, Obispos,

Igual aplicabilidad

Presbíteros y Diáconos, se aplicarán igualmente a todas las personas que participen en el proceso.

CANON 2: de las Comisiones sobre el Ministerio

Las diócesis tendrán una Comisión

Sec. 1. En cada Diócesis existirá una Comisión sobre el Ministerio (en adelante "Comisión") constituida por Presbíteros, Diáconos, si los hubiera, y Laicos. Los Cánones de cada Diócesis estipularán la cantidad de miembros, el período de ejercicio y las formas de selección de la Comisión. Cualquier Diócesis podrá acordar por escrito con una o varias otras Diócesis para compartir una Comisión para Ministerio.

Deberes

Sec. 2. La Comisión asesorará y ayudará al Obispo:
a. En la implementación del Título III de estos Cánones.
b. En la determinación de las oportunidades y necesidades presentes y futuras para el ministerio de todas las personas bautizadas.
c. En el diseño y la supervisión del proceso en curso para el reclutamiento, discernimiento, formación para el ministerio y evaluación de la buena disposición.

Puede adoptar reglas

Sec. 3. La Comisión puede adoptar reglas para su desempeño, con sujeción a la aprobación del Obispo, *siempre y cuando* sean coherentes con la Constitución y los Cánones de esta Iglesia y de la Diócesis.

Sec. 4. La Comisión podrá establecer comités constituidos por miembros y otras personas para que informe a la Comisión o actúen en su nombre.

Educación y capacitación

Sec. 5. El Obispo y la Comisión deberán asegurar que los miembros de esta y sus comités reciban la educación y capacitación permanentes para su trabajo.

CANON 3: del Discernimiento

Sec. 1. El Obispo y la Comisión tomarán las medidas necesarias para el fomento, la capacitación y los recursos necesarios para ayudar a cada congregación en el desarrollo de un proceso permanente del discernimiento de la comunidad que sea apropiado a los antecedentes culturales, edad y experiencias de vida de todas las personas que buscan orientación en su llamado al ministerio.

Comunidades de discernimiento

Sec. 2. El Obispo, en consulta con la Comisión, puede utilizar los centros de ministerio de los campus universitarios y de colegios, así como otras comunidades de fe, como comunidades adicionales donde tenga lugar el discernimiento. En casos en que estas comunidades de discernimiento estén ubicadas en otra jurisdicción, el Obispo le consultará al Obispo donde esté ubicada la comunidad de discernimiento.

Reclutamiento de líderes

Sec. 3. El Obispo y la Comisión solicitarán de manera activa a todas las congregaciones, colegios y otras organizaciones juveniles, centros de ministerio de los planteles universitarios, seminarios y otras comunidades de fe los nombres de aquellas personas cuyas cualidades de entrega cristiana, potencial para el liderazgo y visión los señalen como candidatos deseables para puestos directivos de la Iglesia.

Sec. 4. El Obispo, la Comisión y la comunidad de discernimiento ayudarán a las personas involucradas en un proceso de discernimiento del ministerio a determinar las vías para la expresión y el apoyo de sus ministerios, sean estos Laicos u ordenados.

Apoyo al proceso de discernimiento

CANON 4: de los Ministerios Autorizados

Sec. 1. a. Un comulgante confirmado en buena posición o, en circunstancias extraordinarias sujeto a las directrices establecidas por el Obispo, un comulgante en buena posición podrá ser autorizado por la Autoridad Eclesiástica para servir como Líder Pastoral, Líder de Culto, Predicador, Ministro Eucarístico, Visitante Eucarístico, Evangelista o Catequista. Los requisitos y las directrices para la selección, capacitación, educación continua y utilización de tales personas y la duración de las licencias serán establecidos por el Obispo, en consulta con la Comisión sobre el Ministerio.

Selección y autorización

b. El Obispo Presidente o el Obispo Sufragáneo de las Fuerzas Armadas de Estados Unidos, de los Centros Médicos de la Administración de Veteranos y de las Instituciones Correccionales Federales puede autorizar a un miembro de las Fuerzas Armadas para ejercer uno o más de estos ministerios en las Fuerzas Armadas conforme a las disposiciones de este Canon. Los requisitos y las directrices para la selección, capacitación, educación continua y utilización de tales personas y la duración de las licencias serán establecidos por el Obispo en consulta con la Comisión sobre el Ministerio.

Miembro de las Fuerzas Armadas

Sec. 2. a. El Clérigo u otro líder que ejerza la supervisión de la congregación u otra comunidad de fe podrá pedir a la Autoridad Eclesiástica con jurisdicción que otorgue licencias a personas dentro de dicha congregación u otra comunidad de fe para que ejerza esos ministerios. La licencia deberá emitirse por un período que se determinará según el Canon III.4.1.a y podrá ser renovada. La licencia puede ser revocada por la Autoridad Eclesiástica mediante una petición o por medio de una nota dirigida al Clérigo u otro líder que ejerza la supervisión de la congregación u otra comunidad de fe.

Términos

b. Al renovar la licencia, la Autoridad Eclesiástica deberá considerar el desempeño del ministerio por parte de la persona autorizada, la educación continua en el área autorizada y el respaldo del Clérigo u otro líder que ejerza la supervisión de la congregación u otra comunidad de fe en la que la persona esté sirviendo.

Renovación

c. Una persona con licencia en una Diócesis conforme a las disposiciones de este Canon puede prestar servicios en otra congregación o comunidad de fe de la misma u otra Diócesis a invitación del Clérigo u otro líder que ejerza la supervisión, y con el consentimiento de la Autoridad Eclesiástica en cuya jurisdicción tendrá lugar esa prestación de servicios.

Líder Pastoral **Sec. 3.** Un Líder Pastoral es un laico autorizado para asumir responsabilidades pastorales o administrativas en una congregación en circunstancias especiales según las defina el Obispo.

Líder de Culto **Sec. 4.** Un Líder de Culto es un laico que en forma regular dirige el culto público bajo la dirección del Clérigo u otro líder que supervisa a la congregación u otra comunidad de fe.

Predicador **Sec. 5.** Un Predicador es un laico autorizado para predicar. Las personas autorizadas de este modo deberán predicar solo en aquellas congregaciones bajo la dirección del Clérigo u otro líder que ejerza la supervisión de la congregación u otra comunidad de fe.

Ministro Eucarístico **Sec. 6.** Un Ministro Eucarístico es un laico autorizado para administrar los Elementos consagrados durante la Celebración de la Sagrada Eucaristía. El Ministro Eucarístico debería proceder normalmente bajo la dirección de un Diácono, si lo hubiere, o de otro modo, bajo la dirección del Clérigo u otro líder que ejerza la supervisión de la congregación u otra comunidad de fe.

Visitante Eucarístico **Sec. 7.** Un Visitante Eucarístico es un laico autorizado para llevar los Elementos consagrados de una manera oportuna después de la celebración de la Sagrada Eucaristía a aquellos miembros de la congregación que, por motivos de enfermedad o incapacidad, no pudieron estar presentes en el Oficio. El Visitante Eucarístico debería actuar normalmente bajo la dirección de un Diácono, si lo hubiera, o de otro modo bajo la dirección del Clérigo u otro líder que supervisa a la congregación u otra comunidad de fe.

Catequista **Sec. 8.** Un Catequista es un laico autorizado para preparar a las personas para el Bautismo, la Confirmación, la Recepción y la Reafirmación de los votos bautismales, y deberá actuar bajo la dirección del Clérigo u otro líder que supervisa a la congregación u otra comunidad de fe.

Evangelista **Sec. 9.** Un Evangelista es un laico que presenta las buenas nuevas de Jesucristo de tal forma que la gente desea recibir a Cristo como Salvador y seguirlo como Señor en el compañerismo de la Iglesia. El Evangelista ayuda con el ministerio del evangelismo de la comunidad en colaboración con el Presbítero y otros líderes que ejercen supervisión de la congregación, o según lo indique el Obispo.

CANON 5: de las Disposiciones Generales sobre la Ordenación

Autoridad Episcopal **Sec. 1. a.** La autoridad canónica asignada al Obispo Diocesano por virtud de este Título podrá ser ejercida por un Obispo Coadjutor, siempre y cuando haya sido autorizado en virtud del Canon III.11.9.a y a petición del Obispo Diocesano, de un Obispo Sufragáneo o de cualquier otro Obispo de una Iglesia en Plena Comunión con esta

Iglesia que haya sido ordenado en la sucesión histórica a petición del Obispo del ordenante.

b. El Consejo Asesor de la Asamblea de las Iglesias Episcopales en Europa y el consejo nombrado por un Obispo que tenga jurisdicción en la Misión de Área de conformidad con las disposiciones del Canon I.11.2.c, para los fines de este y otros Cánones del Título III, tendrá los mismos poderes que el Comité Permanente de una Diócesis.

c. En caso de producirse una vacante en el episcopado de una Diócesis como se define en el Canon III.12.4.d, la Autoridad Eclesiástica podrá autorizar y pedir al Presidente de la Cámara de Obispos de la Provincia que lleve a cabo una ordenación.

Sec. 2. Ningún Nominado, Postulante o Candidato de ordenación podrá firmar ninguno de los certificados exigidos por este Título.

a. Las cartas de recomendación que requiere el Comité Permanente de conformidad con este Artículo deben ser firmadas por una mayoría del Comité, en una reunión debidamente congregada, salvo que las cartas de recomendación sean formalizadas en contrapartidas, de las cuales cualquiera puede ser entregada por facsímil u otro medio de transmisión electrónica y cada una de las cuales se considerará como original. *Cartas de recomendación*

b. Cada vez que se exija un certificado de una Junta Parroquial, esta debe ser firmada por al menos dos tercios de todos los miembros de la Junta Parroquial en una reunión debidamente congregada y por el Rector o el Clérigo encargado de la parroquia, y el hecho debe ser atestiguado por el Secretario de la Junta Parroquial. Si no hubiera un Rector o Clérigo a cargo, el certificado será firmado por un Presbítero de la Diócesis que conozca a la persona nominada y a la Parroquia, indicando el motivo de la sustitución en la cláusula de atestación. *Certificado de la Junta Parroquial*

c. Si la congregación u otra comunidad de discernimiento a la que pertenece el solicitante no fuera una Parroquia, la certificación que exigen los Cánones III.6 o III.8 será firmada y fechada por el Clérigo encargado y el consejo de la Congregación u otra comunidad de fe, y deberá ser atestada por el Secretario de la reunión en la cual el certificado fue aprobado. De no haber un Clérigo, el certificado será firmado y fechado por un Presbítero de la Diócesis que conozca al nominado y a la congregación u otra comunidad de fe, indicando el motivo de la sustitución en la cláusula de atestación. *Miembro de una Comunidad u Orden Religiosa*

d. Si el solicitante es miembro de alguna Orden Religiosa o Comunidad Cristiana reconocida por el Canon III.14, los certificados a que se refieren los Cánones III.5 o III.6 y todos los demás requisitos impuestos sobre una congregación o Clérigo a cargo serán dados por el Superior o persona encargada, y por el Capítulo u otro órgano comparable de la Orden o Comunidad.

Sec. 3. La postulación para cualquier dispensa permitida por este Título de cualquiera de los requisitos para la ordenación debe hacerse en primer lugar ante el Obispo y, si resulta aprobada, remitirse al Comité Permanente para su consejo y consentimiento. *Dispensaciones*

CANON 6: de la Ordenación de Diáconos

Sec. 1. Selección

Selección y nombramiento de Diáconos

El Obispo, en consulta con la Comisión, establecerá los procedimientos para identificar y para seleccionar a las personas con claras dotes y aptitudes para la ordenación al Diaconado.

Sec. 2. Nominación

Un adulto confirmado, comulgante y en buena posición, puede ser candidato para la ordenación al diaconado por la congregación a la que pertenece o por otra comunidad de fe.

a. La Nominación será escrita e incluirá una carta de apoyo de la congregación del Nominado u otra comunidad de fe que comprometa a la comunidad a lo siguiente:
1. A aportar económicamente para ese fin.
2. A involucrarse en la preparación de la ordenación al Diaconado del Nominado.

Si fuera una congregación, la carta estará firmada por dos tercios de la Junta Parroquial o algún organismo similar y por el Clérigo o líder supervisor.

Solicitud de admisión al Postulantado.

b. El Nominado, si está de acuerdo con la nominación, deberá aceptarla por escrito y deberá proporcionarle al Obispo los siguientes datos:
1. Nombre completo y fecha de nacimiento.
2. Tiempo que lleva residiendo en la Diócesis.
3. Comprobante de Bautizo y Confirmación.
4. Si ha solicitado anteriormente admisión como postulante o si ha sido candidato en alguna Diócesis.
5. Una descripción del proceso de discernimiento por el cual el Nominado ha sido identificado para la ordenación al diaconado.
6. El nivel de educación alcanzado y, de tenerlos, los diplomas obtenidos y las áreas de especialización, junto con copias de las transcripciones oficiales.

Sec. 3. Postulación

Postulación para el Diaconado

La postulación es el tiempo que transcurre entre la nominación y la candidatura y puede ser el inicio de la preparación formal para la ordenación. La postulación requiere la exploración continua sobre el llamado del Postulante al Diácono y su decisión al respecto.

a. Antes de conceder la admisión como Postulante, el Obispo:
1. Determinará si el Nominado es un adulto confirmado, en buena posición y comulgante.
2. Entrevistará al Nominado en persona.

Revisión de solicitudes

b. Si el Obispo aprueba que el Nominado prosiga a la postulación, la Comisión o un comité de la misma se reunirá con el Nominado para estudiar la postulación y preparar una evaluación de sus calificaciones para seguir un programa de preparación para la ordenación al Diaconado. La Comisión presentará su evaluación y recomendaciones al Obispo.

c. Ningún Obispo considerará aceptar como Postulante a ninguna persona a la que se le haya rehusado la admisión como candidato para la ordenación al Diaconado en cualquier otra Diócesis, o que, habiendo sido admitido, luego haya dejado de ser candidato, hasta que presente una carta del Obispo de la Diócesis donde se rehusó su admisión o en la cual haya sido Candidato, explicando la causa del rechazo o del cese.   *Rechazo o cese previo*

d. El Obispo puede admitir al Nominado como Postulante para la ordenación al Diaconado. El Obispo registrará el nombre del Postulante y la fecha de admisión en un Registro para ese fin. El Obispo le informará al postulante, al Clérigo encargado o a otro líder que ejerza la supervisión de la congregación del postulante u otra comunidad de fe, la Comisión, el Comité Permanente y el director del programa de preparación del Postulante acerca del acto y la fecha de tal admisión.   *Admisión a la Postulación*

e. Cada Postulante para ordenación al Diaconado deberá comunicarse con el Obispo personalmente o por medio de una carta, cuatro veces al año durante las Témporas, a fin de reflexionar sobre su desarrollo académico, diaconal, humano, espiritual y práctico.   *Témporas*

f. Cualquier Postulante podrá ser destituido como Postulante a discreción exclusiva del Obispo. Este entregará una nota escrita de la destitución al Postulante, al Clérigo encargado o a otro líder que ejerza la supervisión de la congregación del Postulante u otra comunidad de fe, a la Comisión y al Comité Permanente y al director del programa de preparación.   *Destitución*

Sec. 4. Candidatura

La Candidatura es un período de educación y formación, no inferior a un año, en preparación para la ordenación al Diaconado, que se establece por un compromiso formal por parte del Candidato, el Obispo, la Comisión, el Comité Permanente y la congregación u otra comunidad de fe.   *Definición de Candidatura*

a. La persona que desee ser considerada como Candidato para la ordenación al Diaconado deberá solicitárselo al Obispo. Esa solicitud incluirá lo siguiente:
   1. La fecha de admisión del Postulante a la postulación.
   2. Un certificado otorgado por la congregación del Postulante u otra comunidad de fe. Si fuera una congregación, el certificado será firmado y fechado por una mayoría de dos tercios de la Junta Parroquial u un organismo comparable y por el Clérigo encargado o algún líder que supervise.

b. Una vez cumplidos estos requisitos y tras haber recibido la declaración de la Comisión que garantice la formación continua del Postulante, y habiendo recibido por escrito la aprobación del Comité Permanente que habrá entrevistado previamente al Postulante y que habrá tenido la oportunidad de evaluar la documentación relacionada con su solicitud, el Obispo podrá admitir al Postulante como Candidato para la ordenación al Diaconado. El Obispo registrará el nombre del Candidato y la fecha de admisión en un expediente   *Admisión a la Candidatura*

CANON III.6.4.b-e - III.6.5.f.1-3 TÍTULO III

preparado con tal propósito. El Obispo le informará al Candidato, al Clérigo o a otro líder que ejerza la supervisión de la congregación del Candidato u otra comunidad de fe, a la Comisión, al Comité Permanente y al Decano del seminario al cual el postulante asista o proponga asistir, o al director del programa de preparación del Candidato acerca del acto y la fecha de tal admisión.

Transferencias a otras Diócesis

c. Un Candidato debe permanecer en una relación canónica con la Diócesis a la cual se le concedió la admisión hasta la ordenación al Diaconado según este Canon, salvo que, por motivos aceptables para el Obispo, el Candidato pueda ser transferido a otra Diócesis a petición, siempre y cuando el Obispo de la Diócesis que lo reciba esté dispuesto a aceptar al Candidato.

El Candidato podrá ser destituido

d. Cualquier Candidato podrá ser destituido como Candidato si el Obispo lo estima conveniente. Este entregará un aviso escrito de la destitución al Candidato y al Clérigo u otro líder que ejerza la supervisión de la congregación del Candidato u otra comunidad de fe, a la Comisión, al Comité Permanente y al director del programa de preparación.

e. Si un Obispo ha retirado el nombre de un Candidato de la lista de Candidatos, salvo que se trate de una transferencia, o si se rechaza la solicitud de ordenación del Candidato, ningún otro Obispo podrá ordenar a la persona sin readmisión a la Candidatura por un período mínimo de doce meses.

Sec. 5. Preparación para la Ordenación

Preparación para la Ordenación

a. El Obispo y la Comisión colaborarán con el Postulante o Candidato para desarrollar y monitorear un programa de preparación para la ordenación al Diaconado de conformidad con este Canon y para asegurar que a través del período de preparación se le facilite orientación pastoral.

Asignación

b. El Obispo puede asignar al Postulante o Candidato a cualquier congregación de la Diócesis u otra comunidad de fe una vez que se le haya consultado al Clérigo encargado o a otro líder que supervise.

Formación

c. La Formación deberá considerar la cultura local y los antecedentes de cada Postulante o Candidato, la edad, ocupación y ministerio.

d. Antes que la educación y el aprendizaje de la vida, se debe considerar la experiencia como una parte de la formación requerida para la ordenación.

e. Toda vez que sea posible, la formación para el Diaconado tendrá lugar dentro de la comunidad, lo que incluye a otras personas en preparación para el Diaconado u otras personas que se preparan para el ministerio.

Aptitudes

f. Antes de la ordenación, cada Candidato se preparará y demostrará competencia básica en cinco áreas generales:
1. Estudios académicos, entre ellos las Sagradas Escrituras, teología y la tradición de la Iglesia.
2. Diaconía y diaconado.
3. Conocimiento y comprensión del ser humano.

4. Desarrollo y disciplina espirituales.
5. Capacitación y experiencia prácticas.

g. La preparación para la ordenación incluirá capacitación sobre los siguientes temas: *Capacitación*
   1. Prevención de la conducta sexual inapropiada contra niños y adultos.
   2. Requisitos civiles de reportar y las oportunidades pastorales de responder a las pruebas de abuso.
   3. La Constitución y los Cánones de La Iglesia Episcopal, en particular el Título IV del mismo.
   4. La enseñanza de la Iglesia sobre el desmantelamiento del racismo y el logro de la justicia y la sanación racial.

h. Cada Candidato para ordenación al Diaconado deberá comunicarse con el Obispo personalmente o por medio de una carta, cuatro veces al año, durante las Témporas para reflejar el desarrollo académico, diaconal, humano, espiritual y práctico del Candidato. *Témporas*

i. Durante la Candidatura el progreso de cada Candidato será evaluado periódicamente y habrá un informe escrito acerca de la evaluación proveniente de aquellas personas autorizadas por la Comisión que habrán de estar a cargo del programa de evaluación. Tras la certificación proveniente de aquellos a cargo del programa de preparación del Candidato que asegura que el candidato ha completado de manera exitosa su preparación y que está listo para su ordenación, habrá de prepararse una evaluación escrita de la disposición para la ordenación al diaconado, según lo determine el Obispo en consulta con la Comisión. Dicho informe incluirá una recomendación de la Comisión sobre la preparación del Candidato para la ordenación. Se mantendrá un expediente con todas las apreciaciones, evaluaciones y recomendaciones y este se pondrá a disposición del Comité Permanente. *Evaluación del progreso*

j. En un plazo que no excederá treinta y seis meses antes de la ordenación como Diácono, se deberá lograr lo siguiente: *Exámenes y evaluaciones*
   1. Una investigación de antecedentes, de conformidad con los criterios establecidos por el Obispo y el Comité Permanente.
   2. Evaluación médica y psicológica por parte de profesionales aprobados por el Obispo, utilizando los formularios preparados a tal efecto por el Church Pension Fund, la Comisión Permanente sobre Ministerio y Formación, de acuerdo con los principios y las directrices adoptados por la Convención General y, si se desea o es necesario, una remisión psiquiátrica.

k. Los informes de todas las investigaciones y reconocimientos se conservarán de manera definitiva en los archivos del Obispo y pasarán a formar parte del expediente diocesano permanente.

Sec. 6. Ordenación al Diaconado
a. Una persona puede ser ordenada como Diácono: *Ordenación al Diaconado*
   1. Después de un período mínimo de dieciocho meses a partir del momento de la aceptación por escrito de la

nominación por parte del Nominado como se dispone en III.6.2.b, y
2. no antes de haber cumplido al menos los veinticuatro años de edad.

Documentos de la ordenación

b. El Obispo obtendrá por escrito y proporcionará al Comité Permanente lo siguiente:
1. Una petición del Candidato que aspira a la ordenación como Diácono en virtud de este Canon.
2. Un certificado otorgado por la congregación del Candidato u otra comunidad de fe, firmada y fechada por al menos dos tercios de la Junta Parroquial y el Clérigo encargado o algún otro líder que supervise.
3. comprobante escrito de admisión del Candidato a la Postulación y Candidatura, indicando las fechas de admisión.
4. un certificado del seminario o de otro programa de preparación, que muestre los registros académicos del Candidato en las materias requeridas por los Cánones y que entregue una evaluación con una recomendación a modo de otras calificaciones personales del Candidato para la ordenación junto con una recomendación respecto de la ordenación al Diaconado conforme este Canon.
5. una carta de la Comisión en la que se recomiende la ordenación al Diaconado en virtud de este Canon.

El Comité Permanente dará su consentimiento

c. Al recibir las certificaciones, el Comité Permanente, siempre y cuando una mayoría de todos los miembros esté de acuerdo, certificará que los requisitos Canónicos para la ordenación al Diaconado en virtud de este Canon han sido cumplidos, que no hay objeciones por motivos médicos, psicológicos, morales ni espirituales, y que recomiendan la ordenación. El Comité Permanente comprobará dicha certificación por medio de una carta de recomendación dirigida al Obispo en la forma que se especifica a continuación y firmada por los miembros del Comité Permanente que dan su consentimiento de conformidad con el Canon I.12.3.

Al Reverendísimo _____, **Obispo de** _____, **nosotros, el Comité Permanente de** _____, **habiéndonos reunido debidamente en** _____, **damos fe de que A.B., quien desea ser ordenado al Diaconado en virtud del Canon III.6, nos ha presentado los certificados conforme a lo dispuesto por los Cánones, los cuales indican la preparación de A.B. para la ordenación al Diaconado en virtud del Canon III.6; y certificamos que se han cumplido todos los requisitos canónicos para su ordenación al Diaconado en virtud del Canon III.6 y que no encontramos objeciones suficientes para la ordenación. Por lo tanto, recomendamos a A.B. para la ordenación. En testimonio de lo cual, ponemos nuestra firma en este día** _____ **del mes de** _____, **en el año de nuestro Señor** _____.

(Firma) _____

d. Una vez que se haya presentado la carta de recomendación al Obispo y no habiendo suficientes objeciones por motivos médicos, psicológicos, morales o espirituales, el Obispo puede ordenar al Candidato al Diaconado de conformidad con este Canon, y al momento de la ordenación el Candidato deberá públicamente, en presencia del Obispo, suscribir y hacer la declaración que se requiere en el Artículo VIII de la Constitución. *Declaración de avenencia*

CANON 7: de la Vida y Obra de los Diáconos

Sec. 1. Los Diáconos sirven directamente bajo la autoridad del Obispo y son responsables ante él o en ausencia del Obispo, ante la Autoridad Eclesiástica de la Diócesis.

Sec. 2. Los Diáconos con residencia canónica en cada Diócesis constituyen una Comunidad de Diáconos, que habrá de reunirse periódicamente. El Obispo podrá nombrar a uno o más de aquellos Diáconos como Archidiáconos para ayudarle a este en la formación, utilización, supervisión y apoyo de los Diáconos o aquellos en vías de ser Diáconos y para la observación de este Canon. *Comunidad de Diáconos*

Sec. 3. El Obispo puede establecer un Consejo de Diáconos para supervisar, estudiar y promover el Diaconado. *Consejo de Diáconos*

Sec. 4. El Obispo, una vez que haya consultado al Diácono y al Clérigo encargado o a otro líder que supervise, puede asignar un Diácono a una o varias congregaciones, otras comunidades de fe o a ministerios no parroquiales. Los Diáconos asignados a una congregación o a otra comunidad de fe actúan bajo la autoridad del Clérigo encargado o la de otro líder que supervise en todos los asuntos concernientes a la congregación. *Derechos y obligaciones*

a. Con sujeción a la aprobación del Obispo, los Diáconos pueden tener una carta de acuerdo que disponga obligaciones mutuas en el nombramiento y, de existir dicha carta, esta quedará sujeta a renegociación con el Comité de la Junta Parroquial o del Obispo si el Rector o Presbítero a Cargo renuncia.

b. Los Diáconos informarán anualmente al Obispo o a la persona designada sobre su vida y obra.

c. Los Diáconos pueden servir como administradores de congregaciones u otras comunidades de fe, pero ningún Diácono podrá estar a cargo de una congregación u otra comunidad de fe.

d. Los Diáconos pueden aceptar capellanías en cualquier hospital, recinto penitenciario u otra institución.

e. Los Diáconos podrán participar en el gobierno de la Iglesia.

f. Durante dos años después de la ordenación, los Diáconos nuevos deberán continuar un proceso de formación autorizado por el Obispo.

g. El Obispo o la persona nombrada por él, en consulta con la Comisión, deberá asignarle a cada diácono recién ordenado un Diácono mentor siempre que se disponga de uno adecuado. El mentor y el nuevo Diácono se reunirán de manera regular por espacio *Mentores* mínimo de un año con fines de facilitar orientación, información y un diálogo continuo acerca del ministerio diaconal.

Educación continua

Sec. 5. El Obispo y la Comisión exigirán y dispondrán la educación continua de los Diáconos y mantendrán un expediente de dicha educación.

Licencia para oficiar en otra Diócesis

Sec. 6. a. Un Diácono no podrá oficiar como Diácono por más de dos meses en cualquier Diócesis que no fuera aquella en que reside canónicamente, a menos que el Obispo de la otra Diócesis le haya otorgado al Diácono una licencia para oficiar en esa Diócesis.

b.

Cartas Dimisorias

1. Aquel Diácono que desee convertirse en residente canónico de alguna Diócesis deberá pedir una carta de recomendación proveniente de la Autoridad Eclesiástica de la Diócesis en la cual ese Diácono sea canónicamente residente para presentarlo a la Diócesis receptora; esta carta de recomendación, si es concedida, deberá ser otorgada por la Autoridad Eclesiástica de la Diócesis a la cual se propone la transferencia. La carta de recomendación deberá estar redactada del modo siguiente:

   Certifico, por medio de la presente, que A.B., quien me ha expresado su deseo de ser transferido a la Autoridad Eclesiástica de _____, es Diácono en buena posición de _____, y que, a mi leal saber y entender, no ha sido en justicia sujeto de informe negativo alguno, por error en religión o por perversidad de vida, durante los tres últimos años.
   (Fecha) _____
   (Firma) _____

2. Dicha carta de recomendación se llamará Cartas Dimisorias. Si la Autoridad Eclesiástica acepta las Cartas Dimisorias, la residencia canónica del Diácono así transferido comenzará en la fecha de aceptación de las Cartas Dimisorias, de lo cual se le notificará inmediatamente tanto al solicitante como a la Autoridad Eclesiástica de la cual proviene.
3. Las Cartas Dimisorias no presentadas en un plazo de seis meses de su fecha de recepción por el solicitante, quedarán anuladas.
4. Una declaración del registro de pagos al Church Pension Fund hecha por el Diácono o en nombre de este deberá acompañar las Cartas Dimisorias.

Transferencia a Iglesias en Plena Comunión con esta Iglesia

Sec. 7. a. Un Diácono que desee convertir su residencia canónica a una Diócesis o jurisdicción equivalente de una Iglesia en Plena Comunión (como se identifica en el Canon I.20) o una Iglesia en Comunión con esta Iglesia (como se identifica en el Canon III.10.2.a.3) deberá pedir una carta de recomendación de la Autoridad Eclesiástica de la Diócesis de su residencia canónica actual, la cual será facilitada por la Autoridad Eclesiástica al solicitante, y un duplicado de la misma se enviará a la Autoridad Eclesiástica de la Diócesis o jurisdicción equivalente a la cual se propone la transferencia. La carta de recomendación puede incluir una cartera de su capacitación, educación continua y el ejercicio de los ministerios. La carta de recomendación será proporcionará con el siguiente formato o en la forma especificada por la Diócesis o jurisdicción equivalente receptora:

Certifico, por medio de la presente, que A.B., quien me ha expresado su deseo de transferirse a la Autoridad Eclesiástica de _____, es Diácono en buena posición en la Diócesis de _____ de La Iglesia Episcopal y que, a mi leal saber y entender, no ha sido en justicia sujeto de informe negativo alguno, por error en religión ni por perversidad de vida, durante los tres últimos años.
(Fecha) _____
(Firma) _____

    b. Si la Autoridad Eclesiástica de la Diócesis o jurisdicción equivalente de la Iglesia en Plena Comunión o de la Iglesias en comunión con esta Iglesia acepta la carta de recomendación, la residencia canónica del Diácono transferido iniciará a partir de la fecha de dicha aceptación y la notificación de aceptación será inmediatamente remitida por el Diácono a la Autoridad Eclesiástica de la Diócesis remitente. La notificación de la Autoridad Eclesiástica destinataria puede estar en la forma siguiente:

Certifico por este medio, que A.B. ha sido transferido canónicamente a mi jurisdicción y es un Diácono en buena posición.
(Fecha) _____
(Firma) _____

    c. Al ser recibida dicha aceptación, la Autoridad Eclesiástica de la Diócesis remitente deberá notificar al Church Pension Fund y al Anotador de Ordenaciones de la partida del Diácono de La Iglesia Episcopal.

    d. Esta disposición no será utilizada en el caso de los Diáconos que deseen entrar a Iglesias que no están en comunión con esta Iglesia, ni por quienes deseen transferirse a otra Provincia de la Comunión Anglicana mientras permanecen geográficamente dentro de los límites de La Iglesia Episcopal. En tales casos, se seguirán las disposiciones del Canon III.7.9.

    Sec. 8. Al cumplir la edad de setenta y dos años, todo Diácono deberá renunciar a cualquier puesto de servicio activo en esta Iglesia, y su renuncia será aceptada. El Obispo puede, con el consentimiento del Diácono, asignar a un Diácono que haya renunciado a cualquier congregación, otra comunidad de fe o a un ministerio no parroquial, por un período que no exceda doce meses. Este período puede renovarse. *Renuncia*

Sec. 9. Relevo y Destitución del Ministerio Ordenado de esta Iglesia

Relevo y Destitución de un Diácono

Si un Diácono de La Iglesia Episcopal expresara por escrito al Obispo de la Diócesis donde dicho Diácono tiene su residencia canónica, la intención de ser relevado y destituido del Ministerio Ordenado de esta Iglesia y de las obligaciones del cargo, incluidas las promesas hechas en la Ordenación y en la Declaración que se exige en el Artículo VIII de la Constitución de la Convención General, será deber del Obispo registrar el asunto. El Obispo, estando convencido de que la persona declarante está actuando voluntariamente y por causas que no afecten el carácter moral de la persona, ni es el sujeto de información sobre una Ofensa que haya sido remitida a un Gestor ni es Acusado en un asunto disciplinario pendiente como se define el en Título IV de estos Cánones, presentará el asunto ante el Comité Permanente y con el consejo y consentimiento de la mayoría del Comité Permanente el Obispo podrá pronunciar que la persona queda libre y relevada del Ministerio Ordenado de esta Iglesia y de las obligaciones correspondientes, y queda privada del derecho a ejercer en La Iglesia Episcopal los dones y la autoridad espiritual de un Ministro de la Palabra y los Sacramentos de Dios que le fueron conferidos en la Ordenación. El Obispo también declarará, al pronunciar y anotar dicha medida, que fue por causas que no afectan el carácter moral de la persona, y podrá, a petición de la persona entregar un certificado a este efecto a la persona así relevada y destituida del Ministerio Ordenado.

En casos disciplinarios

Sec. 10. Si un Diácono que presentara la redacción descrita en la Sección 9 de este Canon fuera objeto de información concerniente a una Ofensa que haya sido remitida a un Gestor o un Acusado en un asunto disciplinario pendiente según se define en el Título IV de estos Cánones, la autoridad eclesiástica a la cual dicho escrito haya sido dirigido no considerará ni actuará sobre la petición por escrito sino hasta que el asunto haya sido resuelto por desestimación, Acuerdo u Orden y el plazo para la apelación o anulación del mismo haya vencido.

Declaración

Sec. 11. En el caso de que un Diácono sea relevado y destituido del Ministerio Ordenado de esta Iglesia como se dispone en este Canon, el Obispo hará una declaración de relevo y destitución en presencia de dos o más Clérigos, la cual será asentada en los expedientes oficiales de la Diócesis en la cual el Diácono que está siendo relevado y destituido tiene su residencia canónica. El Obispo que pronuncie la declaración de destitución como se dispone en este Canon notificará por escrito a todos los Clérigos, a cada Junta Parroquial, al Secretario de la Convención y al Comité Permanente de la Diócesis en la cual el Diácono residía canónicamente; y a todos los Obispos de esta Iglesia; a la Autoridad Eclesiástica de cada Diócesis de esta Iglesia, al Obispo Presidente; al Anotador de Ordenaciones, al Secretario de la Cámara de Obispos, al Secretario de la Cámara de Diputados, al Church Pension Fund y a la Junta para el Ministerio de Transición.

Sec. 12. Regreso al Ministerio Ordenado de esta Iglesia después de Relevo y Destitución.
  a. Cuando un Diácono que haya sido relevado y destituido del Ministerio ordenado de esta Iglesia en virtud del Canon III.7.9 desee regresar a ese Ministerio, la persona podrá solicitarlo por escrito al Obispo de la Diócesis en la que el Diácono tuvo la última residencia canónica, adjuntando lo siguiente: *Regreso al Ministerio ordenado*
   1. Pruebas de la ordenación anterior en La Iglesia Episcopal;
   2. Comprobante de verificaciones de antecedentes apropiadas, certificaciones y comprobantes del cumplimiento de capacitaciones aplicables, incluso en prevención del abuso y en el desmantelamiento del racismo, así como en el logro de la justicia racial y la sanación;
   3. Una declaración de no menos de dos Clérigos que conozcan al postulante y apoyen su solicitud;
   4. Una declaración de las razones por las que desea volver al Ministerio ordenado de esta Iglesia.
  b. Si el Obispo lo decide, puede dar su permiso para que el Diácono continúe el proceso hacia la reincorporación, lo cual puede incluir lo siguiente:
   1. La participación activa en una congregación por un tiempo, a discreción del Obispo;
   2. Contacto periódico con el Obispo o el designado por el Obispo durante el transcurso del proceso;
   3. Evaluación por un profesional en salud mental con licencia elegido por el Obispo para fines de evaluación y determinación de la aptitud para la reanudación del ministerio ordenado en esta iglesia;
   4. Dos recomendaciones de quienes puedan hablar sobre el ex ministerio del Diácono;
   5. Reunión con el Comité Permanente, el cual tendrá el beneficio de los materiales arriba citados y hará al obispo su recomendación sobre la readmisión.
  c. Antes de que se le pueda permitir a la persona que regrese al Ministerio ordenado de esta Iglesia, el Obispo le exigirá a Diácono que desea regresar al ministerio que firme una declaración por escrito como se dispone en el Artículo VIII de la Constitución sin recurrir a ninguna otra jurisdicción eclesiástica, y que la firme en presencia del Obispo y de dos o más Clérigos de esta Iglesia.
  d. Posteriormente, el Obispo, teniendo en cuenta los hechos y circunstancias en torno a la destitución y relevo del Diácono, podrá permitir, con los consejos y el consentimiento del Comité Permanente, su regreso al Ministerio ordenado de esta Iglesia.
  e. Las disposiciones de este Canon III.7.12 no serán aplicables a ningún Diácono que haya sido destituido, relevado de su ministerio como resultado de cualquier proceso del Título IV de estos Cánones.
  f. El aviso del regreso del Diácono al Ministerio ordenado de esta Iglesia se proporcionará por escrito a las mismas personas y entidades que reciban el aviso de conformidad con el Canon III.7.11.

CANON 8: de la Ordenación de los Presbíteros

Sec. 1. Selección

Selección y nombramiento al Presbiterio

El Obispo, en consulta con la Comisión, establecerá los procedimientos para identificar y seleccionar a las personas que cuenten con dones y aptitudes evidentes para la ordenación al Presbiterio.

Sec. 2. Nominación

Un adulto confirmado, comulgante en buena posición, puede ser nominado para la ordenación al Presbiterio por su congregación u otra comunidad de fe.

Solicitud de admisión a la Postulación

a. La Nominación será escrita e incluirá una carta de apoyo de la congregación del Nominado u otra comunidad de fe que comprometa a la comunidad a lo siguiente:
1. A aportar económicamente para ese fin.
2. A involucrarse en la preparación de la ordenación al Presbiterio del Nominado.

Si fuera una congregación, la certificación debe estar firmada por dos tercios de la Junta Parroquial o algún organismo similar y por el Clérigo o líder supervisor.

b. El Nominado, si está de acuerdo, aceptará la nominación por escrito y le proporcionará al Obispo lo siguiente:
1. Nombre completo y fecha de nacimiento.
2. Tiempo que lleva residiendo en la Diócesis.
3. Comprobante de Bautizo y Confirmación.
4. Si ha solicitado anteriormente admisión como postulante o si ha sido candidato en alguna Diócesis.
5. Una descripción del proceso de discernimiento por el cual el Nominado ha sido identificado para la ordenación al Presbiterio.
6. El nivel de educación alcanzado y, de tenerlo, el diploma obtenido.

Sec. 3. Postulación

Postulación para el Presbiterio

La Postulación es el tiempo que transcurre entre la nominación y la candidatura y puede ser el inicio de la preparación formal para la ordenación. La Postulación requiere la exploración continua sobre el llamado del Postulante al Presbiterio y su decisión al respecto.

a. Antes de otorgar la admisión como Postulante, el Obispo:
1. Determinará si la persona es un adulto confirmado, en buena posición y comulgante.
2. Entrevistará al Nominado en persona.
3. Deberá consultarle al Nominado acerca de los recursos económicos que habrán de estar disponibles para apoyarle durante su preparación para la ordenación. Durante el período de Postulación y la posterior Candidatura, el Obispo o la persona designada por este revisarán periódicamente la situación económica y los planes del Postulante.

b. Si el Obispo aprueba que se prosiga, la Comisión o un comité de la Comisión, se reunirá con el Nominado para estudiar la postulación y preparar una evaluación de las calificaciones del Nominado para seguir un curso de preparación para la ordenación al Presbiterio. La Comisión presentará su evaluación y recomendaciones al Obispo. *Revisión de solicitudes*

c. Ningún Obispo considerará aceptar como Postulante a ninguna persona a la que se le haya rehusado la admisión como candidato para la ordenación al Diaconado en cualquier otra Diócesis, o que, habiendo sido admitido, luego haya dejado de ser candidato, hasta que presente una carta del Obispo de la Diócesis donde se rehusó su admisión o en la cual haya sido Candidato, explicando la causa del rechazo o del cese. *Destitución o cese previo*

d. El Obispo puede admitir al Nominado como postulante para la ordenación al Presbiterio. El Obispo registrará el nombre del Postulante y la fecha de admisión en un Registro para ese fin. El Obispo le informará al Postulante, al Clérigo encargado o a otro líder que ejerza la supervisión de la congregación del Postulante u otra comunidad de fe, la Comisión, el Comité Permanente y el Decano del seminario al cual el Postulante asista o vaya a asistir o al director del programa de preparación del Postulante, acerca del acto y la fecha de tal admisión. *Admisión a la Postulación*

e. Cada Postulante para la ordenación al Presbiterio deberá comunicarse con el Obispo en persona o por medio de una carta, cuatro veces al año durante las Témporas, para comunicar la experiencia académica de la persona y su desarrollo personal y espiritual. *Témporas*

f. Cualquier Postulante podrá ser destituido como Postulante a discreción exclusiva del Obispo. Este entregará una nota escrita de la destitución al Postulante, al Clérigo encargado o a otro líder que ejerza la supervisión de la congregación del Postulante u otra comunidad de fe, a la Comisión y al Comité Permanente y al director del programa de preparación. *Destitución*

Sec. 4. Candidatura

La Candidatura es un período de educación y formación en preparación para la ordenación al Presbiterio, establecido por un compromiso formal por parte del Candidato, el Obispo, la Comisión, el Comité Permanente y la congregación u otra comunidad de fe. *Definición de Candidatura*

a. La persona que desee ser considerada como Candidato para la ordenación al Presbiterio deberá solicitárselo al Obispo. Tal solicitud incluirá lo siguiente: *Solicitud para la Candidatura*
   1. La fecha de admisión del Postulante a la Postulación.
   2. Un certificado otorgado por la congregación del Postulante u otra comunidad de fe. Si fuera una congregación, el certificado será firmado y fechado por una mayoría de dos tercios de la Junta Parroquial u un organismo comparable y por el Clérigo encargado o algún líder que supervise.

b. Una vez cumplidos estos requisitos y tras haber recibido la declaración de la Comisión que garantice la formación continua del Postulante, y habiendo recibido por escrito la aprobación del Comité *Admisión a la Candidatura*

Permanente que habrá entrevistado previamente al Postulante y que habrá tenido la oportunidad de evaluar la documentación relacionada con su solicitud, el Obispo podrá admitir al Postulante como Candidato para la ordenación al Diaconado. El Obispo registrará el nombre del Candidato y la fecha de admisión en un expediente preparado con tal propósito. El Obispo le informará al postulante, al Clérigo encargado o a otro líder que ejerza la supervisión de la congregación del postulante u otra comunidad de fe, la Comisión, el Comité Permanente y el Decano del seminario al cual el postulante asista o vaya a asistir o al director del programa de preparación del postulante acerca del acto y la fecha de tal admisión.

Transferencia a otra Diócesis

c. Un Candidato debe permanecer en una relación canónica con la Diócesis a la cual se le concedió la admisión hasta la ordenación al Diaconado según este Canon, salvo que, por motivos aceptables para el Obispo, el Candidato pueda ser transferido a otra Diócesis a petición, siempre y cuando el Obispo de la Diócesis que lo reciba esté dispuesto a aceptar al Candidato.

El Candidato podrá ser destituido

d. Cualquier Candidato podrá ser destituido como Candidato si el Obispo lo estima conveniente. El Obispo entregará un aviso por escrito de la destitución al Candidato y al Clérigo u otros líderes que ejerzan la supervisión de la congregación del Candidato u otra comunidad de fe, a la Comisión, al Comité Permanente y al Decano del seminario al cual el Candidato podría asistir o al director del programa de preparación.

e. Si un Obispo ha retirado el nombre del Candidato de la lista de Candidatos, salvo que se trate de una transferencia, o si se rechaza la solicitud de ordenación del Candidato, ningún otro Obispo podrá ordenar a la persona sin readmisión a la Candidatura durante un período de por lo menos doce meses.

Sec. 5. Preparación para la Ordenación

a. El Obispo y la Comisión trabajarán con el Postulante o Candidato para desarrollar y monitorear un programa de preparación para la ordenación al Presbiterio y para asegurarse de que se le proporcione orientación pastoral durante el período de preparación.

Formación pre teológica

b. Si el Postulante o Candidato no ha obtenido previamente una licenciatura, la Comisión, el Obispo y el Postulante o Candidato diseñarán un programa de trabajo académico adicional según sea necesario para preparar al Postulante o Candidato para llevar a cabo un programa de educación teológica.

Formación

c. La Formación deberá considerar la cultura local de cada Postulante o Candidato, sus antecedentes, edad, ocupación y ministerio.

d. La educación anterior y el aprendizaje de la vida se pueden considerar como parte de la formación requerida para el Presbiterio.

e. Siempre que sea posible, la formación para el Presbiterio tendrá lugar en la comunidad, lo que incluye a otras personas en preparación para el Presbiterio u otros que se preparan para el ministerio.

f. La formación incluirá capacitación teológica, experiencia práctica, desarrollo emocional y formación espiritual.

g. Las disciplinas de estudio durante este programa de preparación deberán incluir: *Educación teológica*
   1. Las Sagradas Escrituras.
   2. Historia de la Iglesia Cristiana.
   3. Teología Cristiana.
   4. Ética Cristiana y Moral Teológica
   5. Culto cristiano y música de conformidad con el contenido y uso del Libro de Oración Común y el libro de Himnos y otros libros complementarios autorizados.
   6. La Práctica del Ministerio en la sociedad contemporánea, incluidos liderazgo, evangelismo, mayordomía, ecumenismo, relaciones interreligiosas, teología de la misión y la experiencia histórica y contemporánea de los grupos raciales y minoritarios.

h. La preparación para la ordenación incluirá capacitación sobre los siguientes temas: *Capacitación*
   1. Prevención de la conducta sexual inapropiada contra niños y adultos.
   2. Requisitos civiles de reportar y las oportunidades pastorales de responder a las pruebas de abuso.
   3. La Constitución y los Cánones de La Iglesia Episcopal, en particular el Título IV de los mismos, utilizando, entre otros, el sitio web de capacitación sobre el Título IV de La Iglesia Episcopal.
   4. La enseñanza de la Iglesia sobre el desmantelamiento del racismo y el logro de la justicia y la sanación racial.

i. Cada Postulante o Candidato para la ordenación al Presbiterio deberá comunicarse con el Obispo en persona o por carta, cuatro veces al año, durante las Témporas, para reflejar la experiencia académica del Candidato y su desarrollo personal y espiritual. *Témporas*

j. El seminario u otro programa de capacitación proporcionará el monitoreo y el informe del desempeño académico y de las calificaciones personales del Candidato o Postulante para la ordenación. Estos informes se harán a pedido del Obispo y de la Comisión por lo menos una vez al año. *Evaluación del avance*

k. En un plazo que no excederá treinta y seis meses antes de la ordenación como Diácono en virtud de este Canon, se deberá lograr lo siguiente: *Exámenes y evaluaciones*
   1. Una investigación de antecedentes, de conformidad con los criterios establecidos por el Obispo y el Comité Permanente.
   2. Evaluación médica y psicológica por parte de profesionales aprobados por el Obispo, utilizando los formularios preparados a tal efecto por el Church Pension Fund, la Comisión Permanente sobre Ministerio y Formación, de acuerdo con los principios y las directrices adoptados por la Convención General y, si se desea o es necesario, una remisión psiquiátrica.

1. Los informes de todas las investigaciones y reconocimientos se conservarán de manera definitiva en los archivos del Obispo y pasarán a formar parte del expediente diocesano permanente.

Sec. 6. Ordenación al Diaconado para los que han sido llamados al Sacerdocio

Ordenación de Diáconos con llamado al Sacerdocio

a. El Candidato debe ser ordenado Diácono antes de ser ordenado Presbítero.

b. Para ser ordenado Diácono en virtud de este Canon, la persona debe tener por lo menos veinticuatro años de edad.

Documentos de la ordenación

c. El Obispo obtendrá por escrito y proporcionará al Comité Permanente lo siguiente:
1. Una petición del Candidato que aspira a la ordenación como Diácono en virtud de este Canon.
2. Un certificado otorgado por la congregación del Candidato u otra comunidad de fe, firmado y fechado por al menos dos tercios de la Junta Parroquial y el Clérigo encargado o algún otro líder que supervise.
3. Comprobante escrito de admisión del Candidato a la Postulación y Candidatura, indicando la fecha de admisión.
4. Un certificado del seminario o de otro programa de preparación, que muestre los expedientes académicos del Candidato en las materias requeridas por los Cánones y que entregue una evaluación con una recomendación a modo de otras calificaciones personales del Candidato para la ordenación, junto con una recomendación respecto a la ordenación al Diaconado conforme a este Canon.
5. Una carta de la Comisión en la que se recomiende la ordenación al Diaconado en virtud de este Canon.

El Comité Permanente dará su consentimiento

d. Al recibir dichas certificaciones, el Comité Permanente, con el consentimiento de una mayoría de sus miembros, certificará que se han cumplido los requisitos canónicos para la ordenación al Diaconado en virtud de este Canon, que no hay objeciones suficientes por motivos médicos, psicológicos, morales o espirituales, y que se recomienda la ordenación, por medio de una carta de recomendación dirigida al Obispo en la forma que se especifica a continuación y firmada por los miembros del Comité Permanente que dan su consentimiento de conformidad con el Canon I.12.3.

Al Reverendísimo _____, Obispo de _____: Nosotros, el Comité Permanente de _____, habiéndonos reunido debidamente en _____, damos fe de que A.B., quien desea ser ordenado al Diaconado y Presbiterio en virtud del Canon III.8, nos ha presentado los certificados conforme a lo requerido por los Cánones que indican la preparación de A.B. para la ordenación al Diaconado en virtud del Canon III.8; y certificamos que se han cumplido todos los requisitos Canónicos para la ordenación al Diaconado en virtud del Canon III.8 y que no encontramos objeciones suficientes para la ordenación.

Por lo tanto, recomendamos a A.B. para la ordenación. En testimonio de lo cual, ponemos nuestra firma en este día _____ del mes de _____, en el año de nuestro Señor _____.

(Firma) _____

e. Una vez que se haya presentado la carta de recomendación al Obispo y no habiendo suficientes objeciones por motivos médicos, psicológicos, morales o espirituales, el Obispo puede ordenar al Candidato al Diaconado de conformidad con este Canon, y al momento de la ordenación el Candidato deberá públicamente, en presencia del Obispo, suscribir y hacer la declaración que se requiere en el Artículo VIII de la Constitución. *Declaración de avenencia*

Sec. 7. Ordenación al Sacerdocio

a. Una persona puede ser ordenada Presbítero: *Requisitos para la ordenación*
  1. Después de por lo menos seis meses de la ordenación como Diácono en virtud de este Canon y dieciocho meses a partir del momento de la aceptación de la nominación por parte del Nominado como se dispone en III.8.2.b.
  2. No antes de haber cumplido al menos los veinticuatro años de edad.
  3. Si el examen médico y psicológico y la indagación de antecedentes han tenido lugar o se han actualizado en el plazo de los treinta y seis meses previos a la ordenación como Presbítero.

b. El Obispo obtendrá por escrito y proporcionará al Comité Permanente lo siguiente: *Documentos de la ordenación*
  1. Una petición del Diácono para la ordenación como Presbítero, que incluya las fechas de admisión a la Postulación y a la Candidatura del Diácono y la ordenación como Diácono conforme a este Canon.
  2. Un certificado otorgado por la congregación del Diácono u otra comunidad de fe, firmado y fechado como mínimo por dos tercios de la Junta Parroquial y el Clérigo o algún otro líder que ejerza supervisión.
  3. Pruebas de admisión a la Postulación y a la Candidatura que incluyan las fechas de admisión y ordenación al Diaconado.
  4. Un certificado del seminario o de otro programa de preparación, redactado al momento de completar el programa de preparación, que muestre los registros académicos del Diácono en las materias requeridas por los Cánones y que facilite una evaluación con una recomendación a modo de otras calificaciones personales del Diácono para la ordenación, junto con una recomendación respecto a la ordenación al Presbiterio.
  5. Una declaración de la Comisión que consigne la conclusión satisfactoria del programa de formación designado durante la Postulación de conformidad con el Canon III.8.5 l

y aptitud en las áreas obligatorias de estudio, y que recomiende al Diácono para la ordenación al Presbiterio.

c. Al recibir dichas certificaciones, el Comité Permanente, con el consentimiento de una mayoría de sus miembros, certificará que se han cumplido los requisitos canónicos para la ordenación al Presbiterado, que no hay objeciones suficientes por motivos médicos, psicológicos, morales o espirituales, y que se recomienda la ordenación, por medio de una carta de recomendación dirigida al Obispo en la forma que se especifica a continuación y firmada por los miembros del Comité Permanente que dan su consentimiento de conformidad con el Canon I.12.3.

Al Reverendísimo_____, Obispo de_____: Nosotros, el Comité Permanente de_____, habiéndonos reunido debidamente en_____, damos fe de que A.B., quien desea ser ordenado al Presbiterio, nos ha presentado los certificados conforme a lo requerido por los Cánones que indican la preparación de A.B. para la ordenación al Presbiterio, y certificamos que se han cumplido todos los requisitos canónicos para la ordenación al Presbiterio y que no encontramos objeciones suficientes a la ordenación. Por lo tanto, recomendamos a A.B. para la ordenación. En testimonio de lo cual, ponemos nuestra firma en este día _____ del mes de _____, en el año de nuestro Señor _____.
(Firma) _____

Declaración de avenencia

d. Una vez que se haya presentado la carta de recomendación al Obispo y no habiendo objeciones suficientes por motivos médicos, psicológicos, morales o espirituales, el Obispo puede ordenar al Diácono al Presbiterio; y al momento de la ordenación el Diácono deberá públicamente, en presencia del Obispo, firmar y hacer la declaración que se dispone en el Artículo VIII de la Constitución.

Ejercicio del cargo antes de la ordenación

e. A ningún Diácono se le ordenará como Presbítero antes de haber sido designado a servir en algún Curato Parroquial dentro de la jurisdicción de esta Iglesia, o como Misionero sujeto a la Autoridad Eclesiástica de alguna Diócesis, o como funcionario de alguna Sociedad Misionera reconocida por la Convención General, o como Capellán de las Fuerzas Armadas de Estado Unidos, o como Capellán de algún hospital reconocido u otra institución asistencial, o como Capellán o instructor de alguna escuela, universidad u otro seminario, o con alguna otra oportunidad para el ejercicio del oficio de Presbítero dentro de la Iglesia que el Obispo juzgue apropiada.

Diáconos llamados al Presbiterio

f. Una persona ordenada al Diaconado en virtud del Canon III.6 que posteriormente exprese un llamado al Presbiterio presentará su solicitud al Obispo Diocesano y a la Comisión sobre el Ministerio. La Comisión sobre el Ministerio y el Obispo Diocesano se asegurarán de que el Diácono cumpla con los requisitos formativos establecidos en III.8.5.g y recomendarán los pasos adicionales que sean necesarios y requeridos. Una vez completados estos requisitos y aquellos requeridos para la Postulación y la Candidatura como se establece en este el Canon III.8 Diácono puede ser ordenado al Presbiterio.

CANON 9: de la Vida y Obra de los Presbíteros

Sec. 1. El Obispo y la Comisión exigirán y dispondrán la educación continua de los Presbíteros y mantendrán un registro de dicha educación. *Educación continua*

Sec. 2. Mentoría de los Presbíteros recién ordenados. El Obispo asignará a cada Presbítero recientemente ordenado, ya sea que esté empleado o no, un Presbítero mentor en consulta con la Comisión sobre el Ministerio. El mentor y el nuevo Presbítero se reunirán periódicamente por espacio mínimo de un año con fines de facilitar orientación, información y un diálogo continuo acerca del ministerio diaconal. *Mentores*

Sec. 3. El nombramiento de Presbíteros
  a. Rectores.
  1. Cuando una Parroquia se encuentre sin Rector, los Coadjutores u otros funcionarios notificarán por escrito inmediatamente a la Autoridad Eclesiástica. Si la Parroquia no puede proporcionar los servicios de culto público por espacio de 30 días, la Autoridad Eclesiástica dispondrá tal servicio. *Parroquia sin Rector*
  2. Ninguna Parroquia podrá elegir a un Rector hasta que los nombres de los nominados propuestos hayan sido enviados a la Autoridad Eclesiástica y hasta que se otorgue un período de tiempo, que no exceda los sesenta días, a la Autoridad Eclesiástica para que se comunique con la Junta Parroquial en una reunión convocada y efectuada debidamente para tal propósito. *Elección de un Rector*
  3. Se deberá enviar una nota por escrito de la elección de un Rector, firmada por los Coadjutores, a la Autoridad Eclesiástica. Si la Autoridad Eclesiástica está satisfecha de que la persona elegida de este modo es un Presbítero debidamente calificado y que tal persona ha aceptado el oficio para el que se la eligió, el aviso deberá enviarse al Secretario de la Convención quien lo asentará. La raza, el color de la piel, el origen étnico, el sexo, la nacionalidad, el estado civil, la orientación sexual, las discapacidades o la edad, a excepción de que se especifique lo contrario en estos Cánones, no habrá de ser un factor que incida en la determinación por parte de la Autoridad Eclesiástica de que si esta persona es o no un Presbítero debidamente calificado. El aviso que se haya registrado habrá de ser prueba suficiente de la relación entre el Presbítero y la Parroquia. *Aviso escrito a la Autoridad Eclesiástica*
  4. Los Rectores pueden contar con una carta de acuerdo, sujeta a la aprobación del Obispo, con la Parroquia que establezca las responsabilidades mutuas. *Acuerdo*

b. Presbíteros a cargo.

Presbíteros a cargo

Luego de consultarle a la Junta Parroquial, el Obispo puede nombrar a un Presbítero para que sirva como Presbítero a Cargo en cualquier congregación en la que no haya algún Rector. Con sujeción a la autoridad del Obispo, en tales congregaciones, el Presbítero a Cargo cumplirá con las funciones de Rector que se describen en el Canon III.9.6.

c. Asistentes.

El Rector seleccionará asistentes

En caso de vacante

Un Presbítero que sirva en una Parroquia como asistente, por cualquier título que se le haya designado, será seleccionado por el Rector, y cuando los cánones de la Diócesis lo dispongan, con sujeción a la aprobación de la Junta Parroquial y además deberá servir bajo la autoridad y dirección del Rector. Antes de la selección de un asistente, el nombre del Presbítero propuesto para selección habrá de ser informado al Obispo y se dispondrá un plazo no mayor de sesenta días para que el Obispo se comunique con el Rector y la Junta Parroquial respecto de la selección propuesta. En caso de que el Rector renuncie, fallezca o en el caso de disolución de una relación pastoral entre el Rector y la Junta Parroquial, un asistente podrá continuar el oficio de la Parroquia si así se lo pidiese la Junta Parroquial bajo las condiciones que el Obispo y la Junta Parroquial determine. Un asistente puede seguir sirviendo a petición del nuevo Rector. Los asistentes pueden contar con una carta de acuerdo con la Parroquia, sujeta a la aprobación del Obispo, que establezca las responsabilidades mutuas y contenga una cláusula de disolución claramente dispuesta.

d. Capellanes.

Recomendación de Capellanes

1. Se le puede dar recomendación eclesiástica a un Presbítero para el servicio como Capellán en las Fuerzas Armadas de Estados Unidos de América o en cualquier otro Ministerio Federal, incluido el Departamento de Asuntos de Veteranos y el Buró Federal de Prisiones por parte de un Obispo Sufragáneo elegido de conformidad con el Artículo II.7 de la Constitución, con sujeción a la aprobación del Obispo de la Diócesis de la cual el Presbítero tenga su residencia canónica.

Capellanes en servicio activo

2. Cualquier Presbítero que funja como Capellán en la capacidad de servicio activo, en la Reserva o en la Guardia Nacional de las Fuerzas Armadas, o que esté empleado como Capellán en el Departamento de Asuntos de Veteranos o en el Buró Federal de Prisiones conservará su residencia canónica y estará sujeto a la autoridad eclesiástica de la Diócesis en la que dicho Presbítero tenga su residencia canónica, aun cuando el trabajo del Presbítero como Capellán esté sujeto a la supervisión eclesiástica del obispo Sufragáneo de conformidad con el Artículo II.7 de

la Constitución; *se dispone, sin embargo,* que en el caso de una vacante la supervisión recaerá en el Obispo Presidente, quien tendrá la autoridad de nombrar a otro Obispo como sustituto a cargo hasta que la vacante sea ocupada por la Cámara de Obispos.
3. Ningún Presbítero que desempeñe el cargo de Capellán en una instalación militar, en la Administración de Veteranos o en una Institución Correccional del Buró Federal de Prisiones estará sujeto a los Cánones III.9.3.e.1 ni III.9.4.a. Cuando un Capellán sirva en un lugar que no sea una instalación militar, un Centro Médico del Departamento de Asuntos de Veteranos o una Institución Correccional del Buró Federal de Prisiones, estará sujeto a estas Secciones.

Áreas de servicio

e. Empleo de Presbíteros en otros lugares.
   1. Cualquier Presbítero que haya dejado un puesto en esta Iglesia sin haber recibido alguna convocatoria para un nuevo puesto eclesiástico y que desee continuar ejerciendo el oficio de Presbítero habrá de notificar a la Autoridad Eclesiástica de la Diócesis de la cual el Presbítero sea residente canónico y habrá de informar al Obispo que existen oportunidades razonables para ejercer el oficio de Presbítero y que se aprovecharán tales oportunidades. Una vez que se haya determinado que la persona tendrá y aprovechará las oportunidades para ejercer el oficio de Presbítero, el Obispo, con la asesoría y el consentimiento del Comité Permanente, podrá aprobar el ejercicio continuo del oficio con la condición de que el Presbítero presente un informe anual por escrito, de la manera prescrita por el Obispo, conforme se dispone en el Canon I.6.2.

   Presbíteros no parroquiales

   2.
      a. Un Presbítero que no esté en un empleo parroquial y que se traslade a otra jurisdicción deberá reportarse con el Obispo de dicha jurisdicción en un plazo de sesenta días acerca de dicho traslado.

      Traslado a otra jurisdicción

      b. El Presbítero:
         i. Podrá oficiar o predicar en esa jurisdicción solo conforme a los términos del Canon III.9.7.a.
         ii. Entregará un aviso de tal traslado, por escrito y dentro de sesenta días, a la Autoridad Eclesiástica de la Diócesis de la cual el Presbítero es residente canónico.
         iii. Habrá de enviar una copia del informe requerido por el Canon I.6.2 a la Autoridad Eclesiástica a cuya jurisdicción se ha trasladado el Presbítero.
      c. Al recibir el aviso requerido por el Canon III.9.3.e.2.b.ii, la Autoridad Eclesiástica proporcionará un aviso por

escrito al respecto a la Autoridad Eclesiástica a cuya jurisdicción se haya trasladado la persona.

Incumplimiento
3. Si el Presbítero no cumple con las disposiciones de este Canon, dicho incumplimiento podría considerarse como un quebrantamiento del Canon IV.4.1.h.3 que sucede en la Diócesis en la cual el Presbítero tiene su residencia canónica.

Sec. 4. Cartas Dimisorias

Carta de recomendación para transferencia
a. Un Presbítero que desee ser residente canónico en una Diócesis presentará a la Autoridad Eclesiástica una carta de recomendación de la Autoridad Eclesiástica de la Diócesis en la que tiene su residencia canónica actual, la cual será otorgada por la Autoridad Eclesiástica al solicitante, y una copia de la mismo se enviará a la Autoridad Eclesiástica de la Diócesis a la cual se propone transferirse. La carta de recomendación debería ir acompañada de una declaración del registro de pagos al Church Pension Fund hecho por o en nombre del Presbítero solicitante y podrá incluir una carpeta de capacitación, educación continua y ejercicio de los ministerios. La carta de recomendación deberá estar redactada del modo siguiente:

Certifico, por este medio, que A.B., quien me ha expresado su deseo de transferirse a la Autoridad Eclesiástica de_____, es Presbítero de_____ en buena posición, y que, a mi leal saber y entender, no ha sido en justicia sujeto de informe negativo alguno, por error en religión o por perversidad de vida, durante los tres últimos años.
(Fecha) _____
(Firma) _____

Cartas anuladas y no aceptación
b. Dicha carta de recomendación se denominará Cartas Dimisorias. Si la Autoridad Eclesiástica acepta las Cartas Dimisorias, la residencia canónica del Presbítero transferido comenzará a partir de la fecha de dicha aceptación, de lo cual se le notificará inmediatamente tanto al solicitante como a la Autoridad Eclesiástica que expidió las Cartas Dimisorias.

Aceptación de las Cartas Dimisorias

c. Las Cartas Dimisorias que el solicitante no presente en un plazo de seis meses a partir de su fecha de recepción, quedarán anuladas.

d. Si un Presbítero ha sido llamado a un Curato en una congregación de otra Diócesis, este deberá presentar Cartas Dimisorias. Será deber de la Autoridad Eclesiástica de la Diócesis aceptarlas en un plazo de tres meses, a menos que el Obispo o el Comité Permanente hubiera recibido información confiable con respecto al carácter o conducta del Presbítero en cuestión, que constituya un adecuado fundamento de indagación y acusación canónica y proceso en virtud del Título IV. En tal caso la Autoridad Eclesiástica comunicará lo mismo a la Autoridad Eclesiástica de la Diócesis donde el Presbítero reside canónicamente y esta no tendrá que aceptar las Cartas Dimisorias a menos y hasta que el Presbítero haya sido exculpado de toda acusación. La Autoridad Eclesiástica no se rehusará a aceptar las Cartas Dimisorias debido a la raza, color, origen étnico, sexo, nacionalidad, estado civil, orientación sexual, discapacidades o edad del solicitante.

e. Ningún Presbítero estará a cargo de ninguna congregación de la Diócesis a la cual se traslade hasta que obtenga de la Autoridad Eclesiástica de dicha Diócesis un certificado en los siguientes términos: *Certificado de transferencia*

Certifico, por este intermedio, que A.B. ha sido trasladado canónicamente a mi jurisdicción y es un Presbítero en regla.
(Fecha) _____
(Firma) _____

f. Ninguna persona a quien se le haya negado la ordenación o la recepción como candidato en una Diócesis, y que luego haya sido ordenada en otra Diócesis, será transferida a la Diócesis en la cual tuvo lugar tal denegación sin el consentimiento de su Autoridad Eclesiástica. *En caso de rechazo previo*

Sec. 5. Transferencia a Iglesias en Plena Comunión con esta Iglesia

a. Un Presbítero que desee convertir su residencia canónica a una Diócesis o jurisdicción equivalente de una Iglesia en plena comunión con La Iglesia Episcopal (como se identifica en el Canon I.20) pedirá una carta de recomendación de la Autoridad Eclesiástica de la Diócesis de su residencia canónica actual, la cual será facilitada por la Autoridad Eclesiástica al solicitante, y un duplicado de la misma se enviará a la Autoridad Eclesiástica de la Diócesis o jurisdicción equivalente a la cual se propone la transferencia. La carta de recomendación puede incluir una cartera de su capacitación, educación continua y el ejercicio de los ministerios. La carta de recomendación será proporcionará con el siguiente formato o en la forma especificada por la Diócesis o jurisdicción equivalente receptora: *Transferencia de la residencia canónica*

Certifico, por medio de la presente, que A.B., quien me ha expresado su deseo de transferirse a la Autoridad Eclesiástica de_____, es Presbítero en buena posición en la Diócesis de _____ de La Iglesia Episcopal y que, a mi leal saber y entender, no ha sido en justicia sujeto de informe negativo alguno, por error en religión ni por perversidad de vida, durante los tres últimos años.
(Fecha) _____
(Firma) _____

b. Si la Autoridad Eclesiástica de la Diócesis o jurisdicción equivalente de la Iglesia en plena comunión con La Iglesia Episcopal acepta la carta de recomendación, la residencia canónica del Presbítero transferido iniciará a partir de la fecha de dicha aceptación y la notificación de aceptación será inmediatamente remitida por el Presbítero a la Autoridad Eclesiástica de la Diócesis remitente. La notificación de la Autoridad Eclesiástica destinataria puede estar en la forma siguiente:

Certifico, por este intermedio, que A.B. ha sido trasladado canónicamente a mi jurisdicción y es un Presbítero en regla.
(Fecha) _____
(Firma) _____

c. Al ser recibida dicha aceptación, la Autoridad Eclesiástica de la Diócesis remitente deberá notificar al Church Pension Fund y al Anotador de Ordenaciones de la partida del Presbítero de La Iglesia Episcopal.

Limitaciones

d. Esta disposición no será utilizada en el caso de los Presbíteros que deseen entrar a Iglesias que no están en plena comunión con La Iglesia Episcopal, o para quienes deseen el traslado a otra Provincia de la Comunión Anglicana mientras permanecen geográficamente dentro de los límites de La Iglesia Episcopal. En tales casos, se seguirán las disposiciones del Canon III.9.9.

Sec. 6. Rectores y Presbíteros a Cargo y Sus Deberes

a.

Autoridad y responsabilidad

1. La autoridad y la responsabilidad de la dirección del culto y la jurisdicción espiritual de la parroquia están investidas completamente en el Rector o Presbítero a Cargo, sujeto a las rúbricas del Libro de Oración Común, de la Constitución y Cánones de la Iglesia y de la directiva pastoral del Obispo.

Control de inmuebles

2. Para los propósitos del cargo y para el pleno y libre desempeño de todas las funciones inherentes al mismo, el Rector o Presbítero a Cargo tendrá derecho, en todo momento, al uso y control de la Iglesia y los inmuebles parroquiales con los accesorios y muebles de los mismos y acceso a todos los registros y anotaciones mantenidos por o en nombre de la congregación.

b.

Instrucción en la fe y el ministerio

1. Será deber del Rector o Presbítero a Cargo asegurar que todas las personas a su cargo reciban instrucción en las Sagradas Escrituras, en las materias contenidas en un Bosquejo de la Fe, comúnmente llamado el Catecismo, y en la doctrina, disciplina y culto de esta Iglesia, y en el ejercicio de su ministerio como personas bautizadas.

Mayordomía cristiana

2. Será deber de los Rectores o Presbíteros a Cargo asegurar que todas las personas bajo su cuidado reciban instrucción sobre la mayordomía cristiana, incluyendo:
    i. La reverencia por la creación y el correcto uso de los dones de Dios.
    ii. La generosa y consecuente ofrenda de tiempo, talento y dinero para la misión y el ministerio de la Iglesia dentro y fuera del país.
    iii. La norma bíblica del diezmo para la mayordomía financiera.

TÍTULO III	CANON III.9.6.b.2.iv - III.9.6.b.8

iv. La obligación de todas las personas de hacer un testamento tal como se establece en el Libro de Oración Común.

3. Será deber de los Rectores o Presbíteros a Cargo asegurarse de que las personas estén preparadas para el Bautismo. Antes de bautizar a bebés o niños, los Rectores o Presbíteros a Cargo prepararán a los patrocinadores, instruyendo tanto a los padres como a los padrinos en lo relativo al significado del Sagrado Bautismo, las obligaciones de padres y padrinos en la formación cristiana del niño bautizado, y cómo pueden cumplir adecuadamente con dichas obligaciones. *Preparación de las personas para el Bautismo*

4. Será deber de los Rectores o Presbíteros a Cargo motivar y preparar a las personas para la Confirmación, la Recepción y la Reafirmación de los Votos Bautismales, y estar preparado para presentarlos al Obispo en una lista con sus nombres. *Confirmación, Recepción y Reafirmación*

5. Al recibir aviso de la intención del Obispo de visitar cualquier congregación, el Rector o el Presbítero a Cargo anunciará el hecho a la congregación. En cada visita será deber del Rector o del Presbítero a Cargo y de los Coadjutores, la Junta Parroquial y los otros funcionarios, presentar al Obispo el Registro Parroquial e informarle acerca del estado espiritual y temporal de la congregación, en aquellas categorías que el Obispo haya pedido por escrito previamente. *Deber de anunciar e informar al Obispo*

6. Las Ofrendas y contribuciones, no designadas específicamente para otro fin, recolectadas en la Administración de la Sagrada Comunión un domingo de cada mes natural, y otras ofrendas para los pobres, se entregarán en depósito al Rector o Presbítero a Cargo o a un funcionario de la Iglesia que el Rector o Presbítero a Cargo haya designado, para ser dedicadas a los usos piadosos y caritativos que el Rector o Presbítero a Cargo estime convenientes. Cuando una Parroquia se encuentre sin Rector o sin Presbítero a Cargo, la Junta Parroquial nombrará a un miembro de la Parroquia para desempeñar esa función. *Ofrendas y contribuciones*

7. Cada vez que la Cámara de Obispos publique una Carta Pastoral, será deber del Rector o del Presbítero a Cargo leerla a la congregación en alguna ocasión de culto público en un Día del Señor, o hacer copias de la misma para distribuirlas entre los miembros de la congregación a más tardar treinta días después de haberla recibido. *Deber de leer las Cartas Pastorales y los Documentos de Opinión*

8. Cada vez que la Cámara de Obispos adopte un Documento de Opinión, y requiera comunicar el contenido del documento a la feligresía de la Iglesia, el Rector o Presbítero a Cargo habrá de informar acerca del contenido del documento según se contempla en la sección anterior de este Canon.

c.

Registro Parroquial

1. Será deber del Rector o del Presbítero a Cargo asentar en el Registro de la Parroquia todos los Bautismos, las Confirmaciones (incluso los equivalentes canónicos del Canon I.17.1.d), los Matrimonios y los Entierros.
2. El registro de cada Bautismo será firmado por el Clérigo encargo oficiante.

Anotaciones que han de consignarse en el Registro

3. El Rector o el Presbítero a Cargo inscribirá en el Registro Parroquial a todas las personas que hayan recibido el Sagrado Bautismo, a todos los comulgantes, a todas las personas que hayan recibido la Confirmación (incluidos los equivalentes canónicos presentes en el Canon I.17.1.d), a todas las personas fallecidas y a todas las que hayan sido aceptadas o destituidas por medio de una carta de transferencia. El Rector o Presbítero a Cargo habrá de designar también en el Registro Parroquial los nombres de (1) aquellas personas cuyo domicilio no sea conocido, (2) aquellas personas cuyo domicilio sea conocido pero que estén inactivas y (3) aquellas familias y personas que se encuentren activas dentro de la congregación. El Registro Parroquial deberá permanecer con la congregación en todo momento.

Sec. 7. Licencias

Autorización para oficiar en una Diócesis

a. Ningún Presbítero oficiará por más de dos meses mediante la prédica, la administración de los sacramentos o cualquier culto público, dentro de los límites de cualquier Diócesis que no sea la de su residencia canónica, sin una licencia de la Autoridad Eclesiástica de la Diócesis en la cual el Presbítero desee oficiar. A ningún Presbítero se le negará dicha licencia debido a su raza, color, origen étnico, sexo, nacionalidad, estado civil, orientación sexual, discapacidades ni edad, a excepción de que se disponga lo contrario en estos cánones. En el momento de vencer o ser retirada una licencia, el Presbítero deberá cesar inmediatamente de oficiar.

Consentimiento del Rector

b. Ningún Presbítero oficiará en una congregación, ya sea predicando, leyendo oraciones en culto público ni realizando alguna otra función similar, sin el consentimiento del Rector o el Presbítero a Cargo de esa congregación, a excepción de lo siguiente:

Excepciones

1. En ausencia o impedimento del Rector o del Presbítero a cargo y si no existiesen disposiciones para ofrecer dichos oficios de la congregación u otra comunidad de fe, un Coadjutor podrá dar su consentimiento.
2. Si hubiera dos o más congregaciones o iglesias en un Curato, como se contempla en el Canon I.13.3.b, el consentimiento podrá ser otorgado por la mayoría de los Presbíteros a Cargo de dichas congregaciones o por el Obispo; *se dispone, sin embargo,* que ningún aspecto de esta sección será impedimento para que un Clérigo de esta Iglesia oficie, con el consentimiento del Rector o del Presbítero a Cargo, en la Iglesia o lugar de culto público

usado por la congregación del Rector o Presbítero a Cargo anuente, ni en privado para miembros de la congregación; o en ausencia del Rector o del Presbítero a Cargo, con el consentimiento de los Coadjutores o Fideicomisarios de la congregación; *se dispone, asimismo,* que primero se obtenga la autorización de la Autoridad Eclesiástica de conformidad con el Canon III.9.7.a, cuando se requiera

3. Este Canon no se aplicará a ninguna Iglesia, capilla u oratorio que sea parte de los terrenos de una institución corporativa, creada por autoridad legislativa, *siempre que* tal lugar de culto sea diseñado y dedicado al uso de esa institución y no como lugar de culto público o parroquial.

c. Ningún Rector ni Presbítero a Cargo de ninguna congregación de esta Iglesia, o de no haberlo, ningún Coadjutor, Miembro de la Junta Parroquial ni Fideicomisario de ninguna congregación habrá de permitir que persona alguna oficie en la congregación sin pruebas suficientes de que dicha persona está debidamente autorizada, ordenada y en buena posición en esta Iglesia; *se dispone, sin embargo,* que nada de estos cánones impedirá que: *Se requieren pruebas para oficiar*

Disposición

1. La Convención General, por Canon o de otra manera, autorice a personas para que oficien en congregaciones de conformidad con los términos que estime conveniente.
2. El Obispo de cualquier Diócesis otorgue permiso: *El Obispo puede autorizar a otros oficiantes*
    i. A un Clérigo de esta Iglesia para que invite a un Clérigo de otra iglesia a ayudar en los oficios del Sagrado Matrimonio o del Entierro del Libro de Oración Común, o en la lectura de la Oración Matutina o Vespertina, del modo que lo específica el Canon III.9.5.
    ii. A un Presbítero de cualquier otra Iglesia para que predique el Evangelio o en un entorno ecuménico ayude en la administración de los sacramentos.
    iii. A personas piadosas que no sean Clérigos de esta Iglesia para que se dirijan a la Iglesia en ocasiones especiales.
    iv. A un Clérigo de esta Iglesia o a un Presbítero a Cargo de una congregación, o en caso de no haberlo a los Coadjutores, para que inviten a un Clérigo ordenado en otra Iglesia en plena comunión con esta Iglesia a oficiar de vez en cuando; *se dispone, sin embargo,* que se instruya a dicho clérigo para que actúe de una manera coherente con la Doctrina, la Disciplina y el Culto de esta Iglesia.

d. Si algún Clérigo o el Presbítero a Cargo abandona el desempeño de los oficios habituales de la congregación, ya sea por incapacidad o por cualquier otra causa, y se rehúsa sin razón justificada a dar su consentimiento para que otro Clérigo con la debida preparación realice dichos oficios, los Coadjutores, la Junta Parroquial o los Fideicomisarios de la congregación podrán presentarse con pruebas *Abandono o negativa a oficiar los ritos* de dicho abandono o rechazo ante la Autoridad Eclesiástica de la Diócesis y quedarán facultados, con el consentimiento por escrito de la Autoridad Eclesiástica, para permitir que oficie cualquier Clérigo debidamente calificado.

Oficio fuera de la jurisdicción de la Iglesia

e. Cualquier Presbítero que desee oficiar temporalmente fuera de la jurisdicción de esta Iglesia, pero en una Iglesia en plena comunión con esta Iglesia, habrá de obtener de la Autoridad Eclesiástica de la Diócesis donde tenga su residencia canónica, una carta de recomendación que establezca la posición de la persona y que puede estar redactada de la siguiente manera:

Certifico, por este intermedio, que A.B., quien me ha expresado su deseo de que se le permita oficiar temporalmente en iglesias fuera de la jurisdicción de La Iglesia Episcopal, pero en plena comunión con esta Iglesia, es un Presbítero de _____ en buena posición, y como tal tiene los derechos y privilegios de su Orden.
(Fecha) _____
(Firma) _____

Esta carta de recomendación será válida por un año y ha de ser devuelta a la Autoridad Eclesiástica al término de ese período. La Autoridad Eclesiástica que otorgue la carta de recomendación mantendrá un registro de su concesión, el nombre del Presbítero a quien se le concedió, la fecha en que se otorgó y la fecha de su devolución.

Sec. 8. Renuncia

Renuncia a los setenta y dos años

Al cumplir la edad de setenta y dos años, el Presbítero deberá renunciar a todo puesto de servicio activo en esta Iglesia, y su renuncia será aceptada. Posteriormente, el Presbítero podrá aceptar cualquier puesto en esta Iglesia, incluso, con autorización de la Autoridad Eclesiástica, el puesto o puestos del cual renunció de conformidad con esta sección; *se dispone, sin embargo,* lo siguiente:

Disposición

a. Que el tiempo de servicio en el puesto sea por un período no mayor de doce meses, el cual puede ser renovado periódicamente.

b. Que dicho servicio tenga la aprobación expresa del Obispo de la Diócesis en la cual ha de efectuarse, actuando en consulta con la Autoridad Eclesiástica de la Diócesis en la cual el Presbítero tiene su residencia canónica.

c. No obstante cualquier disposición contraria en este Canon, un Presbítero que haya prestado servicios voluntarios en algún puesto antes de su jubilación podrá, a petición del Obispo, prestar servicios en el mismo puesto durante un término que no excederá doce meses, y ese término se podrá renovar.

Sec. 9. Relevo y Destitución del Ministerio Ordenado de esta Iglesia

Relevo y destitución de un Presbítero

Si un Presbítero de La Iglesia Episcopal expresara, por escrito, al Obispo de la Diócesis donde tiene su residencia canónica, la intención de ser relevado y destituido del Ministerio Ordenado de esta Iglesia y de las obligaciones del cargo, incluidas las promesas hechas en la Ordenación y en la Declaración requerida por el Artículo VIII de la Constitución de la Convención General, será el deber del Obispo registrar el asunto. El Obispo, estando convencido de que la persona declarante está actuando voluntariamente y por causas que no afecten el carácter moral de la persona, ni es el sujeto de información sobre una Ofensa que haya sido remitida a un Gestor ni es Acusado en un asunto disciplinario pendiente como se define el en Título IV de estos Cánones, presentará el asunto ante el Comité Permanente y con el consejo y consentimiento de la mayoría del Comité Permanente el Obispo podrá pronunciar que la persona queda libre y relevada del Ministerio Ordenado de esta Iglesia y de las obligaciones correspondientes, y queda privada del derecho a ejercer en La Iglesia Episcopal los dones y la autoridad espiritual de un Ministro de la Palabra y los Sacramentos de Dios que le fueron conferidos en la Ordenación. El Obispo también declarará, al pronunciar y anotar dicha medida, que fue por causas que no afectan el carácter moral de la persona, y podrá, a petición de la persona entregar un certificado a este efecto a la persona así destituida y relevada del Ministerio Ordenado.

Sec. 10. El Presbítero que pudiera, conforme a este Canon, ser relevado y destituido del Ministerio Ordenado de esta Iglesia, y que desee ingresar a un empleo distinto del eclesiástico, puede expresar por escrito a la Autoridad Eclesiástica de la Diócesis donde tiene su residencia canónica el deseo de ser relevado y destituido de las obligaciones del oficio y el deseo de ser relevado y destituido del ejercicio del oficio de Presbítero. Una vez recibido dicho escrito, la Autoridad Eclesiástica procederá de la misma manera prescrita en la Sección 8 de este Canon. *Petición de relevo*

Sec. 11. Si un Presbítero que presentara el escrito que se describe en la Sección 8 o 9 de este Canon fuera sujeto de información referente a una Ofensa que haya sido remitida a un Gestor o a un Acusado en un asunto disciplinario pendiente según se define en el Título IV de estos Cánones, la Autoridad Eclesiástica a la cual dicho escrito haya sido dirigido no considerará ni actuará con respecto a la petición por escrito sino hasta que el asunto disciplinario haya sido resuelto por desestimación, Acuerdo u Orden y el plazo para la apelación o anulación del mismo haya vencido. *En casos disciplinarios*

Sec. 12. En el caso de relevo y destitución de un Presbítero del Ministerio Ordenado de esta Iglesia como se dispone en este Canon, el Obispo hará una declaración de relevo y destitución en presencia de dos o más Presbíteros, la cual será asentada en los expedientes oficiales de la Diócesis en la cual el Diácono que está siendo relevado y destituido tiene su residencia canónica. El Obispo que pronuncie la declaración de relevo y destitución como se dispone en este Canon notificará por escrito a todos los Clérigos, a cada Junta Parroquial, al Secretario de la Convención y al Comité Permanente *Declaración* de la Diócesis en la cual el Presbítero residía canónicamente; y a todos los Obispos de esta Iglesia; a la Autoridad Eclesiástica de cada Diócesis de esta Iglesia, al Obispo Presidente; al Anotador, al Secretario de la Cámara de Obispos, al Secretario de la Cámara de Diputados; al Church Pension Fund; y a la Junta para el Ministerio de Transición.

Sec. 13. Regreso al Ministerio Ordenado de esta Iglesia después de ser relevado y destituido

Regreso al Ministerio ordenado

a. Cuando un Presbítero que haya sido relevado y destituido del Ministerio ordenado de esta Iglesia en virtud del Canon III.9.8 desee regresar a ese Ministerio, la persona podrá solicitar por escrito al Obispo de la Diócesis en la que tuvo su última residencia canónica, adjuntando lo siguiente:
1. Pruebas de la ordenación anterior en La Iglesia Episcopal.
2. Comprobante de verificaciones de antecedentes apropiadas, certificaciones y comprobantes del cumplimiento de capacitaciones aplicables, incluso en prevención del abuso y en el desmantelamiento del racismo, así como en el logro de la justicia racial y la sanación.
3. Una declaración de no menos de dos Clérigos que conozcan al postulante y apoyen su solicitud.
4. Una declaración de las razones por las que desea volver al Ministerio ordenado de esta Iglesia.

b. Si el Obispo lo decide, puede dar su permiso para que el Presbítero continúe el proceso hacia la reincorporación, lo cual puede incluir lo siguiente:
1. La participación activa en una congregación por un tiempo, a discreción del Obispo.
2. Contacto periódico con el Obispo o el designado por el Obispo durante el transcurso del proceso.
3. Evaluación por un profesional en salud mental con licencia elegido por el Obispo para fines de evaluación y determinación de la aptitud para la reanudación del ministerio ordenado en esta iglesia.
4. Dos recomendaciones de quienes puedan hablar sobre el ex ministerio del Presbítero.
5. Reunión con el Comité Permanente, el cual tendrá el beneficio de los materiales arriba citados y hará al obispo su recomendación sobre la readmisión.

c. Antes de que se le pueda permitir a la persona que regrese al Ministerio ordenado de esta Iglesia, el Obispo le exigirá al Presbítero que desea regresar al ministerio que firme una declaración por escrito como se dispone en el Artículo VIII de la Constitución sin recurrir a ninguna otra jurisdicción eclesiástica, y que la firme en presencia del Obispo y de dos o más Clérigos de esta Iglesia.

d. Posteriormente, el Obispo Presidente, teniendo en cuenta los hechos y circunstancias en torno al relevo y destitución del Presbítero, podrá permitir, con los consejos y el consentimiento del

Comité Permanente, el regreso de la persona al Ministerio ordenado de esta Iglesia.

e. Las disposiciones de este Canon III.9.13 no serán aplicables a ningún Presbítero que haya sido destituido, relevado de su ministerio como resultado de cualquier proceso del Título IV de estos Cánones.

f. El aviso del regreso del Presbítero al Ministerio ordenado de esta Iglesia se facilitará por escrito a las mismas personas y entidades que reciban la notificación en virtud del Canon III.9.12.

Sec. 14. Reconciliación de desacuerdos que afectan la Relación Pastoral

Cuando en una parroquia la relación pastoral entre el Rector y la Junta Parroquial o la Congregación se encuentre en una situación conflictiva por desacuerdos o disensión, y el Rector o la Junta Parroquial determinen por mayoría de votos que los asuntos son graves, cualquiera de las dos partes podrá solicitar, por escrito, la intervención de la Autoridad Eclesiástica para ayudar a las partes involucradas a resolver sus desacuerdos. La petición escrita deberá incluir suficiente información para informar a la Autoridad Eclesiástica y a las partes interesadas la naturaleza, las causas y detalles de los desacuerdos o disensiones que arriesgan la relación pastoral. La Autoridad Eclesiástica iniciará los procesos que estime convenientes para ese propósito, en las circunstancias dadas, lo cual podría incluir el nombramiento de un consultor o mediador autorizado para ejercer. Las partes en desacuerdo, siguiendo las recomendaciones de la Autoridad Eclesiástica, trabajarán de buena fe para lograr la reconciliación. Cuando el Comité Permanente sea la Autoridad Eclesiástica, le pedirá al Obispo de una Diócesis vecina que desempeñe las funciones de Autoridad Eclesiástica en virtud de este Canon.

Peticiones de reconciliación

Sec. 15. Disolución de la Relación Pastoral

a. Excepto en el caso de una renuncia obligatoria por motivo de edad, un Rector no podrá renunciar a su cargo en una parroquia sin el consentimiento de su Junta Parroquial, ni ningún Rector canónica o legalmente elegido y encargado de una Parroquia podrá ser retirado de su cargo contra su voluntad por la Junta Parroquial, excepto por las razones que se disponen a continuación.

Renuncia o destitución de un Rector

b. Si por alguna razón urgente un Rector o una mayoría de la Junta Parroquial, sobre la base de una votación en una reunión debidamente convocada desearan la disolución de la relación pastoral, y las partes no lograran llegar a un acuerdo, cualquiera de ellas podrá notificar por escrito a la Autoridad Eclesiástica de la Diócesis con una copia disponible para el Rector o Junta Parroquial. Dicho aviso deberá incluir suficiente información para informar a la Autoridad Eclesiástica y a las partes interesadas la naturaleza, las causas y detalles que requieren la disolución de la relación pastoral. Si las partes han participado en procesos de mediación o consulta en virtud de III.9.14, se presentará a la Autoridad Eclesiástica con copias

Aviso a la Autoridad Eclesiástica

para el Rector y la Junta Parroquial un informe separado preparado por el mediador o consultor. Cuando el Comité Permanente sea la Autoridad Eclesiástica de la Diócesis, le pedirá al Obispo de otra Diócesis que desempeñe los deberes del Obispo conforme a este Canon.

El Obispo mediará

c. En un plazo de sesenta días a partir del recibo del aviso por escrito, el Obispo Diocesano o el Obispo que ejerce autoridad en virtud de este canon podrá iniciar otros procesos de mediación y reconciliación entre el Rector y la Junta Parroquial, valiéndose de todos los medios que estime convenientes. El Obispo podrá designar a un comité integrado por al menos un Presbítero y un Laico, ninguno de los cuales podrá ser miembro de la Parroquia en cuestión ni estar relacionado con ella, entrevistar al Rector y a la Junta Parroquial y reportar al Obispo sobre la colaboración y respuesta de las partes involucradas en los procesos dispuestos por el Obispo. Se pondrá a disposición de la Junta Parroquial y el Rector una copia de este informe.

Procedimientos para resolver las diferencias

d. Si las diferencias entre las partes no se resolvieran luego de concluida la mediación u otras actividades o medidas de reconciliación prescritas por el Obispo, este procederá de la manera siguiente:
1. Dará a conocer por escrito al Rector y a la Junta Parroquial que se emitirá un fallo piadoso sobre el asunto luego de consultar con el Comité Permanente y que cada una de las partes tiene el derecho de pedir por escrito, en un plazo de diez días, una oportunidad de reunirse con el Comité Permanente antes de que este consulte con el Obispo. La petición por escrito del Obispo deberá informar al Comité Permanente y a las partes interesadas sobre la naturaleza, las causas y los detalles de los desacuerdos o disensiones que arriesgan la relación pastoral.
2. Si se hiciera una petición dentro del plazo determinado, el Presidente del Comité Permanente fijará la fecha de la reunión a más tardar en treinta días.
3. En la reunión cada parte tendrá derecho a asistir, ser representada y a exponer plenamente su posición.
4. En un plazo de treinta días después de la reunión o después del aviso del Obispo si no se pidiera ninguna reunión, el Obispo discutirá con el Comité Permanente y oirá su recomendación; luego, como árbitro y juez final, emitirá un fallo piadoso por escrito.
5. A petición de cualquiera de las partes, el Obispo explicará las razones del fallo. Si la explicación se hace por escrito, se entregarán copias a ambas partes. Cualquiera de las partes puede pedir que la explicación se dé por escrito.
6. Si la relación pastoral ha de continuar, el Obispo exigirá a las partes que convengan en la definición de deberes y de responsabilidades para el Rector y la Junta Parroquial.
7. Si la relación ha de disolverse:

i. El Obispo instruirá al Secretario de la Convención que asiente la disolución.
ii. El fallo incluirá los términos y condiciones, incluidos los arreglos financieros, que el Obispo estime justos y compasivos.
8. En cualquiera de los casos, el Obispo ofrecerá servicios apropiados de apoyo al Presbítero y a la Parroquia.

e. En caso de que alguna de las partes no cumpla o se niegue a cumplir con los términos del fallo, el Obispo podrá aplicar las consecuencias que se establecen en la Constitución y los Cánones de la Diócesis; a falta de disposiciones sobre consecuencias en dicha Diócesis, el Obispo podrá actuar de la manera siguiente: *Incumplimiento con fallo*
1. En el caso de un Rector, suspenderlo del ejercicio del oficio Presbiteral hasta que haya acatado el fallo.
2. En el caso de una Junta Parroquial, invocar cualquier sanción disponible, lo que incluye recomendar a la Convención de la Diócesis que la Parroquia sea puesta bajo la supervisión del Obispo como misión, hasta que la Junta haya acatado el fallo.

f. Con causa, el Obispo podrá extender los períodos que se especifican en este Canon, *siempre y cuando* todo se haga para acelerar estos procesos. A todas las partes se les notificará por escrito de la duración de cualquier extensión.

g. Las declaraciones que se hagan en el curso de las deliberaciones de conformidad con este Canon no serán revelables ni admisibles en ningún proceso en virtud del Título IV *siempre y cuando* esto no requiera la exclusión de pruebas en ningún proceso de conformidad con los Cánones que de otro modo serían revelables o admisibles. *Declaraciones no revelablese inadmisibles*

h. Las secciones 14 o 15 de este Canon no se aplicarán en ninguna Diócesis cuyos cánones coincidan de otra forma con el Canon III.9. *Se aplican los Cánones Diocesanos*

CANON 10: de la Recepción de Obispos, Presbíteros y Diáconos de otras Iglesias

Sec. 1. Antes de la recepción u ordenación de un presbítero o diácono, se deberá proporcionar lo siguiente:
a. Una investigación de antecedentes, de conformidad con los criterios establecidos por el Obispo y el Comité Permanente. *Exámenes y evaluaciones*
b. Evaluación médica y psicológica por parte de profesionales aprobados por el Obispo, utilizando los formularios preparados a tal efecto por el Church Pension Fund, la Comisión Permanente sobre Ministerio y Formación, de acuerdo con los principios y las directrices adoptados por la Convención General y, si se desea o es necesario, una remisión psiquiátrica. Todas estas verificaciones de antecedentes y evaluaciones se llevarán a cabo específicamente para la ordenación o recepción en virtud de este Canon y no para ningún otro proceso o propósito.
c. Comprobantes de capacitación sobre lo siguiente: *Pruebas de capacitación*
1. Prevención de la conducta sexual inapropiada.

2. Requisitos civiles de reportar y las oportunidades pastorales de responder a las pruebas de abuso.
3. La Constitución y los Cánones de La Iglesia Episcopal, en particular el Título IV del mismo.
4. Capacitación respecto la enseñanza de la Iglesia sobre el desmantelamiento del racismo y el logro de la justicia y la sanación racial.

Expedientes diocesanos

d. Los informes de todas las investigaciones y evaluaciones se conservarán de manera definitiva en los archivos del Obispo y pasarán a formar parte del expediente diocesano permanente.

Mentores

e. Antes de la recepción y ordenación, el Obispo le asignará a cada clérigo un Presbítero mentor previa consulta con la Comisión sobre el Ministerio. El mentor y el clérigo se reunirán periódicamente con el fin de que el clérigo tenga la oportunidad de orientación, información y diálogo sobre el ministerio en La Iglesia Episcopal.

Sec. 2. Clero Ordenado por Obispos de Iglesias en Comunión con esta Iglesia

a.

Se requiere certificado para oficiar

1. Un Clérigo ordenado por un Obispo de otra Iglesia en plena comunión con esta Iglesia o por un Obispo consagrado para un territorio extranjero por Obispos de esta Iglesia, de conformidad con el Artículo III de la Constitución, deberá, para poder oficiar en cualquier Congregación de esta Iglesia, presentarle al Clérigo a cargo, o en caso de no haberlo, a la Junta Parroquial, un certificado de fecha reciente, firmado por la Autoridad Eclesiástica de la Diócesis, que confirme que las cartas de las Sagradas Órdenes de la persona y otras referencias son válidas y auténticas y fueron otorgadas por un Obispo en plena comunión con esta Iglesia, cuya autoridad sea reconocida por esta Iglesia; y también que la persona ha presentado a la Autoridad Eclesiástica pruebas satisfactoria de (i) carácter moral y piadoso y de (ii) calificaciones teológicas.

Cartas Dimisorias o credenciales equivalentes

2. Antes de que se le permita hacerse cargo de una congregación o de ser recibido en una Diócesis de esta Iglesia como miembro de su Clero, la Autoridad Eclesiástica deberá recibir Cartas Dimisorias o credenciales equivalentes firmadas y selladas del Obispo con cuya Diócesis la persona tuvo su más reciente relación y dichas cartas o credenciales tendrán que ser presentadas como máximo seis meses después de haber sido redactadas. Antes de recibir al Clérigo, el Obispo exigirá una promesa por escrito de que se someterá en todos los aspectos a la Disciplina de esta Iglesia, sin recurrir a ninguna jurisdicción foránea, civil o eclesiástica, y exigirá además que la persona firme y haga la declaración que exige el Artículo VIII de la Constitución en presencia del Obispo y de dos o más Presbíteros. El Obispo y por lo menos un Presbítero examinarán a la persona en lo que

respecta a sus conocimientos de la historia de esta Iglesia, su culto y su gobierno. El Obispo, quedando satisfecho asimismo de las calificaciones teológicas de la persona, podrá entonces recibir a esa persona en la Diócesis como Clérigo de esta Iglesia.

3. Las disposiciones de esta sección serán aplicables a todos los Clérigos ordenados en cualquier Iglesia en plena comunión con esta Iglesia según lo especificado en el Canon I.20, con sujeción a los términos del pacto de La Iglesia Episcopal y la otra Iglesia o Iglesias, según se adopte por la Convención General y por la autoridad confesional u organismo similar para aquellas Iglesias que no son miembros de la Comunión Anglicana por acto del Consejo Asesor Anglicano. *Iglesias en plena comunión*

b. Un Clérigo que sea Diácono no será ordenado Presbítero mientras no haya residido dentro de la jurisdicción de esta Iglesia al menos durante un año y haya cumplido con todos los requisitos para la ordenación al Presbiterio como se dispone en el Canon III.8. *Diáconos*

c. Después de la recepción, el Obispo le asignará a cada clérigo un Presbítero mentor previa consulta con la Comisión sobre el Ministerio. El mentor y el clérigo se reunirán periódicamente con el fin de que el clérigo tenga la oportunidad de orientación, información y diálogo sobre el ministerio en La Iglesia Episcopal. *Mentores*

Sec. 3. Clero Ordenado por Obispos en Iglesias de la Sucesión Histórica pero No en Plena Comunión con esta Iglesia

a. Cuando un Presbítero o Diácono ordenado en una Iglesia por un Obispo de la Sucesión Histórica que no esté en plena comunión con esta Iglesia, la regularidad de cuya ordenación haya sido aprobada por el Obispo Presidente como lo dispone el Canon I.16.3, desee ser recibido como Clérigo de esta Iglesia, la persona hará la solicitud por escrito al Obispo, adjuntando lo siguiente: *Procedimientos para hacer solicitud*

1. Una nominación por escrito para la recepción de la congregación o comunidad de fe de la persona en esta Iglesia. La Nominación deberá incluir una carta de apoyo de la congregación u otra comunidad de fe que comprometa a la comunidad a involucrarse en la preparación de la recepción de la persona al Presbiterio. Si fuera una congregación, el certificado debe estar firmado por dos tercios de la Junta Parroquial o algún organismo similar y por el Clérigo o líder supervisor.
2. La persona, si está de acuerdo, aceptará la nominación por escrito y le proporcionará al Obispo, por escrito, lo siguiente:
    i. Nombre completo y fecha de nacimiento.
    ii. Tiempo que lleva residiendo en la Diócesis.
    iii. Pruebas de que la persona es un adulto confirmado, en buena posición y comulgante en una Congregación de esta Iglesia.

iv. Si previamente ha solicitado admisión en alguna diócesis.
v. Una descripción del proceso de discernimiento que la persona ha emprendido individualmente y con la congregación nominadora o la comunidad de fe.
vi. Una declaración de las razones que lo motivan a buscar ingreso en las Sagradas Órdenes de esta Iglesia.
3. Pruebas del Ministerio ordenado anterior y de que todas sus otras credenciales son auténticas y válidas.
4. Pruebas de conducta moral y piadosa, y de que la persona es libre de cualquier voto u otro compromiso incompatible con el ejercicio de las Sagradas Órdenes en esta Iglesia.
5. Transcripciones de todos sus estudios académicos y teológicos.
6. Un certificado de por lo menos dos Presbíteros en buena posición en esta Iglesia en que declaren creer, fundándose en un examen personal o en pruebas satisfactorias presentadas a ellos, que la salida de la persona de la comunión a la cual pertenecía no se debió a ninguna circunstancia adversa desde un punto de vista moral o religioso, o una relación de lo que puede no ser apropiado para admitir a esa persona a las Sagradas Órdenes de esa Iglesia.
7. Certificaciones del Rector o del Clérigo encargado y de la Junta Parroquial de una parroquia de esta Iglesia, en la forma estipulada en los Cánones III.8.6 y III.8.7.

b. Corresponderán las disposiciones del Canon III.8.5.a.

Pruebas de capacitación

c. Si la persona proporciona pruebas de preparación teológica satisfactoria en la comunión a la que anteriormente sirvió, y ha ejercido un ministerio en ella con buena reputación y éxito durante por lo menos cinco años, será examinada por la Comisión y deberá mostrar su competencia en las materias siguientes:

1. Historia de la Iglesia: la historia de la Comunión Anglicana y La Iglesia Episcopal.
2. Doctrina: las enseñanzas de la Iglesia, tal como se establece en los Credos y en un Bosquejo de la Fe, comúnmente llamado Catecismo.
3. Liturgia: los principios e historia del culto anglicano; el contenido del Libro de Oración Común.
4. Teología práctica:
    i. El oficio y la labor de un Diácono y un Presbítero en esta Iglesia.
    ii. La realización del culto público.
    iii. La Constitución y Cánones de La Iglesia Episcopal y de la Diócesis en la que el solicitante reside.
    iv. El uso de la voz en lectura y oratoria.

5. Los puntos de doctrina, disciplina, orden y culto en que difieran la Iglesia de la cual procede el solicitante y esta Iglesia. Esta parte del examen se llevará a cabo, al menos parcialmente, mediante preguntas y respuestas escritas, y las respuestas se mantendrán archivadas por lo menos durante tres años.

d. La Comisión puede, con la aprobación del Obispo y con notificación al solicitante, examinar a este último en cualquier otra materia requerida por los cánones III.6.5.f y g o III.8.5.g y h.

e. Antes de ser examinado de conformidad con la Sección 3.c de este Canon, el solicitante deberá haber recibido certificados del Obispo y del Comité Permanente de que es aceptable como Clérigo de esta Iglesia con sujeción a la satisfactoria finalización del examen. *El candidato recibirá recomendaciones*

f. Antes de que la persona pueda ser ordenada o recibida en las Sagradas Órdenes de esta Iglesia, el Obispo le exigirá una promesa por escrito de que se someterá en todos aspectos a la disciplina de esta Iglesia sin recurrir a ninguna otra jurisdicción eclesiástica o civil extranjera, y le exigirá además que firme y haga la declaración que se requiere en el Artículo VIII de la Constitución en presencia del Obispo y de dos o más Presbíteros. *Declaración de avenencia*

g. Después de lo cual, el Obispo, convencido de las calificaciones teológicas de la persona y de la culminación exitosa del examen especificado en la Sec. 3.c de este Canon y de su firmeza en la fe, podrá: *Recepción, confirmación u ordenación*
1. Recibir a la persona en esta Iglesia, con el consejo y consentimiento del Comité Permanente, en las órdenes a que ya haya sido ordenada por un Obispo de la sucesión histórica.
2. Confirmar y hacer a la persona Diácono y, no antes de transcurridos cuatro meses, ordenarla Presbítero, si todavía no hubiese recibido la ordenación.
3. Ordenar a la persona como Diácono y, no antes de transcurridos seis meses, ordenarla como Presbítero condicionalmente (habiendo sido bautizada y confirmada condicionalmente la persona de ser necesario) si ha sido ordenada por un Obispo cuya autoridad para conferir dichas órdenes no ha sido reconocida por esta Iglesia.

h. En el caso de una ordenación en virtud de este Canon, el Obispo deberá, en el momento de la ordenación, leer este prefacio durante el servicio: *Prefacios especiales autorizados*

La Autoridad Eclesiástica de esta Diócesis está convencida de que A.B. acepta la doctrina, disciplina y culto de esta Iglesia y ahora desea ser ordenado como Diácono (u ordenado como Presbítero) en esta Iglesia. Estamos a punto de conferirle a A.B. la gracia y autoridad de las Sagradas Órdenes como las recibió esta Iglesia y las exige para el ejercicio del ministerio de un Diácono (o Presbítero).

Los certificados de ordenación en dichos casos deberán contener las palabras:

Reconociendo el ministerio que A.B. ya ha recibido y por este medio aunando a esa comisión la gracia y autoridad de las Sagradas Órdenes como las entiende y exige esta Iglesia para el ejercicio del ministerio de un Diácono (o Presbítero).

Ordenación condicional

i. En el caso de una ordenación condicional de conformidad con este Canon, el Obispo deberá, en el momento de la ordenación, leer este prefacio durante el servicio:

La Autoridad Eclesiástica de esta Diócesis está convencida de que A.B., quien ha sido ordenado por un Obispo cuya autoridad no ha sido reconocida por esta Iglesia, acepta la doctrina, disciplina y culto de esta Iglesia, y ahora desea una ordenación condicional. Mediante este servicio de ordenación, proponemos establecer que A.B. tiene méritos para ejercer el ministerio de Diácono (o Presbítero).

Limitaciones

j. Nadie podrá ser ordenado ni aceptado como Diácono ni Presbítero mientras no haya cumplido veinticuatro años de edad.

k. Un Diácono recibido en virtud de este Canon y que desee ser ordenado como Presbítero deberá satisfacer todos los requisitos de ordenación dispuestos en el Canon III.8.

l. Nadie podrá ser recibido ni ordenado en virtud de este Canon antes de transcurridos menos de doce meses desde la fecha en que haya sido confirmado como comulgante de esta Iglesia.

Mentores

m. Después de la recepción u ordenación, el Obispo le asignará un Presbítero mentor a cada clérigo previa consulta con la Comisión sobre el Ministerio. El mentor y el clérigo se reunirán periódicamente para facilitar orientación, información y un diálogo continuo sobre el ministerio en La Iglesia Episcopal.

Sec. 4. Clero ordenado en Iglesias que no están en la Sucesión Histórica

a. Si una persona ordenada o autorizada por alguien aparte de un Obispo en la sucesión histórica para ejercer el ministerio en una Iglesia que no esté en plena comunión con esta Iglesia desea ser ordenada, la persona deberá seguir los procedimientos y requisitos dispuestos en el Canon III.6 si desea ordenarse para el diaconado, o en el Canon III.8 si desea ordenarse para el presbiterio.

b. La Comisión examinará al solicitante e informará al Obispo con respecto a lo siguiente:
1. Si el solicitante ha servido en la Iglesia anterior con diligencia y buena reputación y ha declarado las causas que le han obligado a abandonar ese organismo y procurar la ordenación en esta Iglesia.
2. El tipo y nivel de educación y preparación teológica del solicitante.

3. Las preparaciones necesarias para la Orden u Órdenes a que el solicitante ha sido llamado.

c. No es necesario el período mínimo de Candidatura si el Obispo y el Comité Permanente, previa recomendación de la Comisión, consideran que el Candidato está preparado para la ordenación en el Diaconado antes de los doces meses; el solicitante será examinado por la Comisión y demostrará sus conocimientos en las siguientes materias:

Excepciones a los requisitos canónicos

1. Historia de la Iglesia: la historia de la Iglesia Anglicana y de La Iglesia Episcopal en los Estados Unidos de América.

Competencias

2. Doctrina: las enseñanzas de la Iglesia, tal como se establece en los Credos y en Un Bosquejo de la Fe, comúnmente llamado Catecismo.
3. Liturgia: los principios e historia del culto anglicano; el contenido del Libro de Oración Común.
4. Teología práctica:
    i. El oficio y la labor de un Diácono y un Presbítero en esta Iglesia.
    ii. La realización del culto público.
    iii. La Constitución y Cánones de la Convención General, y de la Diócesis en la que el solicitante reside.
    iv. El uso de la voz en lectura y oratoria.
5. Los puntos de doctrina, disciplina, orden y culto en que difieran la Iglesia de la cual procede el solicitante y esta Iglesia. Esta parte del examen se llevará a cabo, al menos parcialmente, mediante preguntas y respuestas escritas, y las respuestas se mantendrán archivadas por lo menos durante tres años.

d. Si se han cumplido todos los requisitos de este Canon, el Obispo podrá ordenar al Candidato como Diácono en virtud de los cánones III.6 o III.8, pero no podrá hacerlo antes de transcurridos doce meses desde que el Candidato fuera confirmado como comulgante de esta Iglesia. Si es ordenado como diácono en virtud del Canon III.8, el Candidato podrá ser ordenado como Presbítero no antes de que transcurran seis meses, si el Obispo lo estima conveniente.

Prefacios especiales autorizados

Sec. 5. Recepción en esta Iglesia de un Obispo de una Iglesia o Provincia de la Comunión Anglicana.

a. Un Obispo en buena posición de una iglesia o Provincia miembro de la Comunión Anglicana, o de una iglesia nacional o local con estado Extraprovincial en la Comunión Anglicana, que busque servir en esta Iglesia como Obispo Asistente según lo dispuesto en el Canon III.12.5.b.3, o como Obispo con cargo provisional de una Diócesis según lo dispuesto en el Canon III.13.1, puede ser recibido en La Iglesia Episcopal conforme a los requisitos establecidos en esta Sección.

Los obispos de la Comunión Anglicana pueden ser recibidos

b. Un obispo en buena posición de una iglesia o Provincia miembro de la Comunión Anglicana, o de una iglesia nacional o local con estado Extraprovincial en la Comunión Anglicana, cuya iglesia o Provincia esté buscando ser admitida en unión con La Iglesia

Episcopal, puede ser recibido en La Iglesia Episcopal de acuerdo con los requisitos establecidos en esta Sección, siempre y cuando, si la selección del Obispo para servir a la iglesia o Provincia se llevó a cabo a través de un proceso distinto a la elección por parte de una Convención, Sínodo u otro órgano rector, el Obispo deberá presentar evidencia de que la Convención, Sínodo u otro órgano rector ha afirmado dicha selección.

Pruebas exigidas

c. El Obispo que desee ser recibido en La Iglesia Episcopal deberá proporcionar al Obispo Presidente lo siguiente:
1. Pruebas de que el Obispo ha sido debidamente ordenado como Obispo de la Comunión Anglicana.
2. Prueba del carácter moral y piadoso del Obispo.
3. Una investigación de antecedentes, de conformidad con los criterios establecidos por el Obispo Presidente.
4. Certificaciones de un doctor en medicina y un psiquiatra con licencia y autorizados por el Obispo Presidente, y, según sea necesario, de un psiquiatra o profesional especializado en evaluaciones del uso y abuso de sustancias, productos químicos, alcohol y otros patrones adictivos, también autorizado por el Obispo Presidente, en las que se indique que se ha examinado rigurosamente al Obispo en cuanto a su estado físico, psicológico y psiquiátrico, así como su uso y abuso de sustancias, productos químicos, alcohol y otros patrones adictivos y no se ha descubierto ninguna razón por la cual no sería prudente que emprendiera la obra para la cual ha sido escogido como Obispo en esta Iglesia. Se usarán formularios y procedimientos acordados por el Obispo Presidente para estos fines.
5. Pruebas de que el Obispo recibió la capacitación establecida en la Sección 1.c de este Canon.
6. Pruebas de que el Obispo fue examinado por al menos tres Obispos de esta Iglesia en cuanto al conocimiento de esta Iglesia, su culto y gobierno, incluidos los siguientes temas:
    i. Historia de la Iglesia: la historia de la Comunión Anglicana y La Iglesia Episcopal.
    ii. Doctrina: las enseñanzas de la Iglesia, tal como se establece en los Credos y en un Bosquejo de la Fe, comúnmente llamado Catecismo.
    iii. Liturgia: los principios e historia del culto anglicano; el contenido del Libro de Oración Común.
    iv. Teología práctica:
        1. El oficio y la labor de un Diácono y un Presbítero en esta Iglesia.
        2. La realización del culto público.
        3. La Constitución y los Cánones de La Iglesia Episcopal y de la Diócesis en la que servirá el Obispo.
        4. El uso de la voz en lectura y oratoria.

7. Los puntos de doctrina, disciplina, orden y culto en que difieran la Iglesia o Provincia de la cual proceda el Obispo y esta Iglesia. Esta parte del examen se llevará a cabo, al menos parcialmente, mediante preguntas y respuestas escritas, y las respuestas se mantendrán archivadas en la Oficina de Desarrollo Pastoral por lo menos durante tres años.
8. En el caso de un Obispo que solicite ser recibido en esta Iglesia en virtud del inciso .b de este Canon, pruebas de que la Convención General ha consentido la admisión de la iglesia o Provincia de conformidad con el Artículo V, Sección I de la Constitución.

d. Una vez que el Obispo Presidente reciba los elementos indicados en la subsección c. de este Canon a su satisfacción, el Obispo Presidente notificará sin demora a todos los Obispos de esta Iglesia que ejerzan su jurisdicción y a todos los Comités Permanentes de esta Iglesia la recepción de dichos elementos por parte del Obispo Presidente, y solicitará a cada uno de ellos una declaración de consentimiento, o de denegación de consentimiento, para la recepción del Obispo en la Iglesia Episcopal. Cada Obispo con jurisdicción y cada Comité Permanente responderá, dentro de los 90 días siguientes al envío de la notificación, al Obispo Presidente o a la persona designada por este, indicando su consentimiento o su negativa al respecto. La Carta de Recomendación del Comité Permanente deberá ajustarse al Canon I.12.3.

Se requiere consentimiento

El comprobante del consentimiento de cada uno de los Comités Permanentes será una carta de recomendación en las siguientes palabras, o en palabras similares, aprobada por el Obispo Presidente, firmada por la mayoría de los miembros de cada Comité:

Nosotros, siendo la mayoría de los miembros del Comité Permanente de _____, y habiendo sido debidamente convocados, firmemente persuadidos de que es nuestro deber dar testimonio en esta solemne ocasión sin parcialidad, declaramos, en presencia de Dios Todopoderoso, que no conocemos ningún impedimento por el cual el Reverendo N.N. no deba ser recibido en La Iglesia Episcopal para servir como Obispo, y por lo tanto damos nuestro consentimiento a la recepción del Reverendo N.N. para que sirva como [Obispo Asistente/Obispo con cargo provisional/Obispo Diocesano] en la Diócesis de _____. En testimonio de lo cual, ponemos nuestra firma en este día _____ del mes de _____, en el año de nuestro Señor _____.
(Firma) _____

e. Si la mayoría de los Obispos con jurisdicción y de los Comités Permanentes consiente la recepción, el Obispo hará la declaración escrita requerida por el Artículo VIII de la Constitución de La Iglesia Episcopal en presencia del Obispo Presidente y de dos testigos episcopales, en cuyo momento el Obispo Presidente certificará que el Obispo es recibido en La Iglesia Episcopal; siempre y cuando, en el caso de un Obispo que desee ser recibido en esta Iglesia según el inciso .b de este Canon, dicho certificado no se emita hasta que el Consejo Ejecutivo haya emitido la aprobación establecida en la Sección 1 del Artículo V de la Constitución.

CANON 11: de la Ordenación de los Obispos

Discernimiento y reglas de elección

Sec. 1. a. El discernimiento de la vocación para ser Obispo Diocesano, Coadjutor o Sufragáneo se produce a través de un proceso de elección de acuerdo con las Constituciones y Cánones de esta Iglesia y de la Diócesis electora, así como cualquier regla especial adoptada por la Convención de esa Diócesis. A menos que la Constitución o los Cánones de la Diócesis Electora dispongan otra cosa, el Comité Permanente tendrá la supervisión y la responsabilidad de cualquier proceso de búsqueda, nominación, transición y elección. La Diócesis deberá establecer un proceso de nominación ya sea por los Cánones o por la adopción de reglas y procedimientos para la elección del Obispo en una reunión ordinaria o especial de la Convención de la Diócesis, con suficiente anticipación a la elección del Obispo.

Otras disposiciones para la elección

b. En lugar de elegir a un Obispo, la Convención de una Diócesis podrá pedir que la Cámara de Obispos de la Provincia a la cual pertenece la Diócesis haga la elección en su nombre, con sujeción a la confirmación por parte del Sínodo Provincial, o bien podrá solicitar que sea la Cámara de Obispos de La Iglesia Episcopal la que realice la elección en su nombre.

Proceso de nominación

1. Si no se elige ninguna de las opciones de la Sección I.b, se podrá nombrar un Comité Nominador Conjunto especial a menos que la Convención Diocesana haya dispuesto de otra forma para el proceso de nombramiento. El Comité deberá estar compuesto de tres personas de la Diócesis nombradas por su Comité Permanente, y tres miembros del organismo electoral nombrados por el Presidente de ese organismo. El Comité Nominador Conjunto deberá elegir a sus propios funcionarios y deberá nominar a tres personas cuyos nombres se le comunicarán al Presidente del organismo electoral. El Funcionario Presidente deberá comunicar los nombres de los nominados al organismo electoral por lo menos tres semanas antes de la elección en que los nombres se colocarán formalmente en la nominación. Se ofrecerá oportunidad para que se presenten nominaciones desde el seno o por petición, en ambos casos con disposiciones para las correspondientes investigaciones de antecedentes.

Certificado y carta de recomendación

2. Si se escogiera cualquiera de las opciones de la Sección l.b, las pruebas de la elección será un certificado firmado por el Funcionario Presidente y el Secretario del organismo electoral, con una carta de recomendación firmada por una mayoría constitucional del organismo, de la manera

dispuesta en el Canon III.11.3, la cual será enviada al Comité Permanente de la Diócesis en cuyo nombre se realizó la elección. El Comité Permanente procederá como se dispone en el Canon III.11.3 o 4.

c. El Secretario del organismo que elija a un Obispo Diocesano, un Obispo Coadjutor o un Obispo Sufragáneo, informará inmediatamente al Obispo Presidente el nombre de la persona electa. Será deber del Obispo electo notificar al Obispo Presidente de la aceptación o declinación de dicha elección, al mismo tiempo en que notifica a la Diócesis electora. *Notificación de elección*

d. Ninguna diócesis elegirá a un Obispo en el plazo de los treinta días previos a una reunión de la Convención General.

Sec. 2. Un Obispo Diocesano, con el consejo y consentimiento del Comité Permanente, puede convocar una reunión especial de la Convención de la Diócesis, que se realizará no antes de los seis meses anteriores a la fecha efectiva de la renuncia del Obispo Diocesano para elegir a un sucesor; siempre y cuando, si la Convención se va a reunir en sesión regular mientras tanto, pueda celebrar la elección durante la sesión regular. Los procesos relacionados con los preparativos para la ordenación del sucesor serán los estipulados en este Canon, pero el Obispo Presidente no dispondrá que la ordenación tenga lugar en ninguna fecha antes de aquella en que la renuncia ha de hacerse efectiva. *Reunión especial de la Convención Diocesana*

Sec. 3. a. El Comité Permanente de la Diócesis para la cual se ha elegido el Obispo, a través de su Presidente o alguna otra persona o personas especialmente nombradas, deberá enviar inmediatamente al Obispo Presidente y a los Comités Permanentes de las distintas Diócesis, un certificado de la elección suscrita por el Secretario de la Convención de la Diócesis, que incluya una declaración de acuse de recibo de lo siguiente: *Documentos que se transmitirán*

1. Pruebas de que el Obispo electo ha sido debidamente ordenado Diácono y Presbítero.
2. Certificaciones de un doctor en medicina autorizado para ejercer y un psiquiatra también autorizado para ejercer, autorizados por el Obispo Presidente, en las que se indique que han examinado rigurosamente al Obispo electo en cuanto a su estado físico y mental y no han descubierto ninguna razón por la cual no sería prudente que emprendiera la obra para la cual ha sido escogido. Los formularios y procedimientos acordados por el Obispo Presidente y la Comisión Permanente sobre Ministerio y Formación de acuerdo con los principios y directrices adoptados por la Convención General deberán utilizarse para este fin.
3. Pruebas de que una carta de recomendación en el siguiente formato ha sido firmada por una mayoría constitucional de la Convención:

CANON III.11.3.a - III.11.3.b   TÍTULO III

Carta de recomendación de la elección

Nosotros, los suscritos, plenamente conscientes de lo importante que es que la Orden Sagrada y el Cargo de Obispo no se confieran indignamente, y firmemente convencidos de que es nuestro deber dar recomendación imparcial en esta solemne ocasión, declaramos, en presencia de Dios Todopoderoso, que no conocemos ningún impedimento debido al cual el Reverendo A.B. no deba ser ordenado a dicho Cargo Sagrado. Declaramos, además, mancomunada y solidariamente, que creemos que el Reverendo A.B. ha sido elegido de manera legítima y legal y que posee suficientes conocimientos y firmeza en la fe, así como maneras virtuosas y puras y un carácter piadoso como para poder ejercer el cargo de Obispo en honor a Dios y en edificación de su Iglesia, y para ser un ejemplo íntegro para el rebaño de Cristo.
(Fecha) _____
(Firma) _____

Proceso de consentimiento

El Obispo Presidente, sin dilación, notificará a todos los Obispos de esta Iglesia con jurisdicción que ha recibido los certificados mencionados en esta sección y pedirá una declaración de aprobación o desaprobación. Cada Comité Permanente, en no más de ciento veinte días después de que el organismo elector haya enviado el certificado de elección, deberá responder enviando al Comité Permanente de la Diócesis para la cual se ha elegido al Obispo la carta de recomendación de consentimiento en el formato dispuesto en el párrafo b. de esta Sección o un aviso escrito de su negación a dar el consentimiento. Si una mayoría de los Comités Permanentes de todas las Diócesis consiente con la ordenación del Obispo electo, el Comité Permanente de la Diócesis para la cual se elija al Obispo enviará entonces al Obispo Presidente el comprobante del consentimiento, junto con los otros certificados necesarios requeridos en esta sección (los documentos descritos en la Sección 3.a.2 de este Canon) al Obispo Presidente. Si el Obispo Presidente recibiere suficientes declaraciones para indicar que una mayoría de los Obispos consienten con la ordenación, deberá, sin dilación, notificar al Comité Permanente de la Diócesis electora y al Obispo electo, acerca de la aprobación.

Cartas de recomendación de los Comités Permanentes

b. Las pruebas del consentimiento de cada uno de los Comités Permanentes será una carta de recomendación, firmada por la mayoría de los miembros de cada Comité, en los siguientes términos de conformidad con el Canon I.12.3:

Nosotros, siendo una mayoría de todos los miembros del Comité Permanente de_____, y habiéndonos congregado debidamente, plenamente conscientes de lo importante que es que la Orden Sagrada y el Cargo de Obispo no se confieran

indignamente, y firmemente convencidos de que es nuestro deber dar testimonio, en esta solemne ocasión, declaramos imparcialmente, en presencia de Dios Todopoderoso, que no conocemos ningún impedimento debido al cual el Reverendo A.B. no deba ser ordenado a dicho Cargo Sagrado. En testimonio de lo cual, ponemos nuestra firma en este día _____ del mes de _____, en el año de nuestro Señor _____.
(Firma) _____

Sec. 4. En caso de que una mayoría de todos los Comités Permanentes de las distintas Diócesis no diera su consentimiento a la consagración del Obispo electo en el término de 120 días a partir de la fecha en que el Comité Permanente de la Diócesis electora notificara la fecha de elección, o en caso de que una mayoría de todos los Obispos con jurisdicción no expresara su consentimiento en el término de 120 días a partir de la fecha en que el Obispo Presidente les notificara de la elección, el Obispo Presidente declarará la elección nula e inválida, y notificará al respecto al Comité Permanente de la Diócesis electora y al Obispo electo. La convención de la Diócesis podrá entonces proceder a hacer una nueva elección. *En caso de no haber consentimiento*

Sec. 5. Cuando el Obispo Presidente haya recibido los consentimientos y garantías de aceptación de la elección por parte del Obispo electo, el Obispo Presidente dispondrá la consagración de dicho Obispo bien sea por medio del Obispo Presidente o del Presidente de la Cámara de Obispos de la Provincia a la que pertenece la Diócesis electora y otros dos Obispos de esta Iglesia, o a través de tres Obispos a quienes el Obispo Presidente pueda comunicar las recomendaciones. *El Obispo Presidente procederá a la ordenación*

Sec. 6. En todos los detalles el oficio de la ordenación de un Obispo estará bajo la dirección del Obispo que presida tal ordenación. *Servicio de ordenación*

Sec. 7. Ninguna persona podrá ser ordenada Obispo a menos que en esa ocasión la persona firme y haga la declaración que exige el Artículo VIII de la Constitución, en presencia de los Obispos Ordenantes y de la congregación. *Declaración de avenencia*

Sec. 8. a. En un plazo de diez días a partir de la elección de un Obispo, un Obispo Coadjutor o un Obispo Sufragáneo en una Convención Diocesana, una cantidad de delegados que constituyan no menos de un diez por ciento de los delegados electores en la votación final podrá inscribir por escrito sus objeciones al proceso electoral ante el Secretario de la Convención, señalando detalladamente las supuestas irregularidades. En un plazo de diez días de haber recibido las objeciones, el Secretario de la Convención enviará copias de las mismas al Obispo Diocesano, al Canciller y al Comité Permanente de la Diócesis, así como al Obispo Presidente, quien pedirá al Tribunal que investigue la queja. A su entera discreción, el Tribunal podrá recurrir a un investigador de su elección. El Tribunal de Revisión podrá solicitar la opinión del Obispo Diocesano, del Canciller, del Comité Permanente y de cualquier otra persona dentro de la Diócesis a la cual fue elegido el Obispo. *Objeciones al proceso de elección*

El Tribunal podrá proporcionar una respuesta pastoral a las partes afectadas, si lo considera oportuno. En un plazo de 60 días de haber recibido la solicitud, el Tribunal de Revisión enviará un informe escrito de sus hallazgos al Obispo Presidente, y este remitirá una copia del informe, en un plazo de quince días, al Obispo Diocesano, al Canciller, al Comité Permanente y al Secretario de la Convención de la Diócesis electora. El Secretario enviará una copia del informe a cada uno de los delegados que hayan inscrito sus objeciones al proceso electoral.

Informe del Tribunal de Revisión

b. El informe del Tribunal de Revisión será enviado a los Comités Permanentes de las distintas Diócesis, junto con el certificado del Secretario de la Convención de la Diócesis electora en el que se indique el consentimiento con respecto a la ordenación. De igual manera, el Obispo Presidente incluirá el informe en la comunicación a los Obispos con jurisdicción. El plazo de 120 días para que los Comités Permanentes y los Obispos den su consentimiento para la elección comienza con estas comunicaciones.

Sec. 9. Otros Obispos
   a. Obispos Coadjutores

Obispo Coadjutor

1. Si una diócesis determina que se requiere otro Obispo a fin de facilitar una transición sistemática, la diócesis podrá elegir a un Obispo Coadjutor quien tendrá el derecho de sucesión. La elección se hará de conformidad con el Canon III.11.1 y con este Canon III.11.9.a.

Consentimientos y deberes

2. Antes de la elección de un Obispo Coadjutor, el Obispo Diocesano deberá leer, o pedir que se lea ante la Convención, el consentimiento escrito del Obispo para la elección. El consentimiento deberá indicar las tareas que se le asignarán al Obispo Coadjutor cuando sea ordenado. El consentimiento deberá formar parte de las actas de la Convención. Los deberes asignados por el Obispo Diocesano al Obispo Coadjutor podrán ser ampliados por consentimiento mutuo.

En caso de incapacidad

3. En caso de que el Obispo Diocesano no pueda expedir el consentimiento correspondiente, el Comité Permanente de la Diócesis podrá pedir que la Convención actúe sin el consentimiento. La petición deberá ir acompañada de un certificado emitido por lo menos por dos doctores en medicina, psicólogos o psiquiatras sobre la imposibilidad de que el Obispo Diocesano emita un consentimiento escrito.

Avisos obligatorios

4. Cuando una diócesis desee la ordenación de un Obispo Coadjutor, el Comité Permanente deberá enviarle al Obispo Presidente, además de las pruebas y cartas de recomendación dispuestos por el Canon III.11.3.a, un certificado del Funcionario Presidente y Secretario de la Convención de que se ha cumplido con todas las disposiciones de esta sección.

5. Solo podrá haber un Obispo Coadjutor en cada diócesis.

Obispo Sufragáneo

   b. Obispos Sufragáneos

1. Si una diócesis discierne la necesidad de otro Obispo debido a la vastedad del trabajo diocesano, la diócesis

podría elegir a un Obispo Sufragáneo de conformidad con el Canon III.11.1 y con este Canon III.11.9.b.
2. Antes de la elección de un Obispo Sufragáneo en una diócesis, se deberá obtener el consentimiento de la mayoría de los Obispos competentes y de los diversos Comités Permanentes.
3.
   i. El Obispo Sufragáneo deberá actuar como asistente del Obispo Diocesano y bajo su dirección. *Consentimientos y deberes*
   ii. Antes de la elección de un Obispo Sufragáneo en una diócesis, el Obispo Diocesano deberá presentar un consentimiento con una descripción de la función y obligaciones del Obispo Sufragáneo ante la Convención de la Diócesis.
4. El ejercicio del cargo de Obispo Sufragáneo no estará determinado por el ejercicio de la función de Obispo Diocesano. *Ejercicio en el cargo*
5. Ningún Obispo Sufragáneo, en esa capacidad, podrá ser Rector, pero sí podrá ser Miembro del Clero a cargo de una congregación.

c. Obispo Misionero
1. La elección de una persona para ser Obispo en una Diócesis Misionera se celebrará de conformidad con los procedimientos establecidos en la Constitución y en el Canon III.11 Secciones 1-8, en este Canon III.11.9.c y en el Canon III.12.6. *Constitución y Cánones*
2. En lugar de elegir a un Obispo, la Convención de una Diócesis Misionera podrá pedir que realice la elección en su nombre el Sínodo de la Provincia, la Cámara de Obispos de la Provincia (sujeta a la confirmación del Consejo Provincial) o el Consejo Regional de Iglesias en comunión con esta Iglesia de la cual la Diócesis es miembro. El funcionario que presida enviará al Comité Permanente de la Diócesis misionera en cuyo nombre se hizo dicha elección un certificado de la elección firmado por el Presidente y el Secretario del Sínodo Provincial, la Cámara de Obispos de la Provincia o en el Consejo Regional y una carta de recomendación en la forma que dispone el Canon III.11 firmado por una mayoría constitucional del Sínodo, de la Cámara Provincial de Obispos o del Consejo Regional. El Comité Permanente procederá luego como se estipula en el Canon III.11 usándose el certificado de elección y la carta de recomendación antes mencionada en lugar de las pruebas de elección y la carta de recomendación que se exige en esos casos. *Elección provincial*
3. La Convención de una Diócesis Misionera podrá, en lugar de elegir a un elegir a Obispo, pedir que dicha elección la haga en su representación la Cámara de Obispos. Tal elección estará sujeta a la confirmación una mayoría de *Elección por la Cámara de Obispos*

los Comités Permanentes de las distintas Diócesis. Las certificaciones médicas que se exigen en el Canon III.11 también se le exigirán a los Obispos misioneros electos.

Nominaciones

i. Cuando la Cámara de Obispos vaya a elegir a un Obispo para una Diócesis misionera dentro de una provincia dada, el Presidente de la Provincia podrá convocar al Sínodo de la Provincia antes de la reunión de la Cámara de Obispos en la cual ha de elegirse un Obispo para esa Diócesis Misionera. El Sínodo de la Provincia podrá nominar en esa ocasión a no más de tres personas a la Cámara de Obispos para ese oficio. Será deber del Presidente de la Provincia el comunicar dichas nominaciones, si las hubiere, al Funcionario Presidente de la Cámara de Obispos, quien les comunicará las mismas a los Obispos, junto con otras nominaciones que hayan sido hechas, de conformidad con las Reglas de Orden de la Cámara. Cada provincia que incluya una Diócesis Misionera establecerá, por ordenanza, la manera de convocar al Sínodo y de hacer dichas nominaciones.

ii. Las pruebas de tal elección serán un certificado firmado por el Obispo que presida en la Cámara de Obispos y por su Secretario, con una carta de recomendación o copia certificada del mismo, firmado por una mayoría de los Obispos de la Cámara en la forma dispuesta en el Canon III.11, el cual será enviado al Funcionario Presidente de la Cámara de Diputados, o a los Comités Permanentes de las distintas Diócesis.

El Obispo Presidente procederá a la ordenación

iii. Cuando el Obispo Presidente haya recibido un certificado firmado por el Presidente y el Secretario de una mayoría de los Comités Permanentes de que la elección ha sido aprobada y haya recibido aviso del Obispo electo aceptando su elección, el Obispo Presidente dispondrá la consagración de dicho Obispo en persona y por otros dos Obispos de esta Iglesia, o a través de tres Obispos de esta Iglesia a quienes él pueda hacerles llegar los certificados y la carta de recomendación.

Avisos de elección

4. Cuando una Diócesis, elige como su Obispo Diocesano, Coadjutor o Sufragáneo a un Obispo Misionero, el Comité Permanente de la Diócesis que lo está eligiendo deberá presentar pruebas de la elección ante cada Obispo de esta Iglesia que tenga jurisdicción y ante el Comité Permanente de cada Diócesis. Al ser notificado de la coincidencia de una mayoría de dichos Obispos y de los Comités Permanentes en cuanto a la elección, y de su expreso consentimiento de la misma, el Comité Permanente de

la Diócesis electora notificará al efecto a la Autoridad Eclesiástica de todas las Diócesis de Estados Unidos. Dicho aviso indicará cuáles Obispos y cuáles Comités Permanentes han dado consentimiento para la elección. Al recibo de esta notificación, el Obispo Presidente dará constancia al Secretario de la Cámara de Obispos con respecto al cambio de estado y cargo del Obispo así electo. El Comité Permanente de dicha Diócesis enviará a todas sus congregaciones, para su lectura pública en las mismas, una notificación de la elección concluida de este modo y pedirá también que se difunda públicamente en cualquier otra forma que lo estimen conveniente.

5. En el caso de una plaza en el episcopado de una Diócesis Misionera, por fallecimiento, renuncia o cualquier otra causa, el Comité Permanente se convertirá en la Autoridad Eclesiástica de tal Diócesis hasta que la vacante sea cubierta.

CANON 12: de la Vida y Obra de un Obispo

Sec. 1. Formación

Después de la elección o recepción y por tres años después de la misma, los Obispos nuevos y los Obispos recibidos en esta Iglesia deberán llevar a cabo el proceso de formación autorizado por la Cámara de Obispos. Para este proceso de formación se nombrará a un mentor para cada Obispo recién ordenado y recibido.

Formación y mentores

Sec. 2. Educación continua

La Cámara de Obispos exigirá y dispondrá la educación continua de los Obispos y mantendrá un registro de tal educación.

Educación continua

Sec. 3. Deberes

a. En las diócesis donde el obispo que ejerce la autoridad eclesiástica (o, en su caso, la supervisión eclesiástica) mantiene una posición teológica que no abraza el matrimonio para parejas del mismo sexo, y existe el deseo de utilizar tales ritos por parejas del mismo sexo en una congregación u otra comunidad de fe, el obispo que ejerce la autoridad eclesiástica (o la supervisión eclesiástica) invitará a otro obispo de esta Iglesia para que proporcione apoyo pastoral a la pareja, al Clérigo implicado y a la congregación u otra comunidad de fe.

Invitar a otro obispo para que proporcione apoyo pastoral

b. El Obispo Diocesano, el Obispo Coadjutor, el Obispo Sufragáneo o el Obispo Asistente de la Diócesis visitará las Congregaciones de la diócesis por lo menos una vez cada tres años. Se podrá delegar a otro Obispo de esta Iglesia visitas intermedias.

El Obispo visitará las congregaciones

1. En cada visita el Obispo visitante presidirá la celebración de la Sagrada Eucaristía y los Ritos de Iniciación, según corresponda, predicará la Palabra, examinará los registros de la Congregación requeridos por el Canon III.9.6.c, y examinará la vida y el ministerio del Clero y la Congregación de conformidad con el Canon IIII.9.6.

Consejo de Conciliación

2. Si no llegara a hacer ninguna visita en tres años, el Obispo Diocesano o un Clérigo a cargo y la Junta Parroquial u organismo comparable, podrá solicitarle al Obispo Presidente que nombre para Consejo de Conciliación a cinco Obispos Diocesanos que vivan cerca de la diócesis en la que dicha Congregación se encuentra. El Consejo determinará todo asunto de diferencia entre las partes, y cada parte observará la decisión del Consejo; *siempre que*, en caso de cualquier proceso disciplinario subsiguiente de cualquier de las partes por incumplimiento de la decisión, cualquier derecho del Acusado en virtud de la Constitución y Cánones de esta Iglesia o de la Diócesis donde tenga lugar el proceso disciplinario podrá ser invocado y establecido como defensa suficiente; y además, *se dispone*, que, en cualquier caso, el Obispo podrá en cualquier momento solicitar dicho Consejo de Conciliación.

Órdenes y Cartas Pastorales

c. El Obispo de la Diócesis podrá enviar, de vez en cuando, una Orden al Clero de la Diócesis y una Carta Pastoral a los fieles de su Diócesis sobre puntos de doctrina, disciplina o culto. El Obispo podrá pedirle al Clero que lea la Casta Pastoral ante la Congregación.

Registro de actos oficiales

d. Cada Obispo deberá mantener un registro de todos los actos oficiales; dicho registro será propiedad de la diócesis y se transmitirá al sucesor del Obispo.

El Obispo hará un informe anual

e. En cada reunión anual de la Convención de la Diócesis, el Obispo Diocesano presentará un informe sobre el estado de la Diócesis desde la última reunión anual de la Convención; en el informe se incluirán los nombres de las Congregaciones visitadas, la cantidad de personas confirmadas y recibidas, los nombres de las personas admitidas como Postulantes y Candidatos a las Sagradas Órdenes, y de los que han sido Ordenados, suspendidos o destituidos de las Órdenes Sagradas, los cambios por fallecimiento, destitución u otras causas que se hubiesen producido en el clero, y todos los asuntos que el Obispo desee presentar ante la Convención. Dicho informe se asentará en el Diario.

El Obispo visitante requiere licencia para oficiar

f. Ningún Obispo ejecutará actos episcopales ni oficiará mediante la prédica, la administración de los Sacramentos ni la celebración de un culto público en una Diócesis que no sea aquella en la cual resida canónicamente, sin el permiso o una licencia para desempeñar ceremonias públicas ocasionales expedida por la Autoridad Eclesiástica de la Diócesis en la cual el Obispo desee oficiar.

Sec. 4. Residencia

El Obispo residirá en la jurisdicción

a. Todo Obispo que sirva en una Diócesis deberá tener una residencia en esa Diócesis, salvo que el Comité Permanente de esa Diócesis dé su consentimiento para lo contrario.

b. El Obispo Diocesano no podrá ausentarse de la diócesis por un período de más de tres meses consecutivos sin el consentimiento de la Convención o del Comité Permanente de la diócesis.

c. El Obispo Diocesano, toda vez que se aleje de la diócesis por seis *o más* meses consecutivos, tendrá el deber de autorizar por escrito, con su firma y sello, al Obispo Coadjutor, al Obispo Sufragando (si la Constitución y Cánones de la Diócesis lo estipulan) o, en su defecto, al Comité Permanente de la Diócesis para actuar como la Autoridad Eclesiástica de la misma durante su ausencia. El Obispo Coadjutor, el Obispo Sufragáneo (si así lo estipula la Constitución y Cánones de la Diócesis) o, en su defecto, el Comité Permanente podrá ser la Autoridad Eclesiástica en cualquier momento a petición escrita del Obispo y continuar actuando como tal hasta que el Obispo Diocesano revoque esta petición también por escrito.

Vacante en el episcopado

d. Se considerará que existe una vacante en el episcopado cuando ocurra alguna de las siguientes situaciones:
1. La muerte, renuncia, destitución o relevo del Obispo que ejerce jurisdicción.
2. La incapacidad (o imposibilidad de regresar de una ausencia dentro de un tiempo determinado) del Obispo que ejerce jurisdicción después de la emisión de una orden judicial por un tribunal de jurisdicción competente o por determinación de al menos dos médicos, psicólogos o psiquiatras con licencia, que hayan examinado el caso, según lo declarado por:
   i. El Obispo Presidente.
   ii. Resolución del Comité Permanente de la Diócesis.

Sec. 5. Obispos Asistentes

a. Cuando una Diócesis, en la opinión de su Obispo Diocesano, requiera servicios episcopales adicionales, el Obispo Diocesano puede, con el consentimiento del Comité Permanente de la Diócesis, solicitar a la Convención de la Diócesis que apruebe la creación del puesto de Obispo Asistente y autorice al Obispo Diocesano para que nombre a un Obispo para el puesto. Si la Convención aprueba la creación del puesto, el Obispo Diocesano puede proceder a nombrar un Obispo que cumpla con los requisitos dispuestos en una Carta de Acuerdo aprobada por el Comité Permanente de la Diócesis.

Obispo asistente

b. El Obispo Asistente podrá ser escogido entre las personas siguientes:

Elegibilidad

1. Obispos Diocesanos, Obispos Coadjutores u Obispos Sufragáneos, quienes, conforme a la Constitución y Cánones de esta Iglesia, serían elegibles para elección en dicha Diócesis; se dispone, sin embargo, que al aceptar tal nombramiento, el Obispo Diocesano, el Obispo Coadjutor o el Obispo Sufragáneo deberá renunciar a su cargo actual;
2. Los obispos de esta Iglesia cuyo mandato como Obispo Asistente de una diócesis haya terminado o que, habiendo renunciado a sus obligaciones anteriores, están calificados para realizar actos episcopales en esta Iglesia; y
3. Los Obispos en buena posición de iglesias o Provincias miembros de la Comunión Anglicana, o de iglesias

nacionales o locales con estado Extraprovincial en la Comunión Anglicana, siempre que sean recibidos en esta Iglesia según el Canon III.10.5.

Pruebas del nombramiento

c. Antes de que un Obispo Asistente así nombrado comience a prestar servicios en dicho puesto, el Obispo de la Diócesis entregará un certificado de dicho nombramiento al Secretario de la Cámara de Obispos y trasmitirá el aviso del nombramiento al Obispo Presidente y a la Autoridad Eclesiástica de todas las Diócesis.

d. El Obispo Asistente servirá a la discreción y bajo el control y dirección del Obispo Diocesano.

Límite de edad

e. Ninguna persona puede servir como Obispo Auxiliar de la Diócesis más allá de la terminación de la jurisdicción del Obispo Diocesano de la Diócesis que lo nombre, ni después de cumplir la edad de setenta y dos años, a menos que el Comité Permanente y, eventualmente, el Obispo Diocesano que le suceda decida lo contrario, y bajo los términos de una nueva Carta de Acuerdo renovable cada doce meses.

Sec. 6. Obispos Misioneros

Como miembro de la Cámara de Obispos

a. Cualquier Obispo (u Obispos) elegido y consagrado como Obispo Misionero tendrá derecho a escaño, voz y voto en la Cámara de Obispos y podrá ser elegido para el cargo de Obispo, Obispo Coadjutor u Obispo Sufragáneo en cualquier Diócesis organizada de Estados Unidos; *sin embargo*, dicho Obispo no será apto para este cargo durante los primeros cinco años posteriores a la fecha de su consagración, excepto para el oficio de Obispo de una Diócesis formada total o parcialmente a partir de su Diócesis Misionera.

Elegibilidad para otro cargo episcopal

En caso de incapacidad

b. En caso de impedimento permanente del Obispo de una Diócesis Misionera en el cual dicho Obispo no haya presentado una renuncia de jurisdicción, el Obispo Presidente declarará dicha jurisdicción vacante, previo certificado de dicho impedimento permanente por parte de tres médicos de buena reputación, como mínimo.

c. Cuando un Obispo de una Diócesis Misionera no pueda, por motivo de edad u otra causa permanente de impedimento, desempeñar plenamente sus obligaciones del oficio, dicha diócesis podrá elegir a un Obispo Coadjutor, con sujeción a las disposiciones del Canon III.11.9.a.

Sec. 7. Transferencia a Iglesias en Plena Comunión con esta Iglesia

Transferencia a Iglesias en Plena Comunión con esta Iglesia

a. Un Obispo que desee obtener residencia canónica dentro de otra Iglesia, Provincia o jurisdicción equivalente que sea miembro de una Iglesia en Plena Comunión (según se identifica en el Canon I.20) o Iglesia en Comunión con esta Iglesia [según se identifica en el Canon III.10.2.a.3) deberá solicitar una carta de recomendación del Obispo Presidente, la cual, con el asesoramiento y consentimiento de la mayoría de los miembros del Consejo Asesor del Obispo Presidente, será otorgada por el Obispo Presidente al solicitante, y podrá enviarse un duplicado de la misma al Obispo Presidente o Primado de la Iglesia, Provincia o jurisdicción equivalente a la que se propone el traslado. La carta de recomendación puede incluir una cartera de su capacitación, educación continua y el ejercicio de los ministerios. La carta de recomendación seguirá con el siguiente formato o en el formato que especifique la Iglesia, Provincia o jurisdicción equivalente:

Certifico por este medio, que A.B., quien me ha expresado su deseo de transferirse a la Autoridad Eclesiástica de _____, es Obispo en buena posición de La Iglesia Episcopal, y que, a mi leal saber y entender, no ha sido en justicia sujeto de informe negativo alguno, por error en religión o por perversidad de vida, durante los tres últimos años.
(Fecha) _____
(Firma) _____

b. Si el Obispo Presidente o Primado de la iglesia, provincia o jurisdicción equivalente miembro de la Iglesia en Plena Comunión o de la Iglesia en Comunión con esta Iglesia acepta la carta de recomendación, la residencia canónica del Obispo transferido iniciará a partir de la fecha de dicha aceptación y la notificación de aceptación será inmediatamente remitida por el Obispo Presidente o Primado al Obispo Presidente de La Iglesia Episcopal. La notificación de la Autoridad Eclesiástica destinataria puede estar en la forma siguiente:

Certifico por este medio, que A.B. ha sido transferido canónicamente a mi jurisdicción y es un Obispo en buena posición.
(Fecha) _____
(Firma) _____

c. Al ser recibida dicha aceptación, el Obispo Presidente de La Iglesia Episcopal deberá notificar al Church Pension Fund y al Anotador de Ordenaciones de la partida del Obispo de La Iglesia Episcopal.

d. Esta disposición no será utilizada en el caso de los Obispos que deseen entrar a Iglesias que no están en comunión con esta Iglesia, ni por quienes deseen transferirse a otra iglesia miembro o Provincia de la Comunión Anglicana mientras permanecen geográficamente dentro de los límites de La Iglesia Episcopal. En tales casos, se seguirán las disposiciones del Canon III.12.8.

Sec. 8. Relevo y Destitución del Ministerio Ordenado de esta Iglesia

a. Si un Obispo de La Iglesia Episcopal expresara por escrito ante el Obispo Presidente su intención de ser relevado y destituido del Ministerio Ordenado de esta Iglesia y de las obligaciones del cargo, incluidas las promesas hechas en la Ordenación y en la Declaración exigida por el Artículo VIII de la Constitución de la Convención General, será el deber del Obispo registrar el asunto. El Obispo Presidente, estando convencido de que la persona declarante está actuando voluntariamente y por causas que no afectan su carácter

Relevo y destitución de un Obispo

moral, y que no es sujeto de información sobre una Ofensa que haya sido remitida a un Gestor ni está Acusado en un asunto disciplinario pendiente como se define en el Título IV de estos Cánones, presentará el asunto ante el Consejo Asesor del Obispo Presidente, y con el consejo y el consentimiento de la mayoría de los miembros del Consejo Asesor, el Obispo Presidente podrá pronunciar que la persona queda relevada y destituida del Ministerio Ordenado de esta Iglesia y de las obligaciones de su cargo, y queda privada del derecho a ejercer en La Iglesia Episcopal los dones y la autoridad espiritual de un Ministro de la Palabra y los Sacramentos de Dios que le fueron conferidos en la Ordenación. El Obispo Presidente también declarará, al pronunciar y anotar dicha medida, que fue por causas que no afectan el carácter moral de la persona, y podrá, a petición de la persona entregar un certificado a este efecto a la persona así destituida y relevada del Ministerio Ordenado.

En casos disciplinarios

b. Si el Obispo que presentara el escrito que se describe en la Sección 7.a de este Canon fuera el sujeto de información referente a una Ofensa que haya sido remitida a un Gestor o fuera el Acusado en un asunto disciplinario pendiente como se define en el Título IV de estos Cánones, el Obispo Presidente no considerará ni actuará con respecto dicha petición escrita hasta que el asunto haya sido resuelto por desestimación, Acuerdo u Orden, y el plazo para la apelación o anulación del mismo haya vencido.

Declaración

c. En caso de relevo y destitución de un Obispo del Ministerio Ordenado de esta Iglesia como se dispone en este Canon, el Obispo hará una declaración de relevo y destitución en presencia de dos o más Obispos, la cual será ingresada en los expedientes oficiales de la Cámara de Obispos y de la Diócesis en la cual el Obispo que está siendo destituido y relevado tiene su residencia canónica. El Obispo Presidente notificará por escrito al Secretario de la Convención y la Autoridad Eclesiástica y al Comité Permanente de la Diócesis en la cual el Clérigo tenía su residencia canónica, así como a todos los Obispos de esta Iglesia, a la Autoridad Eclesiástica de cada Diócesis de esta Iglesia, al Anotador, al Secretario de la Cámara de Obispos, al Secretario de la Convención General, a los Archivos de La Iglesia Episcopal, al Church Pension Fund y a la Junta para el Ministerio de Transición.

Sec. 9. Regreso al Ministerio Ordenado de esta Iglesia después de Relevo y Destitución

Regreso al Ministerio ordenado

a. Cuando un Obispo que haya sido relevado y destituido del Ministerio ordenado de esta Iglesia en virtud del Canon III.12.7 desee regresar a ese Ministerio, la persona podrá solicitárselo por escrito al Obispo Presidente, adjuntando lo siguiente:
1. Pruebas de la ordenación anterior en La Iglesia Episcopal;
2. Comprobante de verificaciones de antecedentes apropiadas, certificaciones y comprobantes del cumplimiento de capacitaciones aplicables, incluso en prevención del abuso y en el desmantelamiento del racismo, así como en el logro de la justicia racial y la sanación;

3. Una declaración de no menos de dos Obispos que conozcan al postulante y apoyen su solicitud;
   4. Una declaración de las razones por las que desea volver al Ministerio ordenado de esta Iglesia.

b. Si el Obispo Presidente lo decide, puede dar permiso para que el Obispo continúe el proceso hacia la reincorporación, lo cual puede incluir lo siguiente:
   1. La participación activa en una congregación por un tiempo, a discreción del Obispo Presidente.
   2. Contacto periódico con el Obispo Presidente o el designado por el Obispo Presidente durante el transcurso del proceso.
   3. Evaluación por un profesional en salud mental con licencia elegido por el Obispo Presidente para fines de evaluación y determinación de la aptitud para la reanudación del ministerio ordenado en esta iglesia.
   4. Dos referencias de quienes puedan hablar sobre el ex ministerio del Obispo.
   5. La aprobación del Consejo Asesor del Obispo Presidente.

c. Antes de que se pueda permitir al Obispo regresar al Ministerio ordenado de esta Iglesia, el Obispo Presidente le exigirá al Obispo que desea regresar al ministerio que firme una declaración como se dispone en el Artículo VIII de la Constitución, sin recurrir a ninguna otra jurisdicción eclesiástica, y que la firme en presencia del Obispo Presidente y dos o más Obispos de esta Iglesia.

d. Posteriormente, el Obispo Presidente, teniendo en cuenta los hechos y circunstancias en torno al relevo y destitución, podrá permitir, con los consejos y el consentimiento del Consejo Asesor del Obispo Presidente, el regreso del Obispo al Ministerio ordenado de esta Iglesia.

e. El aviso del regreso del Obispo al Ministerio ordenado de esta Iglesia se facilitará por escrito a las mismas personas y entidades que reciban la notificación en virtud del Canon III.12.7.c.

f. Las disposiciones de este Canon III.12.8 no serán aplicables a ningún Obispo que haya sido destituido, relevado o destituido de su ministerio como resultado de cualquier proceso del Título IV de estos Cánones.

Sec. 10. La Renuncia o Incapacidad de los Obispos

a. Todo Obispo, al cumplir los setenta y dos años de edad, presentará su renuncia tal como requiere la Sección 9 del Artículo II de la Constitución. La renuncia será enviada al Obispo Presidente, quien inmediatamente se lo comunicará a todos los Obispos de esta Iglesia que tengan jurisdicción y declarará aceptada la renuncia, la cual entrará en vigor en una fecha señalada en un plazo no mayor a tres meses a partir del día de la renuncia. *Renuncia a los setenta y dos años*

b. El Obispo Presidente le comunicará al Obispo renunciante la aceptación de su renuncia a partir de la fecha señalada. En el caso de un Obispo Diocesano o un Obispo Coadjutor, certificará el hecho *Certificación* ante el Comité Permanente de la Diócesis interesada, y en el caso de otros Obispos, lo hará ante la Autoridad Eclesiástica de la Diócesis en cuestión. También dará instrucciones al Secretario de la Cámara de Obispos para que registre dicha renuncia, con la fecha señalada, y que la incorpore en el Diario de la Cámara.

Incumplimiento de renuncia

c. En caso de relevo y destitución de un Obispo del Ministerio Ordenado de esta Iglesia como se dispone en este Canon, el Obispo hará una declaración de relevo y destitución en presencia de dos o más Obispos, la cual será ingresada en los expedientes oficiales de la Cámara de Obispos y de la Diócesis en la cual el Obispo que está siendo destituido y relevado tiene su residencia canónica. El Obispo Presidente notificará por escrito al Secretario de la Convención y la Autoridad Eclesiástica y al Comité Permanente de la Diócesis en la cual el Clérigo residía canónicamente; y a todos los Obispos de la Iglesia; a la Autoridad Eclesiástica de cada Diócesis de esta Iglesia; al Anotador, al Secretario de la Cámara de Obispos, al Secretario de la Cámara de Diputados; al Fondo de Pensiones de la Iglesia; y a la Junta para el Ministerio de Transición.

Procedimiento de renuncia

d. El Obispo que desee renunciar a su jurisdicción enviará su renuncia por escrito al Obispo Presidente, junto con las razones de la misma, al menos treinta días antes de la fecha establecida para una reunión de la Cámara de Obispos. El Obispo Presidente, sin dilación, notificará a todos los Obispos de esta Iglesia y al Comité Permanente de la diócesis del Obispo que desea renunciar, a fin de que el Comité Permanente, en nombre de la Diócesis, pueda ser oído, tanto en persona como por correspondencia, sobre este asunto. La Cámara, en el curso de sus sesiones, aceptará o rechazará la renuncia por una mayoría de los presentes.

e. Si se presentara una renuncia más de tres meses antes de una reunión de la Cámara de Obispos, el Obispo Presidente informará de la misma, junto con cualquier declaración del Comité Permanente de la diócesis en cuestión, a todos los Obispos de esta Iglesia. Si una mayoría de los Obispos consienten en la renuncia, el Obispo Presidente, sin dilación, notificará al Obispo dimitente y al Comité Permanente de la diócesis en cuestión de la aceptación de tal renuncia, la que se hará efectiva a partir de la fecha señalada. También dará instrucciones al Secretario de la Cámara de Obispos para que registre dicha renuncia, con la fecha señalada, y que la incorpore en el Diario de la Cámara.

f. En cada reunión de la Convención General, será responsabilidad del Presidente de la Cámara de Obispos presentar a la Cámara de Diputados, cuando se encuentre en sesión, una lista de las renuncias que hayan sido aceptadas desde la reunión anterior de la Convención General.

El Obispo que renuncie estará sujeto a los Cánones

g. El Obispo que renuncie estará sujeto en todos los aspectos a la Constitución y Cánones de esta Iglesia y a la autoridad de la Convención General.

h. El Obispo que renuncie solo podrá ejercer ceremonias episcopales a petición del Obispo Diocesano de la diócesis de dicho Obispo o con su autorización. Si la convención de alguna Diócesis lo aprobara mediante votación, y con el consentimiento del Obispo de la Diócesis, un Obispo que renuncie también podrá recibir un asiento honorario en la Convención, con derecho a escaño pero no a voto, o en la catedral de cualquier Diócesis, sujeto a la autoridad competente para otorgar ese derecho. El Obispo que renunció responderá de todos sus actos oficiales ante el Obispo Diocesano y la diócesis en la cual se celebraron los actos. Estas disposiciones también se aplican a un Obispo dimitente de otra Iglesia en plena comunión con esta Iglesia, con sujeción a la aprobación de la autoridad competente dentro de esa otra Iglesia, la cual puede exigir dicha aprobación. *Actos oficiales de los Obispos que hayan renunciado*

i. El Obispo que renuncie, a discreción del Obispo de la diócesis en la que resida, y después de la presentación de las Cartas Dimisorias de la Autoridad Eclesiástica de la Diócesis en la que haya tenido residencia canónica más recientemente, podrá ingresar al clero de la nueva Diócesis y atenerse a su constitución y cánones, incluida la posibilidad de recibir escaño y voto en la Convención diocesana, de conformidad con sus disposiciones canónicas sobre requisitos de los clérigos. *Podrá formar parte del Clero Diocesano*

j. Cuando el Obispo que haya renunciado acepte un cargo pastoral o de otro tipo dentro de la Diócesis, el Obispo Diocesano dará curso a las Cartas Dimisorias, el Obispo que haya renunciado entrará a formar parte del clero de la Diócesis y se le dará derecho a escaño y voto en la Convención Diocesana de conformidad con las disposiciones canónicas de la diócesis sobre aptitudes de los clérigos, sujeto a las disposiciones del párrafo o. de esta sección. *Cartas Dimisorias*

k. Un Obispo que renuncie, con la aprobación del Obispo de la diócesis en la que resida, podrá aceptar un cargo pastoral en dicha diócesis y, sujeto a sus disposiciones canónicas para llenar vacantes, podrá aceptar ser electo como rector de una parroquia en la susodicha diócesis. *Podrá aceptar cargos pastorales u otras asignaciones*

l. Un Obispo que haya renunciado puede, con la aprobación del Obispo de la Diócesis aceptar un nombramiento por un Obispo Diocesano a cualquier cargo creado bajo la autoridad de la Convención Diocesana, incluyendo el de Obispo Asistente, y puede, al mismo tiempo, ocupar un cargo pastoral; con la condición, sin embargo, de que un Obispo dimitido mayor de setenta y dos años puede aceptar la designación solo por un período que no supere los doce meses, y este término puede renovarse.

m. Los Obispos Asistentes son aquellos obispos cuyas funciones principales son la enseñanza, la predicación o la entrega de ritos sacramentales por invitación de la Autoridad Eclesiástica de la diócesis donde el Obispo Asistente ha sido invitado a participar en determinados momentos y lugares.

n. Su inclusión en el clero de una Diócesis, o su aceptación de cualquier cargo dentro de la misma, no privará al Obispo que renunció del escaño y voto en la Cámara de Obispos a los que pueda tener derecho según la Sección 2 del Artículo I de la Constitución. *Retiene sus derechos en la Cámara de Obispos*

o. Las disposiciones de esta sección se aplicarán a un Obispo que haya renunciado y que continúe residiendo dentro de los límites de la jurisdicción en la que anteriormente prestaba servicios como Obispo, excepto que no tendrá derecho a votar en la Convención Diocesana, a menos que los cánones de la Diócesis estipulen específicamente lo contrario.

Sec. 11. Impedimento

Impedimento

Cuando alguno de los siguientes: (i) un Obispo Diocesano, incluido un Obispo Diocesano, un Obispo Coadjutor o un Obispo Sufragáneo de esa Diócesis, (ii) una mayoría de dos tercios de todos los miembros del Comité Permanente de una Diócesis, (iii) una mayoría de dos tercios de la Convención Diocesana, o (iv) al menos cinco Obispos concluyan que un Obispo de la Diócesis mencionada tiene un impedimento serio, ya sea en razón de su estado físico, psicológico o emocional, y que dicha incapacidad está ocasionando daño considerables, o representa un riesgo significativo de ocasionar daños considerables al Obispo en cuestión, a su familia, a la Diócesis, a la Iglesia o a cualquier otra persona o comunidad, la persona u organismo que llegue a esa conclusión podrá pedirle al Obispo Presidente, por escrito, que interceda y ayude en el asunto. La petición escrita deberá incluir suficiente información para enterar al Obispo Presidente y a las partes interesadas de los detalles de la presunta incapacidad. El Obispo Presidente tomará las medidas correspondientes dependiendo de las circunstancias con el fin de confirmar la naturaleza y la severidad de cualquier incapacidad y para atender dicha incapacidad, las medidas pueden incluir, entre otras, el nombramiento de un médico u otro profesional, consultor o mediador, así como el seguro de la Directiva Pastoral.

Sec. 12. Reconciliación de los desacuerdos que afectan a la relación pastoral entre un obispo y la diócesis

Relación pastoral

Cuando la relación pastoral entre un Obispo Diocesano, Obispo Coadjutor u Obispo Sufragáneo y la Diócesis esté en peligro debido a desacuerdo o disensión, y los problemas sean considerados graves por un Obispo de esa Diócesis, por mayoría de dos tercios de los votos de todos los miembros del Comité Permanente o por mayoría de dos tercios de los votos de la Convención Diocesana, cualquiera de las partes puede pedir al Obispo Presidente, por escrito, que intervenga y ayude a las partes en sus esfuerzos por resolver el desacuerdo o la disensión. La petición escrita deberá incluir suficiente información del Obispo Presidente y a las partes interesadas de la naturaleza, las causas y detalles de los desacuerdos o disensiones que están afectando a la relación pastoral. El Obispo Presidente iniciará los procesos que estime convenientes para ese propósito, en las circunstancias dadas para intentar reconciliar a las partes, lo cual podría incluir el nombramiento de un consultor o mediador autorizado para ejercer e incluirá cuidado pastoral para todos los individuos y las partes afectadas. Las partes en desacuerdo, siguiendo las recomendaciones del Obispo Presidente, trabajarán de buena fe para lograr la reconciliación. Si esas actuaciones dan lugar a la reconciliación, dicha reconciliación deberá contener definiciones de la responsabilidad y rendición de cuentas para el Obispo y la Diócesis. En caso de que no se haya logrado la reconciliación dentro de los nueve meses posteriores a la fecha en que el Obispo Presidente recibió inicialmente el comunicado de la Diócesis, las partes en desacuerdo se reunirán y decidirán si continuarán o no buscando la reconciliación según lo indica esta Sección o si concluirán el proceso, también de acuerdo con lo establecido en la presente. Si las partes no llegan a un acuerdo, el proceso de esta Sección se dará por concluido. Las partes notificaran por escrito su decisión al Obispo Presidente. Si las partes están de acuerdo en continuar buscando la reconciliación, cualquiera de ellas puede concluir los procesos en cualquier momento mediante una notificación por escrito dirigida al Obispo Presidente y a la otra parte.

Sec. 13. Conciliación de los Desacuerdos que Afectan a la Relación Colegial Entre un Obispo y la Diócesis

Cuando la relación colegial entre un Obispo Diocesano, Obispo Coadjutor u Obispo Sufragáneo y la Diócesis esté en peligro debido a desacuerdo o disensión, y los problemas sean considerados graves por un Obispo de esa Diócesis o por mayoría de dos tercios de los votos de todos los miembros del Comité Permanente o por mayoría de dos tercios de los votos de la Convención Diocesana, cualquiera de las partes puede pedir al Obispo Presidente, por escrito, que intervenga y ayude a las partes en sus esfuerzos por resolver el desacuerdo o la disensión. La petición escrita deberá incluir suficiente información del Obispo Presidente y a las partes interesadas de la naturaleza, las causas y detalles de los desacuerdos o disensiones que están afectando a la relación colegial. El Obispo Presidente iniciará los procesos que estime convenientes en las circunstancias dadas para tratar de reconciliar a las partes, lo cual puede incluir el nombramiento de un consultor o mediador autorizado. Las partes en desacuerdo, siguiendo las recomendaciones del Obispo Presidente, trabajarán de buena fe para lograr la reconciliación. Si esas actuaciones dan lugar a la reconciliación, dicha reconciliación deberá contener definiciones de la responsabilidad y rendición de cuentas para los Obispos y las Diócesis.

Relación colegial

Sec. 14. Disolución de la relación pastoral entre el Obispo y la Diócesis

a. Si por alguna razón urgente un Obispo, una mayoría de dos tercios de todos los miembros del Comité Permanente o la mayoría de dos tercios de los votos de la Convención Diocesana, con base en una votación en una reunión debidamente convocada, desea una disolución de la relación pastoral y las partes no pueden convenir, cualquiera de las partes podrá notificarle por escrito al Obispo Presidente y también con copia al Obispo o al Comité Permanente si la decisión proviene de la Convención Diocesana. Dicho aviso deberá incluir suficiente información para informar al Obispo Presidente y a

Si las partes no pueden convenir

las partes interesadas la naturaleza, las causas y detalles que requieren la disolución de la relación pastoral. Si las partes han participado en procesos de mediación o consulta, se presentará al Obispo Presidente con copias para el Obispo y el Comité Permanente, un informe separado preparado por el mediador o consultor.

b. En un plazo de treinta días a partir del recibo del aviso por escrito, el Obispo Presidente podrá iniciar otros procesos de conciliación entre el Obispo y el Comité Permanente, valiéndose de todos los medios que estime convenientes.

Procedimientos para diferencias irreconciliables

c. Si las diferencias entre las partes no se resolvieran luego de concluida la mediación u otras actividades o medidas de reconciliación prescritas por el Obispo Presidente, el asunto procederá de la manera siguiente:

1. El Obispo Presidente convocará un comité de un Presbítero y un Laico nombrados por el Presidente de la Cámara de Diputados y un Obispo nombrado por el Obispo Presidente, ninguno de los cuales puede ser miembro de la Diócesis o guardar relación alguna con el Obispo implicado. El comité podrá entrevistar al Obispo y al Comité Permanente y llevar a cabo tales investigaciones que considere necesarias.

2. El Obispo Presidente deberá dar aviso por escrito al -Obispo y al Comité Permanente de que el comité recomienda una resolución del asunto a la Cámara de Obispos, y que cualquiera de las partes tiene el derecho de un plazo de quince días para pedir por escrito una oportunidad para conferir con el comité antes de que el comité proponga una resolución para la consideración y la aprobación por un voto de una mayoría de dos tercios de la Cámara de Obispos. El aviso por escrito del Obispo Presidente deberá informar a las partes interesadas la naturaleza, las causas y los detalles de los desacuerdos o disensiones que arriesgan la relación pastoral.

3. Si la petición se hace oportunamente, el Obispo Presidente notificará inmediatamente al Comité. El comité fijará una fecha para la conferencia, que se celebrará dentro de los quince días siguientes a la recepción de la notificación por parte del comité.

4. En la reunión cada parte tendrá derecho a asistir, ser representada y a exponer plenamente su posición.

5. Si no se solicita dentro de los quince días siguientes a la conferencia o después del vencimiento del plazo para pedir por escrito la oportunidad de consultar con el comité de la conferencia, el comité emitirá su resolución recomendada a la Cámara de Obispos, al Obispo y al Comité Permanente. La resolución recomendada por el comité sobre el asunto surtirá efecto con un voto de la mayoría de dos tercios de los Obispos presentes con derecho a voto, en la siguiente reunión ordinaria o especial

de la Cámara de Obispos. Si no se obtienen una mayoría de dos tercios de esos Obispos, el comité deberá presentar una nueva resolución recomendada al Obispo Presidente para la transmisión y voto en la misma sesión, al igual que la resolución inicial recomendada.
6. Si la resolución recomendada es que la relación pastoral se continúe, la resolución recomendada deberá contener definiciones de responsabilidad y rendición de cuentas para el Obispo y la Diócesis.
7. Si la relación ha de ser disuelta, la disolución tendrá el efecto de poner fin a la jurisdicción del Obispo Diocesano o u Obispo Coadjutor así como su posición en la Diócesis, o la posición de un Obispo Sufragáneo en la diócesis, como si el Obispo hubiese renunciado.
   i. El Obispo Presidente instruirá al Secretario de la Cámara de Obispos que asiente la disolución.
   ii. El fallo puede incluir términos y condiciones, incluso liquidaciones pecuniarias.
8. En cualquiera de los casos, el Obispo Presidente ofrecerá servicios de apoyo apropiados al Obispo y a la Diócesis.

CANON 13: de las Diócesis sin Obispos

Sec. 1. Una diócesis sin Obispo, mediante decreto de su Convención y en consulta con el Obispo Presidente, podrá ser puesta bajo la responsabilidad y autoridad provisional del Obispo de otra Diócesis, o de un Obispo que haya presentado su renuncia, o de un Obispo que haya sido recibido en esta Iglesia de conformidad con el Canon III.10.5, quien estará facultado por ese acto para realizar todos los deberes y oficios del Obispo de la Diócesis hasta que se elija y ordene a un nuevo Obispo para la misma, o hasta que se revoque esa medida de la Convención. *Diócesis bajo cargo provisional*

Sec. 2. Cualquier Obispo, a invitación de la Convención o del Comité Permanente de una diócesis donde no hubiere Obispo, podrá visitar y ejercer los oficios episcopales en esa diócesis o en cualquier parte de ella. Esta invitación podrá incluir una carta de acuerdo, será establecida por un período determinado y se podrá revocar en cualquier momento.

Sec. 3. Mientras se encuentre al cuidado provisional de un Obispo, la diócesis no podrá invitar a ningún otro Obispo a cumplir ahí con ningún deber episcopal ni a ejercer autoridad alguna sin el consentimiento del Obispo encargado.

CANON 14: de las Órdenes Religiosas y otras Comunidades Cristianas

Sec. 1. a. Una Orden Religiosa de esta Iglesia es una sociedad de cristianos (en comunión con la Sede de Canterbury) que voluntariamente se comprometen de por vida, o por una cierta *Definición de Orden Religiosa*

cantidad de años, a mantener todas sus posesiones en común o en una sociedad de fideicomiso, a mantener una vida de celibato en comunidad y a atenerse a sus Reglas y Constitución.

Reconocimiento oficial

b. Para ser reconocida oficialmente, la orden religiosa debe tener por lo menos seis miembros profesos, ser aprobada por el Comité Permanente sobre Comunidades Religiosas de la Cámara de Obispos y registrarse ante dicho Comité. El Comité Permanente de Comunidades Religiosas mantendrá la lista oficial de Órdenes Religiosas reconocidas.

Obispo Visitante o Protector

c. Cada orden tendrá un Obispo Visitante o Protector que no necesita ser el Obispo de la Diócesis en la cual la orden esté establecida. No obstante, si el Obispo Visitante o Protector no es el Obispo de la diócesis en que está situada la casa matriz de la orden, no aceptará la elección sin el consentimiento del Obispo de dicha diócesis. Él será el Coadjutor de la Constitución de la orden y servirá de árbitro en asuntos que la orden o sus miembros no puedan resolver mediante un proceso normal.

Dispensaciones

d. Cualquier persona sujeta a votos en una Orden Religiosa, después de agotar todos los procesos normales de la orden, podrá solicitar al Obispo Visitante o Protector que se le dispense de dichos votos. En el caso de que el peticionario no quede satisfecho con el dictamen del Obispo visitante o protector al respecto, podrá elevar una petición ante el Obispo Presidente de esta Iglesia, quien designará a una junta de tres Obispos para evaluar la petición y las decisiones al respecto y hacer una recomendación ante el Obispo Presidente. Este último tendrá la autoridad máxima de dispensación para las órdenes religiosas y su dictamen sobre la petición será definitivo.

Permiso para establecer una cámara

e. La orden religiosa podrá establecer una cámara en una Diócesis solo con el permiso del Obispo de la misma. Este permiso una vez concedido no podrá ser revocado por él ni por ningún Obispo sucesor.

Titularidad legítima de la propiedad

f. La Constitución de cada Orden Religiosa dispondrá sobre la propiedad legítima y la administración de las posesiones temporales de la Orden, y en el caso de que esta se disolviera o cesara de existir, dispondrá también sobre sus bienes según las leyes que rigen a las organizaciones sin fines de lucro (religiosas) en el estado donde la Orden esté incorporada.

No se considera Parroquia ni Institución

g. Se reconoce que una Orden Religiosa no es una Parroquia, Misión, Congregación ni Institución de la Diócesis, según el significado del Canon I.7.3, y sus disposiciones no se aplicarán a las Órdenes Religiosas.

Definición de Comunidad Cristiana

Sec. 2. a. Una Comunidad Cristiana de esta Iglesia según este Canon es una sociedad de cristianos (en comunión con la Sede de Canterbury) que voluntariamente se comprometen de por vida, o por una cierta cantidad de años, a obedecer su reglamento y constitución.

Reconocimiento oficial

b. Para ser reconocida oficialmente, la Comunidad Cristiana deber tener por lo menos seis miembros plenos según su Reglamento y Constitución, ser aprobada por el Comité Permanente sobre

Comunidades Religiosas de la Cámara de Obispos y registrarse ante dicho Comité. El Comité Permanente de Comunidades Religiosas mantendrá la lista oficial de Comunidades Cristianas reconocidas.

c. Cada Comunidad Cristiana de esta Iglesia tendrá un Obispo Visitante o Protector que no es necesario que sea el Obispo de la Diócesis en la cual la comunidad esté establecida. No obstante, si el Obispo visitante o protector no es el Obispo de la diócesis en que está situada la casa matriz de la comunidad, no aceptará la elección sin el consentimiento del Obispo de dicha diócesis. Él será el Coadjutor de la Constitución de la comunidad y servirá de árbitro en asuntos que la comunidad o sus miembros no puedan resolver mediante un proceso normal. *Obispo Visitante o Protector*

d. Cualquier persona comprometida plenamente en dicha comunidad cristiana y que haya agotado todos los procesos normales de la comunidad, podrá solicitar al Obispo Visitante o Protector que le dispense de esa obligación. En el caso de que el peticionario no quede satisfecho con el dictamen del Obispo visitante o protector al respecto, podrá elevar una petición ante el Obispo Presidente de esta Iglesia, quien designará a una junta de tres Obispos para evaluar la petición y las decisiones al respecto y hacer una recomendación ante el Obispo Presidente. Este último tendrá la autoridad máxima de dispensación para las comunidades cristianas y su dictamen sobre la petición será definitivo. *Dispensaciones*

e. Una Comunidad Cristiana podrá establecer una cámara en una Diócesis solo con el permiso del Obispo de la misma. Este permiso una vez concedido no podrá ser revocado por él ni por ningún Obispo sucesor. *Permiso para establecer una cámara*

f. La Constitución de cada Comunidad Cristiana dispondrá sobre la propiedad legítima y la administración de las posesiones temporales de la Comunidad, y en el caso de que esta se disolviera o cesara de existir, dispondrá también sobre sus bienes según las leyes que rigen a las organizaciones sin fines de lucro (religiosas) en el estado donde la Comunidad esté incorporada. *Disposición sobre propiedad legal*

g. Se reconoce que una Comunidad Cristiana no es una Parroquia, Misión, Congregación o Institución de la Diócesis, según el significado del Canon I.7.3, y sus disposiciones no se aplicarán a las Comunidades Cristianas. *No se considera Parroquia ni Institución*

Sec. 3. Todo Obispo que reciba los votos de un individuo que no sea miembro de una Orden Religiosa u otra Comunidad Cristiana, usando la fórmula para "separar o reservar para una vocación especial" que se encuentra en *El Libro de Ritos Ocasionales* o un rito similar, deberá registrar la siguiente información ante el Comité Permanente sobre Comunidades Religiosas de la Cámara de Obispos: el nombre de la persona que realiza los votos; la fecha del servicio; la naturaleza y el contenido del voto hecho, ya sea temporal o permanente; y cualquier otra consideración pastoral que se considere necesaria. *Se mantendrá un registro de votos especiales*

CANON 15: de la Junta General de Capellanes Examinadores

Elección de funcionarios

Sec. 1. Habrá una Junta General de Capellanes Examinadores, constituida por cuatro Obispos, seis Presbíteros con curatos pastorales o en ministerios especializados, seis miembros de cuerpos docentes de Seminarios o de otras instituciones educativas acreditadas, y seis Laicos. Los miembros de la Junta serán escogidos por la Cámara de Obispos y confirmados por la Cámara de Diputados; la mitad de los miembros de cada una de las categorías mencionadas será electa y confirmada en cada reunión ordinaria de la Convención General por un período de dos convenciones. Tomarán posesión de su cargo en la clausura de dicha reunión y prestarán servicios hasta la clausura de la segunda reunión ordinaria subsiguiente. Ningún miembro servirá por más de 12 años consecutivos. Además, el Obispo Presidente, en consulta con el Presidente de la Junta, podrá designar a un máximo de cuatro miembros más para un período determinado. La Cámara de Obispos, en cualquier reunión especial que celebre antes de la siguiente Convención General, llenará las vacantes que se produzcan entretanto por el resto del período sin concluir. La Junta elegirá a su propio Presidente y Secretario, y tendrá la facultad de constituir comités necesarios para el desempeño de sus labores.

Miembros

Examen General de Ordenación

Sec. 2. a. La Junta General de Capellanes Examinadores, con asistencia profesional, preparará al menos una vez al año un Examen General de Ordenación que abarcará las materias dispuestas en el Canon III.8.5.g, y lo llevará a cabo, administrará y evaluará con respecto a los Candidatos a las Sagradas Órdenes que sus diferentes Obispos hayan identificado ante la Junta.

b. Si un candidato no ha demostrado una capacidad adecuada en una o más de las áreas canónicas cubiertas por el Examen General de Ordenación, la Junta General de Capellanes Examinadores le recomendará a la Comisión sobre el Ministerio, y a través de la Comisión a la Junta de Capellanes Examinadores de la Diócesis a la que pertenece el candidato, si la hubiera, la manera de lograr un nivel de competencia adecuado.

Podrá preparar directrices

Sec. 3. La Junta General de Capellanes Examinadores podrá preparar, en cada período de la Convención, directrices basadas en el Canon III.8.5.g, las cuales se pondrán a disposición de todas las personas interesadas.

Se reportarán los resultados del examen

Sec. 4. La Junta General de Capellanes Examinadores reportará, de inmediato y por escrito, al Candidato, al Obispo del Candidato y al Decano del Seminario al que asiste el Candidato, los resultados de todos los exámenes que se hayan administrado, junto con los exámenes mismos, ya sean satisfactorios o insatisfactorios, y preparará un informe separado para cada persona examinada. El Obispo habrá de transmitir dichos informes al Comité Permanente y a la Comisión. No obstante los resultados de los exámenes, en ningún caso el Comité Permanente podrá recomendar a un Candidato para Ordenación en virtud del Canon III.8 mientras el Comité Permanente no haya recibido de la Comisión sobre Ministerio, un certificado al efecto de que el Candidato ha demostrado ser apto en todas las materias dispuestas por el Canon III.8.5.g(g) y (h).

El informe de la Junta tendrá el siguiente formato:

A _____(Candidato), Reverendísimo _____, Obispo de _____ (o en ausencia del Obispo, al Comité Permanente de)_____ : (Lugar)_____ (Fecha)_____ Al Decano de (Lugar)_____ (Fecha)_____ Nosotros, habiendo sido asignados como examinadores de A.B., hacemos constar por este medio que hemos examinado al mencionado A.B. en las asignaturas ordenadas en el Canon III.8. Conscientes de nuestra responsabilidad, emitimos el siguiente juicio: (Aquí se especifica la capacidad de A.B. en la materia señalada, o cualquier deficiencia en ella, como se desprenda del examen).
(Firma) _____

Formulario de informe

Sec. 5. La Junta General de Capellanes Examinadores hará un informe sobre su labor para cada reunión ordinaria de la Convención General, y en los años que median entre las sesiones de la Convención General presentará un informe a la Cámara de Obispos.

Se reportará a la Convención

CANON 16: de la Junta para el Ministerio de Transición

Sec. 1. a. Habrá una Junta del Ministerio de Transición, dependiente de la Convención General, que estará compuesta de doce miembros: cuatro Obispos, cuatro Presbíteros o Diáconos y cuatro Laicos.

Miembros

b. Los Obispos serán nombrados por el Obispo Presidente. Los Presbíteros o Diáconos y los Laicos serán nombrados por el Presidente de la Cámara de Diputados. Todos los nombramientos de la Junta estarán sujetos a la confirmación de la Convención General.

Nombramiento

c. Los miembros prestarán sus servicios en períodos que comenzarán en la clausura de la Convención General en que hayan sido confirmados y terminarán al concluir la segunda reunión ordinaria subsiguiente. Los miembros no podrán ejercer por períodos sucesivos.

Términos

d. En cada reunión ordinaria de la Convención General se nombrará a una mitad de los miembros para prestar servicio por períodos completos.

e. El Obispo Presidente o el Presidente de la Cámara de Diputados, según corresponda, nombrará a las personas que llenarán las vacantes. Dichos nombramientos cubrirán la parte restante del período de dichos miembros y, si en el ínterin hubiera una reunión ordinaria de la Convención General, los nombramientos por períodos que se extiendan más allá de dichas reuniones estarán sujetos a confirmación de la Convención General. Los miembros nombrados para cubrir dichas vacantes no quedarán descalificados para ser nombrados por períodos completos en el futuro.

Vacantes

Deberes **Sec. 2.** Los deberes de la Junta serán:

a. Supervisar la Oficina del Ministerio de Transición.

b. Facilitar el apoyo para la capacitación de obispos y personal diocesano en los procesos del ministerio de transición.

c. Estudiar las necesidades y tendencias del ministerio de transición en La Iglesia Episcopal y en otros organismos cristianos.

d. Emitir y distribuir los reportes e información sobre el ministerio de transición que se consideren útiles para la Iglesia.

e. Cooperar con los Centros para la Misión y las otras Juntas, Comisiones y Agencias de la Iglesia que tengan relación con el ministerio de transición, y en particular con el Consejo Ejecutivo.

f. Informar sobre su trabajo y el trabajo de la Oficina del Ministerio de Transición en cada reunión ordinaria de la Convención General.

g. Reportarse anualmente ante el Consejo Ejecutivo como parte de su responsabilidad por los fondos que recibe la Oficina del Ministerio de Transición.

h. Trabajar en cooperación con el personal del Centro Episcopal.

i. Satisfacer otras obligaciones que pueda asignarle la Convención General.

TÍTULO IV
DISCIPLINA ECLESIÁSTICA

CANON 1: de la Responsabilidad y la Disciplina Eclesiástica

En virtud del Bautismo, a todos los miembros de la Iglesia se les hace un llamado a la santidad de la vida y a la responsabilidad que nos debemos unos a los otros. La Iglesia y cada Diócesis apoyarán a sus miembros en su vida en Cristo y tratarán de resolver los conflictos fomentando la restauración, el arrepentimiento, el perdón, la restitución, la justicia, la enmienda de la vida y la reconciliación entre todos los involucrados o afectados. Este Título se aplica al Clero, cuyos miembros por sus votos de la ordenación han aceptado obligaciones y responsabilidades adicionales de doctrina, disciplina, culto y obediencia.

Responsabilidad

CANON 2: de la Terminología Empleada en este Título

Salvo que se disponga expresamente lo contrario, o a menos que el contexto exija algo diferente, los siguientes términos y frases usados en este Título tendrán el siguiente significado:

Definición de términos

Abogado Eclesiástico es uno o más abogados seleccionados de conformidad con los Cánones Diocesanos para que represente a la Iglesia en el proceso de conformidad con este Título. Los Cánones Diocesanos pueden facilitar un proceso para la destitución de un Abogado Eclesiástico con motivo. Un Abogado Eclesiástico desempeñará en nombre de la Iglesia todas las funciones necesarias para impulsar los procedimientos previstos en el presente Título. Cuando represente a la Iglesia, el Abogado Eclesiástico podrá consultar al Presidente de la Junta Disciplinaria en cualquier momento después de que el asunto se haya remitido fuera del Panel de Referencia, y, cuando el procesamiento del caso pudiera afectar la misión, la vida o el ministerio de la Iglesia, al Obispo Diocesano.

Abuso Sexual es cualquier Conducta Sexual realizada a pedido o con el consentimiento de una persona mayor de dieciocho años de edad y una persona menor de dieciocho años de edad, estudiante de escuela secundaria o legalmente declarado incompetente.

Acuerdo significará resolución escrita, la cual se negocia y conviene entre las partes resultando de un acuerdo para disciplina en virtud del Canon IV.9, conciliación en virtud del Canon IV.10 o un proceso de Panel de Conferencia en virtud del Canon IV.12. Todos los Acuerdos cumplirán con los requisitos del Canon IV.14.

Asesor es la persona familiarizada con las disposiciones y objetivos de este Título quien ha sido nombrada para apoyar, asistir, asesorar y, cuando expresamente autorizado en virtud de este Título, hablar en nombre de un Demandante o Acusado en cualquier asunto de disciplina, en virtud de este Título y tal como se dispone en el Canon IV.19.10.

Claro y Convincente significa que hay pruebas suficientes para convencer a las personas ordinariamente prudentes de que hay una alta probabilidad de que lo que se alega en realidad ocurrió. Se requiere más que tan solo el predominio de pruebas pero no se requieren pruebas más allá de duda razonable.

Clérigo es cualquier Obispo, Presbítero o Diácono de la Iglesia.

Comunicación Privilegiada es una comunicación o divulgación realizada en confianza que se espera que se mantenga privada (a) dentro del Rito de Reconciliación de un Penitente, (b) entre un cliente y su abogado, (c) entre un Acusado y un Asesor o entre un Demandante y un Asesor, (d) entre personas en una relación en la que las comunicaciones están protegidas por ley secular o Cánones Diocesanos, o (e) entre un Conciliador y los participantes en una conciliación en virtud del Canon IV.10.

Comunidad significará la parte de la Iglesia en la que un Clérigo realiza su ministerio, como por ejemplo una Diócesis, Parroquia, Misión, escuela, seminario, hospital, campamento o institución similar.

Conciliador es la persona nombrada para buscar una solución al asunto en virtud del Canon IV.10.

Conducta Impropia de un Clérigo significa cualquier trastorno o negligencia que perjudique la reputación, buen orden y disciplina de la Iglesia, o cualquier conducta de una naturaleza que pudiera desprestigiar a la Iglesia o las Santas Órdenes conferidas por la Iglesia.

Conducta Sexual es un contacto físico, movimiento del cuerpo, declaración, comunicación u otra actividad de naturaleza sexual, cuya finalidad es excitar o gratificar intereses eróticos o deseos sexuales.

Conducta Sexual Inapropiada La Conducta Sexual Inapropiada sexual significará (a) Abuso sexual, (b) Conducta sexual realizada por el Clérigo con una persona que no desee la Conducta Sexual o que no dé su consentimiento para la Conducta Sexual, o por la fuerza, intimidación, coacción o manipulación, o (c) Conducta Sexual a pedido, por consentimiento o por parte de un Clérigo, un empleado, voluntario, estudiante o consejero de ese Clérigo o en la misma congregación que el Clérigo, o una persona con quien el Clérigo tiene una Relación Pastoral.

Demandado (o Acusado) significa cualquier Clérigo (a) sujeto de un asunto que fue remitido para conciliación o al Panel de Conferencia o al Panel de Audiencias, (b) cuyo ministerio ha sido restringido, (c) al que se le impuso una Suspensión Administrativa, (d) que es sujeto de una investigación y a quien un investigador o el Obispo Diocesano le ha pedido que proporcione información o que formule una declaración, (e) que llegó a un acuerdo con el Obispo Diocesano respecto a medidas disciplinarias de conformidad con el Canon IV.9., o (f) cualquier Clérigo que pida una revisión en virtud del Canon IV.19.31.

Demandante significará (a) cualquier persona o personas de las que el Gestor recibe la información relativa a la presunta Ofensa y quien, previo consentimiento de esa(s) persona(s), sea nombrado Demandante por el Gestor o (b) toda Persona Perjudicada designada por el Obispo Diocesano y que, a discreción del Obispo Diocesano, debería asignársele el carácter de Demandante, *siempre y cuando* dicha Persona Perjudicada no rechace tal designación.

Directiva Pastoral es una directiva escrita dada por un Obispo a un Clérigo, que satisface los requisitos del Canon IV.7.

Disciplina de la Iglesia se encuentra en la Constitución, los Cánones y las Rúbricas y el texto del Libro de Oración Común.

Doctrina se refiere a las enseñanzas básicas y esenciales de la Iglesia, que se encuentran en el Canon de las Sagradas Escrituras tal como se las interpreta en el Credo de los Apóstoles y el Credo de Nicea, y en los ritos sacramentales, el Ritual y el Catecismo del Libro de Oración Común.

Gestor significa una o más personas nombradas por el Obispo Diocesano, después de consultarlo con la Junta Disciplinaria, a menos que sean seleccionadas de otra manera de conformidad con cánones diocesanos, a quien se les entrega la información relativa a las Infracciones. Las siguientes personas no pueden actuar como Gestores: (a) ningún Obispo; (b) ningún miembro del Comité Permanente de la Diócesis donde el asunto esté pendiente. Cada Diócesis debe tener por lo menos un Gestor que no tenga empleo directo ni otra relación de compensación con la Diócesis donde el asunto esté pendiente.

Investigador significará una persona que tiene (a) conocimientos, aptitud, experiencia y capacidad suficientes para realizar investigaciones de conformidad con este Título y (b) familiaridad con las disposiciones y objetivos de este Título.

Junta Disciplinaria es el organismo dispuesto en el Canon IV.5.1.

Ofensa es cualquier acto u omisión por el cual podrá hacerse responsable a un Clérigo en virtud de los Cánones IV.3 o IV.4.

Orden es una decisión escrita de un Panel de Conferencia o un Panel de Audiencias que se emite con o sin el consentimiento del Acusado. Todas las Órdenes cumplirán con los requisitos del Canon IV.14.

Pacto Restaurativo significa un acuerdo entre uno o más Demandantes o Personas Perjudicadas y un Clérigo, el cual se produce a partir de una conversación facilitada según el modelo del Canon IV.10.1, 2, y 4, que resuelve las problemáticas de un asunto pendiente de conformidad con este Título, y al que el Panel de Referencia ha dado su consentimiento.

Panel de Audiencias es un panel de tres o más miembros de la Junta Disciplinaria y deberá incluir a miembros clérigos y laicos seleccionados por el presidente de la Junta, a menos que en el Canon Diocesano se disponga otra forma de selección, para que actúe como el organismo ante la cual se celebrará una audiencia como se dispone en el Canon IV.13, *con la salvedad* de que ninguno de dichos miembros del Panel de Audiencias actúe como integrante del Panel de Conferencia en el mismo caso. El presidente de la Junta Disciplinaria no podrá integrar el Panel de Audiencias.

Panel de Conferencia es un panel de uno o más miembros de la Junta Disciplinaria seleccionado por el presidente de la junta, a menos que se disponga de otra manera en Canon Diocesano, para que actúe como el organismo ante el cual se celebrará una conferencia informal como se dispone en el Canon IV.12, *con la salvedad* de que ninguno de dichos miembros del Panel de Conferencia actúe como integrante del Panel de Audiencias en el mismo caso. El presidente de la Junta Disciplinaria no podrá integrar el Panel de Conferencia. Si el Panel de Conferencia consiste en más de un miembro, incluirá tanto a clérigos como laicos.

Panel de Referencia es un panel compuesto por el Gestor, el Obispo Diocesano y el presidente de la Junta Disciplinaria, para actuar como la entidad que cumple con los deberes prescritos en los Cánones IV.6 y IV.11.

Permiso Administrativo de Ausencia es una restricción en el ministerio mediante la cual se suspende por completo el ejercicio del ministerio del Acusado durante el período de dicho Permiso Administrativo de Ausencia, y podría incluir la suspensión de todas sus funciones eclesiásticas y seculares relacionadas.

Persona Perjudicada es una persona, grupo o Comunidad que ha sido, está o podría ser afectada por una Ofensa.

Relación Pastoral significa una relación entre un Clérigo y una persona a la cual el Clérigo proporcione o haya proporcionado consejos, atención pastoral, dirección u orientación espiritual, o de quien dicho Clérigo ha recibido información durante del Rito de Reconciliación de un Penitente.

Respuesta Pastoral significa una respuesta ofrecida por el Obispo Diocesano, la cual encarna el respeto, el cuidado y la preocupación por las personas y las Comunidades afectadas. La respuesta debe estar diseñada para promover la sanación, el arrepentimiento, el perdón, la restitución, la justicia, la enmienda de la vida y la reconciliación entre todos los involucrados o afectados. Una respuesta pastoral puede concluir un asunto de conformidad con el presente Título en lugar de, o en conjunto con, una acción disciplinaria. Una respuesta pastoral también puede concluir un asunto de conformidad con este Título mediante un Pacto Restaurativo.

Sentencia es el pronunciamiento de disciplina de un Clérigo de conformidad con un Acuerdo u Orden en la forma de (a) admonición, en la cual la conducta de dicho Clérigo se reprende o censura pública y formalmente, (b) una suspensión, en la cual a dicho Clérigo se le exige que se abstenga temporalmente de ejercer los dones del ministerio que se le confirieron por ordenación, o

(c) una destitución en la cual a dicho Clérigo se le priva del derecho de ejercer los dones y la autoridad espiritual de los sacramentos y la palabra de Dios conferidos en la ordenación.

Tribunal de Revisión es un tribunal organizado y existente de conformidad con las disposiciones del Canon IV.5.4 para desempeñarse como la entidad que lleva a cabo los deberes descritos en el Canon IV.15.

CANON 3: de la Responsabilidad

Sec. 1. Un Clérigo estará sujeto a proceso en virtud de este Título por las siguientes razones: *Causas de proceso*

a. Violar o intentar violar a sabiendas, directamente o mediante actos de otra persona, la Constitución o los Cánones de la Iglesia o de cualquier Diócesis.

b. No cooperar, sin causa que lo justifique, con investigaciones o procesos llevados a cabo bajo la autoridad que emana de este Título.

c. Acusar falsamente en forma intencional y maliciosa o brindar falso testimonio o suministrar pruebas falsas, a sabiendas, en investigaciones o procesos realizados según lo dispuesto en este Título.

d. Tergiversar intencionalmente u omitir cualquier hecho material al solicitar la admisión a la Postulación, admisión a la Candidatura, para la ordenación como Diácono o Presbítero, a la recepción de otra Iglesia como Diácono o Presbítero, o a la nominación o nombramiento como Obispo.

d. Despedir, degradar o tomar represalias contra cualquier persona porque la persona se haya opuesto a cualquier práctica prohibida en virtud de este Título porque la persona haya reportado información concerniente a una Infracción, o porque haya declarado o ayudado en cualquier proceso en virtud de este Título.

Sec. 2. Un Clérigo será responsable de cualquier violación de las Normas de Conducta dispuestas en el Canon IV.4.

Sec. 3. A fin de que una conducta o condición se someta a las disposiciones de este Título, la Ofensa que origine la acusación deberá violar las disposiciones aplicables del Canon IV.3 o IV.4 y deberá ser material y sustancial o de clara y de gran importancia para el ministerio de la Iglesia.

CANON 4: de las Normas de Conducta

Sec. 1. Durante el ejercicio de su ministerio, un Clérigo deberá:
  a. Respetar y conservar lo que otros le confíen, salvo que las obligaciones pastorales, legales o morales del ministerio puedan requerir la divulgación de esa información aparte de las Comunicaciones Privilegiadas; *Confidencias*
  b. Seguir las directivas de las Rúbricas del Libro de Oración Común; *Rúbricas*

Votos	c. Cumplir con las promesas y votos hechos durante la ordenación;
Acuerdos u Órdenes	d. Cumplir con los requisitos de cualquier Acuerdo u Orden, de cualquier Directiva Pastoral aplicable, restricción al ministerio o aplicación de Permiso Administrativo de Ausencia decretado en virtud del Canon IV.7; o Pacto Restaurativo suscrito de conformidad con el Canon IV.8.6;
Propiedad	e. Salvaguardar la propiedad y los fondos de la Iglesia y la Comunidad;
Reportar ofensas	f. Informar al Gestor de todo asunto que pudiera constituir una Ofensa, como se define en el Canon IV.2, satisfaciendo las normas del Canon IV.3.3, salvo aquellos asuntos divulgados al Clérigo como confesor dentro del Rito de Conciliación de un Penitente;
Fiel ejercicio del Ministerio	g. Ejercer su ministerio según las disposiciones correspondientes de la Constitución y los Cánones de la Iglesia y de la Diócesis, comisión o licencia eclesiástica, y reglas o estatutos de la Comunidad;
Mesura en el comportamiento	h. Abstenerse de lo siguiente:

1. Todo acto de Conducta Sexual Inapropiada.
2. Profesar y enseñar en forma pública o privada, y de manera deliberada, cualquier Doctrina que sea contraria a la de la Iglesia.
3. Tener un empleo, profesión o negocio secular sin el consentimiento del Obispo de la Diócesis en la cual el Clérigo tiene su residencia canónica.
4. Ausentarse de la Diócesis en la cual el Clérigo tiene su residencia canónica, salvo lo dispuesto en el Canon III.9.3.e, por más de dos años sin el consentimiento del Obispo Diocesano.
5. Realizar actos delictivos que se reflejen adversamente en la honestidad, honradez o aptitud del Clérigo como ministro de la Iglesia.
6. Conducirse en forma deshonesta, fraudulenta, engañosa o falaz.
7. Cometer negligencia habitual en el ejercicio del oficio ministerial, sin causa justificada.
8. Cometer negligencia habitual en el culto público y de la Sagrada Comunión, de conformidad con el orden y uso de la Iglesia.
9. Cualquier conducta impropia de un Clérigo.

CANON 5: de las Estructuras Disciplinarias

Junta Disciplinaria como Tribunal **Sec. 1.** Cada diócesis deberá, por Canon, crear un tribunal que se conocerá como Junta Disciplinaria, tal como se describe en este Canon. Estas Juntas estarán compuestas por no menos de siete personas, que se seleccionarán según lo determine el Canon Diocesano. En la integración de tales Juntas habrá laicos y Presbíteros o Diáconos y la mayoría de los miembros de la Junta serán Presbíteros o Diáconos, pero esa superioridad numérica no será mayor a uno. Dentro de los sesenta días posteriores a cada convención diocesana, la Junta se reunirá para elegir un presidente para el año siguiente, a menos que el Canon Diocesano defina otro método para elegir el presidente.

Sec. 2. Las disposiciones del Canon IV.19 se aplicarán a todas las Juntas Disciplinarias.

Sec. 3. Las siguientes reglas regirán las operaciones de toda Junta Disciplinaria: *Reglas de operación*
   a. En caso de que un integrante de la Junta falleciera, renunciara, declinara servir en ella o sufriera una discapacidad que le imposibilitara ejercer su cargo, el presidente declarará la existencia de una vacante en la Junta.
   b. Los avisos de renuncia o negativa a servir en la Junta se comunicarán por escrito al presidente. *Elegibilidad*
   c. Ninguna persona que sirva en una Diócesis como Canciller, Vicecanciller, Asesor, Conciliador, Abogado Eclesiástico, Gestor o Investigador podrá servir en la Junta Disciplinaria de esa Diócesis, y ningún miembro de una Junta Disciplinaria podrá ser seleccionado para servir en esos puestos en la misma Diócesis. Un miembro del Comité Permanente de una Diócesis podrá servir en la Junta Disciplinaria si así lo disponen los Cánones de la Diócesis. Si un Presbítero elegido para desempeñarse en la Junta fuera elegido Obispo, o si un miembro laico fuera ordenado antes del inicio de un proceso en virtud de este Título, dicha persona dejará de pertenecer a la Junta de inmediato. Si ya se hubiera iniciado un proceso, esa persona podrá seguir formando parte de la Junta durante todos los procesos relativos a ese asunto hasta que este se dé por terminado. El laico que cese de ser miembro en virtud de esta subsección por motivo de ordenación podrá ser nombrado para cubrir una vacante entre los clérigos miembros de la Junta.
   d. Cada Diócesis dispondrá en Canon la cobertura de las vacantes que se produzcan en la Junta. En caso de que no hubiera tales disposiciones canónicas en la Diócesis, las vacantes que se produjeran en la Junta se cubrirán mediante nombramientos realizados por el Obispo Diocesano, y los nombrados deberán ser del mismo orden que el miembro de la Junta al que reemplazan.
   e. Los procesos de los Paneles de la Junta Disciplinaria se llevarán a cabo según las reglas establecidas en este Título. La Junta podrá adoptar, modificar o rescindir reglas de proceso suplementarias, siempre y cuando no contravengan la Constitución y los Cánones de la Iglesia.
   f. Las reglas de pruebas para los procesos serán las establecidas en el Canon IV.13.10. *Pruebas*
   g. La Junta Disciplinaria nombrará a un actuario que podrá ser un miembro de la Junta, el cual actuará como conservador de todas las actas y archivos de la Junta Disciplinaria y que *Actuario*

proporcionará los servicios administrativos que sean necesarios para el funcionamiento de dicha Junta. El actuario, o un asistente del actuario que pueda ser nombrado a discreción de la Junta, puede ser cualquier persona calificada que no tenga ningún conflicto de intereses en el asunto ante dicha Junta y que no tenga impedimento para servir en la Junta Disciplinaria en virtud de las disposiciones del Canon IV.5.3.c ni forme parte del personal de las personas excluidas.

Actas

h. La Junta Disciplinaria conservará actas de todos los procesos ante sus Paneles de Audiencias en un formato que se pueda reducir a una transcripción en caso necesario. El presidente del Panel certificará las actas de cada proceso. Si por causa de fallecimiento, discapacidad o ausencia del presidente, este no pudiera certificar las actas, dichas actas serán certificadas por otro integrante del Panel, quien será seleccionado por una mayoría de los restantes miembros del Panel.

Uso compartido de recursos

i. Cualquier Diócesis podrá acordar por escrito con una o más Diócesis crear y compartir los recursos necesarios para implementar este Título, incluidos los miembros de las Juntas Disciplinarias, Abogados Eclesiásticos, Gestores, Asesores, Investigadores, Conciliadores y recursos administrativos y económicos de apoyo para los procesos que dispone este Título.

j. Los Abogados Eclesiásticos, Gestores, Asesores, Investigadores y Conciliadores no necesariamente deberán residir o ser miembros de las diócesis donde se llevan a cabo los procedimientos. Los miembros de las Juntas Disciplinarias serán miembros de la Diócesis en la cual sirven, a menos que dicha Diócesis hubiera acordado compartir recursos con otras diócesis, como se dispone en el Canon IV.5.3.i.

Tribunal de Revisión

Sec. 4. Habrá un tribunal que se denominará Tribunal de Revisión, con potestad para recibir y fallar sobre las apelaciones de los Paneles de Audiencias de las Diócesis pertenecientes a la Provincia, según lo dispuesto en el Canon IV.15 y para determinar asuntos de jurisdicción, de la manera dispuesta en el Canon IV.19.5.c.

Miembros

a. El Tribunal de Revisión se compone de: i. Tres Obispos, seis Clérigos que deben incluir al menos dos Presbíteros y al menos dos Diáconos, y seis laicos; y ii. Un Obispo, un Sacerdote o Diácono, y un Laico para servir como suplentes según lo dispuesto en esta Sección.

b. El Comité Permanente Conjunto sobre Nominaciones propondrá a un grupo de candidatos del Clero y laicos para elección al Tribunal de Revisión, de conformidad con el cargo y los procedimientos canónicos del Comité Permanente Conjunto sobre Nominaciones, basándose en el conjunto de conocimientos necesarios para prestar un servicio eficaz en el Tribunal de Revisión. El Comité Permanente Conjunto sobre Nominaciones nombrar a más personas de las que hay vacantes, aunque no necesariamente. Los Clérigos y los laicos nominados para el Tribunal de Revisión pueden ser Diputados de la Convención General, aunque eso no es necesario. El Comité Permanente Conjunto sobre Nominaciones creará una descripción de las habilidades, dones y experiencia requeridas para servir en el Tribunal de Revisión, tras consultar con el Tribunal, y tomando en cuenta el valor de la diversidad cultural y geográfica en el Tribunal y el valor de incluir voces históricamente subrepresentadas en el gobierno de la Iglesia.

c. Los Obispos y los Obispos Suplentes miembros del Tribunal de Revisión serán nominados por el Obispo Presidente después de consultar con el Comité Permanente Conjunto sobre Nominaciones, y luego elegidos por la Cámara de Obispos en una reunión ordinaria de la Convención General.

d. Los Clérigos, los laicos y los suplentes del Tribunal de Revisión serán elegidos por la Cámara de Diputados en una reunión ordinaria de la Convención General.

e. Excepto en el caso de un miembro que cubra una vacante, el período de ejercicio de un integrante del Tribunal de Revisión comenzará en la clausura de la reunión ordinaria de la Convención General en la que el miembro fuera elegido y expirará en la clausura de la segunda reunión ordinaria de la Convención General siguiente.

f. Los miembros del Tribunal de Revisión ejercerán su cargo de forma escalonada, de manera que los períodos de ejercicio de la mitad de los miembros concluyan en cada reunión ordinaria de la Convención General. El Comité Permanente Conjunto sobre Nominaciones presentará sus candidaturas de manera que se apoye este escalonamiento de períodos de ejercicio.

g. Cualquier miembro que haya servido 12 o más años consecutivos no podrá ser reelegido para el Tribunal de Revisión hasta la siguiente reunión ordinaria de la Convención General, posterior a la reunión en la que el miembro no cumplió con los requisitos de reelección al Tribunal de Revisión. Los servicios prestados por una persona como suplente no se computarán a efectos de estas limitaciones del período de ejercicio.

h. El Tribunal de Revisión debe seleccionar a un Presidente de entre sus miembros. El Presidente será un Presbítero, Diácono o Laico. *Presidente*

i. Las personas nombradas para integrar el Tribunal de Revisión continuarán sirviendo en él hasta que se haya elegido a sus respectivos sucesores, salvo en caso de fallecimiento, renuncia o negativa a servir en él. Los miembros del Tribunal de Revisión que actualmente están designados para un panel continuarán en ese panel hasta que se haya completado su trabajo. *Períodos de ejercicio*

j. Ningún Obispo o miembro del Clero del Tribunal de Revisión puede servir en un asunto originado en la Diócesis en la que dicho Obispo o miembro del Clero resida canónicamente o esté en ese momento autorizado a servir, y ningún miembro laico puede servir en un asunto originado en la Diócesis de la residencia principal del miembro laico o una Diócesis en la que el miembro laico esté activo en ese momento. *Paneles*

k. Si algún miembro del Tribunal de Revisión es excusado en cumplimiento del Canon IV.5.3.c, o si los demás miembros del Tribunal de Revisión debieran descalificarlo por objeción de cualquiera de las partes a la apelación, su puesto será ocupado por su suplente. *Alternos*

Vacantes 1. En caso de que un miembro del Tribunal de Revisión falleciera, renunciara, declinara servir en él o sufriera una discapacidad que le imposibilitara ejercer su cargo, y si además ningún otro miembro del Tribunal estuviera disponible para servir, el presidente del Tribunal de Revisión debe declarar la existencia de una vacante. Los avisos de renuncia o negativa a servir deben comunicarse por escrito al Presidente del Tribunal de Revisión.

m. Las vacantes en el Tribunal de Revisión deben cubrirse por parte del Presidente de la Cámara de Diputados en el caso de laicos y clérigos, y por parte del Obispo Presidente en el caso de Obispos, en un plazo de sesenta días a partir de que el Presidente del Tribunal de Revisión declare una vacante en dicho tribunal.

Actuario n. El Tribunal de Revisión debe nombrar a un actuario que podría ser un miembro del Tribunal, quien actuará como conservador de todas las actas y archivos del Tribunal de Revisión y quien desempeñará los servicios administrativos que sean necesarios para el funcionamiento del Tribunal.

Apelaciones o. Las reglas de proceso para apelaciones ante el Tribunal de Revisión son las que se detallan en el Canon IV.15, pero el Tribunal de Revisión puede adoptar, modificar o rescindir reglas de proceso suplementarias, siempre y cuando no contravengan la Constitución y los Cánones de esta Iglesia.

p. Por causa justificada, el Tribunal de Revisión podrá extender cualquier plazo previsto en este Título relativo al Tribunal de Revisión, excepto el plazo para presentar un aviso de apelación.

CANON 6: del Ingreso y Remisión de la Información Relativa a Ofensas

Reportar ofensas **Sec. 1.** Cada diócesis proporcionará y publicará métodos y medios para dar a conocer información relativa a Ofensas.

Gestor **Sec. 2.** La información relativa a Ofensas podrá enviarse al Gestor del modo que se considere conveniente.

Sec. 3. Cualquier persona que no sea el Gestor que reciba la información relativa a una Ofensa, deberá proporcionar diligentemente dicha información al Gestor. El Obispo Diocesano remitirá información al Gestor en cualquier momento que el Obispo Diocesano piense que la información podría indicar conducta que constituye una o más Ofensas.

Consulta inicial **Sec. 4.** Una vez recibida la información, el Gestor podrá realizar cualquier investigación preliminar que estime conveniente para tomar una determinación, como se describe en los Cánones IV.6.5 y IV.6.7, e incorporará la información a un informe escrito, en el cual incluirá tantos detalles como le sea posible. En un período de 45 días después de recibir la información concerniente a una infracción, el Gestor deberá proporcionar copias del informe inicial a los demás miembros del Panel de Referencia y al Abogado Eclesiástico. El plazo de 45 días puede ampliarse con el consentimiento del Panel de Referencia.

Sec. 5. Si el Gestor determinara que la información, a pesar de ser verdadera, no constituiría una Ofensa, el Gestor informará al Obispo Diocesano de su intención de desestimar el asunto. Si el Obispo Diocesano no se opone, el Gestor desestimará el asunto. El Gestor dará aviso por escrito al Demandante, al Clérigo implicado y al Obispo Diocesano implicado respecto a su decisión de desestimación, las razones para ello y el derecho de apelación del Demandante en cuanto a la decisión en un plazo de treinta días siguientes a la fecha de su aviso y enviará una copia de ese aviso y del informe escrito al presidente de la Junta Disciplinaria. Si el Demandante desea apelar la desestimación, el Obispo nombrará un Asesor para el Demandante dentro de los 15 días siguientes a la fecha de la notificación de desestimación. El Asesor ayudará al Demandante a preparar y firmar una declaración escrita de los actos de la queja, cuya declaración se enviará será enviada por el Asesor al presidente de la Junta Disciplinaria junto con una declaración de que el Demandante apela la desestimación. El informe de gestión y cualquier información afín, en el caso de desestimación, será retenido por el Gestor y podrá ser considerada en conexión con cualquier otra información que pudiera llegar al Gestor posteriormente sobre el asunto del Clérigo. *Desestimación*

Sec. 6. En caso de que se apelara la desestimación, el presidente de la Junta Disciplinaria revisará, dentro de los treinta días de recibirse la apelación, el informe correspondiente ya sea para ratificar o para anular la desestimación. El presidente dará aviso de inmediato de su decisión al Demandante y al Asesor del Demandante, al Miembro del Clero sujeto y al Asesor del Miembro sujeto, en su caso, al Gestor y al Obispo Diocesano. Si la decisión fuera anular la desestimación, el presidente derivará el informe al Panel de Referencia en un plazo de 15 días. *Apelación de desestimación*

Sec. 7. Si el Gestor determinara que la información, en caso de ser verdadera, sí constituye una Ofensa, el Gestor elevará de inmediato su informe al Panel de Referencia. El presidente seleccionará de inmediato entre los miembros de la Junta Disciplinaria, un Panel de Conferencia y un Panel de Audiencias y nombrará un presidente para cada Panel. Al mismo tiempo que se remite el informe inicial al Panel de Referencia, el Gestor enviará una notificación al Clérigo sujeto del asunto informando de la naturaleza de la(s) presunta(s) ofensa(s), la identidad de cualquier persona que haya sido nombrada del Demandante y con una descripción de los próximos pasos procesales que el Clérigo puede prever. La notificación también deberá recordar al Clérigo de su deber en virtud del Canon IV.3.1.b de cooperar en los procesos subsiguientes. Al mismo tiempo, el Gestor deberá proporcionar una copia de la notificación al Demandante y a cualquier otra persona de quien el Gestor haya recibido información relativa a la supuesta infracción. *Pasos cuando el Gestor determina que la información constituye una Ofensa*

Sec. 8. El Panel de Referencia deberá reunirse dentro de un plazo de 45 días después de recibir el informe inicial y deberá determinar cómo remitirlo. Las opciones de remisión son (a) concluir el asunto con *Panel de Referencia* una respuesta pastoral apropiada de conformidad con el Canon IV.8; (b) Conciliación de conformidad con el Canon IV.10; (c) investigación de conformidad con en el Canon IV.11 o bien (d) remisión al Panel de Conferencia de conformidad con el Canon IV.12; o (e) remisión para llegar a un posible acuerdo con el Obispo Diocesano respecto a los términos de disciplina de conformidad con el Canon IV.19. Las decisiones sobre remisiones requieren la aprobación de la mayoría de los miembros del Panel de Referencia. El Panel de Referencia establecerá un horario para cada opción aprobada y el Presidente de la Junta Disciplinaria será responsable de vigilar dicho horario.

Progreso oportuno **Sec. 9.** Salvo en circunstancias extraordinarias, y sin perjuicio de cualquier otra disposición del presente Título, todos los asuntos denunciados ante un Gestor deberán llegar a una resolución definitiva, sin apelación, en un plazo de 15 meses a partir de la fecha del informe de admisión inicial. El Presidente de la Junta Disciplinaria, previa consulta con los paneles pertinentes, podrá, a su entera discreción, ajustar razonablemente los plazos especificados en el presente Título en relación con los asuntos ante los paneles, con el fin de garantizar un progreso oportuno.

Seguimiento e informes mensuales **Sec. 10.** El Panel de Referencia deberá supervisar mensualmente el avance de cada referencia para asegurarse de que el asunto esté progresando de manera oportuna. El Gestor informará por lo menos mensualmente al Acusado, al Asesor del Acusado, al abogado del Acusado, si lo hubiere, al Demandante, al Asesor del Demandante y al abogado del Demandante, si lo hubiere, sobre el progreso en el asunto. En caso de que el Gestor no presente un informe al menos una vez al mes, el Acusado o el Demandante podrán presentar una petición por escrito ante el Presidente de la Junta Disciplinaria, la cual deberá presentar un informe por escrito en un plazo máximo de 15 días a partir de la fecha de la petición de proporcionar informes.

Remitir de nuevo el asunto **Sec. 11.** Hasta el momento en que el asunto se remita a un Panel de Audiencias, si el Panel de Referencia determina que el asunto ha llegado a un impasse o que no está progresando de manera oportuna, puede volver a remitir el asunto.

Determinaciones **Sec. 12.** Si la decisión del Panel de Referencia es concluir el asunto con una respuesta pastoral apropiada, el panel dará aviso al Demandante y al Clérigo implicado sobre su decisión y las razones que lo llevaron a tomar la decisión. Si el asunto se remite a una conciliación, se aplicarán las disposiciones del Canon IV.10. Si el asunto se remite a una investigación, se aplicarán las disposiciones del Canon IV.11. Si la remisión es al Obispo Diocesano para un posible Acuerdo y no se llega a un Acuerdo dentro de los 90 días siguientes a la remisión, el Panel de Referencia volverá a remitir el asunto, de conformidad con el Canon IV.6.11.

Confidencialidad **Sec. 13.** Todas las comunicaciones y deliberaciones durante las etapas de recibo de información y remisión (incluidas las identidades de los Demandantes, las Personas Perjudicadas u otras personas que denuncien información relacionada con una Infracción) serán confidenciales, salvo cuando el Obispo Diocesano las considere pastoralmente apropiadas o cuando así lo exija la ley.

CANON 7: de la Directiva Pastoral, Ministerio Restringido y Suspensión Administrativa

Sec. 1. En cualquier momento, el Obispo Diocesano podrá emitir una Directiva Pastoral a un Clérigo con residencia canónica, residente en efecto o con licencia para ejercer en la Diócesis. — *Directiva Pastoral*

Sec. 2. La Directiva Pastoral deberá (a) hacerse por escrito; (b) establecer claramente los motivos de la Directiva Pastoral; (c) establecer claramente qué se le exige al Clérigo; (d) ser emitida en la capacidad del Obispo Diocesano como pastor, maestro y supervisor del Clérigo; (e) no ser de naturaleza caprichosa ni arbitraria, ni bajo ningún concepto contrariar la Constitución y los Cánones de la Convención General o la Diócesis; y (f) estar dirigida a temas relativos a la Doctrina, la Disciplina o el Culto de la Iglesia, o al estilo de vida y comportamiento del Clérigo en cuestión; y (g) presentársele oportunamente al Clérigo. — *Condiciones*

Sec. 3. Si en cualquier momento el Obispo Diocesano determinara que un Clérigo podría haber cometido una Ofensa o que el bienestar o seguridad de la Iglesia o de cualquier persona o Comunidad pudieran estar amenazados por ese Clérigo, el Obispo Diocesano podrá, sin aviso ni audiencia previos, (a) aplicar restricciones al ejercicio del ministerio de dicho Clérigo o (b) disponer la Suspensión Administrativa de dicho Clérigo. — *Medidas de precaución*

Sec. 4. Cualquier restricción al ministerio establecido en virtud del Canon IV.7.3.a o la puesta en Suspensión Administrativa de conformidad con el Canon IV.7.3.b debe (a) hacerse por escrito; (b) disponer claramente las razones por las que se emitió; (c) disponer claramente las limitaciones y condiciones impuestas y la duración de las mismas; (d) establecer claramente los cambios, de haberlos, en los términos de la remuneración y su duración; (e) no ser de naturaleza ni caprichosa ni arbitraria ni de ninguna forma contraria a la Constitución y los Cánones de la Convención General o la Diócesis; (f) ser entregada puntualmente al Clérigo; y (g) informarle al Clérigo de su derecho a ser escuchado en el asunto conforme a lo dispuesto en este Canon. El Abogado Eclesiástico recibirá de inmediato una copia del documento antes mencionado. — *Aviso de restricciones y suspensiones*

Sec. 5. La duración de la restricción del ejercicio del ministerio o el Permiso Administrativo de Ausencia podrá durar un cierto plazo dispuesto o prolongarse hasta que se produzca un evento específico o hasta que se satisfaga una condición especificada. — *Duración*

Sec. 6. Las Directivas Pastorales, restricciones al ministerio y Permisos Administrativos de Ausencia (a) podrán ser emitidos e impuestos en — *El Obispo puede modificar* cualquier orden cronológico; (b) podrán ser emitidos e impuestos de manera concurrente; y (c) podrán ser modificados en cualquier momento por el Obispo emisor o el sucesor de ese Obispo, *siempre y cuando* la Directiva Pastoral, restricción al ministerio o Permiso Administrativo de Ausencia, con sus modificaciones, satisfaga los requisitos de este Canon.

Sec. 7. Cualquier Directiva Pastoral, restricción al ministerio o Suspensión Administrativa en virtud de este Canon será efectiva en el momento de que el Clérigo reciba el documento que lo establece como se dispone en el Canon IV.19.20.

Sec. 8. Si la imposición de la restricción al ejercicio del ministerio o de la Suspensión Administrativa se produjera antes de que el Gestor recibiera la información pertinente, de la manera dispuesta en el Canon IV.6, el Obispo le enviará una copia del documento, que será recibida como informe sobre una Ofensa y se procederá de la manera dispuesta en el Canon IV.6.

Divulgación

Sec. 9. El Obispo Diocesano podrá divulgar la información relativa a Directivas Pastorales, restricción al ejercicio del ministerio o Permiso Administrativo de Ausencia si lo considerara conveniente desde el punto de vista pastoral o si fuera necesario para obtener autoridad diocesana para resolver el asunto o cualquiera de sus partes.

Clérigo pide revisión

Sec. 10. Toda imposición de una restricción al ejercicio del ministerio o de un Permiso Administrativo de Ausencia estará sujeta a revisión si así lo pidiera el Clérigo en cualquier momento mientras la medida esté en vigencia. Toda petición de revisión deberá hacerse por escrito y dirigirse al presidente de la Junta Disciplinaria y el Abogado Eclesiástico, con copia al Obispo Diocesano. En virtud de este Título, el Clérigo que pide una revisión se considera como Acusado. Las revisiones se realizarán dentro de los quince días siguientes a la entrega de la petición de revisión al presidente de la Junta Disciplinaria, a menos que dicho plazo se amplíe, con el consentimiento del Acusado. Si se ha evaluado una vez alguna restricción sobre ministerio o se ha dispuesto una Suspensión Administrativa, se podrá presentar una segunda petición de evaluación si se ha producido algún cambio considerable de circunstancias desde el momento de la primera petición o si ha habido modificación en la restricción del ministerio o se ha dispuesto una Suspensión Administrativa.

Funciones de revisión

Sec. 11. Si la petición de revisión de la restricción al ejercicio del ministerio o de la imposición de un Permiso Administrativo de Ausencia se realizara antes de que el caso fuera remitido al Panel de Conferencia, dicha revisión será llevada a cabo por el Panel de Conferencia. Si la petición de revisión de la restricción al ejercicio del ministerio o de la imposición de una Suspensión Administrativa se realizara después de que el caso fuera remitido al Panel de Conferencia pero antes de que fuera remitido al Panel de Audiencias, dicha revisión será llevada a cabo por el Panel de Conferencia. Si la petición de revisión de la restricción al ejercicio del ministerio o de la imposición de una Suspensión Administrativa se realizara después de que el caso fuera remitido al Panel de Audiencias dicha revisión será llevada a cabo por el Panel de Audiencias. El planteo ante el Panel que revisa la restricción al ejercicio del ministerio o la imposición de una Suspensión Administrativa es si, al momento de la revisión y de acuerdo con la información a disposición del panel en ese entonces, las medidas tomadas y los términos y condiciones de las mismas son justificadas. La revisión puede realizarse en persona o telefónicamente. El Gestor, el Acusado, su Asesor o abogado de haberlo, el Obispo, el Canciller y el Abogado Eclesiástico podrán estar presentes durante la revisión en forma personal o por vía telefónica, y cualquiera de estas personas que esté presente tendrá derecho a ser escuchada por el panel si así lo desea. El panel, a su entera discreción, podrá escuchar el testimonio de otras personas.

Sec. 12. Después de realizar la revisión y escuchar el testimonio de las personas mencionadas en el Canon IV.7.11 que deseen ser escuchadas, el panel deliberará en privado y decidirá (a) disolver la restricción al ejercicio del ministerio o la imposición del Permiso Administrativo de Ausencia; (b) ratificar la restricción al ejercicio del ministerio o la imposición del Permiso Administrativo de Ausencia, así como sus términos y condiciones; o (c) ratificar la restricción al ejercicio del ministerio o el Permiso Administrativo de Ausencia, pero con modificación a sus términos y condiciones. La decisión del panel se comunicará por escrito y se entregarán copias al Acusado, al Abogado Eclesiástico, al Obispo Diocesano y al Gestor; dicha decisión será vinculante según los términos enunciados en el Canon IV.7.7. En caso de que se anule la restricción al ejercicio del ministerio o la imposición de una Suspensión Administrativa, el Obispo Diocesano podrá comunicar dicha decisión a las personas y Comunidades que hubieran recibido aviso de la restricción o Suspensión Administrativa según lo estime conveniente el Obispo Diocesano.

El panel determinará

Sec. 13. Todo Acuerdo u Orden resultante de las disposiciones de los Cánones IV.9, IV.10, IV.12 o IV.13, a menos que se especifique otra cosa, sustituirá la restricción al ejercicio del ministerio o la imposición de la Suspensión Administrativa que estuviera vigente hasta ese momento.

CANON 8: de la Respuesta Pastoral

Sec. 1. Cada vez que se presente un informe al Gestor, el Obispo Diocesano dará la respuesta pastoral que considere apropiada. Dicha respuesta pastoral deberá expresar respeto e interés por las personas y Comunidades afectadas. El espíritu de la respuesta deberá promover la sanación, el arrepentimiento, el perdón, la restitución, la justicia y la enmienda de la vida y la reconciliación entre todos los afectados. Si el informe implica una acusación de Conducta Sexual Inapropiada, el Obispo Diocesano deberá proporcionar una evaluación de atención pastoral profesional con el fin de ofrecer una respuesta pastoral adecuada. La respuesta pastoral incluirá a todas las personas y comunidades afectadas. La respuesta de atención pastoral se basará en la evaluación profesional de atención pastoral.

A disposición de todos los afectados

Sec. 2. En cada respuesta pastoral, el Obispo Diocesano considerará ofrecer atención pastoral a todos los posibles afectados por una presunta Ofensa. Se evaluará la necesidad de ofrecer atención pastoral al Demandante y a sus familiares, al Acusado y a sus familiares, a las Personas Perjudicadas y a sus familiares, a cualquier Comunidad afectada, a los testigos y a la Junta Disciplinaria.

Divulgación

Sec. 3. En cada caso y sin importar ninguna otra disposición de este Título que indique lo contrario, el Obispo Diocesano podrá divulgar la información relativa a la supuesta Ofensa o a cualquier Acuerdo u Orden que el Obispo Diocesano considere apropiado desde el punto de vista pastoral.

Intereses de privacidad

Sec. 4. El Obispo Diocesano deberá tener en consideración los intereses de privacidad y las necesidades pastorales de todas las personas afectadas.

Sec. 5. El Obispo Diocesano podrá designar a una o más personas para que sean responsables de poner en práctica la respuesta pastoral. Esa persona no debe ser el Gestor. Sus deberes podrían ser, entre otros, la coordinación de la atención pastoral y de las comunicaciones entre el Obispo Diocesano y los Asesores.

Sec. 6. El Obispo Diocesano puede procurar una conversación facilitada según el modelo del Canon IV.10.1, 2, y 4 entre uno o más Demandantes o Personas Perjudicadas y un Clérigo, la cual dé lugar a un Pacto Restaurativo según se define en el Canon IV.2. Dentro de un plazo razonable después del inicio de una conversación facilitada, el Conciliador informará de los resultados de la conversación al Panel de Referencia, el cual remitirá el asunto, según corresponda, de conformidad con el Canon IV.6.8. Si la conversación da lugar a un Pacto Restaurativo que, a juicio del Panel de Referencia, resuelve todas las problemáticas de un asunto pendiente, el asunto se dará por concluido.

CANON 9: de los Acuerdos entre Obispos Diocesanos y Acusados por Cuestiones de Disciplina

El Clérigo puede proponer términos de disciplina

Sec. 1. En cualquier momento previo a que entre en vigencia una Orden, el Acusado o cualquier Clérigo que todavía no se haya convertido formalmente en Acusado, pero que supuestamente haya cometido una Ofensa, podrá proponer medidas disciplinarias al Obispo Diocesano, o el Obispo Diocesano podrá proponer medidas disciplinarias al Acusado o a dicho Clérigo. Antes de llegar a un acuerdo, el Obispo Diocesano deberá consultar con las Personas Perjudicadas, de haberlas, el presidente de la Junta Disciplinaria y el Abogado Eclesiástico con respecto a los términos de disciplina propuestos. Si el Acusado o el Clérigo y el Obispo Diocesano llegaran a un acuerdo en cuanto a las medidas disciplinarias, lo acordado se establecerá en la Orden propuesta. Cuando un Clérigo llega a un acuerdo con el Obispo Diocesano en cuanto a las medidas disciplinarias, se convierte automáticamente en Acusado.

Sec. 2. Se podrá llegar a un Acuerdo en virtud de este Canon si (a) el Acusado conoce las medidas disciplinarias que se le impondrán y el efecto que causarán; (b) el Acusado ha dispuesto de tiempo suficiente para hacer consultas y asesorarse, o de hecho realizó consultas y se asesoró, con un abogado de su elección; y (c) el Acuerdo considera adecuadamente y, cuando sea posible, fomenta la restauración, el arrepentimiento, el perdón, la restitución, la justicia, la enmienda de la vida y la reconciliación entre el Demandante, el Acusado, la Comunidad afectada y otras personas, y en términos generales constituye una solución apropiada para el asunto. *Acuerdo con el Acusado*

Sec. 3. Un Acuerdo en virtud de este Canon podrá ser retirado por el Presbítero o Diácono en un plazo de tres días de la firma del mismo por parte del Presbítero o Diácono y de no ser retirado será efectivo e irrevocable.

Sec. 4. Los acuerdos en virtud de esta Sección estarán sujetos a todas las disposiciones del Canon IV.14 sobre Acuerdos, sin contraponerse a esta Sección.

CANON 10: de la Conciliación

Sec. 1. Mediante la conciliación se busca resolver problemas y promover el arrepentimiento, el perdón, la restitución, la justicia, la enmienda de la vida y la reconciliación del Demandante, el Acusado, la Comunidad afectada, otras personas y la Iglesia.

Sec. 2. Cuando se remita un asunto para reconciliación, el Obispo Diocesano nombrará a un Conciliador para que asista al Demandante, al Acusado, a otras personas afectadas y a la Iglesia en la tarea de conciliación. El Obispo Diocesano o el representante nombrado por el Obispo Diocesano podrá participar en la conciliación. *Conciliador*

Sec. 3. Si en la conciliación se logra que las partes lleguen a un acuerdo sobre una resolución adecuada de todos los asuntos, se preparará un Acuerdo según lo dispuesto en el Canon IV.14. Si no se logra la conciliación en un plazo razonable, el Conciliador informará de ello al Obispo Diocesano, y el asunto se remitirá de nuevo al Panel de Referencia. El Panel de Referencia considerará el informe para determinar si: (a) concluir el asunto con la respuesta pastoral que corresponda según el Canon IV.8; (b) remitir el asunto al Obispo Diocesano para consideración del proceso de conformidad con el Canon IV.9; (c) investigar el asunto de conformidad con el Canon IV.11; o (d) remitir el asunto directamente al Panel de Audiencias de conformidad con el Canon IV.13. La decisión deberá ser aprobada por voto mayoritario del Panel de Referencia.

Aptitudes **Sec. 4.** El Conciliador deberá tener experiencia en técnicas de resolución de disputas y no deberá tener intereses personales en el asunto. Todas las comunicaciones entre el Demandante y el Conciliador, el Acusado y el Conciliador, y entre otros participantes en la conciliación y el Conciliador serán confidenciales, salvo cuando el Conciliador obtenga permiso de la persona respectiva para divulgar la información a los otros participantes de la conciliación para promover un consenso que permita alcanzar la conciliación.

CANON 11: de las Investigaciones

Investigadores **Sec. 1.** En todas las diócesis deberá haber uno o más Investigadores. Al investigador lo nombra el Panel de Referencia y procede bajo la dirección de este hasta que se haga una remisión de conformidad con el Canon IV.11.3; después de dicha remisión, el Investigador podrá ser nombrado por el Abogado Eclesiástico y se reportará ante él.

Sec. 2. El Panel de Referencia o el Abogado Eclesiástico pueden solicitar al Investigador que investigue todos los hechos pertinentes a las afirmaciones de hechos del informe inicial. El Investigador utilizará los medios para investigar que sean adecuados y que a la vez de respetar las sensibilidades pastorales, permitan completar la investigación con la mayor diligencia posible.

Informe al Panel de Referencia **Sec. 3.** Un Investigador que trabaje con el Panel de Referencia deberá presentar los hallazgos de la investigación por escrito ante el Panel de Referencia. El Panel de Referencia podrá reunirse con el Investigador y analizará su informe para determinar: (a) concluir el asunto con una respuesta pastoral apropiada de conformidad con el Canon IV.8; (b) remitir el asunto al Obispo Diocesano para consideración del proceso en virtud del Canon IV.9; (c) remitir el asunto a conciliación, de conformidad con el Canon IV.10; (d) solicitar que se profundice la investigación, o bien (e) remitir el asunto al Panel de Conferencia, de conformidad con el Canon IV.12, o al Panel de Audiencias de conformidad con el Canon IV.13. La decisión deberá ser aprobada por voto mayoritario del Panel de Referencia.

Sec. 4. Si la determinación del Panel de Referencia fuera solicitar que se profundice la investigación, el Investigador lo hará siguiendo las directivas del Panel de Referencia y enviará un informe suplementario con sus conclusiones a dicho panel. El Panel de Referencia volverá entonces a reunirse y procederá según lo dispuesto en el Canon IV.11.3.

Supervisado por el Abogado de la Iglesia si es contratado por ellos **Sec.5.** El Investigador contratado por el Abogado Eclesiástico deberá ser supervisado por el Abogado Eclesiástico y deberá presentar los resultados de la investigación al Abogado Eclesiástico en el formato o formatos requeridos por el Abogado Eclesiástico. En relación con dichas investigaciones, el Abogado Eclesiástico y, a discreción de este, el Investigador, tendrán acceso al personal, libros y expedientes de la Diócesis y sus partes constituyentes.

Sec. 6. Todas las investigaciones serán confidenciales salvo en la medida utilizadas por el Abogado Eclesiástico, el Obispo Diocesano o los Paneles. A todas las personas, antes de ser entrevistadas por el Investigador, se les informará de la naturaleza confidencial de la investigación y cuándo podrán divulgar dicha información durante el curso del proceso.

CANON 12: de los Paneles de Conferencia

Sec. 1. Luego de que se remita un asunto a un Panel de Conferencia, el presidente de la Junta Disciplinaria enviará al Abogado Eclesiástico el informe inicial, todos los informes del Investigador y cualquier otro documento o expediente creado o recabado por la Junta Disciplinaria durante la fase inicial, la investigación o el proceso de remisión. Una vez que revise este material, el Abogado Eclesiástico deberá determinar si sigue adelante con el asunto o se niega a avanzar en el proceso. *Remisión al Panel de Conferencia*

Si procede con el asunto, el Abogado Eclesiástico deberá preparar una declaración escrita en la que describirá por separado cada una de las Infracciones que se imputan, con los detalles razonables suficientes para informar al Acusado de los actos, omisiones o condiciones objeto del proceso. El Abogado Eclesiástico enviará entonces al Panel de Conferencia su declaración escrita y los materiales que le hubiera enviado el presidente de la Junta Disciplinaria.

En caso de negarse a proseguir con el proceso, el Abogado Eclesiástico devolverá el asunto al Panel de Referencia mediante una decisión escrita en la que declare sus razones. Este documento y cualquier conversación relacionada entre el Abogado Eclesiástico y el Panel de Referencia permanecerán confidenciales entre ellos. Entonces, el Panel de Referencia deberá considerar las opciones de acciones establecidas en el Canon IV.6.8 y en el Canon IV.11.3.

Sec. 2. El Panel de Conferencia analizará los materiales recibidos para determinar quién, además de aquellos mencionados en el Canon IV.12.3, deberá ser orientado a participar en el proceso ante el Panel de Conferencia, a fin de fomentar el propósito de este Título. Podrían ser invitados, por ejemplo, el Investigador, familiares, representantes de la Comunidad afectada u otras personas afectadas.

Sec. 3. El Panel de Conferencia enviará un aviso al Acusado y a su Asesor, al Abogado del Acusado, de haberlo, al Demandante y a su Asesor, al Abogado del Demandante, de haberlo, al Investigador y a todas las demás personas que el Panel de Conferencia, a su entera discreción, considere necesario. En este aviso se describirá la naturaleza y la finalidad del procedimiento, se incluirá una copia de la declaración escrita preparada por el Abogado Eclesiástico, se divulgarán los nombres de todas las personas a las que se envió el aviso y se establecerá una fecha, hora y lugar a la cual deberá presentarse el Acusado ante el Panel de Conferencia, cuya fecha no *Avisos emitidos*

CANON IV.12.3 - IV.12.10 TÍTULO IV

será menos de veinte días después de la entrega del aviso al Acusado. El Panel de Conferencia tratará de establecer la conferencia en una fecha y lugar razonablemente convenientes para las personas con derecho a asistir.

Asistencia

Sec. 4. El Acusado estará presente durante la conferencia y podrá ir acompañado de un Asesor o abogado, de haberlo, o de ambos.

Sec. 5. El Abogado Eclesiástico estará presente durante la conferencia, representando a la Iglesia, y expondrá el caso ante el Panel de Conferencia.

Sec. 6. El Demandante podrá estar presente durante la conferencia, pero no se le exigirá que lo esté. El Asesor del Demandante podrá estar presente durante la conferencia, independientemente de si el Demandante está presente o no.

Proceso

Sec. 7. El proceso del Panel de Conferencia será informal y coloquial. El Panel de Conferencia describirá al Acusado la Ofensa que se le imputa. El Panel de Conferencia escuchará al Demandante, al Asesor del Demandante o a ambos, si estuvieran presentes; lo mismo se hará con el Acusado, el Asesor del Acusado o su abogado, de haberlo, o ambos. A su entera discreción, el Panel de Conferencia podrá escuchar las declaraciones del Investigador o de cualquier otra persona presente y podrá pedirle al Investigador que realice otra investigación y suspenda el proceso para facilitar la realización de dicha investigación. A su entera discreción, el Panel de Conferencia podrá formular, en privado, preguntas a cualquiera de los participantes.

Conferencia cerrada

Sec. 8. Durante el proceso ante el Panel de Conferencia no se llamará a declarar a ningún testigo. No se elaborarán actas de las deliberaciones del Panel de Conferencia. La conferencia se realizará a puertas cerradas y estarán presentes solo los miembros del Panel de Conferencia y los participantes invitados. Las deliberaciones ante el Panel de Conferencia serán confidenciales, salvo que se indique lo contrario en una Orden, un Acuerdo o como se disponga en otras partes de este Título. Ninguna declaración por parte de participante alguno de dicho proceso podrá utilizarse como prueba ante el Panel de Audiencias.

Determinación

Sec. 9. Durante el proceso ante el Panel de Conferencia podrá celebrarse un Acuerdo. Si no se celebrara ningún Acuerdo, el Panel de Conferencia deliberará en privado para arribar a una decisión sobre el asunto, que podría incluir (a) desestimación del asunto; (b) remisión a conciliación; (c) remisión a un Panel de Audiencias; o bien (d) emisión de una Orden.

Orden de desestimación

Sec. 10. Si la decisión fuera desestimar el asunto, el Panel de Conferencia emitirá una Orden en la que se explicarán las razones para tal desestimación, la cual podría incluir además las bases sobre las que se exonera al Acusado. Se entregarán copias de la Orden al Obispo Diocesano, el Acusado, el Asesor del Acusado, el Demandante, el Asesor del Demandante y el Abogado Eclesiástico.

Sec. 11. Si la resolución fuera la celebración de un Acuerdo o la emisión de una Orden que no sea una Orden de Desestimación, se aplicará lo dispuesto en el Canon IV.14. *Acuerdo u otra Orden*

Sec. 12. El Acusado o el Abogado Eclesiástico podrá oponerse a la Orden emitida por el Panel de Conferencia mediante aviso escrito de la objeción que se elevará al presidente del Panel de Conferencia dentro de los quince días siguientes a la fecha de emisión de la Orden. A recibir la notificación de objeción, el presidente del Panel de Conferencia notificará y proporcionará copias de la notificación de la objeción al Obispo, al presidente de la Junta Disciplinaria y a la parte no objetante. El presidente de la Junta Disciplinaria deberá notificar, sin demora a los miembros del Panel de Audiencias y remitir el asunto al Panel de Audiencias. *Objeción a una orden*

CANON 13: de los Paneles de Audiencias

Sec. 1. Cuando el Panel de Referencia decida, de conformidad con el Canon IV.11.3, remitir un asunto al Panel de Audiencias, el Presidente de la Junta Disciplinaria, en un plazo de tres días de la decisión, deberá notificar a la Junta Disciplinaria y al Abogado Eclesiástico. Cuando el Panel de Conferencia decida remitir un asunto al Panel de Audiencias, el presidente del Panel de Conferencia, en un plazo de tres días de esa decisión, notificará oportunamente al presidente de la Junta Disciplinaria y al Abogado Eclesiástico. *Remisión al Panel de Audiencias*

Sec. 2. En un plazo de 10 días a partir de la recepción de la remisión del Panel de la Conferencia, o de 30 días cuando proceda del Panel de Referencia, al Panel de Audiencias para su proceso, el Abogado Eclesiástico deberá determinar si sigue adelante con el asunto o se niega a avanzar en ese proceso. *Declaración de Ofensa y aviso*

    a. Si procede con el asunto, el Abogado Eclesiástico deberá proporcionar al Panel de Audiencias la declaración, actualizada según se requiera, relativa a la supuesta Infracción o Infracciones. Ningún otro material de ningún proceso previo de conformidad con Título IV se facilitará al Panel de Audiencias. Al recibir la comunicación del Abogado Eclesiástico, el Panel de Audiencias deberá, en un plazo de siete días emitir una notificación al Acusado, al Asesor del Acusado, al Abogado del Acusado, en su caso, y al Abogado de la Iglesia.

        1. En este aviso se describirá la naturaleza y el propósito del proceso, se incluirá una copia de la declaración escrita preparada por el Abogado Eclesiástico, se divulgarán los nombres de todas las personas a las que se envió el aviso, se informará al Acusado que deberá presentar una respuesta escrita ante el Panel de Audiencias dentro de los treinta días siguientes a la fecha en que se envió el aviso por correo y se informará al Acusado de las disposiciones del Canon IV.19.6.

        2. Se enviará una copia del aviso al Demandante y al Asesor del Demandante.

        3. A menos que el Panel de Audiencias apruebe tiempo adicional por una causa justificada, el Acusado deberá *Respuesta del Acusado*

presentar una respuesta por escrito firmada ante el Panel de Audiencias y entregársela al Abogado Eclesiástico en un plazo de 30 días a partir de la fecha del aviso.

b. En caso de negarse a proseguir con el proceso, el Abogado Eclesiástico deberá presentar a los miembros del Panel de Conferencia y al Obispo Diocesano una decisión por escrito en la que expondrá las razones, las cuales pueden incluir (1) la falta de disponibilidad de pruebas claras y convincentes suficientes para superar la presunción de inocencia establecida en el Canon IV.19.16, o (2) la opinión del Abogado Eclesiástico de que la resolución del asunto a través del mecanismo de un Panel de Audiencias no sería el medio más eficaz para alcanzar los objetivos del Título IV. Si la razón declarada por el Abogado Eclesiástico para rechazar el avance del proceso es esta última razón, el Abogado Eclesiástico también deberá proponer con especificidad razonable mecanismos alternativos para resolver el asunto y la justificación de los mismos. Al evaluar la presentación del Abogado Eclesiástico, el Panel de Conferencia proporcionará al Gestor, al Demandante, a su Asesor, a su abogado si lo hubiera, al Acusado, a su Asesor, a su abogado si lo hubiera, al Obispo Diocesano, al Canciller y al Abogado Eclesiástico la oportunidad de ser escuchados sobre el asunto. Después de su revisión y en consulta con el Obispo Diocesano, el Panel de Conferencia emitirá una decisión (a) desestimando todas o algunas de las problemáticas del asunto, potencialmente con condiciones como el cumplimiento con una Directiva Pastoral emitida por el Obispo Diocesano, o (b) echazando la declinación del Abogado Eclesiástico y ordenando que el asunto continúe. Si desestima todas o algunas de las problemáticas del asunto, el Panel de Conferencia, con la asistencia de un abogado de conformidad con IV.19.22, deberá emitir una Orden explicando la decisión e indicando que la desestimación es temporal o permanente.

Difusión de documentos

Sec. 3. En cuanto sea posible, el Panel de Audiencias pondrá los documentos a disposición de los miembros y los medios de comunicación de la Iglesia como se dispone en esta Sección. Los documentos se divulgarán de manera que los miembros de la Iglesia y los medios de la Iglesia los conozcan ampliamente. Para un asunto en el que un presbítero o diácono es el Acusado, la difusión incluirá, como mínimo, la publicación en el sitio web diocesano. Para un asunto en el cual un Obispo es el Acusado, la diseminación deberá incluir, como mínimo, publicar los documentos en los sitios web de La Iglesia Episcopal y de la Convención General.

a. Los documentos que abarca esta Sección son todos los documentos presentados o emitidos por el Panel de Audiencias o por cualquiera de las partes o personas, incluidos, entre otros, mociones, resúmenes, declaraciones juradas, opiniones, objeciones, decisiones, avisos, recusaciones y Órdenes.

b. No obstante lo anterior, el Panel de Audiencias, a su discreción y por causa justificada para proteger a cualquier Persona Perjudicada o presuntamente perjudicada, puede requerir la redacción de los documentos dispuestos en la Sección 5.a después de consultar con el Abogado Eclesiástico, el abogado del Acusado, el Asesor o el abogado del Demandante, de haberlo, y, cuando corresponda, el Obispo Diocesano.

Sec. 4. Si en algún momento después de que un asunto haya sido remitido a un Panel de Audiencias se llega a un Acuerdo que finalice el procedimiento antes de que el Panel de Audiencias emita una Orden, el Obispo Diocesano pondrá el Aviso de Acuerdo con la disposición de la Iglesia y sus medios como se dispone en la Sección 3, así como también al Panel de Audiencias.

Sec. 5. Al Abogado Eclesiástico y al Acusado se les concederá un plazo y oportunidad razonables para descubrir pruebas en preparación para la audiencia de la siguiente manera: *Pruebas y hallazgos*

    a. En un plazo de sesenta días de la fecha de presentación y entrega de la respuesta del Acusado, el Abogado Eclesiástico y el Abogado del Acusado intercambiarán una divulgación obligatoria de todas las pruebas de las que tengan conocimiento y que tenderían a comprobar o desmentir los alegatos contra el Acusado, incluso, entre otras: (1) el nombre y, si se conociera, la dirección y número telefónico de todas las personas que pudieran tener conocimiento directo de la información que podría utilizarse para respaldar lo que se alega contra el Acusado o la defensa de este, junto con un resumen detallado del testimonio esperado de la persona si la llaman a declarar; y (2) una copia o una descripción por categoría y ubicación de todos los documentos y pruebas tangibles que podrían utilizarse para respaldar los alegatos contra el Acusado o su defensa, a menos que dicha divulgación tuviera el carácter de Comunicación Privilegiada. Las partes deben complementar la información obligatoria en virtud del presente apartado a medida que surja información adicional. Los documentos y artículos tangibles identificados en las revelaciones obligatorias que están en posesión de una de las partes se presentarán a la otra a pedido y copias de todos los documentos presentados a la parte solicitante. El Panel de Audiencias puede, a petición de una parte o de la Persona Perjudicada, presentar una orden que limite la presentación de documentos o elementos tangibles de carácter sensible.

    b. Si alguna de las partes no divulga cualquier documento pertinente sobre la base de privilegio, dicha parte debe proporcionar un registro que indique la fecha de la comunicación, una lista de todas las personas participantes en ella, y una breve descripción de la naturaleza de la comunicación. El alcance del privilegio será determinado por el Panel de Audiencias de conformidad con el Canon IV.19.27.

    c. Dentro de los quince días después de la entrega de las divulgaciones obligatorias, el presidente del Panel de Audiencias convocará una conferencia de programación con el Abogado Eclesiástico y el abogado del Acusado. Durante la conferencia de programación, después de que el Abogado Eclesiástico y el abogado del Acusado hayan sido escuchados, el presidente del Panel de Audiencias emitirá una Orden de Programación para disponer (1) un calendario para el hallazgo, incluidas las declaraciones y los interrogatorios por escrito, según lo previsto en este apartado; (2) los plazos de presentación y las fechas de audiencia para mociones preliminares y mociones dispositivas; y (3) la fecha de la audiencia ante el Panel de Audiencia.

d. La Orden de Programación le dará al Abogado Eclesiástico y al abogado del Acusado autorización para tomar dos declaraciones juradas y plantear hasta veinte interrogatorios escritos respecto a cada Demandante.

e. Ningún otro hallazgo se permitirá en ningún momento durante la tramitación de un asunto en virtud del presente Título, salvo con permiso del Panel de Audiencias, previa demostración de circunstancias extraordinarias.

f. No obstante cualquiera de las disposiciones de esta sección, el Panel de Audiencias tomará las medidas razonables para asegurarse de que el proceso de presentación de hallazgos no agobiará indebidamente a ninguna persona de la cual se requiera información ni afectará adversamente ninguna respuesta pastoral que se le ofrezca a dicha persona. El Panel de Audiencias podría imponer, previo aviso razonable y oportunidad de ser oído, sanciones razonables a cualquier parte por no cumplir con alguna orden de divulgación de conformidad con las disposiciones del Canon IV.13.9.

Sec. 6. En todos los procesos del Panel de Audiencias, el Abogado Eclesiástico se presentará como representante de las diócesis, que entonces se considerarán como una de las partes, en tanto que el Acusado será su contraparte.

Cuestiones de proceso

Sec. 7. Todas las mociones y recusaciones previas a las audiencias deberán presentarse oportunamente ante el Panel de Audiencias dentro de los plazos previstos en la Orden de Programación. Todas las respuestas deberán ser presentadas por la parte que no presentó la moción en un plazo de 15 días de la recepción de la moción o recusación. Al recibir una moción o recusación, el Panel de Audiencias fijará sin demora el asunto para una audiencia. La audiencia podrá realizarse por conferencia telefónica. Después de examinar el argumento de las partes, el Panel de Audiencias tomará una decisión en un plazo de tres días de la audiencia. La decisión será definitiva en cuanto a todas las cuestiones de proceso. Las decisiones sobre cuestiones de prueba son preliminares y podrán ser consideradas por el Panel de Audiencias durante la audiencia si las pruebas lo justifican. La decisión se comunicará a las partes y se anotará el expediente del proceso.

Proceso y transcripción públicos

Sec. 8. Todos los procesos ante el Panel de Audiencias, excepto sus deliberaciones privadas, estarán abiertos al Acusado y a cada Demandante, a cualquier Persona Perjudicada y al público. Todo

Demandante tendrá derecho a estar presente durante las audiencias, a las que podrá presentarse acompañado en el proceso por otra persona de su elección, aparte de su Asesor. No obstante lo anterior, el Panel de Audiencias, a su discreción y por causa justificada, incluso para proteger la privacidad de cualquier persona, puede cerrar cualquier parte del proceso a cualquier persona o grupo de personas, previa consulta con el Abogado Eclesiástico, el abogado del Acusado y, cuando corresponda, el Obispo Diocesano; disponiéndose, sin embargo, que ningún procedimiento ante el Panel de Audiencia, excepto sus deliberaciones privadas, será cerrado al Acusado, el Asesor del Acusado, al Abogado del Demandado, al Demandante, al Asesor del Demandante, al Abogado del Demandante o al Abogado Eclesiástico. Para poder crear luego una transcripción verbatim de la audiencia, esta deberá registrarse con algún medio idóneo.

Sec. 9. Por lo menos 15 días antes de la audiencia, el Abogado Eclesiástico y el del Acusado se entregarán mutuamente y también al Panel de Audiencias los hallazgos finales previos a la audiencia, que incluirán lo siguiente: (1) el nombre, domicilio y número de teléfono de los testigos que serán llamados a declarar durante la audiencia; (2) la identificación de cada uno de los documentos u otros objetos tangibles que se utilizarán como pruebas en la audiencia; y (3) peticiones, si las hubiera, de que la audiencia (toda o en parte) sea a puertas cerradas.

Divulgaciones previas a la audiencia

Sec. 10. En todo proceso del Panel de Audiencias, el testimonio de los testigos se tomará en forma oral y personal, o por el medio que hubiera ordenado el Panel de Audiencias. Todos los testimonios se prestarán bajo juramento o declaración solemne y estarán sujetos a repreguntas de la contraparte. El Panel de Audiencias deberá determinar la credibilidad, fiabilidad y peso que se dará a todo testimonio y otras pruebas. Los procesos se llevarán a cabo del siguiente modo:

Declaración

    a. El presidente regulará el transcurso de la audiencia a modo de fomentar la divulgación completa de los hechos relevantes.
    b. El presidente:
       1. Podrá excluir pruebas irrelevantes, innecesarias o repetitivas.
       2. Excluirá las pruebas privilegiadas.
       3. Podrá recibir documentos como pruebas, sean copias o pasajes, si dicha copia o pasaje contuviera todas las partes relevantes del documento original.
       4. Podrá tomar nota oficial de cualquier hecho que pudiera usarse en un tribunal judicial, inclusive actas de otros procesos.
       5. No podrá excluir pruebas simplemente porque se trata de rumores.
       6. Deberá otorgar al Abogado Eclesiástico y al Acusado un plazo razonable para que presenten pruebas, expongan sus puntos de vista y respondan a los de su contraparte,

formular repreguntas y presentar pruebas que refuten lo que aduce su contraparte.
7. Podrá, a discreción del Panel de Audiencias, dar la oportunidad a otras personas además del Abogado Eclesiástico y del Acusado de presentar declaraciones orales o escritas durante la audiencia.
   c. En esta sección no hay nada que impida al presidente ejercer su buen juicio en la toma de medidas apropiadas para preservar la integridad de la audiencia.

Sanciones　　**Sec. 11. a.** El Panel de Audiencias tendrá la autoridad, previo aviso razonable, de imponer sanciones al Acusado, al abogado del Acusado o al Abogado Eclesiástico por conducta que el Panel de Audiencias considere perjudicial, dilatoria o de otra manera contraria a la integridad del proceso. Si la conducta en cuestión es la del abogado del Acusado, la notificación se enviará a los siguientes: al Acusado, al abogado del Acusado y al Asesor del Acusado. Si la conducta en cuestión es del Abogado Eclesiástico, la notificación se enviará a los siguientes: al Abogado Eclesiástico, al Obispo Diocesano y a la persona u organismo Diocesano con autoridad para retirar o reemplazar al Abogado Eclesiástico. Si la conducta es la del Acusado, el aviso se darán sendos avisos al Abogado Eclesiástico, al Obispo Diocesano, al abogado del Acusado, al Asesor del Acusado y al Acusado.

b. Cualquier sanción debe ser proporcional a la conducta inapropiada subyacente. Las sanciones que pueden imponerse de conformidad con el Canon IV.13.11.a incluyen, entre otras:
1. Enmendar una orden de programación.
2. Limitar los hallazgos.
3. Negarse a permitir a la parte desobediente que apoye o se oponga a los reclamos o defensas.
4. Negarse a permitir que la parte desobediente introduzca determinados asuntos en las pruebas.
5. Anular reclamos, defensas o respuestas.
6. Descalificar al abogado.

Apelación de la sanción　　**c.** En un plazo de 10 días después de la imposición de sanciones en virtud de esta sección, la parte sancionada puede apelar la sanción ante la Junta Disciplinaria (excluidos los miembros del Panel de Audiencias). La norma de revisión para dicha apelación será *de novo*. El presidente de la Junta Disciplinaria deberá establecer una fecha de audiencia y convocar a los miembros de la Junta Disciplinaria, dentro de 20 días, ya sea en reunión presencial o por teléfono, para considerar la apelación. La Junta Disciplinaria emitirá su dictamen dentro de los tres días de la conclusión de la audiencia. El fallo de la Junta de Disciplina no puede ser objeto de un recurso de apelación interlocutoria.

d. Los requisitos de la Sección 3 de este Canon se aplicarán a la Junta Disciplinaria como si se tratara de un Panel de Audiencias a los efectos de una apelación de sanciones en virtud de esta Sección.

e. Si se llega a un Acuerdo que finalice el proceso antes de que la Junta Disciplinaria emita una Orden en virtud de esta Sección, el Obispo Diocesano pondrá la Notificación de Acuerdo con la disposición de la Iglesia y sus medios, según lo dispuesto en la Sección 3, así como a disposición de la Junta Disciplinaria y el Panel de Audiencias

Sec. 12. Terminada la audiencia, el Panel de Audiencias deliberará en privado para llegar a una decisión sobre el asunto, que podría ser: (a) desestimación del asunto o (b) emisión de una Orden. *Determinación*

Sec. 13. Si la decisión fuera desestimar el asunto, el Panel de Audiencias emitirá una Orden en la que se explicarán las razones para tal desestimación, la cual podría incluir además las bases sobre las que se exonera al Acusado. Se debe proporcionar una copia de la Orden al Obispo Diocesano, al Acusado, al Asesor del Acusado, al Demandante, al Asesor del Demandante y al Abogado Eclesiástico, y se debe guardar una copia de la Orden y enviar una copia a los Archivos de la Iglesia Episcopal. También se pondrá a disposición de la Iglesia y de los medios de comunicación eclesiásticos una copia de la Orden de la misma forma en que se pusieron inicialmente los documentos a disposición de la Iglesia y de los medios de comunicación eclesiásticos según lo establecido en el Canon IV.13.3. *Orden de desestimación*

Sec. 14. Si la resolución fuera emitir una Orden, que no sea de desestimación, sea aplicarán las disposiciones del Canon IV.14.

CANON 14: de los Acuerdos y las Órdenes

Sec. 1. Un Acuerdo podrá (a) disponer términos que fomenten el arrepentimiento, el perdón, la restitución, la justicia, la enmienda de la vida y la reconciliación del Demandante, el Acusado, la Comunidad afectada y otras personas; (b) imponer restricciones al Acusado en cuanto al ejercicio de su ministerio; (c) imponer al Acusado un período de prueba; (d) recomendarle al Obispo Diocesano que el Acusado sea amonestado, suspendido o destituido del ministerio; (e) limitar la participación del Acusado en asuntos de la Comunidad; o (f) imponer cualquier combinación de las medidas anteriores. Un Acuerdo podrá exigir que el Obispo Diocesano imponga la admonición, suspensión o destitución o condiciones recomendadas para que el Clérigo pueda volver a ejercer su ministerio. Un Acuerdo que disponga la suspensión del ministerio especificará los términos o condiciones y la duración de la misma. Un Acuerdo donde se requiera la limitación de la participación del Acusado en la Comunidad también incluirá condiciones para su reincorporación. *Acuerdos*

Sec. 2. Si a través de una reconciliación se llegara a un Acuerdo, este será firmado por el Demandante, el Acusado y el Conciliador, *siempre y cuando* el Conciliador sea el último en firmarlo. *Acuerdos de Conciliación*

Se oirá al Demandante

Sec. 3. Si el Acuerdo fuera resultado del proceso de un Panel de Conferencia, al Demandante y a su Asesor deberá habérseles brindado primero la oportunidad de expresar su opinión ante el Panel respecto a los términos propuestos del Acuerdo. El Acuerdo será firmado por el Acusado, el Abogado Eclesiástico y el presidente del Panel, *siempre y cuando* el presidente sea el último en firmarlo.

Distribución del Acuerdo

Sec. 4. En caso de cualquier Acuerdo que haya entrado en vigor:

a. En la fecha en que un Acuerdo entre en vigor y sea irrevocable, se deberá entregar una copia del Acuerdo al Demandante, al Asesor del Demandante, al abogado del Demandante, de haberlo, al Acusado, al Asesor del Acusado, al abogado del Acusado, de haberlo, al Abogado Eclesiástico, al presidente de la Junta Disciplinaria y al Obispo Diocesano. Si el Acuerdo se alcanzó ante el Conciliador, este deberá notificárselo a las personas indicadas anteriormente; si el Acuerdo se alcanzó ante el Panel de la Conferencia, el presidente del Panel de la Conferencia deberá notificar el Acuerdo a las personas indicadas anteriormente; y si el Acuerdo se alcanzó entre el Obispo Diocesano y el Acusado en virtud del Canon IV.9, el Obispo Diocesano deberá notificárselo a las personas indicadas anteriormente, así como al presidente del panel al que se asigne el asunto.

b. En el caso de un Acuerdo correspondiente a un Obispo Diocesano, Obispo Sufragáneo que preste servicio en virtud del Artículo II.5 u Obispo que preste servicio en virtud del Canon III.13, el Obispo Presidente también deberá entregar una copia del Acuerdo al Comité Permanente de la Diócesis del Obispo. En el caso de un Acuerdo perteneciente a cualquier otro Obispo, el Obispo Presidente debe entregar también una copia del Acuerdo al Obispo Diocesano y al Comité Permanente de la Diócesis del Obispo.

c. A su discreción y por causa justificada para proteger a cualquier Persona Perjudicada o supuestamente Perjudicada, la persona requerida por esta Sección para entregar una copia del Acuerdo podría suprimir información sobre la Persona Perjudicada, incluyendo su identidad, pero las disposiciones requeridas por la Sección 1 y la Sección 9 de este Canon no pueden ser suprimidas.

Pronunciar sentencia sobre Acuerdos

Sec. 5. El Obispo Diocesano contará con veinte días a partir de la fecha en que el Acuerdo se introduzca para avisarle por escrito al Acusado, al Asesor del Acusado, al abogado del Acusado, al Demandante, al Asesor del Demandante, al Abogado Eclesiástico y al Conciliador o al presidente del Panel de Conferencia si el Obispo Diocesano pronunciará la Sentencia o aceptará los otros términos del Acuerdo según las recomendaciones. El Obispo Diocesano comunicará que él o ella (a) pronunciará la Sentencia tal como fue recomendada, o bien (b) pronunciará una Sentencia de menor magnitud que la recomendada y/o (c) reducirá la carga sobre el Acusado de cualquiera de los otros términos del Acuerdo. Si se impone una Sentencia de Amonestación, Suspensión o Destitución, el Obispo Diocesano pronunciará la Sentencia no antes de los veinte días posteriores a la fecha en la cual se asiente el Acuerdo, pero no después de los cuarenta días posteriores a dicha fecha. El hecho de que el Obispo Diocesano pronuncie una Sentencia de menor magnitud que la recomendada no afectará la validez ni la obligación de hacer cumplir el resto del Acuerdo. En el caso de un Acuerdo en virtud del Canon IV.9, el Obispo Diocesano pronunciará Sentencia no antes del día después de la fecha en que el Acuerdo se vuelva vigente e irrevocable.

Sec. 6. Una Orden emitida por un Panel de Conferencia o un Panel de Audiencias podrá (a) proporcionar términos que fomenten la recuperación, el arrepentimiento, el perdón, la restitución, la justicia, el reencauzamiento de las vidas y la reconciliación del Demandante, el Acusado, la Comunidad afectada y otras personas; (b) imponer restricciones al Acusado en cuanto al ejercicio de su ministerio; (c) recomendarle al Obispo Diocesano que el Acusado sea amonestado, suspendido o destituido del ministerio; (d) limitar la participación del Acusado en asuntos de la Comunidad; o (e) imponer cualquier combinación de las medidas anteriores. Una Orden que disponga la suspensión del ministerio especificará los términos o condiciones y la duración de la misma. Una Orden donde se requiera la limitación de la participación del Acusado en la Comunidad también incluirá condiciones para su reincorporación.

Orden emitida por Paneles

Sec. 7. Antes de que un Panel de Conferencia o un Panel de Audiencias emita una Orden, deberá permitir que tanto el Obispo Diocesano, como el Acusado y el Demandante tengan la oportunidad de expresar su opinión sobre los términos de la Orden propuesta.

Sec. 8. a. Salvo por una Orden de un Panel de Conferencia ante el cual el Acusado o el Abogado Eclesiástico haya presentado un aviso de objeción con la debida oportunidad, el Obispo Diocesano contará con veinte días a partir de la fecha de emisión de la Orden para avisarle por escrito al Acusado, al Asesor del Acusado, al Demandante, al Asesor del Demandante, al Abogado Eclesiástico y al presidente del Panel de Conferencia o Panel de Audiencias (el que haya emitido la Orden) si el Obispo Diocesano pronunciará la Sentencia o aceptará los otros términos de la Orden en la forma recomendada. El Obispo Diocesano comunicará que él o ella (a) pronunciará la Sentencia tal como fue recomendada, o bien (b) pronunciará una Sentencia de menor magnitud que la recomendada y/o (c) reducirá la carga sobre el Acusado de cualquiera de los otros términos de la Orden.

Pronunciar Sentencias sobre Órdenes

b. El Obispo Diocesano pronunciará la Sentencia no antes de los veinte días posteriores a la fecha en que se emitió la Orden, pero no después de los cuarenta días posteriores a tal fecha. No obstante cualquiera de las disposiciones de esta sección que indicaran lo contrario, no se pronunciará ninguna Sentencia mientras haya pendiente una apelación del asunto tratado. Sin embargo, mientras la apelación continúe pendiente, el Obispo Diocesano podrá imponer restricciones al Acusado en el ejercicio de su ministerio, podrá suspenderlo o podrá prolongar la restricción o suspensión que estaba en vigencia al momento en que se emitió la Orden. El hecho de que el Obispo Diocesano pronuncie una Sentencia de menor magnitud que la recomendada no afectará la validez ni la obligación de hacer cumplir el resto de la Orden.

Disposiciones de Acuerdos y Órdenes

Sec. 9. En el Acuerdo o la Orden se incluirá, además de los términos y disposiciones que cumplan con lo dispuesto en los Cánones IV.14.1 y IV.14.6, (a) el nombre del Acusado; (b) una remisión al Canon o Cánones, secciones y subsecciones que especifican la Ofensa; y (c) información general relativa a la Ofensa que sea suficiente para ofrecer protección contra procesos prohibidos en virtud del Canon IV.19.13.

Sec. 10. Un Acuerdo en virtud del Canon IV.9 tendrá el efecto que se dispone en el Canon IV.9.3. Un Acuerdo en Virtud del Canon IV.10 o IV.12 entrará en vigor treinta días después de la fecha en que el Conciliador o el presidente del Panel firme el Acuerdo. Una Orden entra en vigencia treinta días después de la fecha en que la Orden sea emitida.

Oposición a una orden

Sec. 11. Si la Orden es emitida por un Panel de Conferencia, el Demandante o el Abogado Eclesiástico puede oponerse a la Orden como se dispone en el Canon IV.12.12 y el asunto se remitirá a un Panel de Audiencias para hacer una audiencia como se dispone en el Canon IV.13.

Aviso de Acuerdos y Órdenes

Sec. 12. Si el Acusado o el Abogado Eclesiástico opone a las Órdenes, se dará aviso de los Acuerdos y Órdenes que han entrado en vigor sin demora de la siguiente manera:

   a. En el caso de cualquier Acuerdo u Orden referente a un Presbítero o Diácono, el Obispo Diocesano lo comunicará a todos los Clérigos de la Diócesis, a las Juntas Parroquiales de la Diócesis, al Secretario de la Convención y al Comité Permanente de la Diócesis, lo cual será agregado al registro oficial de la Diócesis; al Obispo Presidente, a todos los demás Obispos de la Iglesia y, donde no hubiera Obispo, a la Autoridad Eclesiástica de cada Diócesis de la Iglesia; al Presidente de la Cámara de Diputados; al Anotador de ordenaciones; a los Archivos; al Secretario de la Cámara de Obispos y al Secretario de la Cámara de Diputados; y a la Oficina del Ministerio de Transición, la cual deberá incluir una copia del aviso de Acuerdo u Orden en la cartera de la Oficina del Ministerio de Transición del Acusado.
   b. En caso de que un Acuerdo u Orden se refiriera a un Obispo, el Obispo Presidente comunicará dicho Acuerdo u Orden a la Autoridad Eclesiástica de cada Diócesis de la Iglesia; al Anotador de Ordenaciones; al Secretario de la Cámara de Obispos, a todos los Arzobispos y Metropolitanos, a todos los Obispos Presidentes de Iglesias en plena comunión con esta Iglesia y a la Oficina del Ministerio de Transición, la cual deberá incluir una copia del aviso de Orden o Acuerdo en la cartera de la Oficina del Ministerio de Transición del Acusado.
   c. Todos los avisos dados de conformidad con este Canon harán referencia al o los Cánones, Secciones y subsecciones que especifican la Ofensa que es objeto del Acuerdo u Orden.

d. Se comunicarán avisos similares siempre que se produzca una modificación o exoneración de una Orden de la cual se hubiera dado aviso previamente de conformidad con este Canon.

Sec. 13. En cada caso, no obstante cualquier otra disposición de este Título que indique lo contrario, el Obispo Diocesano podrá divulgar dicha información relativa a la Ofensa o alegatos de la misma, o relativa a cualquier Acuerdo u Orden, si el Obispo Diocesano lo considerara conveniente.

Divulgación

Sec. 14. Ningún Acuerdo ni arreglo civil podrá impedir ni restringir la divulgación de información objetiva relacionada con ninguna presunta Infracción contemplada en este Título. No obstante lo dispuesto en esta Sección, un Acuerdo o convenio civil podría impedir la revelación de la identidad de una supuesta Persona Perjudicada o de una cantidad pagada para resolver una reclamación u obtener una exención de responsabilidad civil.

Limitación de los acuerdos transaccionales confidenciales

CANON 15: de la Revisión

Sec. 1. Si el proceso ante el Panel de Audiencias sufre demoras exageradas o es suspendido y no se reanuda dentro de los sesenta días siguientes al recibo de una petición escrita de reanudación del proceso suscrita por el Abogado Eclesiástico o el Acusado, tanto el Abogado Eclesiástico como el Acusado podrán presentar una solicitud por escrito al Tribunal de Revisión para que este ordene al Panel de Audiencias que reanude el proceso. Una vez recibida la petición, el Presidente del Tribunal de Revisión nombrará un panel formado por un obispo, un presbítero o diácono y un laico de entre los miembros del Tribunal de Revisión. Los nombramientos se harán dentro de los quince días posteriores a la recepción de la petición. Ninguna persona nombrada será de la Diócesis en la que se encuentra el Panel de Audiencias. El Tribunal de Revisión analizará la petición dentro de los siguientes lineamientos:

Demoras del proceso

   a. La persona que presente la petición proporcionará copias de esta a los presidentes del Panel de Audiencias y de la Junta Disciplinaria. La petición incluirá una declaración relativa a la etapa en que se encuentra el proceso y la o las razones (en caso de conocerse) de la demora o suspensión del mismo, así como una descripción de las medidas tomadas por la persona que presenta la solicitud o por un tercero para eliminar el impedimento o la causa de la demora.
   b. Dentro de los quince días siguientes al recibo de la copia de la petición, el presidente del Panel de Audiencias presentará su respuesta a la solicitud ante el Tribunal de Revisión, de la cual entregará copias al Abogado Eclesiástico, al Acusado y al presidente de la Junta.
   c. El panel formado por el Tribunal de Revisión se reunirá, en persona, por videoconferencia o telefónicamente para considerar la petición y la respuesta, si la hubiera, del Panel de Audiencias. El Tribunal emitirá entonces una orden para que se

Tribunal de Revisión

reanuden el proceso o una orden en la que se rehúsa a solicitar que se reanude dicho proceso, con una explicación de los motivos para ello. La orden emitida por el Tribunal de Revisión tendrá carácter obligatorio para el Panel de Audiencias.

    d. En caso de que un Panel de Audiencias al que se le ordene que reinicie el proceso se negara o no pudiera hacerlo, el Abogado Eclesiástico o el Acusado podrán pedirle al Tribunal de Revisión que ordene que el proceso se transfiera a un Panel de Audiencias de otra diócesis dentro de la misma Provincia, con una orden a la Junta de que la Diócesis original transmita las actas completas del proceso al Panel de Audiencias sucesor.

Apelación de Órdenes

Sec. 2. Dentro de los cuarenta días después de que el Panel de Audiencias emita una Orden, el Acusado o el Abogado Eclesiástico podrá apelarla ante el Tribunal de Revisión mediante un aviso por escrito de su apelación al Obispo Diocesano, con copia al presidente del Panel de Audiencias y al Presidente del Tribunal de Revisión. El aviso de la apelación debe ir firmado por el abogado del Acusado o por el Abogado Eclesiástico, y debe incluir una copia de la Orden que se apela, y debe establecer los motivos de la apelación.

El Obispo puede apelar

Sec. 3. Cualquier Orden de un Panel de Audiencias que indique que el Acusado no cometió una Ofensa vinculada a asuntos de Doctrina, Fe o Culto de la Iglesia, podrá ser apelada por el Obispo Diocesano si es que lo piden por escrito por lo menos otros dos Obispos Diocesanos de otras diócesis de la Provincia que no sean miembros del Tribunal de Revisión. Tal apelación se podrá remitir únicamente a asuntos de Doctrina, Fe o Culto de la Iglesia, y no podrá tener por finalidad revocar lo decidido por el Panel de Audiencias respecto a que el Acusado no cometió una Ofensa. El Obispo Diocesano puede presentar una apelación en virtud de esta sección mediante la entrega de una notificación de apelación al Acusado, al Abogado Eclesiástico, al Presidente del Panel de Audiencias y al Presidente del Tribunal de Revisión dentro de los cuarenta días siguientes a la emisión de la Orden por parte del Panel de Audiencia.

Registrar una apelación

Sec. 4. La apelación deberá basarse en las actas del Panel de Audiencias. Las actas de apelación podrán corregirse, si estuvieran equivocadas, pero el Tribunal de Revisión no podrá recibir nuevas pruebas.

Normas de apelación

Sec. 5. Las normas y condiciones de apelación ante el Tribunal de Revisión serán las siguientes:

    a. Si se emitió una Orden contra un Acusado que no se presentó ante el Panel de Audiencias o que no participó en el proceso llevado a cabo ante el Panel de Audiencias, dicha Orden será confirmada a menos que una revisión de las actas durante la apelación demuestre que el Panel de Audiencias cometió un claro error que haya perjudicado sustancialmente al Acusado. El Tribunal de Revisión analizará los hechos y las actas desde el aspecto más favorable para el Acusado.

b. En cualquier otra apelación, el Tribunal de Revisión amparará al apelante únicamente si, de acuerdo con las actas de apelación, determinara que la parte que solicita la revisión ha sido perjudicada sustancialmente por cualquiera de las siguientes causas:
   1. La medida tomada viola la Constitución y los Cánones de la Iglesia o de la Diócesis.
   2. El Panel de Audiencias se excedió en la jurisdicción conferida por este Título.
   3. El Panel de Audiencias no resolvió todos los asuntos que debían solucionarse.
   4. El Panel de Audiencias interpretó o aplicó erróneamente la Constitución o Cánones de la Iglesia.
   5. El Panel de Audiencias cometió un error de proceso o siguió un proceso de toma de decisiones contrario a este Título.
   6. Las decisiones del Panel de Audiencias no están apoyadas en pruebas sustanciales cuando se analizan a la luz de las actas de apelación.

Sec. 6. Es el deber del Panel de Audiencias producir las actas de apelación, compuestas por una transcripción del proceso llevado a cabo ante el Panel de Audiencias junto con todos los documentos y pruebas tangibles que hubiera recibido dicho Panel. Estas actas deberán imprimirse o reproducirse según como lo autorice el Presidente del Tribunal de Revisión. Dentro de los treinta días posteriores a recibir las actas de apelación enviadas por el Panel de Audiencias, el apelante entregará dos copias de estas, el aviso de la apelación y el informe del apelante, si lo hubiera, a su contraparte, y entregará cinco copias al presidente del Tribunal de Revisión. Dentro de los treinta días posteriores a recibir una copia de las actas de apelación, la parte que se opone a la apelación presentará un informe explicando su oposición, de haberlo, al apelante, con cinco copias para el presidente del Tribunal de Revisión. El informe de respuesta del apelante se presentará, del mismo modo, dentro de los quince días siguientes a la presentación del informe de la oposición. *Actas de la apelación*

Sec. 7. Todos los miembros y suplentes del Tribunal de Revisión que actúen para la apelación estarán presentes para cualquier proceso oral de la misma. *Asistencia*

Sec. 8. El Tribunal de Revisión mantendrá un acta de todos los procesos. El Tribunal de Revisión nombrará a un recopilador que labrará las actas de los procesos y que actuará bajo órdenes del Tribunal de Revisión. *Procesos*

Sec. 9. Durante la audiencia de la apelación, el Tribunal de Revisión concederá al Acusado y al Abogado Eclesiástico la oportunidad de expresar su punto de vista. El Tribunal de Revisión podrá controlar la cantidad de abogados que podrán exponer su punto de vista.

Sec. 10. Ninguna Orden ni decisión del Panel de Audiencias será anulada únicamente por errores técnicos o inofensivos.

Sec. 11. Si después de presentar el aviso de apelación, el apelante no siguiera adelante con la apelación tal como se dispone en este Canon, el Tribunal de Revisión podrá desestimarla.

Difusión de documentos

Sec. 12. En cuanto sea posible, el Tribunal de Revisión pondrá los documentos a disposición de los miembros de la Iglesia y sus medios de comunicación como se dispone en esta Sección. Los documentos se divulgarán de manera que los miembros de la Iglesia y los medios de la Iglesia los conozcan ampliamente. Para un asunto en el cual un Presbítero o Diácono es el Acusado, la diseminación deberá incluir, como mínimo, publicar los documentos en el sitio web diocesano de la diócesis que llevó a cabo la audiencia del Panel de Audiencias. Para un asunto en el cual un Obispo es el Acusado, la diseminación deberá incluir, como mínimo, publicar los documentos en los sitios web de La Iglesia Episcopal y de la Convención General.

a. Los documentos que cubre esta Sección son todos documentos presentados o emitidos por el Tribunal de Revisión o por cualquiera de las partes o personas, incluidos, entre otros, mociones, informes, declaraciones juradas, opiniones, objeciones, decisiones, avisos, recusaciones y Órdenes, además de los documentos de un proceso de conformidad con la Sección 1 de este Canon.

b. El aviso en virtud de la Sección 2 estará disponible a más tardar diez días hábiles después de que el Presidente del Panel de Audiencias lo reciba.

c. No obstante lo anterior, el Tribunal de Revisión, a su discreción y por causa justificada para proteger a cualquier Persona Perjudicada o Persona Presuntamente Perjudicada, puede requerir la supresión de los documentos dispuesta en la Sección 12.a, después de consultar con el Abogado Eclesiástico, el abogado del Acusado, el Asesor del Acusado, el Asesor del Demandante o el abogado del Demandante, de haberlo, y cuando corresponda, el Obispo Diocesano.

Sec. 13. Si en algún momento después de que un asunto se haya apelado ante un Tribunal de Revisión o se encuentre ante un Tribunal de Revisión conforme a la Sección 1, se llega a un Acuerdo que finalice el proceso antes de que el Tribunal de Revisión emita una Orden o su decisión, el Obispo Diocesano pondrá el Aviso de Acuerdo con la disposición de la Iglesia y sus medios de comunicación según lo dispuesto en la Sección 12, así como al Tribunal de Revisión y al Panel de Audiencias del cual se tomó la apelación o sobre quien se presentó una petición de conformidad con la Sección 1.

Determinación

Sec. 14. Después de haberse completado la audiencia sobre la apelación y de una deliberación en privado, el Tribunal de Revisión podrá (a) rechazar la apelación; (b) revocar o afirmar parcialmente o completamente la Orden del Panel de Audiencias; o (c) conceder una nueva audiencia ante el Panel de Audiencias.

Sec. 15. Para tomar una decisión sobre la apelación, se exigirá que esté presente la mayoría de los miembros del Tribunal de Revisión. El Tribunal de Revisión emitirá su decisión por escrito y expondrá las razones sobre las que se basó; llevará la firma de los miembros que estuvieron de acuerdo con ella. La decisión se adjuntará al acta. Si no hubiera acuerdo de la mayoría de los miembros del Tribunal de Revisión, la Orden del Panel de Audiencias se mantendrá sin modificaciones, salvo aquellas partes de la Orden para la cual sí haya acuerdo entre los miembros del Tribunal.

Decisiones del Tribunal

Sec. 16. Luego de tomada una decisión sobre la apelación, el Presidente del Tribunal de Revisión la comunicará por escrito al apelante, a la parte que se opone a ella, al Obispo Diocesano y al Abogado Eclesiástico. El actuario del Tribunal de Revisión y el presidente certificarán las actas de la apelación, las cuales serán entregadas al Obispo Diocesano junto con una copia de las actas de apelación del Panel de Audiencias.

CANON 16: del Abandono de La Iglesia Episcopal
A. Por un Obispo

Sec. 1. Si la Junta Disciplinaria para Obispos recibe información que sugiere que un Obispo puede haber abandonado La Iglesia Episcopal (i) por una renuncia abierta a la Doctrina, Disciplina o Culto de la Iglesia; (ii) por la admisión formal en cualquier organismo religioso que no esté en plena comunión con esta Iglesia; o (iii) por oficiar actos episcopales en y para un organismo religioso ajeno a la Iglesia o a otra Iglesia en plena comunión con esta Iglesia, de tal forma que extienda a dicho organismo las Sagradas Órdenes como las sustenta esta Iglesia, o para administrar en beneficio de dicho organismo religioso la Confirmación sin el expreso consentimiento y comisión de la autoridad procedente de esta Iglesia, la Junta notificará oportunamente al Obispo Presidente y el Obispo en cuestión que está considerando el asunto. Al recibir dicha notificación, el Obispo Presidente podrá, con el consejo y consentimiento del Consejo Asesor del Obispo Presidente, establecer restricciones en el ministerio del Obispo en cuestión para el período, mientras que el asunto está bajo consideración de la Junta. Si, después de considerar el asunto, la Junta concluye, por mayoría de votos de todos sus miembros que el Obispo en cuestión ha abandonado La Iglesia Episcopal, la Junta certificará el hecho ante el Obispo Presidente, y junto con dicho certificado enviará un informe de los actos o declaraciones que demuestren dicho abandono, y el certificado y el informe serán registrados por el Obispo Presidente. El Obispo Presidente dispondrá una restricción sobre el ejercicio del ministerio de dicho Obispo hasta el momento en que la Cámara de Obispos investigue el asunto y proceda. Durante el período de dicha restricción, el Obispo no podrá realizar ningún acto episcopal, ministerial ni canónico.

Certificado del abandono

Sec. 2. El Obispo Presidente o el Funcionario Presidente de la Cámara de Obispos, notificará sin tardanza al Obispo de la certificación y

Sujeto a Destitución

restricción sobre el ministerio. Salvo que el Obispo restringido, en el plazo de sesenta días hiciese una declaración por un informe escrito verificado al Obispo Presidente afirmando que los hechos alegados en dicho certificado son falsos, y utilizase las disposiciones del Canon III.12.7, el Obispo estará sujeto a Deposición o Relevo y Destitución. Si el Obispo Presidente está razonablemente satisfecho de que el informe constituye (i) una retractación de buena fe de las declaraciones o actos expuestos en el certificado al Obispo Presidente o, (ii) un rechazo de buena fe de que el Obispo hizo las declaraciones o cometió los actos expuestos en el certificado, el Obispo Presidente, con el consejo y consentimiento de la Junta Disciplinaria para Obispos, dará fin a la restricción. De lo contrario, será deber del Obispo Presidente presentar el asunto ante la Cámara de Obispos en la siguiente reunión ordinaria o extraordinaria de la Cámara. La Cámara podrá, por mayoría del número entero de Obispos con derecho a voto, (1) dar su consentimiento diese su consentimiento a la destitución del Obispo en cuestión, en cuyo caso, el Obispo Presidente deberá deponer al Obispo del Ministerio ordenado de La Iglesia Episcopal y pronunciar y registrar en presencia de dos Obispos o más que el Obispo ha sido destituido, o (2) dar su consentimiento para el relevo y destitución del Obispo en cuestión del Ministerio Ordenado de La Iglesia Episcopal, en cuyo caso el Obispo Presidente declarará dicha descarga y destitución en presencia de dos Obispos o más.

B. Por un Presbítero o Diácono

Determinación de la Ofensa

Sec. 3. Si se informa al Comité Permanente de la Diócesis en la cual un Presbítero o Diácono tiene su residencia canónica que dicho Presbítero o Diácono, sin haberse valido de las disposiciones del Canon III.7.9-11 y III.9.8-11, puede haber abandonado La Iglesia Episcopal, el Comité Permanente informará inmediatamente al Obispo Diocesano y al Presbítero o Diácono en cuestión que está considerando el asunto. Al recibir dicha notificación, el Obispo Diocesano podrá, con el consejo y consentimiento del Consejo Asesor, establecer restricciones en el ministerio del Presbítero o Diácono en cuestión para el período, mientras que el asunto está bajo consideración del Comité Permanente. El Comité Permanente averiguará y considerará los hechos y si determina por voto de tres cuartas partes de todos los miembros que el Presbítero o Diácono ha abandonado La Iglesia Episcopal por renuncia abierta a la Doctrina, Disciplina o Culto de la Iglesia, o por admisión formal a cualquier organismo religioso que no esté en plena comunión con la Iglesia, o en cualquier otra forma, será el deber del Comité Permanente de la Diócesis transmitir por escrito al Obispo Diocesano, o si no hubiese un Obispo, al Obispo Diocesano de una Diócesis contigua, su determinación, acompañada de una declaración señalando con detalles razonables los hechos o declaraciones sobre los cuales se ha apoyado para tomar dicha determinación. Si el Obispo Diocesano afirma la determinación, el Obispo Diocesano dispondrá una restricción sobre el ejercicio del ministerio de ese Presbítero o Diácono durante sesenta días y enviará al Presbítero o Diácono una copia de la determinación y declaración junto con una notificación indicando que el Presbítero o Diácono goza de los derechos especificados en la Sección 4 de este Canon, y que al final del período de sesenta días el Obispo Diocesano considerará la destitución del Presbítero o Diácono de conformidad con las disposiciones de la Sección 4.

Sec. 4. Antes del vencimiento del período de restricción de sesenta días, el Presbítero o Diácono podrá utilizar las disposiciones del Canon III.7.9-11 o III.9.8-11, según corresponda. Si dentro del período de sesenta días el Presbítero o Diácono trasmite al Obispo Diocesano una declaración escrita firmada por el Presbítero o Diácono con la cual el Obispo Diocesano quede razonablemente satisfecho de que constituye una retractación de buena fe de dichas declaraciones o actos sobre los cuales se ha apoyado la determinación o una negación de buena fe de que el Presbítero o Diácono haya cometido los hechos o realizado las declaraciones sobre las cuales se apoyó la determinación, el Obispo Diocesano podrá retirar la notificación y la restricción del ministerio caducará. Si, no obstante, dentro del período de sesenta días, el Obispo Diocesano no declarase el relevo y destitución de dicho Presbítero o Diácono de conformidad con el Canon III.7.9-11 o III.9.8-11, según corresponda, o el Presbítero o Diácono no hace una retractación o rechazo como se dispone más arriba, entonces será el deber del Obispo Diocesano escoger entre (i) deponer al Presbítero o Diácono o (ii), si el Obispo Diocesano está convencido de que no ha habido ninguna irregularidad o conducta impropia anteriormente, con el consejo y consentimiento del Comité Permanente, pronunciará y registrará en la presencia de dos o más Presbíteros, que el Presbítero o Diácono ha sido descargado y destituido del Ministerio Ordenado de esta Iglesia y de las obligaciones que le corresponden y (por causas que no afectan el carácter moral de dicha persona) queda privado del derecho de ejercer en La Iglesia Episcopal los dones y autoridad espiritual conferidos en la Ordenación.
Retracción o Destitución

Sec. 5. A los efectos de la Sección 3 y 4 de este Canon, si no hay un Obispo Diocesano, el Comité Permanente deberá enviar el asunto al Obispo Diocesano de una Diócesis contigua, quien tendrá la autoridad de un Obispo Diocesano en la materia.
Función del Comité Permanente

CANON 17: del Proceso para Obispos

Sec. 1. Salvo que se disponga lo contrario en este Canon, las disposiciones de este Título se aplicarán a todos los asuntos en los cuales el Clérigo sujeto al proceso sea un Obispo.

Sec. 2. En todos los asuntos en los cuales el Clérigo sujeto al proceso sea un Obispo, los siguientes términos usados en los Cánones IV.5 a IV.16 y los Cánones IV.18 y IV.19 tendrán los siguientes significados respectivamente:
Definición de términos

a. Junta Disciplinaria se referirá a la Junta Disciplinaria para Obispos como se dispone en el Canon IV.17.3.
b. Gestor es una persona nombrada por el Obispo Presidente.
c. Obispo Diocesano es el Obispo Presidente, a menos que el Clérigo sujeto al proceso sea el Obispo Presidente, en cuyo caso Obispo corresponde al Obispo autorizado por el Canon IV.19.24.
d. Abogado Eclesiástico significa la persona nombrada por la Junta Disciplinaria para Obispos para servir como Abogado Eclesiástico.
e. Investigador significará una persona que está calificada para actuar como Investigador de conformidad con este Título, seleccionado por el Panel de Referencia o por el Abogado Eclesiástico.
f. Tribunal de Revisión es el Tribunal de Revisión para Obispos que se define en el Canon IV.17.8.

Junta Disciplinaria para Obispos

Sec. 3. a. Por el presente se establece la Junta Disciplinaria para Obispos como un tribunal de esta Iglesia que tendrá jurisdicción sobre asuntos de disciplina de los Obispos y para atender las apelaciones de los Obispos ante la imposición de restricciones al ejercicio de su ministerio o ante la imposición de Permisos Administrativos de Ausencia.

Miembros del Consejo

b. La Junta Disciplinaria para Obispos consiste en diez Obispos elegidos por la Cámara de Obispos en una reunión ordinaria de la Convención General, y otros seis Clérigos (incluido por lo menos un Diácono) y seis Laicos elegidos por la Cámara de Diputados en una reunión ordinaria de la Convención General. Todos los Laicos elegidos o nombrados para servir deben ser comunicantes adultos confirmados en buena posición.

c. Los Miembros de la Junta servirán términos escalonados, con los términos de la mitad de los Obispos y la otra mitad de los Laicos, Presbíteros y Diáconos, mismos que se vencerán colectivamente al clausurarse cada junta regular de la Convención General cada tres años.

d. A menos que sea elegido o designado para cubrir el resto de un mandato no vencido, cada miembro servirá desde la clausura de la Convención General en la que fue elegido hasta la clausura de la segunda reunión ordinaria de la Convención General después de la elección y hasta que el sucesor del miembro sea elegido y calificado.

Vacante

e. Una vacante entre los Obispos miembros debe ser llenada por el Obispo Presidente con el consejo de los Obispos miembros del Consejo Ejecutivo. El Presidente de la Cámara de Diputados deberá llenar una vacante entre los otros miembros, con el consejo de los laicos, Presbíteros y Diáconos miembros del Consejo Ejecutivo. Todas las vacantes deben cubrirse en un plazo de sesenta días a partir de que se produzca la vacante.

f. Aun cuando se venza el período de ejercicio de un miembro, no se producirá ningún cambio en la composición de ningún Panel de Conferencia o Panel de Audiencias mientras esté un asunto pendiente ante ellos; y los miembros de la Junta que formen parte de dicho Panel y cuyo período de ejercicio expire de otro modo continuarán, no obstante, en su cargo hasta que se resuelva el asunto y únicamente a tal efecto.

Sec. 4. Dentro de los sesenta días siguientes a cada Convención General, la Junta debe reunirse para elegir un presidente para el siguiente intervalo entre reuniones ordinarias de la Convención General. El presidente debe ser un Obispo. Si no hay un presidente, el Obispo con mayor antigüedad por consagración debe desempeñar las funciones de presidente.

Elegir al presidente

Sec. 5. El Panel de Conferencia constará de dos Obispos, un Presbítero o Diácono y un laico. El Panel de Audiencias constará de dos Obispos, un Presbítero o Diácono y un laico; la excepción será que el Panel de Audiencias para la Ofensa que se especifica en el Canon IV.4.1.h.2 referente a Ofensas de Doctrina contará únicamente con cinco Obispos.

Miembros de la Conferencia y del Panel de Audiencias

Sec. 6. Cuando el Acusado sea un Obispo, para suspender o destituir al Acusado se necesitará un Acuerdo o una Orden. En dicho caso la Sentencia de suspensión o destitución será dictada por el presidente de la Junta Disciplinaria para Obispos. El presidente no tendrá autoridad para negarse a pronunciar la Sentencia ni para imponer una Sentencia de menor magnitud. Cuando un Acuerdo establezca la suspensión o destitución de un Acusado que sea un Obispo, el presidente dictará la Sentencia dentro de los treinta días posteriores a la fecha en la cual el Conciliador o el presidente firme el Acuerdo. Cuando en una Orden se especifique la suspensión o destitución de un Acusado que además sea un Obispo, el presidente dictará la Sentencia no antes de los cuarenta días, pero no después de los sesenta días posteriores a la emisión de dicha Orden. No obstante cualquiera de las disposiciones de esta sección que indicaran lo contrario, no se pronunciará ninguna Sentencia mientras haya pendiente una apelación del asunto tratado. Sin embargo, mientras la apelación continúe pendiente, el presidente podrá imponer restricciones al Acusado en el ejercicio de su ministerio, podrá suspenderlo o podrá prolongar la restricción o suspensión que estaba en vigencia al momento en que se emitió la Orden. A menos que se disponga expresamente lo contrario por escrito en la restricción del ministerio o Sentencia de suspensión, un Obispo bajo restricción del ministerio o Sentencia de suspensión no ejercerá ninguna autoridad de su cargo y el Comité Permanente actuará como Autoridad Eclesiástica. Una Sentencia de suspensión de un Obispo que dure más de seis meses dará por terminada la relación pastoral entre el Obispo y la Diócesis, a menos que (i) el Comité Permanente, por dos tercios de los votos, solicite a la Junta Disciplinaria de Obispos, en un plazo de treinta días, que la relación continúe y (ii) la Junta Disciplinaria de Obispos apruebe dicha solicitud, excepto en el caso de una Sentencia de suspensión de un Obispo Provisional que preste servicio según lo dispuesto en el Canon III.13, lo cual dará como resultado la terminación del acuerdo con la Diócesis. Si la relación pastoral no se ha rescindido,

Sentencia de un Obispo

se proporcionarán servicios religiosos y administración de los Sacramentos en esa Parroquia como si existiera una vacante. Esta Sección no prohibirá la aplicación del Canon III.12.11.

Declaración de desvinculación

Sec. 7. No obstante cualquiera de las disposiciones de este Título que indiquen lo contrario, no se llevará a cabo ningún proceso en virtud de este Título en contra de un Obispo cuando la Ofensa que se alega sea la violación del Canon IV.4.1.h.2 por profesar y enseñar, o por haber profesado y enseñado, en forma pública o privada, y de manera deliberada, cualquier Doctrina que sea contraria a la de la Iglesia, a menos que primero se hubiera emitido una declaración de desvinculación por parte de la Cámara de Obispos de la manera dispuesta en el Canon IV.17.7.a y a partir de entonces se hubiera recibido el consentimiento de un tercio de los Obispos habilitados para votar en la Cámara de Obispos para iniciar el proceso en virtud de este Título, tal como se dispone en el Canon IV.17.7.b.

a. Cualesquiera diez Obispos Diocesanos de la Iglesia podrán presentar al Obispo Presidente una petición por escrito, firmada por todos ellos, en la que se pida que la Cámara de Obispos emita una declaración de desvinculación. Dicha petición incluirá: una declaración de la Doctrina que se alega ser contraria a la de la Iglesia; el (los) nombre(s) del (de los) Obispo(s) que se aduce ha(n) profesado y enseñado, en forma pública o privada, y de manera deliberada, dicha Doctrina; y además, una breve declaración de los hechos sobre los que se basa la solicitud de declaración de desvinculación. En forma simultánea con la presentación de la petición, ante el Obispo Presidente deberá entregarse la declaración de desvinculación propuesta y un informe que la respalde. Acto seguido, el Obispo Presidente entregará una copia de la petición de la declaración de desvinculación junto con la declaración de desvinculación propuesta y una copia del sumario que la respalda a todos y cada uno de los Obispos titulares de la declaración. El Obispo Presidente fijará una fecha para la presentación de una respuesta y un informe que la respalde, que no será anterior a noventa días a partir de la fecha de presentación; asimismo, podría prorrogar el plazo para dar una respuesta por no más de sesenta días adicionales. Luego de presentar una respuesta y el informe que la respalde, si lo hubiera, o luego del vencimiento del plazo dispuesto para dar una respuesta, si no se presentara ninguna, el Obispo Presidente inmediatamente transmitirá copias de la petición de una declaración de desvinculación, la declaración de desvinculación propuesta, la respuesta y los sumarios a cada miembro de la Cámara de Obispos. La Cámara de Obispos someterá a consideración la petición de declaración de desvinculación en su próxima reunión regularmente programada al menos un mes después de haberse transmitido las copias de la solicitud de declaración de desvinculación, la declaración de desvinculación propuesta, la respuesta y los sumarios a todos y cada uno de los miembros de la Cámara de Obispos. La Cámara de Obispos podrá enmendar la declaración de desvinculación propuesta. Si al término de la reunión no se hubiera emitido una declaración de desvinculación, no se llevará a cabo ningún otro proceso en virtud de este Título contra ningún Obispo que sea objeto de ello por profesar y enseñar la Doctrina alegada en la petición de declaración de desvinculación.

b. Antes de transcurridos noventa días luego de la emisión de una declaración de desvinculación por parte de la Cámara de Obispos de la manera dispuesta en el Canon IV.17.7.a, cualesquiera diez Obispos Diocesanos con jurisdicción en esta Iglesia podrán presentar al Obispo Presidente una petición por escrito, firmada por todos ellos, en la que se pida que la Cámara de Obispos inicie proceso en virtud de este Título contra cualquier Obispo que sea sujeto de tal declaración de desvinculación por violación del Canon IV.4.1.h.2 con respecto a la misma Doctrina que se alegó en la petición de la declaración de desvinculación. Dicha petición de iniciación del proceso en virtud de este Título incluirá una explicación de por qué la emisión de una declaración de desvinculación no fue respuesta suficiente para el asunto alegado en la petición de declaración de desvinculación y estará acompañada de un sumario que respalde la petición de iniciación del proceso. El Obispo Presidente fijará una fecha para la presentación de una respuesta, la cual incluirá una explicación de por qué la emisión de una declaración de desvinculación fue respuesta suficiente para el asunto alegado en la petición de declaración de desvinculación y estará acompañada de un informe que respalde su opinión; la fecha no será anterior a los noventa días a partir de la fecha de presentación y podría prorrogar el plazo para responder por no más de sesenta días adicionales. Luego de presentar una respuesta y el informe que la respalde, si lo hubiera, o luego del vencimiento del plazo dispuesto para dar una respuesta, si no se presentara ninguna, el Obispo Presidente inmediatamente transmitirá copias de la petición de iniciación del proceso en virtud de este Título, la respuesta y los sumarios a cada miembro de la Cámara de Obispos. No se iniciará ningún proceso en virtud de este Título por violación del Canon IV.4.1.h.2, a menos que el Obispo Presidente reciba el consentimiento por escrito de un tercio de los Obispos habilitados para votar en la Cámara de Obispos dentro de los sesenta días posteriores a la fecha en que se les enviaron las copias de la petición de iniciación del proceso, en virtud de este Título, de la respuesta y de los informes. Si el Obispo Presidente no recibiera, dentro de los sesenta días posteriores a dicha fecha, el consentimiento por escrito de un tercio de los Obispos habilitados para votar deberá descartar el asunto y no podrá llevarse adelante ningún otro proceso relativo a ello. Si el Obispo Presidente recibiera, dentro de los sesenta días antes especificados, los consentimientos por escrito necesarios, deberá dar aviso inmediato al presidente de la Junta Disciplinaria para Obispos. El presidente seleccionará sin demora, entre los miembros de la Junta Disciplinaria para Obispos, ya sea por sorteo o por otro medio al azar, un Panel de Audiencias que se compondrá por nueve Obispos y nombrará un presidente del Panel de Audiencia. El presidente de la Junta Disciplinaria para

Delitos de Doctrina por un Obispo

Obispos enviará de inmediato al presidente del Panel de Audiencias y al Abogado Eclesiástico, copias de la petición de iniciación de los procesos en virtud de este Título, la respuesta y los informes; el asunto se llevará adelante en virtud de este Título como un asunto que ha sido remitido al Panel de Audiencia.

Tribunal de Revisión para Obispos

Sec. 8. Por el presente, se establece el Tribunal de Revisión para Obispos como un tribunal de la Iglesia que tendrá jurisdicción sobre las apelaciones de los Paneles de Audiencias de la Junta Disciplinaria para Obispos.

a. El Tribunal de Revisión para Obispos está compuesto por nueve miembros, todos los cuales deben ser Obispos. La Cámara de Obispos elegirá a tres Obispos en cualquier reunión normalmente programada de dicha Cámara de Obispos, para que sirvan hasta la clausura de la tercera reunión subsiguiente de la Convención General y hasta que sus sucesores sean elegidos y califiquen; sin embargo, no habrá cambios en la composición del Tribunal con respecto a un Acusado en particular después de una audiencia en el asunto y mientras esté pendiente de resolver ante el Tribunal.

Vacantes

b. El Obispo Presidente debe cubrir las vacantes en el Tribunal de Revisión para Obispos en un plazo de sesenta días a partir de que se produzca la vacante.

Presidente

c. Entre ellos, los miembros de la Cámara de Revisión para Obispos deben elegir a un presidente.

Gastos

d. Los gastos razonables y necesarios del Tribunal de Revisión para Obispos (honorarios, costos, desembolsos y gastos generales de los miembros, actuarios, recopiladores y Abogados Eclesiásticos) se cargarán a la Convención General y serán pagados por el Tesorero de la Convención General cuando lo ordene el presidente del Tribunal de Revisión. El Tribunal de Revisión para Obispos tiene autoridad para ordenar a la Convención General que pague estos gastos.

Acuerdo para disciplina por un Obispo

Sec. 9. Un Acuerdo entre el Obispo Presidente y un Obispo que resulte de un arreglo de disciplina de conformidad con el Canon IV.9 (a) estará sujeto al derecho de retiro que se dispone en el Canon IV.9.3 y (b) será presentado por el Obispo Presidente ante la Junta Disciplinaria para Obispos para su aprobación inmediatamente después de ser firmado por el Obispo Presidente y el Acusado. A menos que sea retirado en virtud del Canon IV.9.3, tendrá efecto a partir de la aprobación de la Junta Disciplinaria para Obispos y no estará sujeto a apelación.

CANON 18: de la Modificación y Exoneración de Órdenes

Solicitud

Sec. 1. Todo Clérigo que sea objeto de una Orden que haya entrado en vigor podrá solicitar al Obispo Diocesano de la Diócesis que emitió la Orden, o al Obispo Presidente en el caso de un Obispo, que se haga una modificación o una exoneración de la Orden. Si el Obispo estuviera de acuerdo en que hay suficientes razones para conceder la modificación o exoneración solicitada, en su totalidad o en parte, se aplicarán los procesos dispuestos en este Canon para realizar dicha modificación o exoneración.

Sec. 2. En el caso de una Orden relativa a un Presbítero o Diácono, toda disposición de cualquier Orden que no sea la de recomendar la destitución del Presbítero o Diácono, podrá ser modificada o remitida por el Obispo Diocesano de la Diócesis que emitió la Orden, con el consejo y consentimiento de dos tercios de los miembros de la Junta Disciplinaria. *Consentimiento de la Junta*

Sec. 3. En el caso de la destitución de un Presbítero o Diácono de conformidad con una Orden, dicha destitución deberá ser remitida y terminada por el Obispo Diocesano de la Diócesis que emitió la Orden solo previo cumplimiento de las siguientes condiciones: (a) la exoneración deberá contar con el consejo y consentimiento de dos tercios de los miembros de la Junta Disciplinaria de la Diócesis que emitió la Orden; (b) la exoneración propuesta, con las razones aducidas, se enviará para ser juzgada por cinco de los Obispos Diocesanos cuyas Diócesis sean las más cercanas a la Diócesis desde la cual se emitió la Orden, y el Obispo Diocesano recibirá por escrito la aprobación de la exoneración y el consentimiento para ello de al menos cuatro de los Obispos; (c) si la persona destituida tuviera residencia legal o canónica en una diócesis que no fuera aquella desde la cual se emitió la Orden, la exoneración propuesta junto con las razones para ella se enviarán para ser juzgadas por el(los) Obispo(s) Diocesano(s) de la(s) diócesis de residencia legal y canónica; tal(es) Obispo(s) Diocesano(s) será(n) quien(es) deberá(n) dar su aprobación por escrito de la exoneración y consentir a ella; y además (d) antes de autorizar la exoneración, el Obispo Diocesano exigirá que la persona depuesta que desee volver a ser un ministro ordenado, firme la declaración requerida en el Artículo VIII de la Constitución. *Condiciones*

Sec. 4. En el caso de una Orden relativa a un Obispo, cualquier disposición de la Orden podrá ser modificada o exonerada por el presidente de la Junta Disciplinaria para Obispos, con el consejo y el consentimiento de la mayoría de los miembros de la Junta y de los Obispos que en ese entonces estén prestando sus servicios en el Tribunal de Revisión. *En el caso de un Obispo*

Sec. 5. En el caso de una Orden que destituya a un Clérigo por abandonar la Iglesia, el Obispo no recibirá ninguna solicitud de exoneración hasta que la persona destituida haya vivido en comunión laica con la Iglesia durante al menos un año antes de solicitar la exoneración. *En caso de abandono*

Sec. 6. No se modificará ni exonerará ninguna Orden a menos que al Clérigo, al Abogado Eclesiástico y a todos y cada uno de los Demandantes se les haya otorgado la oportunidad de expresar su punto de vista ante la Junta Disciplinaria, o la Junta Disciplinaria y los Obispos que entonces estuvieran prestando servicios en el Tribunal de Revisión, según sea el caso, respecto a las razones por las cuales la modificación o exoneración propuesta debería permitirse o no. *Oportunidad de ser escuchado*

CANON 19: de las Disposiciones Generales

Disciplina de la Iglesia

Sec. 1. Los procesos realizados en virtud de este Título no pertenecen al área civil ni penal, sino que son de naturaleza eclesiástica. Estos procesos representan la responsabilidad de la Iglesia de determinar quién podrá servir como Clérigo de ella, reflejando el sistema de gobierno y el orden de esta Iglesia jerárquica. Los Clérigos voluntariamente han solicitado y aceptado puestos en la Iglesia y por lo tanto han dado su consentimiento de someterse a la Disciplina de la Iglesia. En estos procesos no podrán reclamar, en virtud de este Título, garantías constitucionales que no sean las asociadas con los procesos judiciales seculares.

Tribunales seculares

Sec. 2. Ningún miembro de la Iglesia, laico u ordenado, podrá solicitar que la Constitución y Cánones de la Iglesia sean interpretados por un tribunal secular, ni podrá recurrir a un tribunal secular para resolver una disputa que surja de la Constitución y los Cánones; tampoco podrá utilizar dichos tribunales para demorar, obstaculizar, revisar o afectar de ningún modo ningún proceso en virtud de este Título.

Sec. 3. Ningún tribunal secular tendrá autoridad para revisar, anular, revocar, restringir ni demorar ningún procedimiento realizado en virtud de este Título. En ningún tribunal secular podrá entablarse un proceso judicial para hacer cumplir los términos o disposiciones de un Acuerdo u Orden a menos que expresamente se lo autorice en ellos.

Limitación de los procesos

Sec. 4. a. Un Clérigo no será sometido al proceso especificado en este Título por actos cometidos más de diez años antes de la iniciación del proceso, excepto en los siguientes casos:

1. Si el Clérigo ha sido declarado culpable en un Tribunal de actas de lo penal o en un fallo en un Tribunal de actas de lo civil en una causa en que haya intervenido la inmoralidad, se podrán iniciar procesos en cualquier momento del período de tres años siguiente a que se declare y resuelva como definitiva la condena.
2. Si la supuesta Persona Perjudicada era menor de veintiún años de edad en el momento de los actos alegados, se podrá iniciar un proceso en cualquier momento antes de que la supuesta Persona Perjudicada cumpla la edad de veinticinco años.
3. Si una supuesta Persona Perjudicada por lo demás estuviera discapacitada en el momento de los actos alegados, o si los actos alegados no se descubrieron o los efectos de los mismos no se reconocieron durante los diez años inmediatamente posteriores a la fecha de los actos alegados, el tiempo durante el cual se podrá iniciar dicho proceso se ampliará a dos años después de que la discapacidad cese o la supuesta Persona Perjudicada descubra o entienda los efectos de los actos alegados; *siempre y cuando, no obstante,* el tiempo durante el cual podrá iniciarse dicho proceso no supere quince años a partir de la fecha en que supuestamente se cometieron dichos actos.

b. Los plazos de la Subsección a. anterior no se aplicarán con respecto a personas cuyos actos incluyan violencia física, abuso sexual o explotación sexual, si los actos ocurrieron cuando la supuesta Persona Perjudicada era menor de veintiún años de edad; en ese caso, el proceso en virtud de este Título podrá comenzarse en cualquier momento.

c. Los límites de tiempo de la Subsección a. anterior no se aplicarán con respecto a las personas cuyos actos incluyan conducta sexual inapropiada, siempre que se inicien procesos en virtud de este Título entre el 1° de enero de 2019 y el 31 de diciembre de 2021.

d. Salvo lo dispuesto en la Subsección b. anterior, las limitaciones de tiempo para que se inicien procesos en esta Sección serán retroactivas tan solo al 1° de enero de 1996.

e. No se podrá comenzar ningún proceso en virtud de este Título del cual se alegue infracción del IV.3.1.a o que constituya una infracción del Canon IV.4.1.b, .c, .e o .h.2 a menos que los actos hayan sido cometidos, o hayan continuado, hasta los dos años inmediatamente previos al momento de iniciar el proceso.

f. Para los fines de esta Sección 4, los procesos se inician en virtud de este Título con respecto a una Ofensa determinada cuando se presentan alegatos específicos de haber cometido esa Ofensa ante el Gestor.

Sec. 5. La jurisdicción y el lugar para los procesos realizados en virtud de este Título serán los siguientes: *Jurisdicción y lugar*

    a. Un Clérigo estará sujeto a los procedimientos mencionados en este Título por la supuesta comisión de una Ofensa en la Diócesis en la cual dicho Clérigo tiene su residencia canónica o en cualquier diócesis en la cual se alegue que ocurrió una Ofensa.

    b. Toda vez que tenga que remitirse un asunto a un Gestor respecto a un Clérigo que no tenga su residencia canónica en la Diócesis del Gestor, el Obispo Diocesano de la Diócesis del Gestor deberá avisarle de inmediato al Obispo Diocesano de la Diócesis donde el Clérigo tiene su residencia canónica que la Diócesis del Gestor tiene intenciones de llevar adelante un proceso en virtud de este Título, con respecto a ese asunto. El Obispo Diocesano de la Diócesis de residencia canónica dispondrá de treinta días luego de recibir dicho aviso dentro de los cuales podrá oponerse a la asunción de jurisdicción sobre el asunto por parte de la diócesis del Gestor. Dicha objeción se hará por escrito y se dirigirá al Obispo Diocesano de la Diócesis del Gestor. Si el Obispo Diocesano de la Diócesis de residencia canónica no se opusiera a nada dentro del plazo mencionado, se dará por sentado que el Obispo de la Diócesis de residencia canónica acepta que se realice la asunción de jurisdicción sobre el asunto por parte de la diócesis del Gestor.

    c. Si el Obispo Diocesano de la Diócesis de residencia canónica se opusiera de acuerdo con lo dispuesto en el Canon IV.19.5.b, dicho Obispo Diocesano y el Obispo Diocesano de la

Diócesis del Gestor se pondrán prontamente de acuerdo en cuanto a cuál Diócesis asumirá la jurisdicción sobre el asunto y llevará a cabo el proceso. Si los dos Obispos no pudieran ponerse prontamente de acuerdo, su desacuerdo deberá resolverse del siguiente modo:
1. Cualquiera de los dos puede pedir inmediatamente al Presidente del Tribunal de Revisión que decida qué Diócesis llevará a cabo el proceso.
2. El Obispo que realiza la petición proporcionará una copia de su petición al otro Obispo. El Obispo que no hizo la petición podrá responder a ella dentro de los catorce días posteriores a la entrega del documento de petición.
3. El Presidente podrá escuchar las opiniones de los Obispos Diocesanos o de los Abogados Eclesiásticos de las respectivas diócesis, ya sea en persona o telefónicamente, respecto a la solicitud y a una eventual respuesta. El Presidente podrá pedir que los Obispos Diocesanos o los Abogados Eclesiásticos envíen otros documentos.
4. El Presidente decidirá, dentro de los catorce días posteriores al envío de la petición, cuál Diócesis llevará a cabo el proceso.
5. Es un objetivo de estos procesos no demorar indebidamente el avance de ningún proceso en virtud de este Título. Por lo tanto, las partes no utilizarán el alcance total de estos plazos con el fin de prolongar el proceso.

No comparecer

Sec. 6. En cualquier procedimiento realizado en virtud de este Título, en el cual el Acusado no se presente ante el Panel de Conferencia tal como lo exige el Canon IV.12.4 , o no se presente ante el Panel de Audiencias cal como lo exige el Canon IV.13.2.a, o no presente en tiempo y forma puntualmente la respuesta por escrito al Panel de Audiencias que exige el Canon IV.13.2.c, dicho Panel podrá, a su juicio, proceder en ausencia del Acusado. En cualquier proceso realizado en virtud de esta sección, dichos paneles pueden considerar los materiales descritos en el Canon IV.12.1, y cualquier otro tipo de pruebas cuyo uso esté permitido en procedimientos llevados a cabo ante dichos paneles. El hecho que un Acusado no haya comparecido o no haya presentado una respuesta por escrito, según se describe en esta Sección, no será por sí solo la base para determinar que se ha cometido una Ofensa, aparte de la Ofensa que surja por no comparecer o por no presentar la respuesta.

Sentencia de suspensión o restricción del Ministerio

Sec. 7. A menos que se disponga expresamente lo contrario por escrito sobre la restricción del ministerio o la Sentencia de suspensión, un Clérigo bajo una restricción del Ministerio o Sentencia de suspensión no ejercerá autoridad alguna de su oficio sobre la propiedad inmobiliaria o personal ni los asuntos temporales de la Iglesia salvo los asuntos que no puedan ser tratados por una persona aparte del titular del oficio, y podrá ejercer autoridad en esos asuntos únicamente previo consejo y consentimiento de la Junta Parroquial o del Comité de Obispos en el caso de propiedades o asuntos de la congregación, o del Comité Permanente en el caso de propiedades o asuntos Diocesanos. La Sentencia de suspensión de un Rector dará fin a la relación pastoral entre el Rector y la Junta Parroquial o la Congregación a menos que (i) la Junta Parroquial, por voto de dos tercios, pida a la Autoridad Eclesiástica dentro de un plazo de treinta días que continúe la relación y (ii) la Autoridad Eclesiástica apruebe dicha petición. Si la relación pastoral no se ha terminado, se mantendrán servicios religiosos y administración de los Sacramentos para esa Parroquia como si existiera una vacante en la oficina del Rector. Esta Sección no prohibirá la aplicación del Canon III.9.13.

Sec. 8. Para calcular los plazos otorgados para los procesos descritos en este Título, se excluirá el día de la actuación o evento a partir del cual se considera que comienza a correr el plazo designado. Se incluirá el último día del plazo, a menos que sea sábado, domingo o día feriado en esa jurisdicción, en cuyo caso el plazo correrá hasta el fin del día siguiente que no sea sábado, domingo o día feriado en esa jurisdicción. Toda vez que una de las partes tenga el derecho de realizar un acto o se le requiera hacerlo dentro del plazo previsto después de la entrega del aviso formal o de otros documentos, si la entrega fuera por correo, se agregarán cinco días al plazo estipulado. Toda vez que en este Título se establezca que un acto dado deba realizarse oportunamente o sin demoras, dicho acto se hará tan rápidamente como sea posible dadas las circunstancias.

Sec. 9. En todos los casos en virtud de este Título donde tome medidas o ejerza potestad un organismo canónico compuesto por varios miembros, incluidos los Paneles de Referencias, los Paneles de Conferencias, los Paneles de Audiencias y los Tribunales de Revisión, y se haya dado aviso a todos sus miembros de que deben reunirse, la mayoría de los miembros del organismo formará quórum, y una mayoría de los miembros presentes cuando haya quórum se considerará competente para actuar. *Quórum*

Sec. 10. Todas las diócesis tomarán las medidas del caso para asegurarse de que haya asesores disponibles para los Acusados y para los Demandantes, tal como se dispone en este Canon, para dar apoyo, asistencia y consejo acerca del procedimiento indicado en este Título, así como acerca de los derechos, responsabilidades, consecuencias y alternativas relativas a este. *Asesores*

a. El Obispo Diocesano pondrá a disposición del Acusado a un Asesor por lo menos desde el momento en que suceda el primero de los siguientes eventos: (1) se haga la remisión para la conciliación al Panel de Conferencia o al Panel de Audiencias; (2) se imponga una restricción al ejercicio del ministerio o se imponga una Suspensión Administrativa, (3) el Acusado o el Obispo Diocesano le proponga términos de disciplina al otro en virtud del Canon IV.9 o (4) Se interrogue al Acusado, se le pida que haga una declaración o se le pida información.

b. El Obispo Diocesano hará que el Acusado tenga a su disposición un Asesor al menos desde el momento en que suceda el primero de los siguientes eventos: (1) envío del informe inicial al Panel de Referencia; (2) 15 días después de que el Demandante sea informado de una desestimación de conformidad con el Canon IV.6.5, (3) el Acusado o el Obispo Diocesano le proponga términos de disciplina al otro en virtud del Canon IV.9 o (4) el Obispo designe a una Persona Perjudicada como Demandante.

c. Ninguna de las siguientes personas podrá desempeñarse como Asesor: el Obispo Diocesano, el Abogado Eclesiástico, los miembros de la Junta Disciplinaria, el Gestor, ningún Investigador, ninguna persona que pudiera ser testigo en cualquier procedimiento pertinente, ni el Canciller o Vicecanciller de la Diócesis.

d. A ningún Acusado ni Demandante se le exigirá que acepte los servicios de un Asesor propuesto por el Obispo Diocesano. Cualquier Acusado o Demandante podrá utilizar los servicios de cualquier Asesor que elija después de designar a esa persona como Asesor por escrito y proporcionar esa información al Gestor.

e. Todas las comunicaciones entre el Acusado y su Asesor o abogado, y entre el Demandante y su Asesor o abogado, serán privilegiadas.

f. Cuando se trate de asuntos de disciplina, y a menos que en un Acuerdo u Orden se indique otra cosa, los costos y gastos razonables de proporcionar Asesores ofrecidos por el Obispo Diocesano serán cubiertos por la Diócesis. Los costos y gastos razonables de proporcionar asesores elegidos por el Acusado o el Demandante y que no fueron ofrecidos por el Obispo Diocesano serán responsabilidad de dicho Demandado o Demandante, a menos que en un Acuerdo u Orden se indique otra cosa.

g. En todos los procesos realizados en virtud de este Título en los cuales el Acusado o el Demandante tuvieran el derecho de estar presentes, también sus Asesores tendrán el derecho de estarlo.

Influencia indebida

Sec. 11. Ninguna persona sujeta a la autoridad de la Iglesia deberá intentar coaccionar ni ejercer influencia indebida, en forma directa o indirecta, sobre las acciones de quienes desempeñen funciones en virtud de este Título, sobre los miembros de dicho organismo ni sobre otras personas que participen en dicho proceso.

Derecho a asesor jurídico

Sec. 12. En todos los procesos de este Título, cuando se requiera o permita que el Acusado o el Demandante comparezca, participe, declare o esté presente en el procedimiento, tendrá el derecho de estar acompañado y de estar representado por el abogado que elija. Toda vez que, en virtud de este Título, se entregue un aviso o un documento a un Acusado o a un Demandante, simultáneamente se entregará también una copia a su respectivo abogado, siempre y cuando el Demandado o Demandante, según corresponda, haya notificado al Obispo de la identidad e información de contacto de dicho abogado. Nada de lo incluido en este Título deberá interpretarse como exigencia de que un Acusado esté representado por un abogado.

En virtud de este Título, todo lo que se requiere o se permite que haga el abogado del Acusado puede ser hecho por el propio Acusado.

Sec. 13. Los procesos realizados en virtud de este Título que no sean respuestas pastorales, se prohibirán si la Ofensa específica ya hubiera sido objeto de un proceso previo en virtud de este Título contra el mismo Clérigo, y hubiera culminado con la emisión de una Orden o la celebración de un Acuerdo. Además, en el caso de un Clérigo que hubiera sido objeto de un proceso según un predecesor de este Título, los procesos de conformidad con este Título, además de las respuestas pastorales, quedarán prohibidos si la Ofensa ya fue previamente incluida en una acusación contra el Clérigo hubiera sido establecida expresamente en la renuncia y sometimiento voluntario de dicho Clérigo a medidas disciplinarias voluntarias por las cuales se hubiera dictado una Sentencia o formara parte del informe de un conciliador.

Prohibición de procedimientos posteriores

Sec. 14. La imparcialidad de los funcionarios y entidades descritos en este Título deberá cumplir con las siguientes pautas:

Referente a la imparcialidad

a. Cualquier Obispo Diocesano que tenga autoridad según lo dispuesto en este Título, deberá excluirse voluntariamente de cualquier procedimiento en el que su imparcialidad pudiera ser razonablemente cuestionada. El Obispo también deberá excluirse voluntariamente cuando él, su cónyuge o un familiar con relación de parentesco de hasta tercer grado con cualquiera de ellos, así como el cónyuge de dicha persona, sea el Acusado, el Demandante o una Persona Perjudicada.

b. El Abogado Eclesiástico o cualquier miembro de cualquier Panel considerado en este Título, deberá descalificarse voluntariamente de cualquier proceso en el que su imparcialidad pudiera cuestionarse de manera razonable. La persona deberá descalificarse a sí mismo si dicha persona, su cónyuge o un familiar con relación de parentesco de hasta tercer grado con cualquiera de ellos, así como el cónyuge de dicha persona (1) es el Acusado, el Demandante o una Persona Perjudicada (2) es posible que se le llame a declarar en el proceso, (3) tiene prejuicios o predisposición en contra del Acusado, del Demandante o de cualquier Persona Perjudicada, (4) tiene conocimiento personal sobre pruebas que se disputan en el proceso, (5) tiene un interés económico en los resultados del proceso, sobre el Acusado, el Demandante o cualquier Persona Perjudicada, o sobre cualquier otro aspecto que pudiera ser substancialmente afectado por el resultado del proceso, o (6) es miembro de la misma congregación o tiene una estrecha relación personal o profesional con el Acusado, el Demandante, una Persona Perjudicada o un testigo del caso.

c. El Abogado Eclesiástico o el del Acusado podrán pedir la recusación de cualquier miembro de cualquier Panel descrito en este Título que no se haya descalificado voluntariamente tal como se establece en esta Sección. El Demandante o su Asesor podrá informar al Abogado Eclesiástico acerca de esta situación. La recusación será investigada por el resto de los miembros del Panel, quienes determinarán si la persona recusada deberá ser descalificada y reemplazada de conformidad con los procedimientos de este Título para el llenado de vacantes.

    d. Ningún Obispo Diocesano ni Panel aceptará del Abogado Eclesiástico ni del Acusado ninguna renuncia a las bases de descalificación enumeradas en esta sección, a menos que vaya precedida de una divulgación completa de las bases de la descalificación, en las actas.

Integridad de la Junta

Sec. 15. Además de cualquier recusación permitida en virtud del Canon IV.19.14, la integridad de la Junta Disciplinaria se preservará por medio de un sistema de recusación en cuanto a la membresía de cualquier Panel de la Junta nombrado para un proceso. De acuerdo con el Canon, cada diócesis tendrá un sistema de recusación. Si en los Cánones de las Diócesis no hubiera disposiciones para cuestionar a un miembro de la Junta, cualquier miembro de un Panel nombrado para participar en un proceso podrá ser recusado por el Abogado Eclesiástico o por el Acusado respecto a un conflicto de intereses o de prejuicios. Los restantes miembros de la Junta determinarán si la recusación es relevante y se basa en hechos reales y después determinará si el integrante recusado deberá ser excluido del procedimiento. Si el integrante fuera excluido, se nombrará a otro integrante de la Junta para integrar el Panel y llenar así la vacante creada por la recusación, debiéndose mantener el equilibrio necesario de laicos miembros ordenados.

Presunción de que el Acusado no cometió la Ofensa

Sec. 16. Se supondrá que el Acusado no cometió la Ofensa. La prueba que se requiere para que un Panel de Audiencias determine que un Acusado cometió una Ofensa es que exista un predominio de pruebas claras y convincentes.

Peso de la prueba

Sec. 17. En todos los asuntos relacionados con este Título, la Iglesia deberá demostrar a través del Abogado Eclesiástico que el Acusado sí cometió una Ofensa.

Deber de los miembros de la Iglesia

Sec. 18. Salvo que en este Título se disponga lo contrario, o salvo que exista causa justificante según lo determine el Panel de Audiencias, será deber de todos los miembros de esta Iglesia comparecer y declarar o responder cuando formalmente se lo solicite un Panel en cualquier asunto relacionado con lo descrito en este Título.

Abogado Eclesiástico

Sec. 19. Ningún Canciller o Vicecanciller de una Diócesis se desempeñará como Abogado Eclesiástico en su Diócesis. Ningún Canciller o Vicecanciller de una Provincia se desempeñará como Abogado Eclesiástico en una Diócesis de esa Provincia ni en un procedimiento provincial. Ni el Canciller del Obispo Presidente ni el Canciller del Presidente de la Cámara de Diputados podrá desempeñarse como Abogado Eclesiástico en procedimiento alguno. El Abogado Eclesiástico en un procedimiento no podrá provenir del mismo bufete de abogados que un Canciller o Vicecanciller por lo demás descalificado en virtud de esta sección.

Sec. 20. Los avisos u otros documentos entregados según los procedimientos de este Título se considerarán formalmente entregados si la persona recibe una copia, si se deja una copia a un adulto que resida en el hogar del interesado, si se envía por correo certificado una copia a su morada habitual o si se envía por medios electrónicos con recibo confirmado por escrito. Los avisos por publicación deberán hacerse en un periódico de circulación general dentro de la jurisdicción de la residencia habitual del interesado. La aceptación del documento enviado hace innecesario que se realice cualquier otro procedimiento. *Avisos en debida forma*

Sec. 21. La referencia en este Título a un Obispo Diocesano incluirá al Obispo Coadjutor si se le ha asignado jurisdicción específica a este para asuntos contemplados en este Título de conformidad con el Canon III.11.9.a.2 y un Obispo Sufragáneo u Obispo Asistente si las obligaciones específicas para los asuntos contemplados en este Título han sido asignadas expresamente al Obispo Sufragáneo u Obispo Asistente por el Obispo Diocesano. *Obispo con jurisdicción*

Sec. 22. Una Junta Disciplinaria o Tribunal de Revisión podrá, a su discreción, contratar un abogado para que le proporcione asesoría o asesore al Presidente de la Junta o a uno de sus Paneles en temas jurídicos, de procedimientos o de pruebas. Dicho abogado, si lo hubiera, no tendrá voto en ningún procedimiento realizado ante la Junta Disciplinaria, uno de sus Paneles ni el Tribunal de Revisión. *Asesoramiento jurídico*

Sec. 23. Salvo lo dispuesto expresamente en este Título, en el Canon Diocesano aplicable o en cualquier Acuerdo u Orden, todos los costos, gastos y honorarios, de haberlos, serán responsabilidad de la parte, persona o entidad que hubiera incurrido en ellos. *Gastos*
    a. Los costos, gastos y honorarios necesarios correspondientes al Investigador, al Abogado Eclesiástico, al Panel de Conferencia, al Panel de Audiencias y a cualquier respuesta pastoral correrán por cuenta de la Diócesis.
    b. Los costos y gastos necesarios del Tribunal de Revisión correrán por cuenta de la Convención General.
    c. Los costos y gastos necesarios de la Junta Disciplinaria para Obispos y del Tribunal de Revisión para Obispos correrán por cuenta de la Convención General.
    d. Nada de lo dispuesto en este Título impide el pago voluntario de los costos, gastos y honorarios responsabilidad del Acusado por otra parte o entidad, incluida una Diócesis.

Sec. 24. Si el Obispo Presidente no pudiera actuar por ausencia, discapacidad u otro motivo, las acciones que en virtud de este Título debería realizar el Obispo Presidente serán realizadas por el Obispo que sería el Funcionario Presidente de la Cámara de Obispos, de conformidad con la Sección 3 del Artículo I de la Constitución en caso de renuncia, enfermedad, discapacidad o fallecimiento del Obispo Presidente. *Si el Obispo Presidente no está disponible*

La Diócesis procurará un Obispo	**Sec. 25.** Si la administración de la disciplina de clérigos de una Diócesis no se le asigna expresamente a un Obispo Diocesano, a un Obispo Coadjutor o a un Obispo Sufragáneo, y no está bajo restricción de ministerio o Sentencia de suspensión, la Diócesis deberá, por acuerdo de conformidad con el Canon III.13.2, disponer que un Obispo lleve a cabo los deberes de Obispo Diocesano en virtud de este Título antes de comenzar o continuar con cualquier proceso en virtud del mismo. Un Obispo que realiza los deberes del Obispo Diocesano en virtud de esta Sección tiene toda la autoridad y los poderes del Obispo Diocesano en virtud de este Título.
Comunicación confidencial	**Sec. 26.** Toda vez que en este Título se establezca que una comunicación, deliberación, investigación o procedimiento será confidencial, ninguna persona con el conocimiento o la posesión de información confidencial derivada de tal comunicación, deliberación, investigación o procedimiento la divulgará, salvo si así se estableciera en este Título, en un Acuerdo u Orden o en las leyes vigentes.
Comunicación privilegiada	**Sec. 27.** Las Comunicaciones Privilegiadas no serán divulgadas ni se derivará ninguna inferencia negativa respecto a que sean privilegiadas, a menos que la persona a quien pertenece el privilegio renuncie a él. La renuncia de un privilegio puede ocurrir: (a) por divulgación voluntaria; (b) por no oponerse a tiempo el uso de una Comunicación Privilegiada o (c) por poner en riesgo la Comunicación Privilegiada. No obstante las disposiciones de esta sección que indique lo contrario, el hecho de que un penitente renuncie a los requisitos de confidencialidad relativos a las comunicaciones o divulgaciones realizadas dentro del Rito de Reconciliación de un penitente no significa que el confesor se verá forzado a divulgar nada relativo a tales comunicaciones o divulgaciones, pues la confidencialidad de la confesión es moralmente absoluta, tal como se expresa en el Libro de Oración Común.
	Sec. 28. El incumplimiento de cualquier requisito de proceso dispuesto en este Título no será motivo de desestimación de ningún proceso, a menos que dicho incumplimiento provoque una injusticia sustancial o perjudique gravemente los derechos de un Acusado según lo determine el Panel o el Tribunal ante el cual está pendiente el procedimiento en propuesta y audiencia.
Destitución	**Sec. 29.** Solamente con el fin de aplicar estos Cánones a personas que han recibido el pronunciamiento de la anterior Sentencia de destitución, se considerará que dicha Sentencia fue una Sentencia de destitución.
Preservación de actas	**Sec. 30. a.** Los diarios de sesiones se llevarán y preservarán del siguiente modo: 1. Todos los Paneles de Audiencias y Tribunales de Revisión y Tribunal de Revisión para Obispos mantendrán un registro completo y fiel de sus procesos por medios que permitan obtener una transcripción por escrito. Cuando

se den por terminados todos los procedimientos, el presidente del Panel o del Tribunal certificará las actas. Si por alguna razón el presidente no hubiera participado en los procedimientos, el Panel o el Tribunal elegirán a otro miembro del Panel o Tribunal para certificar las actas.
   2. El Panel o el Tribunal tomará las medidas necesarias para preservar y almacenar un ejemplar de las actas de cada procedimiento en la Diócesis en la cual se originó el procedimiento.
   3. El Panel o el Tribunal entregará inmediatamente el acta certificada original de los procesos a los Archivos de La Iglesia Episcopal. *Entrega a los Archivos*
 b. El Obispo Diocesano deberá:
   1. Entregar oportunamente a los Archivos de La Iglesia Episcopal una copia de cualquier Acuerdo u Orden que haya entrado en vigor y un registro de cualquier acto de exoneración o modificación de cualquier Orden.
   2. Disponer la conservación permanente de copias de todos los Acuerdos y Órdenes por medios que permitan la identificación y localización de cada copia con el nombre del Clérigo que es objeto de la misma.
 c. Cuando se envíen registros impresos en virtud de este Canon, deberá entregarse a los Archivos de La Iglesia Episcopal una copia o versión electrónica de los registros cuya conservación se exige en virtud de esta Sección en el formato que especifiquen los Archivos de La Iglesia Episcopal.
 d. Los Archivos de La Iglesia Episcopal (el "Administrador") crearán, administrarán y mantendrán un registro seguro y con acceso limitado en la base de datos central para rastrear los datos pertinentes a los procesos en virtud de este Título (la "Base de Datos") con el fin de proporcionar datos e información estadística para ayudar en el fomento de la formulación de políticas, la educación, el ministerio y otros objetivos de gobierno de la Iglesia (colectivamente los "Propósitos de la base de datos"). *Base de datos*
   1. La base de datos solo incluirá asuntos disciplinarios en virtud de este Título que se remiten al Panel de Referencia de conformidad con el Canon IV.6.6 o IV.6.7.
   2. La Diócesis, la Junta Disciplinaria, el Abogado Eclesiástico y el Acusado (o el Asesor del Acusado) según corresponda, completarán y enviarán los formularios que a su leal saber y entender, incluidos los cuestionarios prescritos y creados por la Comisión Permanente sobre Estructura de Gobierno y Cánones o su comisión permanente sucesora en consulta con el Administrador, el Funcionario Jurídico, y la Oficina de Desarrollo Pastoral.
   3. La base de datos no contendrá: (i) la información de identificación personal de los Acusados, Demandantes, Personas Perjudicadas o testigos; (ii) Comunicaciones Privilegiadas; u (iii) otra información que de otra manera

estaría prohibida la divulgación bajo este Título u otra ley aplicable.
4. El Administrador pondrá informes de la Base de Datos en un lugar accesible a la Comisión Permanente de Estructura, Gobierno, Constitución y Cánones, el Funcionario Jurídico, la Oficina de Desarrollo Pastoral y el Consejo Ejecutivo. El Administrador también dispondrá que los informes de la Base de Datos sean accesibles a otros organismos de gobierno de la Iglesia u otros funcionarios de la Iglesia, siempre y cuando dichos organismos y funcionarios intenten utilizar los informes de la Base de Datos en cumplimiento con los Propósitos de la Base de Datos y hayan recibido la aprobación del Consejo Ejecutivo y el Funcionario Jurídico de la Iglesia. De vez en cuando, el Consejo Ejecutivo o la Comisión Permanente de Estructura, Gobierno, Constitución y Cánones puede publicar información estadística y otros informes derivados de la base de datos, siempre y cuando dicha publicación sea congruente con este canon.

Acusación

Sec. 31. Todo Clérigo que tenga residencia canónica en la diócesis, que considere haber sido acusado, por rumores u otros medios, de una Ofensa para la cual podría realizarse un proceso según lo dispuesto en este Título, podrá en nombre propio pedir al Gestor que lleve a cabo una investigación con respecto a dicha acusación. Al recibo de tal petición del Clérigo, será el deber del Gestor llevar a cabo una investigación inicial de conformidad con el Canon IV.6 e informar el resultado al Clérigo.

Sec. 32. Ningún Clérigo será responsable de Ofensa alguna si el acto u omisión que constituye la Ofensa hubiera ocurrido sino antes de la fecha de entrada en vigor de este Título, a menos que dicho acto u omisión hubiese constituido una ofensa en el predecesor de este Título.

CANON 20: de las Disposiciones de Transición y las Enmiendas para ajustarse a otros Cánones

Transición a la revisión del Título IV

Sec. 1. Los términos en mayúsculas usados en este Canon y que por lo demás no se definen en este Título, tendrán el significado asignado en el predecesor de este Título.

Sec. 2. Este Título tendrá vigencia a partir del 1° de julio del 2011. Salvo que se indique lo contrario en este Canon, el predecesor de este Título quedará anulado en la fecha en que entre en vigor este Título.

Sec. 3. Los asuntos pendientes en el predecesor de este Título, en la fecha de entrada en vigor del presente, se manejarán del siguiente modo:
   a. Cualquier Inhibición Transitoria continuará de conformidad con sus términos hasta que venza según el Canon 1.2(f) del predecesor de este Título. Cualquier Inhibición Transitoria

continuará de acuerdo con sus términos, hasta que venza según de conformidad con el Canon 1.2(f) del predecesor de este Título. Una Inhibición Temporal que haya sido vigente antes de la fecha de entrada en vigor de este Título y que venza por motivo del vencimiento del plazo dispuesto en el Canon 1.2(f)(vi) del predecesor de este Título, podrá ser prorrogada y revisada. (1) de la manera dispuesta en el predecesor de este Título en el caso de cualquier asunto que proceda según el predecesor de este Título como se dispone en esta sección, o bien (2) en el caso de cualquier otro asunto, mediante la emisión de una restricción al ejercicio del ministerio, la imposición de una Suspensión Administrativa al Clérigo, o ambas, según las disposiciones de este Título.

b. Un Cargo contra un Presbítero o Diácono que esté pendiente en la fecha de entrada en vigor de este Título, y respecto al cual el Comité de Revisión Diocesano no hubiera emitido una Acusación ni hubiera votado por no emitirla, será remitido al Panel de Referencia y el asunto procederá de acuerdo con las disposiciones de este Título.

c. Un Cargo contra un Obispo que esté pendiente en la fecha de entrada en vigor de este Título, y respecto al cual el Comité de Revisión no hubiera emitido una Acusación ni hubiera votado por no emitirla, será remitido al Panel de Referencia y el asunto procederá de acuerdo con las disposiciones de este Título.

d. Una petición de declaración de desvinculación que esté pendiente en la fecha de entrada en vigor de este Título, procederá de acuerdo con el Canon IV.17.7.a, y el asunto de ahí en adelante procederá, de hacerlo, de conformidad con las disposiciones de este Título.

e. Una Acusación contra un Obispo en virtud del Canon 3.21(c) del predecesor de este Título que esté pendiente en la fecha de entrada en vigor de este Título, procederá de acuerdo con el Canon IV.17.7, y el asunto de ahí en adelante procederá, de hacerlo, de conformidad con las disposiciones de este Título.

f. Un caso en el cual se emita una Acusación contra un Clérigo antes de la fecha de entrada en vigor de este Título, y en el cual la respuesta del Acusado u otras respuestas no se den o no tengan que presentarse sino hasta después de la fecha de entrada en vigor de este Título, se remitirá al Panel de Conferencia y el asunto procederá de acuerdo con las disposiciones de este Título.

g. Un caso que esté pendiente ante un Tribunal Eclesiástico de Primera Instancia de una Diócesis, y en el cual la respuesta del Acusado u otras respuestas se den o tengan que entregarse antes de la fecha de entrada en vigor de este Título, y en el cual no se haya celebrado ningún Juicio, procederá de acuerdo con las disposiciones del predecesor de este Título a menos que el Abogado Eclesiástico, el Acusado y el presidente de la Junta Disciplinaria acuerden por escrito que el caso procederá según las disposiciones de este Título, en cuyo caso el asunto se remitirá al Panel de Audiencias y procederá de acuerdo con las disposiciones de este Título.

h. Una apelación de cualquier Fallo pronunciado por un Tribunal Eclesiástico de Primera Instancia de una Diócesis después de la fecha de entrada en vigor de este Título, procederá según las disposiciones de este Título.

i. Un caso que esté pendiente ante un Tribunal de Revisión del Juicio de un Presbítero o Diácono, procederá de acuerdo con las disposiciones del predecesor de este Título, a menos que el Abogado Eclesiástico, el Acusado y el Presidente del Tribunal de Revisión acuerden por escrito que el caso procederá según las disposiciones de este Título, en cuyo caso el asunto se remitirá al Tribunal de Revisión y el asunto, inclusive la concesión de una nueva audiencia, procederá según las disposiciones de este Título

j. Un caso que esté pendiente ante un Tribunal para el juicio de un Obispo, y en el cual la respuesta del Acusado u otras respuestas se dan o tienen que entregarse antes de la fecha de entrada en vigor de este Título, y en el cual no se ha celebrado ningún Juicio, procederá de acuerdo con las disposiciones del predecesor de este Título a menos que el Abogado Eclesiástico, el Acusado y el presidente de la Junta Disciplinaria para Obispos acuerden por escrito que el caso procederá según las disposiciones de este Título, en cuyo caso el asunto se remitirá al Panel de Audiencias y procederá de acuerdo con las disposiciones de este Título.

k. Un caso que esté pendiente ante un Tribunal de Revisión del Juicio de un Obispo, procederá de acuerdo con las disposiciones del predecesor de este Título a menos que el Abogado Eclesiástico, el Acusado y el presidente del Tribunal de Revisión para Obispos acuerden por escrito que el caso procederá según las disposiciones de este Título, en cuyo caso el asunto se remitirá al Tribunal de Revisión para Obispos y el asunto, inclusive la concesión de una nueva audiencia, procederá según las disposiciones de este Título.

TÍTULO V
DISPOSICIONES GENERALES

CANON 1: de la Promulgación, Enmienda y Revocación

Sec. 1. Ningún Canon nuevo será promulgado ni ningún Canon existente será enmendado ni revocado salvo por Resolución concurrente de las dos Cámaras de la Convención General. Dicha Resolución puede introducirse primero en cualquiera de las cámaras y será remitida en cada Cámara al Comité de Cánones de la misma, para consideración, informe y recomendación, antes de la adopción por la Cámara; *se dispone, no obstante,* que en ambas Cámaras el requisito anterior de remisión podrá disculparse por un voto de tres cuartos de los miembros presentes.

Se requiere procedimiento

Sec. 2. Siempre que un Canon sea enmendado, promulgado o revocado en aspectos diferentes por dos o más promulgaciones independientes en la misma Convención General, incluso la promulgación de un Título entero, las promulgaciones separadas se considerarán como una promulgación que contiene todas las enmiendas o promulgaciones, sean o no revocadas, siempre que los cambios que se hagan en promulgaciones o enmiendas separadas no se contrapongan. Los dos miembros del Comité de Constitución y Cánones de cada Cámara de la Convención General nombrados de conformidad con el Canon V.1.6 determinarán si hay o no un conflicto y certificarán el texto de la promulgación única ante el Secretario de la Convención General.

Promulgaciones separadas que afectan al mismo Canon

Sec. 3. Cuando un Canon que revocó otro Canon, en todo o en parte, sea a sí mismo revocado, tal Canon previo, en todo o en parte, no quedará por ello revivido ni restituido si no contiene palabras expresas a ese efecto.

Sec. 4. Si se enmienda o agrega un Canon o Sección de un Canon o Cláusula de una Sección de un Canon, la promulgación tendrá materialmente uno de los formatos siguientes: "Que el Canon ... (Canon, Sección o Cláusula designado como se dispone en el Canon V.2.2) ... por el presente se enmiende de la siguiente manera: (insertar aquí la nueva redacción)"; o "Que el Canon ... (Canon o Sección designado como se dispone en el Canon V.2.2) ... por el presente se enmiende al agregar una Sección (o Cláusula) que diga lo siguiente: (insertar aquí el texto de la nueva Sección o Cláusula)". Si se harán enmiendas en una de las reuniones de la Convención General a más de la mitad de los Cánones de un solo Título de los Cánones, la promulgación puede tener la siguiente forma: "Que el Título ... de los Cánones se enmiende por la presente para que diga lo siguiente: (insertar aquí la nueva redacción de todos los Cánones del Título sea o no enmendado el Canon individual)". En caso de la inserción de un nuevo Canon o una nueva Sección o Cláusula en un Canon, o de la revocación de un Canon existente,

Formato de enmienda

o de una Sección o Cláusula, la numeración de los Cánones, o de una división de un Canon que siga se cambiará de manera correspondiente, sin la necesidad de promulgar una enmienda o enmiendas a ese efecto.

Conservador de la Constitución y los Cánones

Sec. 5. Habrá un Conservador de la Constitución y los Cánones de la Iglesia Episcopal, nombrado por los Funcionarios Presidentes de las dos Cámaras de la Convención General y confirmado por el Consejo Ejecutivo. Las vacantes de ese puesto se cubrirán del mismo modo. El Conservador desempeñará su cargo por un período que comenzará doce meses después de la clausura de la reunión ordinaria anterior de la Convención General y permanecerá en funciones hasta doce meses después de la siguiente reunión ordinaria de la Convención General, o hasta que se confirme a un sucesor. El primer Conservador de la Constitución y los Cánones de la Iglesia Episcopal será nombrado por los Funcionarios Presidentes para ser confirmado en la primera reunión del Consejo Ejecutivo tras la adopción de este Canon. Será deber del Conservador certificar que todas las versiones digitales e impresas de la Constitución y los Cánones, incluyendo cualquier enmienda o enmiendas adoptadas en la Convención General más reciente, se ajustan a la Constitución y los Cánones debidamente autorizados por la Convención General.

Certificación de cambios

Sec. 6. Al cierre de cada reunión ordinaria de la Convención General, el Conservador de la Constitución y los Cánones, en consulta con el Canciller del Obispo Presidente, el Canciller del Presidente de la Cámara de Diputados, y el Presidente y Vicepresidente de la Comisión Permanente sobre Gobierno, Estructura, Constitución y Cánones, (a) certificará los cambios, de haberlos, efectuados en los Cánones, incluida la corrección de las referencias hechas en cualquier Canon respecto a otro, y los reportará, con el debido arreglo, al Secretario de la Convención General; (b) certificará de la misma manera los cambios, de haberlos, que se le hagan o se proponga hacerle a la Constitución, de conformidad con las disposiciones del Artículo XII de la Constitución, y los reportará al Secretario de la Convención General, quien los publicará en el Diario; y (c) certificará de la misma manera los cambios, de haberlos, introducidos en las Reglas de Orden Conjuntas. El Conservador también tendrá y ejercerá el poder de cambiar la numeración y corregir las referencias de Artículos, Secciones y Cláusulas de la Constitución según lo requiera la adopción de enmiendas a la Constitución en una reunión de la Convención General de la misma manera dispuesta con respecto a los Cánones y las Reglas de Orden Conjuntas.

Entrada en vigor de los Cánones

Sec. 7. Todos los Cánones promulgados por la Convención General, y todas las enmiendas y revocaciones de Cánones, a menos que se ordene expresamente lo contrario en un acto de la Convención General, entrarán en vigor el primer día de enero posterior al cierre de la Convención General en la que fueron promulgados o hechos.

TÍTULO V

CÁNONES V.2.1-2 - V.4.1.a.1-3

CANON 2: de la Terminología Empleada en estos Cánones

Sec. 1. Siempre que el término "Diócesis" se use sin calificación en estos Cánones, se entenderá que se refiere tanto a las "Diócesis" y a las "Diócesis Misioneras," de la manera en que estos términos se usan en la Constitución, y también, siempre que corresponda, a la "Asamblea de Iglesias Episcopales de Europa". *Uso del término Diócesis*

Sec. 2. Siempre que en estos Cánones se haga referencia a un Canon, a una Sección de un Canon o a una Cláusula de una Sección de un Canon, la palabra "Canon" se dispondrá, seguida en orden por la designación numérica o alfabética del Título, el Canon, la Sección y la Cláusula, en cada caso separada por un punto. *Uso del término Canon*

CANON 3: de los Organismos de la Convención General; Quórum

Sec. 1. Los miembros de todos los comités, subcomités, grupos de trabajo, paneles u otros organismos elegidos o nombrados por cualquier organismo paneclesiástico o líder de La Iglesia Episcopal incluidos, entre otros, la Cámara de Diputados, la Cámara de Obispos, el Consejo Ejecutivo, Comisiones, Comités, Agencias y Juntas de La Iglesia Episcopal y sus respectivos Funcionarios Presidentes, informarán de sus miembros a la Oficina de la Convención General, la cual publicará la información más tardar 30 días después de la elección o nombramiento. *Reportar a los miembros*

Sec. 2. Salvo cuando la Constitución o los Cánones de la Convención General dispongan lo contrario, un quórum de cualquier organismo de la Convención General que consista de varios miembros, habiendo sido todos citados debidamente para reunirse, constituirá una mayoría de dichos miembros; y una mayoría del quórum así citado será competente para actuar. *Quórum*

CANON 4: de las Vacantes en los Organismos Canónigos

Sec. 1. a. Salvo cuando la Constitución o los Cánones de la Convención General dispongan lo contrario, el término de un miembro en cualquier organismo de la Convención General que se componga de varios miembros quedará vacante de la siguiente manera: *Causas para la destitución*
1. Por faltar a dos reuniones regulares previstas del organismo entre reuniones regulares sucesivas de la Convención General a menos que sea disculpado por el organismo.
2. Por la presentación de una restricción sobre el ejercicio del ministerio; al comenzar una Suspensión Administrativa; al presentarse una Orden o Acuerdo, cuya Orden o Acuerdo incluye una Sentencia de Inhibición Amonestación, Suspensión o Destitución de un Clérigo miembro del organismo.
3. Por el pronunciamiento del relevo y destitución del ministerio ordenado de esta Iglesia de un Clérigo.

4. Por la certificación ante el Obispo Presidente por la Junta Disciplinaria para Obispos acerca del abandono de la Iglesia de un Obispo conforme al Canon IV.16.A.
5. Por la declaración del Comité Permanente de que un Presbítero o Diácono ha abandonado, de conformidad con el Canon IV.16.B, la comunión de esta Iglesia.
6. Por causa que se considere justificada por voto de dos tercios de todos los miembros del organismo.

Vacantes causadas por un cambio de estado

b. El mandato de cualquier miembro que específicamente deba ser cumplido por un Presbítero o Diácono quedará vacante por la ordenación de ese miembro al episcopado.

c. El mandato de cualquier Clérigo que específicamente se deba cumplir en virtud de una residencia canónica provincial o diocesana quedará vacante al cambiar la residencia canónica a otra diócesis o a una diócesis en una provincia diferente, según sea el caso.

d. El mandato de cualquier Laico que específicamente se deba cumplir en virtud de una residencia canónica provincial o diocesana quedará vacante al cambiar de residencia canónica a otra diócesis o a una diócesis en una provincia diferente, según sea el caso.

Sec. 2. a. El puesto de un laico queda vacante por la pérdida de su estado de comulgante en buena posición.

b. El puesto de cualquier miembro que específicamente deba ser cubierto por un Laico quedará vacante al ordenarse ese miembro.

REGLAS DE ORDEN
CÁMARA DE OBISPOS

I. Servicios y Devociones

A. Como indicación de nuestra humilde dependencia de la Palabra y el Espíritu de Dios y siguiendo el ejemplo de los Consejos primitivos, siempre se deberá colocar de manera reverente una copia de las Sagradas Escrituras a la vista en toda reunión de esta Cámara. *Lugar de las Sagradas Escrituras*

B. Cada día de Sesión de la Cámara, la reunión comenzará con una oración y una lectura de las Sagradas Escrituras. *Oraciones de bienvenida*

C. Al mediodía de cada día de la Sesión, habrá un oficio religioso que incluirá oraciones por la Iglesia en su misión, como se dispone en el Libro de Oración Común. *Oraciones del medio día*

D. La última sesión de la Cámara se deberá cerrar con la Bendición pronunciada por el Obispo Presidente. *Clausura de sesión*

E. En cada sesión de la Cámara de Obispos habrá una celebración diaria en el lugar y a la hora dispuestos por el Obispo Presidente o el Vicepresidente de la Cámara. *Sagrada Eucaristía*

F. Antes de la votación para la elección de un Obispo Presidente, un Obispo Misionero, o si se ha propuesto la transferencia de un Obispo Misionero de una Diócesis a otra, se celebrará la Santa Eucaristía con una oración especial rogando que el Espíritu Santo oriente.

G. El oficio religioso de apertura de la Convención General y la selección del Orador estarán a cargo del Obispo Presidente, el Vicepresidente de la Cámara de Obispos y el Obispo de la Diócesis en donde se llevará a cabo la Convención. El Obispo Presidente dirá el sermón a menos que decida nombrar a otro Obispo como Predicador. *Oficio Religioso de Inauguración de la Convención General*

II. Primer Día de Sesión

A. La Cámara de Obispos se reunirá para sesionar en el momento y lugar que haya sido notificado debidamente por el Obispo Presidente o el Vicepresidente de la Cámara, a los miembros de esta Cámara, y el Obispo Presidente o el Vicepresidente, o, en su ausencia, el Obispo Mayor de los presentes que tenga jurisdicción llamará al orden. *Llamada al orden*

B. La Cámara procederá entonces a elegir a un Secretario si el puesto está vacante; y la persona elegida deberá cumplir esta función hasta concluir esa reunión de la Convención. Al finalizar cada junta de la Convención, la Cámara procederá a elegir a un Secretario que continuará en su oficio hasta la conclusión de la siguiente reunión ordinaria trienal de la Convención después de dicha elección. Con la aprobación del obispo que preside, el Secretario podrá en ese momento o después, nombrar Secretarios Auxiliares. *Secretario y Secretarios Auxiliares*

C. El Secretario pasará lista. En el segundo y tercer día el Secretario hará una nota de los que hayan llegado tarde ya que tendrán que informar de su presencia al Secretario. *Pasar lista*

SECCIONES II.D-G - III.B.1-3   CÁMARA DE OBISPOS

Actas

D. El Secretario leerá las Actas de la última reunión y la Cámara actuará en consecuencia. Dicha lectura puede omitirse con voto mayoritario de la Cámara.

Presentación de nuevos Obispos

E. Los Obispos que concurran por primera vez a la Cámara después de su Consagración serán presentados ante la Cámara en ese momento o en otro momento, y de la manera que disponga el Obispo Presidente en esa misma reunión.

Homenajes

F. En un momento conveniente, el Obispo Presidente anunciará sin comentarios, el hecho y la fecha del fallecimiento de cualquier miembro que haya fallecido desde la última reunión anterior; después de lo cual encabezará una oración.

Vicedirector

G. La Cámara procederá a elegir a un Vicepresidente, si el puesto llegara a estar vacante; una vez que se haya escuchado el informe del comité de candidatura de la Cámara y tras haber recibido cualesquiera otras nominaciones de la comisión, la persona elegida deberá cumplir su función hasta que finalice la siguiente reunión ordinaria de la Convención. Al término de cada reunión de la Convención, la Cámara, empleando el mismo procedimiento, procederá a elegir a un Vicepresidente que cumplirá su función hasta que finalice la siguiente reunión ordinaria de la Convención posterior a dicha elección. El Vicepresidente, en ausencia del Obispo Presidente, o por petición del Obispo Presidente, presidirá en la Cámara. En ausencia del Vicepresidente, el Obispo Presidente puede pedirle a otro miembro de la Cámara que presida.

III. Órdenes del Día

Orden normal de actividades

A. El orden normal de actividades será de la siguiente manera:
1. Oraciones.
2. Pasar lista o inscripciones de último momento.
3. Lectura de las actas de la reunión anterior.
4. Presentación de miembros nuevos.
5. Comunicaciones del Obispo Presidente.
6. Informe del Comité de Labor Parlamentaria.
7. Peticiones y Homenajes.
8. Mensajes de la Cámara de Obispos aún no resueltos.
9. Mociones de Referencia.
10. Informes de los Comités Legislativos en el orden que los Comités se nombran en la sección IV
11. Informes de Comisiones.
12. Informes de Comités Especiales.
13. Otros asuntos.

Orden especial de actividades

B. En cualquier Reunión Especial de la Cámara, el Secretario presentará la Convocatoria Oficial para dicha reunión e incorporará la Convocatoria en las Actas. El Orden de Actividades en cualquier Sesión Especial será de la siguiente manera:
1. Llamada al orden.
2. Oraciones.
3. Pasar lista.

CÁMARA DE OBISPOS SECCIÓN III.B.4-9 - III.F

4. Presentación de miembros nuevos.
5. Comunicaciones del Obispo Presidente.
6. Asuntos especiales de la Reunión.
7. Informes de Comités Especiales.
8. Lecturas de las Actas.
9. Se levanta la sesión.

C. El segundo día de la Sesión, después de las Oraciones, el Obispo Presidente presentará ante la Cámara una declaración de los actos oficiales durante el receso de la Convención General. *Actos oficiales del Obispo Presidente*

D. En los días en que se espere que la Cámara de Obispos se reúna con la Cámara de Diputados y otros en Sesión Conjunta, el primer Orden de Actividades será la consideración de aquellos asuntos que el Comité de Labor Parlamentaria indique que exigen atención urgente. Después seguirá la consideración de Comunicaciones de la Cámara de Diputados no resueltas, Informes de los Comités Permanentes y otros asuntos según el tiempo permita. Si la Sesión Conjunta se levantara antes de la hora de costumbre para levantar la sesión de la Cámara de Obispos, la Cámara podrá reanudar su sesión. Cualquier parte de esta regla puede ser suspendida por un voto de la mayoría. *Orden de las actividades en los días de Sesiones Conjuntas*

E. El Secretario mantendrá un Calendario de Actividades en el que anotará, en el orden en que se presentan, los Informes de los Comités, las Resoluciones que se aplazaron y otros asuntos no resueltos, indicando el asunto de cada artículo. *Calendario de Actividades*

F. El Secretario mantendrá un Calendario de Consentimientos que se publicará diariamente y se distribuirá a los miembros antes de la reunión de la Cámara en cada día legislativo, y lo designará como un calendario separado. Se listarán los asuntos en el Calendario de Consentimientos en grupos separados según la fecha en que se hayan incorporado al mismo. Todos los asuntos para los que se han propuesto enmiendas por un Comité se designarán así. *Calendario de Consentimientos*

No será admisible ningún debate con respecto a asunto alguno que aparezca en el Calendario de Consentimientos. Sin embargo, el Presidente concederá un tiempo razonable para las preguntas de los asistentes y las respuestas a esas preguntas.

Antes de votar para la aceptación definitiva de cualquier asunto que aparece en el Calendario de Consentimientos, se retirará del Calendario de Consentimiento si (1) tres Obispos, (2) el proponente del asunto o (3) el Comité de Labor Parlamentaria pide, por escrito, que el Secretario retire el asunto del Calendario de Consentimientos. Cualquier asunto así retirado no podrá reincorporarse después al Calendario de Consentimientos sino que se restaurará en el Calendario Diario.

No será admisible ninguna enmienda aparte de una enmienda contenida en un informe del Comité con respecto a cualquier asunto en el Calendario de Consentimientos. Cualquier enmienda contenida en informes del Comité sobre tales asuntos se considerará adoptada a menos que el asunto sea objetado y se retire del Calendario de Consentimientos.

Los asuntos que aparecen en el Calendario de Consentimientos se considerarán inmediatamente después del receso del mediodía del siguiente día legislativo siguiendo su incorporación al Calendario de Consentimientos, o de lo contrario, por consentimiento unánime o por adopción de un orden especial de asuntos.

Un asunto puede incorporarse al Calendario de Consentimientos por voto de un Comité Legislativo, si el voto del Comité para informar el asunto con una recomendación para la adopción (con o sin las enmiendas) o para que no se tome en cuenta, o para rechazo fue, de tres cuartos (3/4) de los miembros presentes.

Orden del Día

G. El Orden del Día se abordará a la hora fijada, a menos que se posponga por un voto de dos tercios de los miembros presentes que voten.

Obispos Visitantes

H. Los Obispos invitados a los escaños honorarios podrán ser presentados por el Obispo que preside siempre que la Cámara no esté ocupada con ningún otro asunto.

IV. Nombramiento de Comités

Comités Legislativos

A. Los comités de esta Cámara serán nombrados por el Obispo Presidente, a menos que se ordene lo contrario. El Obispo Presidente, a más tardar el tercer día de la sesión, nombrará a los miembros de todos los Comités que servirán anualmente y nombrará al Presidente de cada Comité. Los siguientes serán los Comités de la Cámara:

1. Comités Permanentes:
   a. Labor Parlamentaria.
   b. Certificación de las Actas.
   c. Reglas de Orden.
   d. Privilegio y Cortesía.
   e. Renuncia de Obispos.
   f. Carta Pastoral.
2. Comités legislativos, según sea necesario, que pueden incluir:
   a. Constitución y Cánones.
   b. Estructura.
   c. Misión Mundial.
   d. Asuntos Nacionales e Internacionales.
   e. Asuntos Sociales y Urbanos.
   f. Congregaciones Pequeñas.
   g. Evangelismo.
   h. Libro de Oración, Liturgia y Música Sagrada.
   i. Ministerio.
   j. Educación.
   k. Church Pension Fund.
   l. Mayordomía y Desarrollo.
   m. Relaciones Ecuménicas.
   n. Renuncia y Utilización de Obispos.
3. Otros comités legislativos, según sea necesario, que pueden incluir:
   a. Comunicaciones.
   b. Resoluciones Misceláneas.

c. Comunidades Religiosas.
 d. Sobre Nominaciones y Elecciones.
 e. Admisión de Nuevas Diócesis.

B. El Presidente de cada Comité nombrará a un Vicepresidente y un Secretario.

C. El Obispo Presidente puede, en cualquier momento, remitir a los Comités de la Cámara, para su consideración, los asuntos que surjan y que deban recibir consideración en la próxima reunión de la Cámara.

V. Reglas Generales para las Reuniones de esta Cámara

A. No se presentará ningún Homenaje, Petición o Discurso ante esta Cámara, a menos que sea por un Obispo miembro de esta Cámara o algún otro Obispo presente. *Distribución de materiales impresos*

B. No se podrá distribuir ninguna cosa que no sea Informes y otros documentos impresos para el uso de la Cámara y por orden de la Cámara, salvo la correspondencia privada de sus miembros en la Cámara, sin haber sido entregada primero al Secretario, y sometida a la aprobación del Obispo que preside.

C. Todas las Resoluciones se harán constar por escrito, y ninguna moción será considerada por la Cámara mientras no sea secundada. En todos los casos en que una Resolución esté prevista para enmendar un Canon o un Título entero de Cánones, la forma de Resolución presentada dispondrá la promulgación en la forma prescrita por el Canon V.1.4, incluirá sobrescrita con un guion en cada letra todas las palabras que sea anuladas por la enmienda y subrayará toda palabra que sea agregada por la enmienda; se dispone, no obstante, que si la enmienda de un Título entero estará abarcada enteramente por una promulgación en virtud del Canon V.1.4, el texto anulado y el subrayado del texto siguiente no se tiene que incluir pero el proponente deberá explicar debidamente por escrito los cambios. Toda resolución de Obispo deberá ser propuesta por un Obispo y deberá ser endosada por no menos de otros dos Obispos y los tres tienen que ser de Diócesis diferentes. Cada Obispo podrá proponer como máximo tres resoluciones. *Resoluciones y mociones* *Limitaciones*

D.
 a. Los Informes de los Comités se harán por escrito y se recibirán a su debido tiempo. Los informes que recomienden o soliciten cualquier acto o expresión de opinión la Cámara deberán incluir Resoluciones específicas. *Informes de Comités*
 b. Informes de los Comités Legislativos
 1. Cada Comité Legislativo debe tomar una decisión final sobre cada resolución y otros asuntos que le sean remitidos para actuación para recomendar que la Cámara tome una de las siguientes medidas: *Recomendación de Comité*
 i. Adoptar en la forma propuesta. *Adoptar*
 ii. Adoptar con las enmiendas del Comité; todas las enmiendas hechas por un Comité se aplicarán automáticamente a la Resolución y el asunto ante la *Adoptar con enmiendas*

Cámara cuando la Resolución se considere que será la Resolución en su forma enmendada por el Comité.

Adoptar una Resolución sustituta

iii. Adoptar una Resolución Sustituta:
  a. La Resolución sustituta debe tratar el mismo tema que la Resolución remitida al Comité Legislativo para actuación.
  b. La Resolución sustituta solo puede amparar una Resolución remitida al Comité Legislativo para actuación.
  c. Si la Cámara se niega a adoptar una Resolución sustituta, la original será remitida automáticamente al Comité para consideración adicional.

Adoptar Sustituta Consolidada

iv. Adoptar una Resolución sustituta consolidada:
  a. La Resolución sustituta consolidada debe tratar el mismo tema que las Resoluciones remitidas al Comité Legislativo para actuación.
  b. Su informe sobre la decisión final respecto a esa Resolución debe identificar todas las otras resoluciones que la Resolución sustituta está destinada a cubrir.
  c. Un voto del Comité Legislativo de recomendar la adopción de una Resolución sustituta consolidada será una recomendación automática de no hacer ninguna otra cosa con respecto a todas las demás Resoluciones que la Resolución sustituta consolidada está destinada a cubrir.
  d. Si la Cámara se niega a adoptar una Resolución sustituta consolidada, las Resoluciones originales serán remitidas automáticamente al Comité para consideración adicional.

v. Rechazar.

Remisión a un Organismo Provisional

vi. Remitir a una Comisión Permanente específica, a un Grupo de Trabajo de la Convención General, al Consejo Ejecutivo u otro organismo de la Iglesia para estudio, actuación o para hacer recomendaciones sobre el tema a la próxima Convención General.

Ninguna otra medida

vii. No tomar más medidas porque:
  a. El asunto ya se ha tratado por decisión de la Cámara de Obispos en esta reunión de la Convención General.
  b. El asunto está amparado por una Resolución de una Convención General anterior.
  c. Por otras razones.

Si la Cámara de Diputados actúa sobre el asunto

viii. Si la resolución o el asunto ha sido decidido en la Cámara de Diputados:
  a. Convenir con la decisión de la Cámara de Diputados.
  b. Convenir con las enmiendas que propone el Comité Legislativo de la Cámara de Obispos.

CÁMARA DE OBISPOS SECCIÓN V.D.b.1.viii - V.F

      c. Convenir con una resolución sustituta propuesta por el Comité Legislativo de la Cámara de Obispos.
      d. No convenir y tomar una decisión diferente.
      e. No convenir.

2. Informe de Minoría *Informe de Minoría*
   i. Si hay una posición minoritaria sobre una decisión final acerca de una resolución u otra materia y la minoría pide presentar un informe de minoría a la Cámara, el Presidente incluirá el informe de la minoría en el informe del Comité Legislativo sobre la decisión final acerca de la Resolución u otro asunto.
   ii. Una posición de minoría se compone de por lo menos un cuarto (1/4) de los miembros del actual Comité Legislativo presentes y en votación de Resolución, Homenaje o cualquier otro asunto.

    c. Cada informe se fechará, será firmado por el Presidente o Secretario del Comité, y se transmitirá a la oficina del Secretario de la Cámara, quien endosará sobre el mismo la fecha de recibo. Si hay una posición minoritaria en el Comité y un portavoz minoritario pide un informe de minoría, el Presidente incluirá el mismo en el informe. *El informe se firmará*

Cualquier resolución que involucre una enmienda a la Constitución o los Cánones se enviará al Comité Legislativo o Especial apropiado para actuar, y simultáneamente al Comité de Constitución o al Comité de Cánones, según sea el caso, y dicho Comité certificará que la Resolución está en la forma canónica o constitucional apropiada, logra coherencia y claridad con respecto a la Constitución o los Cánones, e incluye todas las enmiendas necesarias para efectuar el cambio propuesto, y comunicará sus recomendaciones rápidamente al Comité Legislativo o Especial. En tal caso el Comité no se ocupará, ni informará sobre la materia del asunto que se le encomendó, pero siempre que el Funcionario Presidente de la Cámara le pidiera hacerlo así, el Comité deberá hacer recomendaciones acerca de la materia en su informe a la Cámara. *Las enmiendas a la Constitución o Cánones deben tener el formato correcto*

E. Los Informes de los Comités nombrados para reunirse durante los recesos, si no se sesionó inmediatamente, deberán, cuando se presenten, pasar al Orden del día por un período determinado. Los Informes impresos de los Comités que se hayan entregado a los miembros de la Cámara de Obispos, antes de presentar dichos Informes ante el seno de la Cámara, serán presentados a título y se le concederán al Presidente o a un miembro del Comité cinco minutos para resumir el mismo, pudiendo prolongarse dicho tiempo solo por un voto de dos tercios de los miembros presentes que voten. *Informes de Comités Provisionales*

F. Todas las Resoluciones que serán comunicadas a la Cámara de Diputados, a menos que contengan información de acto incompleto *Mensajes para la Cámara de Diputados*

REGLAS DE ORDEN

en esta Cámara, o sean retenidas temporalmente por orden de esta Cámara en el momento de su aprobación, se transmitirán a la Cámara de Diputados tan pronto como sea posible bajo la dirección del Obispo que preside.

Mensajes de la Cámara de Diputados

G. Los Comités de la Cámara de Diputados se admitirán inmediatamente. Los mensajes de la Cámara de Diputados serán transmitidos por el Secretario de esta Cámara al Obispo que preside, para ser puestos ante la Cámara tan pronto como pueda ser conveniente. Sin embargo, la consideración de tal Mensaje estará sujeta a una moción para el nombramiento de un Comité de Conferencia tal como se dispone más adelante en estas Reglas. Todo Mensaje que informe algún acto legislativo por parte de la Cámara de Diputados debe, sin debate, ser remitido a al Comité apropiado, a menos que, sin debate, la Cámara decidida considerar tal Mensaje sin dicha remisión. Cuando la consideración de tal Mensaje haya comenzado, continuará siendo la Orden del Día hasta la determinación final de la misma.

El acto final de esta Cámara en cualquier Mensaje de la Cámara de Diputados será por voto sobre la pregunta "¿Deberá esta Cámara convenir con la decisión de la Cámara de Diputados que informó en su Mensaje n.º_____?" Los Mensajes que no requieran ninguna medida por parte de la Cámara pueden recibirse por Título.

Comité de Conferencia

H. Si, durante la consideración por esta Cámara de cualquier medida tomada por la Cámara de Diputados, se hace una moción declarando la posición de esta Cámara y pidiendo un comité de Conferencia, dicha moción tendrá precedencia y se someterá a votación sin debate, y si pasa por una mayoría de los miembros de esta Cámara entonces presentes, se nombrará un Comité de Conferencia. Un Comité de Conferencia también será procedente con o sin moción, (1) en casos en que la Cámara de Diputados haya coincidido, con enmiendas, con la decisión tomada por esta Cámara, o (2) en casos en que esta Cámara haya coincidido, con enmiendas, con la decisión tomada por la Cámara de Diputados. Cuando se haya nombrado un Comité de Conferencia, la decisión final sobre la materia bajo consideración se pospondrá hasta que el Comité de Conferencia haya presentado un informe ante esta Cámara; dicho informe se tendrá que presentar a más tardar el siguiente día laboral o antes de transcurrida una hora después de la última reunión de esta Cámara en Convención, lo que ocurra primero. Además, el Presidente de cualquier Comité Permanente u otro Comité tendrá plena autoridad, ya sea solo o con miembros del Comité, para consultar con el Presidente del Comité similar de la Cámara de Diputados.

Informes diarios

I. El Obispo que preside podrá nombrar a dos Obispos que colaboren con el Secretario para preparar informes diarios de las decisiones de esta Cámara y para facilitarlos, según lo estimen conveniente, a la prensa pública.

Invitados con escaño y voz

J. El Comité sobre Privilegio y Cortesía puede recomendar la cortesía de escaño y voz a (1) cualquier Obispo de una Iglesia de la Comunión Anglicana que haya sido nominado por un Obispo de esta Cámara, cuya jurisdicción tenga una relación formal de diócesis coadjutora aprobada por el Consejo Ejecutivo de esta Iglesia o (2) cualquier Obispo que sea invitado del Obispo Presidente por nombramiento del mismo. El Comité sobre Privilegios y Cortesía deberá recibir las nominaciones de cortesía de escaño y voz treinta días antes de la fecha dispuesta para la reunión de la Cámara en la que se otorgará dicha cortesía. Las nominaciones para la cortesía de escaño y voz se harán circular por escrito entre los miembros de la Cámara antes de que las nominaciones se presenten a la Cámara. Los Obispos a quienes se otorgue la cortesía de escaño y voz tendrán un asiento asignado y poseerán dicho escaño y voz únicamente para la reunión de la Cámara en la que se otorgó dicha cortesía. Los Obispos a quienes se les haya otorgado la cortesía de escaño y voz en todo momento tendrán derecho a estar presentes salvo que la Cámara esté en Sesión Ejecutiva. Cuando se convoque Sesión Ejecutiva, el Secretario les pedirá a los invitados que se retiren de la Cámara.

K. Habrá un Consejo Asesor compuesto de los Obispos que sean los Presidentes o Vicepresidentes de cada Provincia, quienes actuarán como consejo asesor del Obispo Presidente entre reuniones de la Cámara de Obispos. El Comité elegirá a sus propios funcionarios. *Comité Nominador Conjunto*

L. El Comité sobre la Labor Pastoral del Obispo estará compuesto de personas eminentemente calificadas para la tarea y autorizadas para buscar la ayuda adicional que estimen necesaria, con el consentimiento del Obispo Presidente. El Comité presentará un Informe en cada Sesión de la Cámara. *Comité de la Labor Pastoral*

M. **Elecciones de Obispos y Membresía en la Cámara** *Papeleta de votación*
  1. Cuando se propone dar consentimiento a la consagración o confirmación de un Obispo-electo o de un Obispo adjutor electo, o de un Obispo sufragáneo electo, procederá que seis miembros votantes de la Cámara soliciten un voto por papeleta de votación.
  2. El Secretario preparará una papeleta de votación para cada elección listando alfabéticamente los nombres de todas las personas nominadas. En cada papeleta de votación, cada miembro votante votará por la cantidad de nominados a ser electos o que quedan por elegir, y cualquier papeleta de votación con menor o mayor cantidad de votos que el número necesario será nula. Los candidatos que reciban la mayor cantidad de votos se considerarán elegidos, disponiéndose para ser electo deberá recibir una cantidad de votos igual o mayor que la mayoría de las papeletas de votación depositadas en cualquier votación.
  3. Cualquier Obispo de una Iglesia de la Comunión Anglicana que esté en exilio de una Diócesis, o que no sea miembro de una Cámara de Obispos porque la Diócesis está temporalmente en estado extraprovincial y que sea residente de cualquier jurisdicción de esta Iglesia o cualquier otro Obispo de una Iglesia en la Comunidad Anglicana que haya renunciado a su puesto en esa Iglesia y que ahora tenga su *Miembros colegiales*

residencia primaria en cualquier jurisdicción de esta Iglesia puede ser admitido a esta Cámara como miembro colegial. Esa membresía se puede ofrecer a dicho Obispo por un voto de dos tercios de los miembros presentes que voten por cada Obispo, en papeleta de votación secreta si así lo piden por lo menos seis miembros de la Cámara, que deseen considerar los miembros de la Cámara presentes en cualquier reunión ordinaria convocada, y la membresía continuará hasta que el miembro colegial ya no esté bajo la jurisdicción de esta Iglesia, o hasta el momento en que sea retirado por una votación similar. A dicho miembro colegiado se le asignará un escaño y tendrá voz en esta Cámara. De conformidad con la Constitución de esta Iglesia, no se le otorgará voto a dicho miembro colegial.

Nominaciones para membresía colegial

El Comité de Privilegio y Cortesía deberá recibir, un mes antes de cualquier reunión de esta Cámara, candidaturas para la membresía colegial de esta Cámara; dicha nominación la podrá hacer solo el Obispo en cuya jurisdicción reside el miembro colegial propuesto. Las nominaciones para la membresía colegial se circularán por escrito entre los miembros de la Cámara antes de que las nominaciones se presenten ante la misma.

Miembros honorarios

Cualquier Obispo de una Diócesis extraprovincial que se haya originado en la Iglesia o cualquier Obispo de esta Iglesia que se haya retirado de la jurisdicción de esta Iglesia a la jurisdicción de una Iglesia en la Comunión Anglicana podrá continuar en relación con esta Cámara como miembro honorario. Treinta días antes de cada reunión de la Cámara programada o convocada, los miembros honorarios le notificarán por escrito de su intención de estar presentes al Obispo Presidente. Así, se les otorgarán escaño y voz a tales miembros honorarios al ser nombrados a la Cámara por el Obispo que presida. No se le otorgará voto al miembro honorario.

Los Obispos admitidos a escaños honorarios y colegiales de la Cámara tendrán derecho en todo momento de estar presentes, salvo cuando la Cámara esté en Sesión Ejecutiva. Cuando se convoque Sesión Ejecutiva, el Secretario les pedirá a los invitados que se retiren de la Cámara.

Miembros sin derecho a voto

4. Cualquier Obispo de esta Iglesia que renuncie a un puesto por razones diferentes a las especificadas en el Artículo I.2 de la Constitución, pero no por razones relacionadas con el carácter moral del Obispo, podrá, por moción y voto de la mayoría, gozar de calidad de miembro de la Cámara sin derecho a voto. Mientras la Cámara no tome una medida contraria, los miembros sin voto tendrán derecho a escaño y voz en todas las reuniones, derecho a servir en comités y todos los demás derechos de los miembros, excepto el de votación en cualquier materia.

N. **Debate y Decoro**
1. Los miembros en discusión se dirigirán al Presidente y se limitarán a la Asunto que se está debatiendo. Ningún miembro hablará más de dos veces en el mismo debate sin permiso de la Cámara. Al final de cualquier discurso, el Obispo que presidente solo, o cualquier miembro de la Cámara, puede pedir una votación, sin debate, sobre una propuesta para un receso de la conferencia para definir y aclarar los problemas del debate y la manera en las que la Cámara está funcionando. Si por lo menos otros cuatro miembros apoyan la propuesta de un miembro, se someterá a voto. Si pasa por un voto de dos tercios de los miembros presentes que voten de la Cámara, formarán grupos pequeños para una conferencia de diez minutos al final de la cual el debate reasumirá con cualquier portavoz que ya había sido reconocido en el momento de la moción para la conferencia. *Debate y decoro*
2. Los funcionarios de la Cámara de Obispos, al dirigirse a la Cámara en debate, en todos los casos deberán hacerlo desde el seno de la Cámara.
3. Cuando se requiere una división, cada miembro votante presente se contará. Cuando, en tal procedimiento, el voto del Obispo que presidente produzca un empate, la moción se considerará perdida. *División*
4. En cualquier asunto ante la Cámara podrán requerirse los sí y no de seis miembros con derecho a voto y debe en tales casos registrarse en el Diario.
5. Cuando un Asunto esté bajo consideración, las siguientes mociones tendrán precedencia, en el orden que se indica: presentar, posponer hasta un momento determinado, consignar o remitir, sustituir otra moción que trata sobre el mismo Asunto, enmendar o posponer indefinidamente; se dispone, sin embargo, que en la consideración de un mensaje de la Cámara de Diputados, se aplicarán las disposiciones de las Reglas V. G. y H. y las mociones hechas en lo adelante para un Comité de Conferencia tendrán precedencia; y se dispone, además, que las propuestas para Receso de la Conferencia siempre serán admisibles de la manera dispuesta en el apartado 1. Regla V.N.1. *Precedencia de las mociones*
6. Previa moción debidamente planteada y respaldada, la Cámara podrá constituirse en un Comité Plenario, en el que no se asentará ningún registro de su acto. Por moción aparte debidamente planteada y respaldada, aquellos presentes en tales sesiones pueden limitarse a los miembros de la Cámara. *Comité Plenario*
7. Por moción debidamente planteada y respaldada, la Cámara puede entrar en Sesión Ejecutiva en la que solo miembros de la Cámara estarán presentes. El Presidente del Comité de Labor Parlamentaria actuará como escribano y anotará en un registro todas las mociones adoptadas. *Sesión Ejecutiva*

SECCIÓN V.N.8-12　　　　　　　　　　　　　CÁMARA DE OBISPOS

Asuntos de orden

8. Todas las cuestiones de orden serán decididas por el Presidente sin debate, pero se pueden apelar esas decisiones. La decisión del Presidente seguirá vigente a menos que sea anulada por dos tercios de los votos de los miembros presentes que voten. En tal apelación, ningún miembro hablará más de una vez sin el permiso expreso de la Cámara.

Enmiendas

9. Las Enmiendas serán consideradas en el orden en el que se peticionaron. Cuando una enmienda propuesta esté bajo consideración, podrá presentarse una moción para enmendar la misma. Ninguna enmienda-posterior a la segunda enmienda será procedente, pero podrá recibirse una sustitución de todo el asunto. Ninguna proposición sobre un asunto diferente del que está bajo consideración será recibida bajo la apariencia de una sustitución.

Reconsideración

10. Un Asunto que en su momento fue determinada seguirá vigente como fallo de la Cámara, y no se traerá de nuevo al debate durante la misma sesión de la Cámara, excepto por un voto de dos tercios de los miembros presentes que voten. Una moción para reconsiderar solo puede hacerse en el día que se presentó a voto, o en el subsiguiente día legislativo, y debe hacerse y ser secundada por aquellos que votaron con la mayoría.

Límite de tiempo para asuntos nuevos

11.
  a. Excepto por un voto de dos tercios de aquellos miembros presentes que voten, no se introducirá ningún asunto nuevo a consideración de la Cámara después del segundo día de la Sesión. Todos los asuntos originados en esta Cámara que requieran acto simultáneo de ambas Cámaras serán considerados antes del último día legislativo, salvo las Resoluciones de Privilegio y Cortesía.
  b. No se podrá presentar ante la Cámara de Obispos ninguna resolución de propuesta de enmienda a la Constitución o a los Cánones de esta Iglesia para voto inicial el último día legislativo de la Convención General; sin embargo, si esta Cámara ya había considerado dicha resolución y ya había votado sobre la misma, podrá considerarse en el último día legislativo con el fin de considerar los cambios a la resolución aprobados por la Cámara de Diputados.

Circular las Resoluciones por adelantado

12. Excepto por un voto de dos tercios de los miembros presentes que voten, ningún miembro de la Cámara puede introducir una Resolución en una reunión especial a menos que la Resolución se haya hecho circular entre los miembros con treinta días de antelación. Esta regla no se interpretará en forma alguna para impedir a un Comité de la Cámara introducir Resoluciones en las reuniones especiales.

O. Reglas de Orden

1. Estas reglas estarán en vigor en Sesiones subsiguientes de esta Cámara a menos que se ordene lo contrario. *Reglas de Orden*
2. Las adiciones y enmiendas, o la suspensión o revocación de estas reglas requerirán un voto de dos tercios de los miembros presentes que voten. *Enmienda de Reglas*
3. Excepto cuando se contrapongan a la Constitución o Cánones, o cualquier Regla contenida aquí, la interpretación de estas reglas y los procedimientos parlamentarios que se seguirán en esta Cámara se regirán por la última edición del Reglamento Parlamentario de Robert (Robert's Rules of Order). *Corresponden las Reglas de Robert*

VI. El Obispo Presidente

A. Al día siguiente de la Sesión Conjunta ante la cual el Comité Nominador Conjunto se haya reportado de conformidad con el Canon I.2, la Cámara de Obispos se reunirá en sesión ejecutiva en una iglesia para dialogar sobre los nominados presentados en la Sesión Conjunta y para elegir a un Obispo Presidente de entre esos nominados. *Elección*

B. Todos los miembros de la Cámara de Obispos deberán permanecer dentro de los confines de la iglesia en la cual se haya llevado a cabo la elección, hasta que se reciban noticias de la decisión de la Cámara de Diputados. *Espera de la confirmación de los Diputados*

VII. Obispos Misioneros

A. Cuando se produzca o esté a punto de producirse una vacante en el Episcopado Misionero, será deber del Obispo Presidente investigar la situación que existe en la Diócesis para consultar con aquellas personas del área y del país que estén más capacitadas para aconsejar acerca de la situación de la Diócesis, y presentar a los miembros de la Cámara la información que el Obispo Presidente pueda obtener. *Episcopado vacante*

B. Antes de que cualquier vacante en el Episcopado Misionero sea considerada o cubierta en cualquier Reunión de la Cámara, se notificará a este efecto en el llamado a dicha Reunión. No se podrá llevar a cabo la votación para la elección para cubrir tales puestos, sin el consentimiento unánime, en Reunión Especial antes del primer día, ni en ninguna Reunión de la Convención General antes del segundo día, después de que se hayan presentado las candidaturas a la Cámara. En caso de que se desocupe un puesto en una Diócesis Misionera o de que renuncie un Obispo Misionero, entre el llamado para una Reunión Especial de la Cámara de Obispos y la reunión misma, la Cámara, por un voto de dos tercios de los miembros presentes que voten, tendrá competencia para cubrir tal puesto, o actuar sobre tal renuncia. *Aviso de elección en la asamblea de una Reunión*

C. Los procesos adicionales para la elección de un Obispo Misionero serán los siguientes:
1. Se nombrará un Comité Nominador Conjunto especial en el caso de cada vacante a ser ocupada. El Comité se compondrá de tres personas de la jurisdicción en cuestión, *Comité Nominador Conjunto*

escogidas por su Consejo Asesor o de alguna otra manera dispuesta por el Obispo Presidente y tres miembros de esta Cámara nombrados por el Obispo Presidente. El Comité Nominador Conjunto elegirá a sus propios funcionarios y nombrará a tres personas para la vacante. Tres semanas antes de la Reunión de la Cámara se enviarán en forma confidencial a cada Obispo esos nombres.

El Obispo Presidente puede nominar

2. El Obispo Presidente puede, con discreción, nombrar relevos para dichas vacantes.

Nominaciones hechas desde el seno

3. En la Reunión de la Cámara, los nombres de las personas propuestas por el Comité Nominador Conjunto pasarán formalmente a nombramiento, y también se dará la oportunidad para las candidaturas desde el seno.

Información sobre los nominados

4. Los Comités Nominadores Conjuntos, los Obispos que presenten nominaciones y otros que tengan conocimiento de las personas nominadas, entregarán a los comités correspondientes información completa con respecto a los nominados, y dichos comités, habiendo obtenido cualquier información adicional posible, reportarán a la Cámara en Sesión Ejecutiva dicha información adicional con respecto a las calificaciones intelectuales, morales y físicas de las personas nominadas, con las fechas de nacimiento y graduación, así como recomendaciones específicas sobre sus logros teológicos, dominio de idiomas y cualquier especialidad en deberes sagrados a los que dichas personas puedan haberse consagrado. Los Obispos podrán hacer preguntas y proporcionar otros tipos de información.

Sesión Ejecutiva

5. Todos los nombramientos para Diócesis Misioneras vacantes se harán en Sesión Ejecutiva. Los nombres de las personas nominadas se darán a conocer al público solo después de la elección.

Declinación

6. En caso de una declinación, se puede hacer otra elección con los mismos nombres sin más formalidad que nombrar a otra persona; pero si se agregaran nuevos nombres, se repetirá el orden prescrito más arriba.

Transferencia a otra Diócesis

7. En caso de que se proponga trasladar a un Obispo a cargo de una Diócesis Misionera a otra Diócesis, se procederá como en el caso de la elección de Obispos Misioneros.

Confidencialidad

8. Todas las deliberaciones en Sesión Ejecutiva se mantendrán estrictamente confidenciales. En el caso de elecciones celebradas en Sesión Ejecutiva, los nombres de los elegidos no se darán a conocer hasta que se ordene sean enviados a los Comités Permanentes.

VIII. Órdenes Permanentes

Ordenación y consagración de Obispos

A. Considerando que, por disposiciones del Canon III.11.5, y el Canon III.11.9.c.3.iii, el Obispo Presidente está autorizado para recibir la orden para la ordenación y consagración de Obispos Diocesanos y Misioneros, ya sea en la propia persona del Obispo Presidente

CÁMARA DE OBISPOS SECCIÓN VIII.A - VIII.H

o por comisión encomendada a tres Obispos; se ordena por la presente que, en todos los casos de consagraciones en que el Obispo Presidente reciba la orden para la ordenación de un Obispo en una Diócesis o en una Diócesis Misionera, el lugar para ello se designará únicamente con el consentimiento de la Autoridad Eclesiástica de la Diócesis o Jurisdicción en la que se encuentra el lugar propuesto; el Obispo electo tendrá el derecho de nombrar al predicador y a los dos Obispos que presentarán al Obispo electo; y en ausencia del Obispo Presidente, el Obispo de más antigüedad con jurisdicción por consagración que esté presente presidirá, a menos que algún otro Obispo haya sido designado por el Obispo Presidente.

B. La antigüedad entre los Obispos se determina por la fecha de consagración de cada Obispo.

C. La Cámara de Obispos se reunirá todas las mañanas durante el período de la Convención General, excepto el Día de Señor, para tratar sus asuntos, a menos que por voto de la Cámara se haya ordenado suspensión hasta después de esa mañana. *Sesiones diarias en la Convención General*

D. Dos o más Obispos serán nombrados en cada Convención General para hacerse cargo, junto con el Secretario de la Cámara de Obispos, del Diario de sus deliberaciones, y para asegurar que todo, o las partes que la Cámara pueda ordenar, se incorpore en el lugar apropiado en el Diario de la Convención General. *Comité del Diario*

E. El Secretario de la Cámara de Obispos llevará un registro permanente de los miembros y funcionarios de la Cámara desde el principio, y registrará ahí los nombres de los Obispos que son o han sido miembros de esta Cámara, la fecha y lugar de su consagración, los nombres de sus consagradores, junto con la fecha en que, por fallecimiento, renuncia u otra causa, dichos Obispos hayan dejado de tener escaño en esta Cámara; todos estos hechos se registrarán únicamente previa notificación oficial, para lo cual será deber del Secretario citar a las personas que sean competentes para proporcionar los datos. Dicho registro será el Registro oficial de esta Cámara, y el papel de la Cámara será comunicar el mismo a la Cámara, como su lista oficial, en cuanto el Funcionario Presidente hubiese tomado la Presidencia. Dicha lista solo estará sujeta al cambio por voto de la Cámara. *Registro Oficial*

F. En la confección de la lista de los Obispos que han retenido sus derechos constituidos a escaños en esta Cámara, se instruye al Secretario que deje el nombre de cualquier Obispo dimitido en el lugar que el Obispo ocupa en el orden de consagración, con la adición de la palabra "Obispo", lo cual se considerará como título suficiente de dicho Obispo dimitido. *Renuncia de un Obispo*

G. En cada reunión de la Cámara de Obispos se asignará un asiento para el Presidente del Comité de Labor Parlamentaria cerca del frente de Cámara. *Presidente de Labor Parlamentaria*

H. En cada reunión de la Cámara de Obispos, los asientos de la plataforma serán asignados a los Obispos presentes que hayan desempeñado *Antiguos Obispos Presidentes*

REGLAS DE ORDEN

anteriormente el oficio de Obispo Presidente, y en cada oficio religioso de la Convención General, a los Obispos que hayan desempeñado anteriormente el oficio de Obispo Presidente se les asignará un lugar inmediatamente delante del Capellán del Obispo Presidente.

Definiciones

I. Siempre que la Cámara adopte alguna determinación conforme al artículo I.2 de la Constitución respecto a que algún Obispo que haya renunciado conserve o no un escaño y voto en la Cámara, se aplicarán y se entenderán los siguientes términos de dicha cláusula de la Constitución:
1. "Edad avanzada" significará al menos 62 años de edad.
2. "Debilidad corporal" significará por una parte un estado por el cual la persona califica para optar a los beneficios de retiro por discapacidad del Church Pension Fund o de la Administración del Seguro Social de EE. UU. o un impedimento físico o mental con respecto al cual un médico o psiquiatra (aprobado por el Obispo Presidente) haya declarado que probablemente resultaría en que el Obispo califique para los beneficios de retiro por discapacidad si continúa en el ministerio episcopal activo.
3. "Cargo creado por la Convención General" significará un ministerio financiado por el Presupuesto de la Convención General y aprobado por el Obispo Presidente.
4. "Estrategia de la misión" significará una estrategia que permitiría la elección de un miembro autóctono del clero de una diócesis no nacional como Obispo o que permitiría a alguna diócesis implementar una nueva estrategia de misiones según lo determine el Obispo Presidente, o que permitiría la transición en el liderato episcopal después de que un Obispo Diocesano o Sufragáneo haya servido diez o más años en uno o en los dos ministerios.

IX. Resoluciones Permanentes

Resoluciones sobre Obispos renunciantes

A. Se resuelve, Que el Comité Permanente sobre la Renuncia de Obispos prepare una Resolución tomando nota del servicio de cada Obispo cuya renuncia se acepte, y dicha Resolución será presentada ante la Cámara de Obispos junto con la recomendación sobre la renuncia. Cuando una renuncia se acepte entre Reuniones de la Cámara, dicha Resolución se presentará en la próxima Reunión.

Mensajes de Homenaje

B. Se resuelve, Que se le pida al Obispo Presidente que nombre, en cada ocasión, a un Comité de tres o más Obispos para que preparen, en nombre de la Cámara de Obispos, y envíen a la familia de cada Obispo que fallezca, un Homenaje, y que dicho Comité represente a la Cámara de Obispos en el funeral cuando les resulte práctico asistir.

Convocadores de Comisiones

C. Se resuelve, Que en un plazo de seis meses después del nombramiento de cualquier Comité o Comisión, el Secretario de la Cámara de Obispos se comunique con el Obispo Convocador de cada Comisión y Comité y pregunte si la Comisión o Comité se ha reunido y organizado, y conservará un registro de las contestaciones recibidas.

REGLAS DE ORDEN
CÁMARA DE DIPUTADOS

I: las Sagradas Escrituras

A. Colocación de las Sagradas Escrituras
   1. El Presidente y el Secretario se asegurarán de que en todas las reuniones de la Cámara de Diputados haya un ejemplar de las Sagradas Escrituras reverentemente colocado. *Llamado a la Oración*

B. Oraciones Diarias
   1. La sesión diaria de la Cámara comenzará con oraciones.
   2. El Presidente podrá pedir que se ore en otros momentos.
   3. Cualquier diputado puede pedir al Presidente que pida que se ore en otras ocasiones.

II: Reglas Generales

A. Deberes de los Diputados
   1. Los Diputados se prepararán y prestarán su atención a los negocios de la Cámara.
   2. Los Diputados asistirán a todas las sesiones de la Cámara a menos que el Presidente los excuse.

B. Dispositivos de comunicación
   1. El Presidente podrá permitir a los Diputados traer teléfonos celulares, computadoras y otros dispositivos de comunicación a la Cámara, salvo lo dispuesto en estas reglas para las sesiones a puerta cerrada. *Comunicación*
   2. No se permitirá hablar a través de ningún dispositivo de comunicación cuando la Cámara esté en sesión.
   3. Todos los dispositivos de comunicación se tendrán que poner en modo silencioso.
   4. Los Diputados respetarán a quienes los rodean al utilizar dichos dispositivos.

C. Distribución de materiales impresos, digitales y otros
   1. Solamente los informes, papeles y documentos oficiales necesarios para los asuntos de la Cámara podrán ser repartidos en la Cámara, salvo que el material haya sido aprobado por: (i) el Presidente; o (ii) la Cámara por mayoría de votos. *Solamente documentos oficiales*
   2. Estas reglas se aplican a los materiales físicos en el seno y a los materiales digitales distribuidos a través de los dispositivos o software legislativo oficial.

D. Quórum *Quórum*
   1. Para llevar a cabo asuntos de la Constitución, la Sección 4 del Artículo I, dispone lo siguiente:
      i. Una mayoría de las Diócesis con derecho a representación en esta Cámara debe tener por lo menos un Diputado religioso presente.

ii. Una mayoría de las Diócesis con derecho a representación en esta Cámara debe tener por lo menos un Diputado laico presente.

E. Actas

Actas certificadas
1. El Secretario o los Subsecretarios se harán cargo de las actas de la Cámara y el Comité para la Certificación de las Actas las revisará.
2. El Comité para la Certificación de las Actas revisará, aprobará y publicará las Actas finales de cada día antes del comienzo de la sesión del día siguiente.
3. El Comité para la Certificación de la Actas informará su decisión en la próxima reunión programada.
4. La Cámara puede pedir que las Actas de cualquier sesión de sean aprobadas por la Cámara.

F. Lista de Homenajes

Lista de Homenajes
1. El Secretario preparará una Lista de Homenajes de todos los Diputados que hayan fallecido desde la última reunión de la Cámara o que no hayan sido recordados en una reunión de la Cámara.
2. En cada Convención General, se reservará tiempo para leer en voz alta los nombres de la Lista de Homenajes y para las oraciones del Capellán.

III: Diputaciones

A. Presidente de la Diputación
1. Por lo menos un año antes de la primera sesión legislativa de la Convención General, cada Diputación hará lo siguiente:
   i. Nombrar a un Presidente.
   ii. Notificar al Secretario de la Cámara de Diputados el nombre del Presidente.

Deberes del Presidente
2. El Presidente de la Diputación hará lo siguiente:
   i. Fungir como el contacto principal para las comunicaciones con la Cámara de Diputados.
   ii. Certificar la votación de la Diputación por órdenes.
   iii. Certificar los cambios en la Diputación durante la Convención General.
   iv. Realizar otras tareas que disponga el Presidente.

B. Programas de Formación de la Amada Comunidad y Presentación de Informes

Programas de formación
1. La formación de los Diputados y los Diputados Suplentes se realiza de la siguiente manera:
   i. Los programas de formación para la reconciliación racial de los Diputados y los Diputados Suplentes deben tomarse dentro de los tres años anteriores al primer día legislativo de la Convención General, utilizando programas de formación en la fe

patrocinados por las diócesis, las provincias o La Iglesia Episcopal.
  ii. A más tardar cuatro meses antes del primer día legislativo de la Convención General, y utilizando un formulario proporcionado por el Secretario, los Presidentes de las Diputaciones presentarán un único informe sobre el estado de finalización de los programas de formación de los miembros de su Diputación al Secretario de la Cámara de Diputados Las actualizaciones pueden presentarse antes del inicio de la Convención General.
  iii. Los Presidentes de las Diputaciones informarán en sus presentaciones de cualquier circunstancia en la que los Diputados y los Diputados Suplentes no puedan completar los programas de formación debido a la falta de disponibilidad de programas en otros idiomas, problemas de accesibilidad u otras barreras identificadas.
  2. El Secretario de la Cámara de Diputados recopilará las presentaciones de los Presidentes de las Diputaciones y presentará un informe al Presidente de la Cámara de Diputados sobre los índices de finalización, la falta de disponibilidad de programas en otros idiomas, los problemas de accesibilidad u otras barreras identificadas.

C. Certificación de Diputados Alternos como Diputados *Diputados Alternos*
  1. Los Diputados Alternos no pueden sentarse ni pueden votar con sus Diputaciones, a menos que hayan sido certificados por el Comité de Credenciales como suplentes para un Diputado.
  2. El Comité de Credenciales certificará a los Diputados Alternos como Diputados antes de cada sesión.
  3. Los procedimientos para la certificación serán los determinados por el Secretario de la Cámara de Diputados.
  4. Un Diputado Alterno fungirá en una o más sesiones legislativas como Diputado únicamente hasta que el Diputado a quien sustituye pueda volver a su asiento.
  5. El Comité de Credenciales escuchará y decidirá cualquier disputa sobre la certificación de los Diputados e informará de su decisión a la Cámara.

IV: Privilegios y Arreglos del Seno

A. Privilegios del Seno. No se permitirá a nadie entrada al seno a excepción de los Diputados, funcionarios de la Cámara y: *Admisión a la sala*
  1. El Tesorero de la Convención General.
  2. Otras personas, autorizadas por el Presidente o el Secretario, para facilitar los procesos de la Cámara.
  3. Otras personas invitadas o autorizadas por el Presidente.

4. Bebés menores de un año de edad con uno de sus padres o su tutor que sea un diputado.
5. Niños mayores de un año que requieren lactancia o alimentación con biberón solo durante la alimentación.
6. Los cuidadores de niños, para llevar al niño a su padre/madre para alimentación cuando el niño necesite ser alimentado, acompañados para entrar y salir según lo indique el Presidente.

Escaño y voz

B. Escaño y voz. Las siguientes personas tendrán escaño y voz en el seno de la Cámara:
1. Dos personas ordenadas y dos laicos que sean representantes de La Iglesia Episcopal de Liberia debidamente autorizadas.
2. Miembros de la Presencia Oficial de la Juventud;
3. Otras personas autorizadas por las Reglas Conjuntas, la Constitución o los Cánones.

Mesa de la Cámara

C. Mesa. Únicamente los funcionarios de la Cámara de Diputados, miembros designados del Comité de Labor Parlamentaria y otras personas autorizadas o invitadas por el Presidente pueden estar en la mesa de la Cámara.

Lugar para las Diputaciones

D. Colocación de Diputaciones y Otros. Las diputaciones se sentarán juntas en el seno de la Cámara, en orden aleatorio, excepto que:
1. Las diputaciones con miembros que pasan a la mesa pueden sentarse cerca de la misma;
2. Las diputaciones que requieren interpretación del idioma o que tengan otras necesidades, pueden sentarse en proximidad mutua y
3. el Presidente podrá indicar dónde deben sentarse las diputaciones y otras personas según sea necesario para facilitar los asuntos de la Cámara.

Visitantes

E. Asientos adyacentes al Seno.
1. El Presidente y el Secretario designarán una galería para visitantes.
2. El Presidente y el Secretario podrán designar zonas cercanas al seno de la Cámara de Diputados para asientos para los Diputados Alternos, miembros del Consejo Ejecutivo, y otros.

Revocación de privilegios del seno

F. Revocación de privilegios del seno.
1. Cualquier persona, incluidos los Diputados y oficiales, puede ser excluida por causa justificada del Seno de la Cámara por el voto de dos tercios.
2. Cualquier moción para excluir deberá indicar la duración de tiempo, hasta la clausura, que la persona se queda excluida del seno.
3. La moción puede establecer que la persona deje de servir como miembro de un comité durante la exclusión de la persona del seno.

CÁMARA DE DIPUTADOS SECCIONES IV.G - V.E.1

G. Lugar para el cuidado de niños. Se facilitará espacio para permitir el amamantamiento o la alimentación con biberón mientras en la cámara y acceso a la votación mientras se encuentre en el área. N se le pedirá a la madre que amamanta que se tape o que se traslade al área de alimentación designada.

Lugar para el cuidado de niños

V: Funcionarios

A. Presidente. El Presidente de la Cámara de Diputados será elegido de conformidad con los Cánones.
  1. El Presidente presidirá todas las reuniones de la Cámara, a menos que el Presidente renuncie a la presidencia por un período temporal.
  2. Si el Funcionario Presidente renuncia a la Presidencia:
      i. Presidirá el Vicepresidente.
      ii. Si el Vicepresidente no puede o no desea presidir, el Presidente podrá designar a cualquier Diputado para presidir.
  3. Si el Funcionario Presidente ha renunciado a la Presidencia, el Presidente podrá reanudar la Presidencia en cualquier momento.

Funcionario Presidente y Presidencia

B. Vicepresidente. El Vicepresidente de la Cámara de Diputados será elegido de conformidad con los Cánones.
  1. El Vicepresidente presidirá todas las reuniones de la Cámara en ausencia del Presidente.
  2. Si el Vicepresidente está presidiendo y no desea presidir, el Vicepresidente podrá designar a cualquier Diputado para presidir.
  3. Si el Vicepresidente ha asignado la presidencia a un Diputado, el Vicepresidente podrá reanudar la presidencia en cualquier momento.

Otros oficiales

C. Secretario y Secretarios Auxiliares.
  1. El Secretario de la Cámara de Diputados será elegido de conformidad con los Cánones.
  2. El Secretario podrá nombrar a Secretarios Auxiliares.

D. Parlamentario.
  1. El Funcionario Presidente podrá nombrar a uno o varios Parlamentarios y Viceparlamentarios para asesorar al Presidente o quien esté presidiendo sobre el proceso parlamentario.
  2. Un Parlamentario puede ser un miembro de la Cámara u otra persona, a discreción del Funcionario Presidente.
  3. El Parlamentario podrá dirigirse a la Cámara o a cualquier comité de la Cámara bajo la dirección del Funcionario Presidente o quien esté presidiendo para facilitar los asuntos de la Cámara.

E. Capellán.
  1. El Presidente podrá nombrar a uno o varios capellanes para la Cámara, quienes pueden, pero no tienen que, ser

miembros de la Cámara. El Presidente determinará las obligaciones del Capellán.

F. Oficial del Orden.
   1. El Presidente podrá nombrar a un oficial del orden y los auxiliares que estime convenientes.
   2. El Oficial del Orden puede ser un miembro de la Cámara u otra persona, a discreción del Presidente.
   3. El Presidente determinará las obligaciones del Oficial del Orden. Sus deberes podrían incluir los siguientes:
      i. Localizar a los presidentes de los comités legislativos y escoltarlos a la mesa.
      ii. Escoltar a los visitantes distinguidos y realizar los deberes ceremoniales.
      iii. Mantener orden y decoro en la Cámara.
      iv. Asegurar que solo las personas autorizadas estén sentadas en el seno durante las sesiones de la Cámara, salvo cuando haya una sesión conjunta de ambas Cámaras.
      v. Asegurar que solo personas autorizadas estén presentes durante las sesiones a Puerta Cerrada.

VI: Agenda de las Sesiones Ordinarias

Orden normal

A. Orden normal de actividades.
   1. El Orden Normal de Actividades de cada sesión de la Cámara será el siguiente, a menos que sea modificado por la Cámara en el calendario aprobado por la misma.
      i. Oración de Bienvenida.
      ii. Informe sobre la Certificación de las Actas.
      iii. Informe del Comité de Credenciales.
      iv. Comunicaciones de la Presidencia.
      v. Mensajes de la Cámara de Obispos.
      vi. Informe del Comité de Labor Parlamentaria.
      vii. Informe sobre las elecciones.
      viii. Calendario de Consentimientos.
      ix. Mociones de Resolución Posteriores a la Fecha Límite.
      x. Informes de los comités y legislación.

Calendario diario

   2. Orden de los Informes de Comités. El orden de legislación y de Informes de Comités se determinará de la siguiente manera:
      i. El Comité de Labor Parlamentaria aprobará y publicará un calendario legislativo diario el día antes de cada sesión legislativa.
      ii. Durante el tiempo asignado para los Informes de comités y legislación diarios, se contemplarán las resoluciones en el orden que aparecen en el calendario publicado.

iii. Después del aplazamiento para el día, el Comité de Labor Parlamentaria actualizará el calendario para el día siguiente y modificará el orden de los Informes de Comités y la legislación, según sea necesario para considerar la legislación de alta prioridad.
iv. Una vez que se incorpore al Calendario la legislación, esta permanecerá en el Calendario a menos que sea retirada o decidida por la Cámara.

B. Orden Especial de Actividades.
1. Prioridad sobre asuntos ordinarios. Si la Cámara adopta un Orden Especial, tendrá prioridad sobre cualquier otro asunto, incluso mociones, informes o Resoluciones pendientes.
2. Voto. El Orden Especial requiere el voto de dos tercios para ser aprobado o modificado.
3. Consideración Especial. El Presidente, en cualquier momento en que no se esté considerando otro asunto, puede presentar cualquier Asunto a la Cámara para su consideración y decisión inmediata.

Consideración especial

C. Calendario de Consentimientos.
1. Asuntos incorporados al Calendario de Consentimientos. El Secretario deberá llevar un Calendario de Consentimientos, el cual se someterá a votación como la primera orden legislativa de cada sesión.
2. Publicación del Calendario de Consentimientos.
   i. El Calendario de Consentimientos deberá publicarse por lo menos veinticuatro horas antes del comienzo de la sesión en la que el Calendario de Consentimientos se someterá a votación.
   ii. El Calendario de Consentimientos debe ser publicado por el Secretario:
      a. En línea, en el sitio web de la Convención General.
      b. En forma impresa, en un lugar previamente anunciado y distribuido a los Diputados.
3. Incorporación de Elementos en el Calendario de Consentimientos. Todos los Informes del Comité sobre Resoluciones u otros asuntos se colocarán automáticamente en el Calendario de Consentimientos, a menos que:
   i. El comité vote por excluirlos del Calendario de Consentimientos.
   ii. Se elimine de conformidad con estas Reglas.
   iii. Las Reglas de Orden, las Reglas Conjuntas, los Cánones o la Constitución dispongan un procedimiento diferente para la consideración del elemento.
   iv. El elemento haya sido establecido por Orden Especial de Actividades.

Publicación del Calendario de Consentimientos

Todos los elementos están en el Calendario de Consentimientos

Excepciones

v. El elemento sea una de las siguientes cosas:
   a. Una elección.
   b. Una Resolución de privilegio o de cortesía.
   c. La confirmación de la elección del Obispo Presidente.

Quién puede eliminar
4. Quién puede eliminar puntos del Calendario de Consentimiento. Un punto puede ser retirado del Calendario de Consentimientos en cualquier momento antes de la votación final en el Calendario por:
   i. El Comité Legislativo que propuso el acto.
   ii. La Presidencia del Comité de Labor Parlamentaria.
   iii. El proponente de la Resolución u Homenaje.
   iv. Cualesquiera tres Diputados.
   v. El Presidente de la Cámara.

Procedimiento para eliminar
5. Procedimiento para eliminar puntos del Calendario de Consentimientos. Un punto puede ser eliminado:
   i. Mediante aviso al Secretario.
   ii. Por anuncio en el seno de la Cámara.

Votación sobre el Calendario de Consentimientos
6. Votación sobre el Calendario de Consentimientos. Al votar sobre el Calendario de Consentimientos, la Cámara votará sobre todos los puntos a la vez. Se requiere una mayoría de votos para aprobar el calendario.
   i. Voto Afirmativo. Un voto para aprobar el Calendario de Consentimientos es un voto para actuar sobre la recomendación de los Comités Legislativos para todos los puntos en el Calendario de Consentimientos.
   ii. Voto Negativo. Si la Cámara rechaza el Calendario de Consentimientos, el Comité de Labor Parlamentaria colocará todos los puntos del Calendario de Consentimiento en la Agenda.

VII: Resoluciones y Homenajes

Legislación
A. Resoluciones. Las resoluciones son asuntos por los cuales la Cámara o la Convención General habla de un tema o materia en particular, enmienda la Constitución o cánones o expresa la opinión de la cámara.

B. Homenajes.
   1. Los Homenajes son declaraciones sobre asuntos de gran importancia que instan a la Convención General a tomar medidas sobre un tema en particular.
   2. Los Homenajes se remiten a un comité legislativo para informar al comité y para que se tengan en cuenta en sus deliberaciones.

Respuesta a un Homenaje
   3. Un comité puede proponer una Resolución en respuesta a un Homenaje.

C. Forma. Toda Resolución u Homenaje tomarán la forma prescrita por el Secretario.

D. Propuestas. Una Resolución u Homenaje puede ser propuesto por: *Quién puede proponer*
   1. Un Diputado, en los siguientes casos:
      i. Otros dos diputados endosan la Resolución u Homenaje.
      ii. El Diputado no propone más de un total de tres Resoluciones y tres Homenajes.
   2. El Presidente de la Cámara de Diputados.
   3. Un Comité Legislativo de la Cámara de Diputados.
   4. Un Mensaje de la Cámara de Obispos.
   5. Una Diócesis.
   6. Una Provincia.
   7. Una Comisión Permanente, Grupo de Trabajo u organismo obligado a rendir informe a la Convención General.
   8. El Consejo Ejecutivo.

E. Fechas Límite para la Presentación de Resoluciones u Homenajes. Una Resolución u Homenaje presentado más de 60 días antes del primer día legislativo es una presentación Posterior a la Fecha Límite y no será considerado por la Cámara a menos que: *Fechas Límite*
   1. Quince Diputados presenten una petición ante el Secretario antes del primer día legislativo para considerar la resolución como una Resolución u Homenaje Posterior a la Fecha Límite.
   2. Un comité legislativo vote para presentarlo como una Resolución u Homenaje Posterior a la Fecha Límite por un voto de dos tercios.
   3. Una Diócesis o Provincia lo presente antes del primer día legislativo.
   4. La Cámara vote por mayoría simple sin debate para considerarlo.
   5. El Presidente de la Cámara de Diputados la proponga.
   6. Se trate de una Resolución de privilegio o de cortesía.
   7. Se trate de un mensaje de la Cámara de Obispos.
   8. Se trate de una orden especial de actividades.

F. Remisiones al Comité Legislativo sobre Constitución y Cánones. Cualquier resolución que enmiende la Constitución y los Cánones debe cumplir con el Canon V.1.1 de la siguiente manera: *Remisiones al Comité Legislativo sobre CyC*
   1. El Presidente designará un Comité de Revisión de la Constitución y los Cánones. El Comité de Revisión puede ser un Comité Legislativo existente, otro comité o un comité especial.
   2. Cualquier resolución que modifique la Constitución y los Cánones se remitirá al comité de revisión para que la examine e informe al respecto. La resolución también puede remitirse a otro Comité Legislativo que la corrobore.
   3. El Comité de Revisión preparará un informe que asegure que la Resolución:
      i. está en debida forma constitucional o canónica;

ii. logra coherencia y claridad en la Constitución y los Cánones; y
iii. incluye todas las enmiendas a la Constitución o a los Cánones que sean necesarias para efectuar el cambio propuesto.
4. El Presidente podrá solicitar que el Comité de Revisión informe a la Cámara sobre la materia de la resolución.

VIII: Comités Legislativos
A. Reglas Generales sobre Comités Legislativos.
   1. Nombramiento y Formación.

El Presidente puede nombrar Comités

i. A más tardar 90 días antes del primer día legislativo de la Convención General, el Presidente nombrará Comités Legislativos para el trabajo de la Cámara de Diputados en la Convención General.
ii. Los Comités Legislativos pueden incluir los siguientes y otros que el Presidente designe:

Reglas de Orden
a. Reglas de Orden. Revisa y propone Resoluciones para modificar las reglas que rigen la Cámara.

Constitución y Cánones
b. Constitución y Cánones. Recibe y propone Resoluciones que proponen enmiendas al texto de la Constitución o los Cánones.

Gobierno y Estructura
c. Gobierno y Estructura. Recibe y propone Resoluciones que tratan el gobierno y la estructura de esta Iglesia, incluida la Convención General, el Consejo Ejecutivo y la Comunión Anglicana.

Misión Mundial
d. Misión Mundial. Recibe y propone Resoluciones sobre personal para la misión, la estrategia de la misión mundial y relaciones de pacto con otras provincias u organismos anglicanos.

Justicia Social y Políticas Internacionales
e. Justicia Social y Políticas Internacionales. Recibe y propone Resoluciones sobre temas de justicia social en las diócesis extranjeras de la Iglesia y el trabajo de la paz y la justicia internacional de la Iglesia, incluida la interacción con la Comunión Anglicana.

Justicia social y Políticas de Estados Unidos
f. Justicia Social y Políticas de Estados Unidos. Recibe y propone Resoluciones sobre temas de justicia social que enfrenta Estados Unidos, entre ellos su participación internacional.

Vitalidad de las Congregaciones
g. Vitalidad de las Congregaciones. Recibe y propone Resoluciones sobre la salud, el desarrollo y la reconstrucción de congregaciones y comunidades de fe, incluso la plantación de iglesias, comunidades universitarias y contextos nuevos y no tradicionales.

h. Evangelismo y Comunicaciones. Recibe y propone Resoluciones sobre la evangelización dentro de las jurisdicciones de la Iglesia; recibe y propone Resoluciones sobre estrategias y tecnologías de comunicación para fortalecer la capacidad de comunicación del Evangelio de la Iglesia y las oportunidades para la administración e intercambio de información y dentro de la Iglesia. *Libro de Oración Común, Liturgia y Música*

i. Libro de Oración, Liturgia y Música. Recibe y propone Resoluciones sobre el Libro de Oración Común, la liturgia y la música de esta Iglesia. *Evangelismo y Comunicaciones*

j. Formación y Educación para el Ministerio. Recibe y propone Resoluciones sobre la formación y la educación cristiana para todos los bautizados y todos los asuntos relacionados con el ministerio ordenado. *Formación y Educación*

k. Church Pension Fund. Recibe y propone Resoluciones sobre el objetivo, el alcance, la estructura y el trabajo del Church Pension Fund, entre otros, pensiones, discapacidad, seguro de salud, otros seguros y productos para laicos y religiosos empleados de la Iglesia, seguros para las instituciones de la Iglesia y publicación. *Church Pension Fund*

l. Mayordomía y Desarrollo. Recibe y propone Resoluciones sobre la administración, la educación la administración, el desarrollo y las donaciones planificadas. *Mayordomía y Desarrollo*

m. Relaciones Ecuménicas e Interreligiosas. Recibe y propone Resoluciones sobre las relaciones entre la Iglesia y otras Iglesias, la Iglesia y otras religiones, la cooperación y unidad entre iglesias y el diálogo y actos interreligiosos. *Relaciones Ecuménicas e Inter-religiosas*

n. Mayordomía Medioambiental y Cuidado de la Creación. Recibe y propone Resoluciones sobre la mayordomía del medio ambiente y el cuidado de la creación. *Mayordomía del Medio Ambiente*

o. Confirmación del Obispo Presidente. Recibe el Informe de la Cámara de Obispos sobre la elección de un Obispo Presidente y recomienda el acto en relación con la confirmación. *Confirmación de la Elección*

iii. Comités Legislativos Especiales. El Presidente nombrará los siguientes comités para el trabajo de la Cámara de Diputados en la Convención General a más tardar 90 días antes del primer día legislativo de la Convención General. Estos comités no están obligados a celebrar audiencias en virtud de estas Reglas antes de tomar una decisión. *Comités que han de formarse*

a. Labor Parlamentaria. Propone la agenda de la Cámara, determina el Calendario del Día y propone Órdenes Especiales y programa las elecciones.
b. Certificación de las Actas. Revisa las Actas del día legislativo anterior, corrige las Actas y reporta su finalización a la Cámara.
c. Privilegio y Cortesía. Recibe y propone Resoluciones que alaban a individuos u organizaciones y propone Resoluciones que expresan el agradecimiento de la Cámara por grupos o personas.
d. Credenciales. Inscribe a los Diputados e informa sobre la cantidad de miembros con derecho a voto en la Cámara de Diputados en cada sesión y actúa como escrutadores de votos en las elecciones.

2. Membresía y Composición

    Tamaño de los comités
    i. El Presidente determinará el tamaño de cada Comité Legislativo y nombrará a los miembros.
    ii. Todos los miembros de los comités legislativos deben ser Diputados.
    iii. El Presidente es miembro, *ex officio*, de todos los Comités Legislativos.

    Equilibrio
    iv. El Presidente tratará de equilibrar los miembros del comité a través de las provincias de la Iglesia, cuando sea posible.

3. Funcionarios y Asistentes de Comités
    i. El Presidente nombrará al Presidente de cada Comité Legislativo, así como a su Vicepresidente, Secretario y cualquier otro funcionario que considere necesario.

    Oficiales nombrados 90 días antes
    ii. El Presidente debe nombrar a los funcionarios de los comités legislativos a más tardar 90 días antes del primer día legislativo de la Convención General.
    iii. El Presidente puede nombrar Ayudantes Legislativos para asistir a los Comités Legislativos en el ejercicio de las actividades antes y durante la Convención General.

4. Publicación de los Miembros del Comité
    i. El Secretario de la Cámara de Diputados dará a conocer la composición de los Comités Legislativos a la Iglesia.

Función y autoridad
5. Función y Autoridad de los Comités Legislativos. Cada Comité Legislativo tendrá las siguientes funciones y responsabilidades:
    i. Considerar Resoluciones, Homenajes y otros asuntos que les sean remitidos para actuación o información.

ii. Proponer Resoluciones sobre temas que no han sido remitidos al Comité para actuación, pero que están dentro del alcance de la descripción de sus obligaciones en virtud de la Regla VIII.A.1.ii o que le sean asignadas por el Presidente.
iii. Celebrar audiencias.
iv. Preparar informes y recomendar actos sobre Resoluciones, Homenajes y otros asuntos que le sean remitidos.
6. Reuniones de Comités
   i. Las reuniones pueden celebrarse en persona o electrónicamente, de forma que todos los miembros puedan participar con todos los demás miembros.
      a. Todas las reuniones electrónicas se transmitirán en directo y se grabarán, excepto las indicadas en la Regla VIII.A.6.x.
   ii. El Secretario de la Cámara de Diputados se encargará de la logística de cada reunión del Comité Legislativo, ya sea en persona o por vía electrónica.
   iii. El Secretario de la Cámara dará a conocer a la Cámara y al público la información sobre cómo asistir a las reuniones de cada Comité Legislativo. *Aviso de reuniones*
   iv. Los Comités Legislativos podrán convocar y examinar los asuntos que les presente a consideración el Comité Permanente Conjunto sobre Planificación y Arreglos antes de la hora fijada para las reuniones del comité legislativo en la Convención General. Estas reuniones pueden celebrarse electrónicamente de una manera tal que todos los miembros puedan participar con todos los demás miembros.
   v. Una reunión puede ser convocada por el Presidente o por la mayoría de los miembros.
   vi. De conformidad con el Canon V.3.1 el quórum será la mayoría de todos los miembros. *Quórum*
   vii. Los Comités Legislativos pueden, pero no están obligados a, reunirse paralelamente con un Comité Legislativo de la Cámara de Obispos asignado a considerar el mismo asunto o asuntos. El Comité Legislativo de la Cámara de Diputados siempre debe votar por separado en el acto final de cualquier asunto que le sea remitido. *Votación en Comité*
   viii. Solo los miembros del Comité Legislativo pueden hablar durante las reuniones, a menos que el Presidente invite a otras personas a hablar.
   ix. Todas las reuniones de los Comités Legislativos estarán abiertas al público a menos que el Comité vote para celebrar una reunión a puerta cerrada. *Reuniones públicas*
   x. Un Comité Legislativo podrá celebrar una reunión a puerta cerrada con el voto de dos tercios de los *Reuniones cerradas*

miembros presentes. Toda moción para entrar a una reunión cerrada deberá especificar el tema que se tratará. Ninguna decisión final sobre un asunto sometido al Comité podrá ser tomada durante una reunión a puerta cerrada.

Audiencia pública

xi. Antes de entrar a una reunión cerrada para tratar una Resolución, el Comité deberá celebrar una audiencia pública sobre la Resolución.

Se levantarán actas

7. El Secretario del Comité Legislativo tendrá o encargará un acta de:
   i. La fecha y lugar de la reunión.
   ii. La asistencia de los miembros del Comité en cada reunión.
   iii. Las Resoluciones y los asuntos debatidos en cada reunión y todas las decisiones tomadas al respecto.
   iv. Todas las demás mociones y actos del Comité.

El Secretario presentará las actas

8. El Secretario del Comité Legislativo archivará un expediente de cada reunión del Comité Legislativo con el Secretario de la Cámara. El expediente será entregado dentro del plazo fijado por el Secretario de la Cámara.

B. Audiencias de los Comités Legislativos.
   1. Audiencias Obligatorias.

Se celebrarán audiencias

   i. Los Comités Legislativos deben celebrar una audiencia para cada Resolución, Homenaje y cualquier otro asunto que se les presente para tomar medidas, o que ellos mismos propongan, antes de tomar la decisión final. Dichas audiencias podrán celebrarse en persona o por vía electrónica, de forma que todos los participantes puedan participar con todos los oradores.
   ii. Los comités legislativos deben tratar de programar todas las Resoluciones, Homenajes y otros asuntos sobre el mismo tema para que sean escuchados al mismo tiempo.
   iii. Los Comités Legislativos pueden celebrar audiencias hasta 90 días antes del primer día legislativo de la Convención General.

   2. Avisos de Audiencia

Siete días de antelación

   i. Para las audiencias que se celebrarán entre 90 y 14 días antes del primer día legislativo de la Convención General, un Comité Legislativo entregará un Aviso de Audiencia al Secretario de la Cámara de Diputados por lo menos siete días antes de la audiencia. Al recibir el Aviso de Audiencia, la información será publicada por el Secretario en el sitio web de la Convención General.

Ocho horas de antelación

   ii. Para las audiencias que se celebrarán durante o no más de un día antes del primer día legislativo

de la Convención General, un Comité Legislativo entregará el Aviso de Audiencia al Secretario de la Cámara de Diputados para que pueda ser publicado por el Secretario en el sitio web de la Convención General por lo menos ocho horas antes de la audiencia. Para las audiencias programadas antes de las 10:00 a. m., el Aviso de Audiencia debe ser publicado por el Secretario a más tardar a las 6:00 p. m. del día anterior a la audiencia.
    iii. El Secretario de la Cámara de Diputados se el formato para el Aviso de Audiencia.
3. Testimonio en las Audiencias
    i. Cualquier persona puede declarar en una audiencia ante un Comité Legislativo.
    ii. Todas las personas que deseen dar testimonio ante un Comité Legislativo deben registrarse en la forma que disponga el Comité. *Registro de los testigos*
    iii. En las reuniones electrónicas, quienes deseen dar testimonio deben tener la oportunidad de declarar su intención de hacerlo hasta el día de la audiencia.
    iv. El declarante debe identificarse por su nombre, condición (Diputado, Obispo, Alterno o Visitante), Diócesis, organización representada, en su caso, y la Resolución o asunto sobre el que desean declarar.
    v. El comité deberá proporcionar los medios para la toma de declaraciones durante el día, teniendo en cuenta las restricciones que el presidente pueda imponer de conformidad con la Regla VIII.B.3.vi.
    vi. La Presidencia podrá limitar la cantidad de personas que pueden declarar, establecer límites de tiempo, alternar a favor y en contra, dar preferencia a los Diputados u otros grupos de personas y por otros medios regular la audiencia.
4. Actas de Audiencias
    i. El Secretario del Comité Legislativo tendrá (o encargará) un acta de lo siguiente: *Actas de Audiencias*
        a. La fecha y lugar de cada audiencia.
        b. La asistencia de los miembros del Comité a cada audiencia.
        c. Resoluciones y otros temas considerados en cada audiencia.
        d. El nombre e información de identificación de cada persona que declare ante el Comité Legislativo y de la resolución o asunto sobre el que esa persona habló.
        e. Grabación digital de las partes públicas de cada audiencia electrónica.

El Secretario presentará actas de audiencia

ii. El Secretario del Comité Legislativo archivará el expediente de cada audiencia del Comité Legislativo con el Secretario de la Cámara de a la conclusión de cada audiencia.

5. Testimonio por Escrito

Testimonio por Escrito

i. El Secretario de la Cámara proporcionará un mecanismo y directrices para que cualquier persona pueda presentar un testimonio por escrito sobre cualquier Resolución, Homenaje u otro asunto remitido a un Comité Legislativo.

ii. El testimonio por escrito debe dirigirse a una Resolución, Homenaje u otro asunto específico remitido a un Comité Legislativo.

iii. Los testimonios por escrito se publicarán en la forma en que se reciban.

iv. Los testimonios por escrito deben presentarse antes del comienzo de la hora programada para la audiencia del Comité sobre la Resolución, Homenaje u otro asunto al que se refiera el testimonio.

C. Informes de los Comités Legislativos.

Informes de comité

1. Cada Comité Legislativo debe tomar una decisión final sobre cada resolución y otros asuntos que le sean remitidos para actuación para recomendar que la Cámara tome una de las siguientes medidas:

Adoptar
i. Adoptar en la forma propuesta.

Adoptar con enmiendas
ii. Adoptar con las enmiendas del Comité; todas las enmiendas hechas por un Comité se aplicarán automáticamente a la Resolución y el asunto ante la Cámara cuando la Resolución se considere que será la Resolución en su forma enmendada por el Comité.

Sustituir
iii. Adoptar una Resolución Sustituta:
   a. La Resolución sustituta debe tratar el mismo tema que la Resolución remitida al Comité Legislativo para actuación.
   b. La Resolución sustituta solo puede amparar una Resolución remitida al Comité Legislativo para actuación.
   c. Si la Cámara se niega a adoptar una Resolución sustituta, la original será remitida automáticamente al Comité para consideración adicional.

Sustituta consolidada
iv. Adoptar una Resolución sustituta consolidada:
   a. La Resolución sustituta consolidada debe tratar el mismo tema que las Resoluciones remitidas al Comité Legislativo para actuación.
   b. Su informe sobre la decisión final respecto a esa Resolución debe identificar todas las otras

resoluciones que la Resolución sustituta está destinada a cubrir.

    c. Un voto del Comité Legislativo de recomendar la adopción de una Resolución sustituta consolidada será una recomendación automática de no hacer ninguna otra cosa con respecto a todas las demás Resoluciones que la Resolución sustituta consolidada está destinada a cubrir.

    d. Si la Cámara se niega a adoptar una Resolución sustituta consolidada, las Resoluciones originales serán remitidas automáticamente al Comité para consideración adicional.

v. Rechazar. *Rechazar*

vi. Remitir a una Comisión Permanente específica, a un Grupo de Trabajo de la Convención General, al Consejo Ejecutivo u otro organismo de la Iglesia para estudio, actuación o para hacer recomendaciones sobre el tema a la próxima Convención General. *Remitir*

vii. No tomar más medidas debido a lo siguiente: *Sin acción*
    a. El asunto ya se ha tratado por decisión de la Cámara de Diputados en esta reunión de la Convención General.
    b. El asunto está amparado por una Resolución de una Convención General anterior.
    c. Por otras razones.

viii. Si la resolución o el asunto ha sido decidido en la Cámara de Obispos: *Convenir*
    a. Convenir con la decisión de la Cámara de Obispos.
    b. Convenir con las enmiendas que propone el Comité Legislativo de la Cámara de Diputados.
    c. Convenir con una resolución sustituta propuesta por el Comité Legislativo de la Cámara de Diputados.
    d. No convenir y tomar una decisión diferente.
    e. No convenir.

ix. Un Mensaje de la Cámara de Obispos de desestimar se tratará como no actuar. *Desestima del comité*

2. Informe de Minoría

    i. Si hay una posición minoritaria sobre una decisión final acerca de una resolución u otra materia y la minoría pide presentar un informe de minoría a la Cámara, el Presidente incluirá el informe de la minoría en el informe del Comité Legislativo sobre la decisión final acerca de la Resolución u otro asunto. *Posición minoritaria*

    ii. Una posición de minoría se compone de por lo menos un cuarto (1/4) de los miembros del actual Comité Legislativo presentes y en votación de Resolución, Homenaje o cualquier otro asunto.

3. Fecha límite
    i. El informe inicial del Comité Legislativo para las resoluciones deberá presentarse al menos siete días antes del comienzo de la Primera Sesión Legislativa, a menos que:
        a. La Cámara adopte una fecha límite diferente en su orden de actividades.
        b. Dos tercios del Comité voten en favor de diferir el informe hasta el segundo día legislativo.
        c. Se trate de una Resolución Posterior a la Fecha Límite presentada menos de treinta días antes del primer día legislativo.
    ii. Si la Cámara de Obispos modifica una Resolución u otro asunto, el Comité Legislativo deberá presentar un nuevo informe en un plazo de 24 horas después de recibir el mensaje de dicha Cámara.

IX: Otros Comités

A. Reglas Generales sobre Otros Comités.
   1. Nombramiento y Creación.
      i. El Presidente podrá formar otros Comités para las labores de la Cámara de Diputados en la Convención General a más tardar 90 días antes del primer día legislativo de la Convención General, con la salvedad de que los Comités de la Conferencia se formarán durante la Convención General según sean necesarios.
      ii. Los Comités podrán incluir los siguientes y otros que el Presidente designe:
          a. Revisión de Resoluciones.
             1. El Comité de Revisión de Resoluciones revisará todas las Resoluciones presentadas antes de la Convención General para revisar que sean compatibles con el sistema de gobierno de esta Iglesia y que concuerden con la forma requerida por los Cánones.
             2. El Comité elaborará un informe asesor de cada Resolución y lo proporcionará a la presidencia del Comité Legislativo a la que la Resolución se remitió para actuación. El Comité continuará el proceso de revisión, mientras la Convención General está en sesión.
             3. El Comité podrá elaborar o redactar de nuevo cualquier asunto en el lenguaje adecuado al ser pedido por el Presidente, el Comité Legislativo, Diputado, o la Cámara.

Sistema de gobierno, forma y revisión de financiación

Se puede redactar otra vez

2. Membresía y Composición
    i. El Presidente determinará el tamaño de otros Comités y nombrará a los miembros.
    ii. Los miembros de otros Comités no tienen que ser Diputados.
    iii. El Presidente es miembro, *ex officio*, de todos los demás Comités.
3. Oficiales del Comité
    i. El Presidente designará a los Presidentes, Vicepresidentes, Secretarios y cualquier otro funcionario que considere necesarios para los demás Comités.
    ii. El Secretario de la Cámara de Diputados dará a conocer la composición de los otros Comités a la Iglesia.

B. Reuniones de Comités.
   1. El Secretario de la Cámara de Diputados encargará un espacio de encuentro para cada Comité.

C. Comités de la Conferencia.
   1. Creación. Se creará un Comité de la Conferencia: *Conferencia Legislativa*
      i. Por un voto de la Cámara para remitir la legislación aprobada por la Cámara de Obispos a un Comité de la Conferencia.
      ii. Cuando la Cámara de Obispos esté de acuerdo, con enmienda, sobre legislación ya decidida en la Cámara, y esta no esté de acuerdo con la enmienda de la Cámara de Obispos.
   2. Nombramiento. El Presidente nombrará al Presidente todos los miembros de un Comité de la Conferencia de entre los miembros de la Cámara de Diputados.
   3. Acto Final. Cuando se haya formado un Comité de Conferencia, la resolución final del asunto bajo consideración se aplazará hasta que el Comité de Conferencia haya informado a esta Cámara.

X: Comités Especiales

A. El Presidente podrá designar Comités Especiales para el trabajo de la Cámara de Diputados en o entre sesiones de la Convención General.   *Comités Especiales*

B. Membresía y Composición.
   1. El Presidente determinará el tamaño de cada Comité Especial y nombrará a los miembros.
   2. Los miembros de los Comités Especiales no tienen que ser Diputados.   *Los miembros no tienen que ser Diputados*
   3. El Presidente será integrante de todos los Comités Especiales *ex officio*.

C. Funcionarios del Comité.
1. El Presidente designará al Presidente, Vicepresidente, Secretario, y cualquier otro funcionario que considere necesario para cualquier otro Comité Especial.
2. El Secretario de la Cámara de Diputados dará a conocer la composición de los Comités Especiales a la Iglesia.

XI: Sesiones de la Cámara

A. Sesiones Legislativas.

Sesiones Ordinarias

1. Propósito. Una Sesión Legislativa es una sesión ordinaria de la Cámara de Diputados en la que la Cámara considera Resoluciones, escucha informes de comités y proporciona a los diputados una oportunidad para debatir.

B. Sesiones de Orden Especial.

Órdenes especiales

1. Propósito. Una Sesión de Orden Especial es una sesión dispuesta por la Cámara para considerar una Resolución particular cualquier otro asunto determinado en virtud de las reglas especiales para la deliberación y el debate. Las sesiones pueden servir para estudiar asuntos importantes o estratégicos de manera informal para la conversación y la conexión.
2. Cómo se convoca. Una Sesión de Orden Especial puede ser programada por el voto de las dos terceras partes de la Cámara.

C. Sesiones Cerradas.

Sesiones Cerradas

1. Propósito. Una sesión cerrada de la Cámara tiene asistencia limitada y se utiliza para hablar de asuntos sensibles o pastorales. la Cámara no puede tomar medidas en una sesión cerrada.
2. Cómo se convoca. Los Diputados pueden votar para entrar en una sesión cerrada por mayoría de votos.
3. Quién puede asistir. Solo podrán asistir a una sesión a puerta cerrada las siguientes personas:
    i. Diputados.
    ii. Funcionarios de la Cámara de Diputados.
    iii. Personas a quienes se les ha concedido asiento en el seno de la Cámara.
    iv. Otras personas autorizadas por la Cámara.
    v. Otras personas autorizadas por el Presidente.
4. Reglas especiales relativas a las Sesiones a Puerta Cerrada.
    i. El Secretario levantará actas de todas las Sesiones Cerradas. Las actas levantadas durante una sesión cerrada solo pueden ser revisadas y reveladas en una sesión cerrada.
    ii. Los dispositivos electrónicos personales no podrán ser utilizados para comunicarse ni hacer grabaciones durante una sesión cerrada.

iii. Los miembros tienen la obligación moral de mantener la calidad confidencial de las actas de una sesión cerrada.

XII: Debate
A. Los Diputados pueden debatir.
1. Cualquier Diputado o persona con escaño y voz en el seno de la Cámara podrá participar en el debate, a menos que una Regla de la Cámara especifique lo contrario. *Elegibilidad para el debate*
2. Cualquier diputado o persona que participa en debate indicará su nombre y la Diócesis que representa.
3. Cualquier Diputado puede hablar solo después de haber sido reconocido por el Funcionario que Preside.

B. Definiciones.
1. Debate. Los debates son una oportunidad para que los Diputados participen en la discusión sobre cualquier asunto.
2. Asunto. Un asunto incluye cualquier Resolución, Homenaje, moción, mensaje de la Cámara de Obispos o informe de Comité, que se presenta a la Cámara para su consideración y actuación. *Asuntos presentados a la Cámara*

C. Los Diputados podrán participar en un debate sobre cualquier asunto, excepto en las siguientes circunstancias:
1. El debate se haya terminado con el voto de la Cámara.
2. El debate no se permita debido a una Regla de la Cámara, una Regla Conjunta, un Canon o la Constitución.

D. Límites de tiempo. *Límites de tiempo*
1. Se permite un total de 30 minutos para debatir sobre:
   i. Cualquier asunto.
   ii. Todas las mociones relacionadas con ese asunto.
2. El debate se regirá por los siguientes límites de tiempo:
   i. Durante los primeros seis minutos del debate, nadie podrá presentar una moción para enmendar, sustituir o finalizar el debate, a menos que nadie desee hablar del asunto.
   ii. Después de los primeros seis minutos de debate, la Cámara procederá automáticamente a considerar todas las enmiendas presentadas sobre un asunto en el orden en que se hayan presentado. El debate sobre cada enmienda se limitará a seis minutos. Una vez agotadas todas las enmiendas, se reanudará el debate sobre el asunto.
3. Durante un debate sobre cualquier moción u otro asunto, cualquier miembro podrá hacer lo siguiente:
   i. Hablar hasta dos minutos.
   ii. Formular una pregunta al comité utilizando su tiempo tanto para la pregunta como para la respuesta.
   iii. Hablar dos veces.

Traducción

4. Para cada discurso que requiera traducción o interpretación, todos los límites de tiempo en el debate en estas reglas, o adoptados por una regla especial de orden, se extenderán por dos minutos.

Fin del debate

5. El Debate terminará después de:
   i. Una votación exitosa para terminar el debate.
   ii. Concluido el tiempo permitido para el debate por una Regla u Orden Especial.
   iii. Por decisión del Presidente Funcionario que Preside, en las siguientes circunstancias:
      a. Por lo menos tres Diputados han hablado en favor del asunto y nadie se levanta para hablar en su contra.
      b. Por lo menos tres Diputados han hablado en contra del asunto y nadie se levanta para hablar a su favor.
      c. Nadie se levanta para hablar sobre el asunto.

XIII: Mociones

A. Cómo se proponen.
   1. Las mociones podrán ser propuestas por cualquier Diputado o persona autorizada a presentar una moción en las Reglas de la Cámara.
   2. Un Diputado que desee presentar una moción debe:
      i. Indicar su nombre y la Diócesis a la que representa.
      ii. Reconocer su intención de proponer una moción en cualquier sistema de cola de espera.
      iii. Ser reconocido por el Presidente o el funcionario presidente.

Se permiten mociones en el seno de la Cámara

B. Tipos de mociones. Cualquier Diputado puede hacer una de las siguientes mociones y no se podrá hacer ninguna otra moción en el seno de la Cámara, salvo las excepciones establecidas por estas Reglas.

Levantamiento de la sesión

1. Mociones que afectan los asuntos generales de la Cámara.
   i. Levantamiento o receso:
      a. Se utiliza para terminar (levantar) una sesión o tomar un breve receso.
      b. Tiene las siguientes características:
         1. No se permite el debate
         2. No se pueden hacer enmiendas.
         3. Se requiere una mayoría de votos.
   ii. Levantar la sesión y reunirse de nuevo a una hora determinada:
      a. Se utiliza para levantar una sesión y establecer una hora para volver a reunirse.
      b. Tiene las siguientes características:
         1. Solo se permite debatir sobre la hora.
         2. Solo se permiten enmiendas sobre la hora.

iii. Apelar la decisión del Presidente o del funcionario presidente: *Apelar la decisión*
   a. Se utiliza para apelar cualquier decisión del Presidente o del funcionario presidente sobre cualquier asunto del procedimiento.
   b. Tiene las siguientes características:
      1. Se permite el debate.
      2. No se permiten las enmiendas.
      3. Se requiere una mayoría de votos.
      4. Debe hacerse inmediatamente después de la decisión del Funcionario Presidente.
iv. Para crear una Orden Especial o cambiar la Agenda: *Órdenes especiales*
   a. Se utiliza para crear una Orden Especial que no está incluida en el programa de la Convención o para cambiar el Orden de Actividades. También puede incluir reglas especiales para regulan cómo se llevará cabo la orden.
   b. Tiene las siguientes características:
      1. Se permiten las enmiendas.
      2. Se permite el debate.
      3. Se requiere una votación de dos tercios.
v. Para suspender el Reglamento: *Suspender el Reglamento*
   a. Se utiliza para suspender o modificar el Reglamento de la Cámara que interfiere con un objetivo particular de la Cámara.
   b. Tiene las siguientes características:
      1. Se permiten las enmiendas
      2. Se permite el debate, excepto si la moción se refiere a fijar, extender, limitar o ajustar el tiempo del debate.
      3. Se requiere una votación de dos tercios.

2. Las mociones que afectan el debate sobre una resolución o asunto.
   i. Terminar el debate y votar de inmediato: *Terminar el debate*
      a. Se utiliza para poner fin al debate sobre una moción, resolución, informe u otro punto de actuación y forzar un voto. A veces también se conoce como "demandar el asunto previo".
      b. Tiene las siguientes características:
         1. Afecta solamente el asunto en debate.
         2. No se permite el debate.
         3. Se requiere una votación por mayoría de dos tercios.
   ii. Posponer el debate de una moción o resolución hasta cierta hora: *Posponer*
      a. Se utiliza para posponer el debate y considerar una moción o resolución hasta cierta hora, después de transcurrido cierto tiempo o después de que haya ocurrido un suceso. No se puede

utilizar para posponer la medida hasta después de que se haya levantado la Convención General.
    b. Tiene las siguientes características:
       1. Se permite el debate.
       2. Se permiten las enmiendas.
       3. Se requiere una mayoría de votos.

Retirar

  iii. Retirar de un Comité:
    a. Se utiliza para retirar algo de un comité y presentarlo de inmediato ante el seno de la Cámara.
    b. Tiene las siguientes características:
       1. No se puede llevar a cabo antes del segundo día legislativo.
       2. Se permite el debate.
       3. No se permiten las enmiendas.
       4. Se requiere una votación de dos tercios.

3. Las mociones que afectan a lo que se hace con un asunto.

Remitir

  i. Remitir al Comité de Origen, a un Comité Diferente, a una Comisión Permanente o a Otro Organismo:
    a. Se utiliza para remitir un asunto a un grupo o a un comité legislativo para estudiar el asunto y reportar enmiendas o medidas sugeridas.
    b. Tiene las siguientes características:
       1. Se puede debatir.
       2. Se puede enmendar en cuanto al organismo remitido.
       3. Se requiere una mayoría de votos.

Sin acción

  ii. No tomar más medidas:
    a. Se utiliza para detener la consideración de una Resolución u Homenaje particular y eliminarlo de la consideración en la presente reunión de la Cámara.
    b. Tiene las siguientes características:
       1. Se permite el debate.
       2. No se permiten las enmiendas.
       3. Se requiere una mayoría de votos.

Enmendar o sustituir

  iii. Enmendar o Sustituir:
    a. Se utiliza para modificar o cambiar una Resolución o moción. Esto incluiría un cambio técnico o una modificación de fondo que pudiera alterar el significado o la intención de una Resolución o moción. Las enmiendas deben estar relacionadas con el punto de la Resolución que están tratando de cambiar.
    b. Las Enmiendas Secundarias son:
       1. Cambios propuestos a una enmienda. Las Enmiendas Secundarias deben estar relacionadas con el tema específico de una enmienda y no pueden ser utilizadas para

alterar otras partes de una Resolución ni las partes no afectadas por la enmienda.
  c. Tienen las siguientes características:
    1. Se permite el debate.
    2. Solo se permiten Enmiendas Secundarias.
    3. Se requiere una mayoría de votos.
iv. Dividir el Asunto: *División*
  a. Se utiliza para dividir un Asunto o Resolución en partes separadas y votar por separado. Si el Asunto es fácilmente divisible en temas separados, puede ser dividido por el Presidente a petición de un miembro.
  b. Proceso para utilizar este asunto:
    1. En primer lugar, pedir que se divida el asunto y explicar dónde se debe dividir.
    2. El Presidente se pronuncia sobre si el asunto es divisible o no.
    3. Si el asunto es divisible, la Cámara procede al debate y actúa sobre las partes divididas de dicho asunto.
    4. Si el Presidente pronuncia que el asunto no es divisible, cualquier Diputado puede apelar el pronunciamiento.
v. Reconsiderar algo sobre lo que se actuó previamente: *Reconsideración*
  a. Se utiliza para reconsiderar un asunto sobre el que anteriormente votó la Cámara en la presente reunión de la Convención General.
  b. Tiene las siguientes características:
    1. Cualquier diputado podrá pedir la reconsideración de un Asunto.
    2. No se permiten las enmiendas.
    3. Se permite debatir si el Asunto reconsiderado es debatible.
    4. Se requiere una mayoría de votos.
    5. Un Asunto solo podrá ser reconsiderado una vez.
    6. Si se aprueba la moción de reconsideración, la Resolución se restaura a donde estaba inmediatamente antes de que la Cámara tomara la medida que se está reconsiderando.

XIV: Votación

A. Cada Diputado debe votar cuando un asunto se someta a votación, excepto el Funcionario Presidente. Si el Funcionario Presidente es un Diputado, normalmente no debería votar sobre ningún asunto a menos que el voto del Funcionario Presidente afecte el resultado del asunto, que el voto sea una votación por órdenes, o que la votación se haga mediante una papeleta de votación secreta. *Se requiere votación*

B. El Presidente podrá excusar a un Diputado de la votación sobre un asunto por las siguientes razones:
1. Si el Diputado tiene un conflicto de intereses.
2. Por otra causa justificada.

Votos para aprobar una Resolución

C. Votar es necesario para adoptar un asunto. La cantidad de votos necesarios para aprobar una Resolución u otro asunto es la siguiente:
1. Un voto de la mayoría consiste en más de la mitad de los votos.
2. Un voto de dos tercios consiste en más de dos tercios de los votos.
3. Un voto mayoritario por Órdenes consiste en más de la mitad de las diputaciones laicas y más de la mitad de las diputaciones religiosas.

D. Recuento de los votos. La cantidad necesaria para aprobar un asunto será determinada por los votantes presentes.

Votación por Órdenes

E. Votación por Órdenes en virtud de la Sección 5 del Artículo 1 de la Constitución.
1. Procedimiento:
    i. Se hará Votación por Órdenes para cualquier asunto a petición las diputaciones de clérigos o laicos de por lo menos tres diócesis separadas o según se disponga en la Constitución o Cánones.
    ii. El voto de cada orden de clérigos y laicos se contará por separado y cada orden de cada diócesis tendrá un voto.
    iii. Para aprobar cualquier asunto sometido a votación por órdenes será necesario el acuerdo afirmativo de ambas órdenes.
    iv. El acuerdo afirmativo de una orden exigirá que en esa orden hayan votado afirmativamente la mayoría de las Diócesis presentes en dicha orden, a menos que la Constitución o los Cánones dispongan un voto mayor.
    v. El voto afirmativo de una orden de clérigos o laicos requiere la presencia de una mayoría de los Diputados de esa orden en esa Diócesis.
2. Sin voto. No hay voto (es decir, no en sentido afirmativo) se produce cuando la mayoría de una diputación de laicos o religiosos está en contra de un asunto o está en empate.
3. Voto de dos tercios. Si una moción en virtud de las Reglas requiere el voto de dos tercios, y se pide debidamente una Votación por Órdenes, la moción pasará si hay un voto afirmativo en cada orden de dos tercios de las Diócesis.
4. Cuenta. El recuento en una votación por órdenes será por medios electrónicos y/o escritos según lo disponga por el Funcionario Presidente o la presidencia.

5. Publicación de los resultados. Los resultados de todos los Votos por Órdenes serán publicados oportunamente de manera fácilmente accesible a la Cámara y al público e incluye cómo votó cada orden de cada diócesis.
6. Sondeo. El voto de cada Diputado de una Diócesis debe indicarse y registrarse cuando lo pida por un miembro de la Diputación.

F. Publicación de votos en el Diario. El recuento de los resultados de todas las votaciones registradas, tanto si se trata de una votación electrónica estándar como de una votación por órdenes, se registrará en el Diario de la Convención. Las votaciones electrónicas estándar registrarán el número total de votos emitidos a favor y en contra. Las votaciones por órdenes se reportarán por la cantidad total por órdenes de diputaciones que voten a favor, en contra o divididas. *Publicación de votos en el Diario*

XV: Elecciones
A. Nominaciones. *Nominaciones*
   1. La presentación del Informe del Comité Permanente Conjunto de Nominaciones a la Convención General de sus nominados nominará automáticamente a esas personas para cualquier elección que realice la Cámara.
   2. Cualesquiera dos Diputados pueden nominar a otras personas elegibles para ser elegidas por la Cámara.
   3. Cada nominación debe ser presentada ante el Secretario, en un formulario que determine el Secretario de la Cámara, de conformidad con el formulario adoptado por el Comité Permanente Conjunto sobre Nominaciones. El Secretario publicará todas las nominaciones a más tardar al final del tercer día legislativo.
   4. Todas las Nominaciones deben presentarse antes de la clausura del tercer día legislativo, excepto que:
      i. Las nominaciones para el cargo de Vicepresidente de la Cámara deben presentarse antes de la clausura del siguiente día legislativo después de que se haya completado la elección del Presidente de la Cámara de Diputados.
   5. No se harán discursos de candidatura para ninguna oficina o puesto. En una elección impugnada para Presidente o Vicepresidente de la Cámara, el Secretario puede organizar un foro de nominados para permitir que los nominados brinden un breve discurso y para que los Diputados tengan la oportunidad de hacer preguntas a los nominados.

B. Requisitos para Votar
   1. Todas las elecciones serán por votación secreta individual, en papel o medio electrónico, salvo cuando no haya más nominados que puestos abiertos, en cuyo caso el voto puede ser por voz si el Presidente lo estima conveniente. *Votación secreta para las elecciones*

SECCIÓN XV.B.2-3 - XV.D.1-2   CÁMARA DE DIPUTADOS

2. Se requiere una mayoría de votos para elegir a menos que la Constitución, los Cánones o las Reglas de Orden exijan un voto diferente. En cualquier elección en la que se llenará más de un puesto del mismo grupo de nominados, la mayoría se calcula en función de la cantidad de votantes que emiten su voto en esa elección.
3. En cualquier votación preparada por el Secretario, los nominados se enumerarán en orden alfabético por apellido.

Votación

C. Procedimientos de papeletas de votación.
   1. En todas las elecciones en las que haya ocho o menos nominados, se utilizará el siguiente procedimiento de votación si la elección no se ha completado:
      i. Después de la tercera votación, los nominados se reducirán a dos más que la cantidad de vacantes que se llenarán en la elección.
      ii. Después de la quinta votación se reducirán los nominados a uno más que la cantidad de vacantes que quedan por cubrir en la elección.
   2. En todas las elecciones en las que haya más de ocho nominados, se utilizará el siguiente procedimiento de si la elección no se ha completado:
      i. Después de la tercera votación, los nominados se reducirán a cuatro más que la cantidad de vacantes que se llenarán en la elección.
      ii. Después de la quinta votación los nominados se reducirán a un nominado más que la cantidad de vacantes que quedan por cubrir en la elección.
   3. En todos los casos en que los nominados serán reducidos en virtud de estas reglas, los nominados con la menor cantidad de votos serán eliminados.
   4. Si más nominados reciben una mayoría de votos que la cantidad de puestos que se elegirán, se elegirán a los nominados que reciban la mayor cantidad de votos.
   5. Si hay un empate para eliminar o elegir a un nominado, se celebrará una segunda vuelta entre los candidatos empatados.

Elección de un Diácono para el Comité Nominador Conjunto para la Elección del Obispo Presidente

D. Regla Especial para la elección del Diácono requerido para el Comité Nominador Conjunto para la elección del Obispo Presidente.
   1. En la selección para los miembros Clérigos y Laicos del Comité Nominador Conjunto para la Elección del Obispo Presidente según el Canon I.2.1.a, la Cámara elegirá primero a un Diácono para el Comité. Los nominados para esta elección incluirán a todos los Diáconos propuestos.
   2. Una vez elegido un Diácono de conformidad con la subsección 1, la Cámara procederá a elegir a los cuatro Clérigos y Laicos restantes del Comité. La primera votación de la elección para los miembros restantes del Clero incluirá a todos los Presbíteros y Diáconos nominados, excepto el Diácono elegido según la subsección 1 anterior.

246   REGLAS DE ORDEN

XVI: Confirmación de la elección de un Obispo Presidente

A. Cuando el Presidente reciba el nombre del obispo elegido por la Cámara de Obispos para servir como Obispo Presidente, el Presidente presentará el nombre al Comité Legislativo para la Confirmación del Obispo Presidente.

El comité recomienda

B. El Comité Legislativo para la Confirmación del Obispo Presidente hará una recomendación a la Cámara en cuanto a si debe confirmar o no la elección de la Cámara de Obispos.

C. La Cámara puede optar por recibir el informe del Comité a la Cámara en sesión cerrada.

D. Si la Cámara elige recibir el informe en sesión cerrada, puede continuar en sesión cerrada para fines de debate.

E. Al terminar del debate, la Cámara cesará la sesión cerrada. El Comité repetirá su recomendación y la Cámara votará inmediatamente sobre la recomendación.

F. La Cámara votará con boletas secretas individuales, en papel o por medio electrónico, a menos que se pida votación por Órdenes.

G. Se requiere una mayoría de votos para confirmar.

XVII: Autoridad Parlamentaria

A. La última edición de Robert's Rules of Order, Newly Revised (Reglamento Parlamentario de Robert, nueva revisión) regirá la interpretación de estas Reglas y Procedimientos siempre que no se contraponga a estas Reglas.

Reglamento Parlamentario de Robert

B. La Constitución, los Cánones, las Reglas Conjuntas y las Reglas de esta Cámara tienen precedencia cuando haya un conflicto con el Reglamento Parlamentario de Robert.

XVIII: Cláusula de Supremacía y Vigencia

A. Estas reglas están subordinadas a la Constitución, los Cánones y las Reglas Parlamentarias Conjuntas de la Convención General.

Subordinación

B. Estas Reglas siguen vigentes en cada reunión hasta que sean enmendadas, revocadas o sustituidas por la Cámara.

XIX: Enmiendas a las Reglas de Orden

A. La Cámara podrá enmendar estas Reglas en cualquier momento por medio del voto de dos tercios de los miembros presentes.

Dos tercios de los votos para enmendar

B. El Comité Legislativo sobre las Reglas de Orden tendrá en cuenta todas las enmiendas propuestas a las Reglas y hará recomendaciones a la Cámara.

C. Todas las enmiendas a estas Reglas entrarán en vigor inmediatamente, a menos que se disponga expresamente lo contrario.

Efecto inmediato

REGLAS CONJUNTAS - CÁMARA DE OBISPOS Y CÁMARA DE DIPUTADOS

I: Composición de los Comités Permanentes Conjuntos y Comités Legislativos Conjuntos

1. Por Regla Conjunta o Resolución Conjunta la Cámara de Obispos y la Cámara de Diputados pueden autorizar o pueden ordenar el nombramiento de Comités Legislativos Conjuntos y Comités Conjuntos. *Pueden autorizar por Regla Conjunta*

2.
   a. La Regla Conjunta puede especificar el tamaño y composición de cada Comité, y especificará sus deberes. La membresía de tales Comités se limitará a Obispos que tienen voto en la Cámara de Obispos, miembros de la Cámara de Diputados, y aquellos miembros ex officiis como pueda disponerse en la Regla Conjunta que crea dicho Comité. *Miembros*

   b. El término de todos los miembros de los Comités Permanentes Conjuntos será igual al intervalo entre la reunión regular de la Convención General que precede a su nombramiento y el levantamiento de la reunión regular subsiguiente a la Convención General, y hasta que sus sucesores se nombren; excepto que, a menos que estas Reglas Conjuntas especifiquen lo contrario, si algún Clérigo o Laico no ha sido elegido como Diputado para la Convención General subsiguiente a más tardar el 31 de enero del año de dicha Convención, entonces el Presidente de la Cámara de Diputados nombrará a un reemplazo por el término de dicho miembro que no se haya vencido. Cualquier otra vacante, por fallecimiento, cambio de estado, renuncia, o por cualquier otra causa, será ocupada por nombramiento por el Funcionario Presidente de la Cámara apropiada, y tales nombramientos, igualmente, serán por los términos sin expirar. Los términos de todos los miembros de Comités Legislativos Conjuntos serán solo desde el momento del nombramiento hasta la clausura de la primera reunión ordinaria de la Convención General posterior a su nombramiento. *Términos* *Reemplazo de miembros no reelegidos como Diputados*

   c. El Obispo Presidente nombrará a los miembros Episcopales y el Presidente de la Cámara de Diputados a los miembros Laicos y Clérigos de los Comités Permanentes Conjuntos lo antes posible después de la clausura de la Convención General, y de los Comités Legislativos Conjuntos a más tardar sesenta días antes de cada Convención General. Las vacantes se llenarán de manera similar. *Nombramientos*

   d. El Obispo Presidente con respecto a Obispos, y el Presidente de la Cámara de Diputados con respecto Clérigos y Laicos, pueden nombrar a los miembros y personal del Consejo Ejecutivo, u otros expertos, como consultores *Consultores y subcomités* de dicho Consejo, para ayudar en el desempeño de su función. Se notificará a los Secretarios de ambas Cámaras. Cada Comité tendrá poder para constituir subcomités y conseguir los servicios de consultores y coordinadores necesarios para llevar a cabo su trabajo.

Miembros ex officiis

e. El Obispo Presidente y el Presidente de la Cámara de Diputados serán miembros *ex officiis* de cada Comité con derecho, pero sin obligación, de asistir a las reuniones, y con escaño y voto en las deliberaciones de las mismas, y deberán recibir sus actas y un informe anual de sus actividades, *siempre y cuando* dichos funcionarios presidentes puedan nombrar representantes personales para que asistan a reuniones en su lugar, pero sin derecho a voto.

Notificación de nombramientos

f. El Funcionario Ejecutivo de la Convención General, deberá, a más tardar el mes de enero siguiente a la reunión de la Convención General, notificar a los miembros de las Cámaras respectivas de sus nombramientos en los Comités Conjuntos y su deber de presentar Informes en la siguiente Convención. Un año antes del día de la inauguración de la Convención, el Funcionario Ejecutivo de la Convención General recordará a los Presidentes y Secretarios de todos los Comités Conjuntos de este deber.

Los funcionarios se nombrarán

g. Salvo que se disponga lo contrario, el Obispo Presidente y el Presidente de la Cámara de Diputados designarán a un Presidente y Vicepresidente, o Copresidentes, de dichos Comités. Cada uno de esos Comités elegirá a su propio Secretario.

Remisiones

h. Será el privilegio de cualquiera de las cámaras remitir a dicho Comité cualquier asunto relacionado con el tema para el que fue nombrado; pero ninguna de las Cámaras tendrá el poder, sin el consentimiento de la otra, de instruir a dichos Comités acerca de la adopción de medida alguna en particular.

Deberes

i. Estos Comités realizarán todos los deberes con respecto a su trabajo impuestos a las Comisiones Permanentes de conformidad con el Canon I.1.2.i a la m.

Reuniones electrónicas

j. Cualquier Comité Permanente Conjunto y cualquiera de sus comités, secciones y subcomités podrán reunirse en persona o por medios electrónicos que permitan que todos los participantes se escuchen mutuamente.

II: Propuestas para Consideración Legislativa

Las resoluciones se remitirán

1. Cada propuesta para consideración legislativa, no obstante ser dirigida a la Convención General o a alguna de las Cámaras, que sea recibida antes de una fecha anterior a la Convención acordada por el Obispo Presidente y el Presidente de la Cámara de Diputados, será remitida por su funcionario presidente al Comité Permanente apropiado o al Comité Especial de la Cámara correspondiente.

2. Cada propuesta para consideración legislativa que incluya el lenguaje de una adición o enmienda propuesta a una disposición Constitucional, Canónica o Regla Parlamentaria se mostrará de la siguiente manera:

Las Resoluciones tendrán la forma apropiada

    a. El texto de la resolución comenzará con el siguiente texto en negritas, con un retorno adicional antes y después de este texto:

Texto que aparecerá si se aprueba

<Texto enmendado tal y como aparecería si se adoptara y concurriera. Vea la versión que muestra todo el texto eliminado y añadido debajo de la línea de asteriscos (******):>

    b. El texto de la resolución final, incluyendo todos los cambios propuestos, se colocará tal y como aparecería si se adoptara y concurriera. Esto significa que no debe haber texto tachado ni en cursiva en esta versión del texto.

    c. A continuación, se añadirá el siguiente texto en negritas, con un retorno adicional antes y después de este texto:

******

<Texto modificado que se propone para la resolución, donde se muestran los cambios exactos que se están haciendo:>

    d. El texto de la resolución se insertará mostrando los cambios exactos que se realicen, marcando el texto que se elimine con un ~~tachado~~ y cualquier texto nuevo que se añada utilizando *cursivas*. Siempre que sea posible, los proponentes deberán tachar palabras y frases enteras, sin dejar de mostrar exactamente lo que se modifica. No tache una parte de una palabra. El texto en negrita no puede utilizarse en el texto de la propuesta legislativa.

El texto mostrará todos los cambios con marcas

    e. Cada propuesta que requiera la adopción de medidas nombrará a la persona u organismo para la comunicación e implementación, pero si la resolución adoptada no incluye ninguno de esos nombramientos, se remitirá a la Oficina del Secretario de la Convención General para la comunicación e implementación.

Implementación de medidas

    f. Ninguna propuesta podrá presentarse para consideración legislativa ante la Convención General si aprueba, endosa, adopta o rechaza un informe, estudio u otro documento que en general sea desconocido por los miembros de la Cámara o que no pueda obtenerse de inmediato, a menos que dicho material se distribuya primero a ambas Cámaras. Es responsabilidad del proponente proporcionar las copias necesarias al Secretario de cada Cámara.

Los informes o estudios deben estar disponibles

3.
    a. Por acto conjunto, el Obispo Presidente y el Presidente de la Cámara de Diputados pueden determinar que a una Cámara se le asignará la responsabilidad de iniciar la legislación con respeto a cualquier propuesta (y cualquier

Cámara de actuación inicial

otra propuesta pertinente presentada en cualquiera de las Cámaras antes del cierre del tercer día legislativo), en cuyo caso la remisión a esa Cámara será *para actuación* y la remisión a la otra Cámara será *para información*. Ninguna resolución legislativa con respecto a una propuesta presentada para información se iniciará en el seno de la Cámara a la que se haya remitido antes el cierre del tercer día legislativo.

Excepción

Todas las restricciones impuestas por el presente con respecto a cualquier propuesta presentada para información vencerán al cierre del tercer día legislativo.

Nada de esto afectará el derecho de cualquier Comité de cualquier Cámara a deliberar con respecto a cualquier propuesta remitida para información.

b. Las resoluciones que no sean reportadas por un comité legislativo o sobre las que ambas Cámaras no hayan adoptado las medidas correspondientes no tendrán validez ni efecto una vez levantada la Convención General en la que se presentaron.

III: Resumen de Actos de la Convención General

El Secretario preparará un resumen a más tardar 30 días después de la Convención

El Secretario de la Cámara de Diputados deberá, con la cooperación del Secretario de la Cámara de Obispos y de aquellos Obispos que puedan ser nombrados por el Funcionario Presidente de la Cámara de Obispos, preparar un resumen de los actos de la Convención General de interés particular para las Congregaciones de la Iglesia, y ponerlo a disposición de las Congregaciones a través de los Ministros encargados de ello, y a disposición de los Diputados Laicos; dicho

Carta Pastoral

resumen será enviado al Clero junto con la Carta Pastoral publicada por la Cámara de Obispos, y se pondrá a disposición de todos los Diputados en el último día de la Convención, junto con la Carta Pastoral si es factible hacerlo así, o dentro de los treinta días después de esto.

IV: Comité Permanente Conjunto sobre Planificación y Arreglos

1.

Miembros

a. Habrá un Comité Permanente Conjunto de Planificación y Arreglos para la Convención General, cuyas obligaciones entre una Convención y la siguiente serán las indicadas por su nombre. El Comité estará compuesto, ex officio, por el Funcionario Ejecutivo de la Convención General, los Vicepresidentes, Secretarios y Presidentes del Comité de Labor Parlamentaria de ambas Cámaras, el Tesorero de la Convención General, la Presidenta y Primera Vicepresidenta de las Mujeres de La Iglesia Episcopal, el Gerente de la Convención General, un Presbítero o Diácono y un Laico nombrados por el Presidente de la Cámara de Diputados. En el caso de una Convención

General cuya sede ya haya sido seleccionada, el Comité incluirá también al Obispo y al Presidente General de Arreglos del Comité local de las Diócesis en las que esa Convención de General tendrá lugar.
  b. Será deber del Comité consultar con los Presidentes de las dos Cámaras, los Presidentes de los Comités Permanentes y Conjuntos y de las Comisiones Conjuntas, los Consejos y Agencias de la Convención General, el Consejo Ejecutivo y cualquier otro organismo representativo que se estime conveniente, respecto al estudio y determinación, antes de cualquier reunión de la Convención General, de los arreglos pertinentes y la naturaleza de la Agenda para que el Comité pueda presentar sus recomendaciones a la Convención General respecto a dicha reunión. *Preparar la agenda de la Convención*
  c. Será también deber del Comité adoptar las medidas dispuestas por Canon para la selección de los lugares para las reuniones de la Convención General. *Seleccionar los lugares*
  d. El Comité tendrá un Comité Ejecutivo compuesto por los Presidentes de ambas Cámaras, el Presidente del Comité, el Funcionario Ejecutivo de la Convención General, el Tesorero de la Convención General y el Gerente General de la Convención. *Comité Ejecutivo*

V: Comité Permanente Conjunto sobre Nominaciones

1. Habrá un Comité Permanente Conjunto sobre Nominaciones que presentará candidatos para la elección de: *Mandato*
  a. Fideicomisarios del Church Pension Fund que sirven como el Comité Conjunto que se menciona en el Canon I.8.2.
  b. Miembros del Consejo Ejecutivo en virtud del Canon I.4.1.d.
  c. El Secretario de la Cámara de Diputados y el Tesorero de la Convención General en virtud de los Cánones I.1.1.j y I.1.7.a.
  d. La Junta General de Capellanes Examinadores.
  e. La Junta Disciplinaria para Obispos.
  f. El Tribunal de Revisión.
  g. El Comité Nominador Conjunto para la Elección del Obispo Presidente.

2. El Comité Permanente Conjunto sobre Nominaciones está compuesto por tres Obispos, dos Presbíteros, un Diácono y seis Laicos. Los miembros que son Presbíteros, Diáconos o Laicos deben haber servido como Diputados en la Convención General más reciente; una vez nombrados, continuarán sirviendo como miembros del Comité Permanente Conjunto sobre Nominaciones hasta la siguiente Convención General, independientemente de si son elegidos como Diputados a dicha Convención General, y hasta que sus sucesores sean nombrados. *Miembros*

SECCIÓN V.3 - V.5.a   REGLAS CONJUNTAS

Solicitar recomendaciones

3. Se instruye a dicho Comité solicitar recomendaciones de las organizaciones e individuos interesados, a ser considerados por ellos para la inclusión entre sus nominados.

4.

Procedimientos de nombramiento

a. Para las elecciones del Secretario de la Convención General, del Tesorero de la Convención General y de los miembros del Tribunal de Revisión, el Comité Permanente Conjunto sobre Nominaciones propondrá un mínimo de un nominado para cada vacante.

b. Para la elección de los miembros del Consejo Ejecutivo y de los Fideicomisarios del Church Pension Fund, el Comité Permanente Conjunto sobre Nominaciones nominará a un mínimo de dos personas para cada vacante.

c. Para todas las demás elecciones distintas de las descritas en las partes a. y b. de esta Regla Conjunta, para las cuales el Comité Permanente Conjunto sobre Nominaciones presente nominados, este propondrá una cantidad mínima de nominados igual a una vez y media la cantidad de vacantes.

d. En todas las elecciones para las que presentará nominados, el Comité Permanente Conjunto sobre Nominaciones tiene a su cargo lo siguiente: (i) garantizar que los nominados para cada cargo, y como grupo, de la manera más fiel posible, representen a los diversos constituyentes de La Iglesia Episcopal; (ii) obtener reseñas biográficas con una imagen facial de todos los nominados, y (iii) reportar dichas nominaciones y reseñas en los Informes a la siguiente Convención General, también conocidos como el Libro Azul.

e. La presente Regla Conjunta no impide que se presenten otras nominaciones desde el seno en virtud de reglamentos separados adoptados por cualquiera de las dos Cámaras de la Convención General.

5.

Verificación de antecedentes

a. El Comité Permanente Conjunto de Nominaciones, a través de la Oficina del Secretario de la Convención General, garantizará la verificación de antecedentes de sus nominados y cualesquiera otros nominados para Secretario de la Convención General, Tesorero de la Convención General, Presidente de la Cámara de Diputados, Vicepresidente de la Cámara de Diputados, Consejo Ejecutivo y Fideicomisario de The Church Pension Fund. Estas indagaciones de antecedentes abarcarán los expedientes de antecedentes penales y los expedientes de delincuentes sexuales en cualquier estado donde haya residido un nominado propuesto durante los siete años anteriores, cualquier organismo otorgante de licencia profesional con jurisdicción sobre el estado

profesional de un nominado y cualquier violación estatal o federal de leyes de valores y banca. Las indagaciones de antecedentes de nominados propuestos desde fuera de Estados Unidos abarcarán la misma información de autoridades comparables en el lugar de residencia principal del nominado propuesto.
b. La verificación de antecedentes requerida se hará antes de aceptar una nominación propuesta.
c. Los resultados de la verificación de antecedentes serán revisadospor la Oficina del Secretario de la Convención General. Si esa Oficina, después de consultar con el Funcionario Jurídico, determina que los resultados deberían impedir que una persona ocupe el cargo en cuestión, la Oficina deberá divulgar la determinación al nominado propuesto y remitirá esa determinación, pero no los resultados de la verificación de antecedentes, a la autoridad nominadora. La información de verificación de antecedentes no deberá divulgarse más allá de la Oficina del Secretario de la Convención General, el Funcionario Jurídico y los nominados propuestos que pidan su propia información. El costo de las indagaciones de antecedentes en virtud de esta regla estará cubierto por el presupuesto de La Iglesia Episcopal.

6. Cualquier persona que desee ser nominada desde el seno de alguna de las Cámaras para cualquiera de los oficios que se enumeran en la Regla Conjunta V.5.a deberá, en el momento que lo determine la Oficina del Secretario de la Convención General, pero a más tardar sesenta días antes del primer día legislativo de la Convención General, presentar el nombre de la persona y otra información necesaria ante la Oficina del Secretario de la Convención General con el fin de someterse a una indagación de antecedentes de conformidad con la Regla Conjunta V.5.

Indagación de antecedentes de los Nominados en el seno

VI Comité Legislativo Conjunto sobre Comités y Comisiones

Habrá un Comité Legislativo que será designado Comité Conjunto sobre Comités y Comisiones al que se remitirán todas las Resoluciones que se relacionan con la creación, continuación, fusión u otros cambios en los Comités Permanentes y Comisiones, Juntas y otras Dependencias de la Iglesia.

VII: Grupos de Trabajo de la Convención General

Por acto simultáneo, la Convención General puede de manera ocasional establecer Grupos de Trabajo para que le hagan recomendaciones en asuntos específicos de gran importancia para la Iglesia, su ministerio y su misión, los cuales requieran una atención y competencia especiales que no hayan sido dispuestas en los Cánones o las Reglas Conjuntas o según lo que de otra forma determine la Convención General que se requiere para nombrar a dicho Grupo de Trabajo.

Los puede establecer la Convención

Nombramientos

Miembros, deberes y financiamiento

La Resolución especificará el tamaño y composición, los deberes claros y expresos asignados, el tiempo para la realización del trabajo asignado y la cantidad y procedencia de los fondos de cada Grupo de Trabajo. Ningún Grupo de Trabajo continuará más allá del tiempo estipulado para la realización del trabajo asignado excepto por un voto concurrente de dos tercios de los miembros presentes y votación en cada una de las Cámaras. A menos que se disponga específicamente lo contrario en la Resolución que lo establece, el Obispo Presidente nombrará a los miembros Episcopales y el Presidente de la Cámara de Diputados nombrará a los Presbíteros, a los Diáconos y a los Laicos. Dicha Resolución puede, pero no necesita, disponer el servicio del personal del Consejo Ejecutivo y otros expertos como consultores y coordinadores para el Grupo de Trabajo.

Consultores

VIII: Reglas Vigentes

En las reuniones de la Cámara de Obispos y la Cámara de Diputados, la Reglas Conjuntas de la Convención anterior estarán en vigor, mientras no sean enmendadas o derogadas por resolución simultánea de ambas Cámaras y los informes que produzcan.

Resoluciones que Enmiendan la Constitución, los Cánones y las Reglas de Orden

El artículo, canon o regla a que se refiere la tercera columna indica la numeración actualizada, cuando la renumeración ha sido exigida por una actualización. Las resoluciones, sin embargo, mostrarán la numeración del canon tal y como era cuando se propuso la resolución.

Número	Título	Artículo/Canon/Regla
A004	Enmendar la Regla Parlamentaria XV.A.3 de la Cámara de Diputados para Adaptarla a la Práctica Actual en Cuanto al Formulario de las Nominaciones desde el Seno de la Cámara	RHD XV.A.3 (245)
A005	Enmendar el Reglamento Parlamentario de la Cámara de Diputados para Agregar una Nueva Regla VII.F Remisión al Comité Legislativo de Constitución y Cánones	RHD VII.F (227)
A013	Modificación del Artículo XIV de la Regla Parlamentaria XIV [Consignación de los Votos en el Diario]	Artículo XIV.F (245)
A024	Limitación de los acuerdos transaccionales confidenciales	Canon IV.14.14 (173)
A036	Enmendar los Cánones para Utilizar la Terminología Común Aprobada para Describir la Labor contra el Racismo	Cánones III.6.5.g.4 (81), III.7.12.a.2 (87), III.8.5.h.4 (91), III.9.13.a.2 (106), III.10.1.c.4 (110), III.12.9.a.2 (130)
A037	Aceptación del Acuerdo "Compartir los Dones de la Comunión" entre la Iglesia Episcopal y la Iglesia Evangélica Luterana de Baviera	Canon I.20.1 (64)
A051	Enmendar los Cánones I.2.4.a Recolección de Datos para la Iglesia	Canon I.2.4.a.7 (30)
A052	Enmendar los Cánones IV.2, IV.4.1.d y, IV.8 para Añadir el Pacto Restaurativo como Posible Resultado de la Conciliación	Cánones IV.2 (143), IV.4.1.d (148), IV.10.3 (159)
A053	Enmendar los Cánones, IV.2, IV.8.1 y, IV.8.5 Relativos a la Función de los Gestores	Cánones IV.2 (143), IV.8.1 (157), IV.8.5 (158)
A054	Enmendar los Cánones, IV.2, IV.11, IV.12 y, IV.13 relativos al Abogado Eclesiástico	Cánones IV.2 (143), IV.11.1-6 (160, 161), IV.12.1 (161), IV.13.1-2 (163)
A055	Enmendar los Cánones IV.2, IV.11.1 y, Iv.17.2.e Respecto a los Investigadores	Cánones IV.2 (143), IV.11.1 (160), IV.17.2.e (180)
A056	Enmendar el Canon IV.5.4 cobre la Elección de los Miembros del Tribunal de Revisión	Canon IV.5.4.d-m (151, 152)

RESOLUCIONES QUE ENMIENDAN LA CONSTITUCIÓN, LOS CÁNONES Y LAS REGLAS DE ORDEN

A057	Enmendar el Canon IV.17.6 Relativo a la Suspensión de un Obispo	Canon IV.17.6 (181)
A058	Enmendar los Cánones IV.6.8, IV.6.10 y, IV.11.3 sobre la Respuesta Pastoral sin Acción Disciplinaria	Cánones IV.6.8 (153), IV.6.12 (154), IV.11.3 (160)
A059	Crear una Lista Oficial de Órdenes Religiosas y Comunidades Cristianas Reconocidas	Cánones III.14.1.b (138), III.14.2.b (138)
A060	Enmendar el Canon I.1.2.n.1.vi: Comisión Permanente sobre Estructura, Gobierno, Constitución y Cánones	Canon I.1.2.n.1.vi (17)
A061	Enmendar los Siguientes Cánones I.12.3, III.6.6.c, III.8.6.d, III.8.6.7.c, III.10.5.d, III.11.3.b y III.11.3.c en Base a 2022-A039	Cánones III.6.6.c (82), III.8.6.d (92), III.8.6.7.c (94), III.10.5.d (117), III.11.3.b (120), III.11.3.c (119)
A063	Enmendar el Canon I.2.2: Período de Ejercicio del Obispo Presidente	Canon I.2.2.a-b (29)
A064	Enmendar el Canon I.1.6.d Captura de Expedientes del Clero	Cánones I.1.6.d (23), III.1.5 (73)
A065	Enmendar el Canon III.1.3	Canon III.1.5 (73)
A066	Enmendar el Canon V.1 para Crear un Conservador de la Constitución y los Cánones de la Iglesia Episcopal	Canon V.1.5-7 (200)
A068	Enmendar la Regla Parlamentaria Conjunta V.1	JR V.1 (253)
A071	Enmendar la Constitución y los Cánones Relativos a las Fusiones de Diócesis [de la Admisión de Nuevas Diócesis, Segunda Lectura]	Artículo V.4 (201), Canon I.10.1-7 (50, 51)
A072	Enmendar el Artículo X de la Constitución de la Iglesia Episcopal [del Libro de Oración Común, Segunda Lectura]	Artículo X.1-5 (9, 10)
A092	Acceso a la ordenación y la utilización	Canon III.1.3-5 (73)
A093	Añadir las disposiciones de 2018-B012 a los cánones	Cánones I.19.3.e (64), III.12.3.a-f (125, 126)
A103	Enmendar el Canon III.11.8	Canon III.11.8.a (121)
A105	Enmendar el Canon IV.5.4.g	Canon IV.5.4.j (151)
A106	Enmendar el Canon IV.15.5.a	Canon IV.15.5.a (174)
A108	Propuesta de modificación al Título I, Canon 17	Canon I.17.1-4 (59, 60, 61)
A139	Enmendar el Canon IV.6.4 - Calendario de Gestoría	Canon IV.6.4 (152)
A140	Enmendar el Canon IV.6.8 - Panel de Referencia	Canon IV.6.8 (153)
A141	Enmendar el Canon IV.6.9 - Informes Mensuales	Canon IV.6.9-13 (154)
A142	Enmendar el Canon IV.6.7 – Copia de la Notificación	Canon IV.6.7 (153)
A143	Enmendar IV.17.3.b y, IV.17.5 - Junta Disciplinaria para Obispos	Cánones IV.17.3.b (180), IV.17.5 (181)
A148	Enmendar los Cánones para Resaltar el Apoyo a la Coalición Episcopal para la Equidad y la Justicia Racial	Cánones 1.1.8.a-b (24), I.4.6.k (38)

A149	Enmendar el Calendario de Sesiones del Día de la Cámara de Diputados	RHD VI.A.1.viii-x (224), RHD VI.C.1 (225)
A150	Modificación de la Moción para Suspender el Reglamento Parlamentario de la Cámara de Diputados	RHD XIII.B.1.v.b.2 (241)
A152	Fecha Límite para la Presentación de Resoluciones en el Reglamento Parlamentario de la Cámara de Diputados	RHD VII.E (227)
A153	Cambio a las Reglas de Debate de la Cámara de Diputado	RHD XII.D.2-3 (239)
A155	Actualizar el Reglamento de la Cámara de Diputados con un Programa de la Convención Diferente	RHD XIII.B.2.iii.b.1 (242)
A156	Reglamento Parlamentario de la Cámara de Diputados sobre los Comentarios por Escrito	RHD VIII.B.5 (234)
A157	Reglamento de la Cámara de Diputados sobre la Fecha Límite para la Presentación de Informes de los Comités Legislativos	RHD VIII.C.3 (236)
A233	Enmendar el Artículo I, Sección 7. [Segunda lectura]	Artículo I.7 (3)
B008	Modificar los Cánones II.3.6.a y, II.4 para Aclarar la Autorización de las Liturgias	Cánones II.3.6.a-g (68, 69), II.4-7 (70, 71, 72)
C016	Enmendar el Canon, III.12 para Prever la Transferencia de Obispos a las Iglesias en Comunión	Canon III.12.7 (128)
C017	Enmendar el Canon III.7 para Prever la Transferencia de Diáconos a Iglesias en Comunión	Canon III.7.7 (84)
D025	Enmendar el Canon IV.6 respecto a los Gestores	Cánones IV.6.4 (152), IV.6.12 (154)
D040	Enmendar el Canon IV.13.13 para Proporcionar Aviso de Desestimación	Canon IV.13.13 (169)
D052	Enmendar el Canon IV.10.3	Canon IV.10.3 (159)
D053	Enmendar el Título IV para Requerir Nombramientos Oportunos a las Juntas Disciplinarias de toda la Iglesia	Cánones IV.5.4.m (152), IV.17.3.e (180), IV.17.8.b (184)

ÍNDICE A

Índice de la Constitución, Cánones y Reglas de Orden

El artículo, canon o regla al que se hace referencia en la tercera columna indica la numeración actualizada, cuando ha sido necesaria una nueva numeración. El texto y los títulos de las resoluciones, sin embargo, mostrarán la numeración del canon tal y como estaba cuando se propuso la resolución.

- A -

Abandono de La Iglesia Episcopal *Ver también* **Disciplina Eclesiástica**
   Por un Obispo,..IV.16.A (177), V.4.1.a.4 (202)
   Por un Presbítero o Diácono,...IV.16.B (178), V.4.1.a.5 (202)
   Y suspensión de una Orden de destitución,... IV.18.5 (185)
Abogados Eclesiásticos. *Ver* **Disciplina Eclesiástica**
Abuso sexual, definición,...IV.2 (143)
Acceso al proceso de ordenación sin discriminación,...III.1.2-5 (73)
Acceso equitativo al discernimiento del ministerio,..III.1.2-3 (73)
Actas. *Ver también* **Archivos de La Iglesia Episcopal, Disciplina Eclesiástica**
   Acceso del Rector,..III.9.6.a.2 (100)
   Actas oficiales del Obispo y la Diócesis,...III.12.3.d (126)
   Actas originales firmadas en contrapartes,..I.12.3 (55)
   Cartas y pruebas de Consagración,...I.1.5.b-c (22)
   De la Convención General,..I.1.5.a (22), I.1.5.f (22)
   De la educación continua del Clero,..III.7.5 (84), III.9.1 (95), III.12.2 (125)
   De las provincias,..I.9.11 (50)
   De los Candidatos para ordenación como presbíteros o diáconos
      Registros y expedientes permanentes,.........III.6.4.b (79), III.6.5.k (81), III.8.3.d (89), III.8.4.b (89)
      Se mantendrán informes de evaluación, ...III.6.5.i (81), III.8.5.l (92)
   De los Comités Permanentes de las Diócesis,...I.12.1 (54)
   De los fideicomisos de Provincias, Diócesis, Congregaciones e instituciones
      de la Iglesia,...I.12.1 (54)
   De los procesos de Disciplina Eclesiástica,..IV.5.3.h (150),
      IV.5.4.n (152), IV.13.6 (166), IV.15.8 (175)
   Conservación de copias exactas y certificadas,...IV.19.30 (194)
   De los votos Vocacionales Especiales,...III.14.3 (139)
   Del Bautismo y condición de miembro,..I.17.4 (61)
   Del Clero que oficia en una Iglesia en comunión,..III.9.7.e (104)
   Del matrimonio,..I.18.5 (63)
   Derecho del Obispo a inspeccionar los Registros Parroquiales,.......III.9.6.b.5 (101), III.12.3.b.1 (125)
   Descargos y destituciones del Ministerio Ordenado,......III.7.11 (86), III.9.11 (105), III.12.8.c (130)
   Diarios de las Convenciones Diocesanas,............I.1.1.c (12), I.6.3 (41), I.6.5.a (42), III.12.3.e (126)
   Diarios y registros de la Cámara de Obispos, ...I.1.5.f (22),
      III.12.10.b-c (131, 132), III.12.10.e (132), RHB VIII.D-E (217)
   Informes anuales de las Diócesis,...I.4.6.j (38), I.6.4 (42)
   Informes de las Comisiones de la Convención General,..I.1.2.k-l (15)
   Informes parroquiales,..I.6.1 (41)
   Libros de contabilidad que deberán mantener los organismos de la Iglesia,...................I.7.1.e (43)
   Lista Oficial de Ordenaciones,...I.1.6.a (23)
   Registro de Postulantes,..III.6.4.b (79), III.8.3.d (89)
   Registros y actas sacramentales de las Parroquias,..I.6.1.1 (41),
      I.17.4 (61), I.18.5 (63), III.9.6.c (102)
   Y archivos, definición,...I.5.2 (39)
Actos oficiales del Obispo,..III.12.3.d (126)
Acuerdos. *Ver* **Disciplina Eclesiástica**
Admisión de nuevas Diócesis. *Ver* **Nuevas Diócesis**

ÍNDICE A-B

Admoniciones *Ver también* **Disciplina Eclesiástica: Sentencias**
Clero de iglesias en el extranjero, ...I.15.10.b (58)
Como causas para la destitución de Organismos Canónicos, ...V.4.1.a.2 (201)
Definición, ...IV.2 (143)
Resultante de un Acuerdo u Orden, ...IV.14.6 (171)
Solo por un Obispo, ...Art. IX (8)
Antiguas Iglesias Católicas de la Unión de Utrecht, plena comunión, ...I.20.1 (64)
Archivos de La Iglesia Episcopal. *Ver también* **Diócesis: Archivos de**
Actas de Sínodos Provinciales, ...I.9.11 (50)
Archivista de La Iglesia Episcopal
    Prescribir el formato de transferencia a los Diarios Diocesanos, ...I.6.5.a (42)
    Prescribir la transferencia de las actas de la Convención General, ...I.1.5.a (22), I.1.5.f (22)
    Responsable ante el Presidente del Consejo Ejecutivo, ...I.5.4 (40)
Comité Asesor de los Archivos, ...I.5.5 (40)
Diarios Diocesanos y documentos, ...I.6.5.a (42)
Expedientes de la Iglesia, definición, ...I.5.2 (39)
    Formato de los expedientes, ...I.1.5.f (22), I.6.5.a (42)
Expedientes relacionados con la Disciplina Eclesiástica
    Actas originales y certificados de Paneles y Tribunales, ...IV.19.30.a (194), IV.19.30.c (195)
    Copias de Acuerdos y Órdenes, ...IV.14.12.a (172), IV.19.30 (194)
    El secretario transmitirá los documentos de la Convención General, ...I.1.5.a (22), I.1.5.f (22)
    Todos los expedientes se presentarán en formato electrónico, ...IV.19.30.c (195)
Gastos, ...I.5.6 (41)
Propósito, ...I.5.1 (39)
Asamblea de las Iglesias Episcopales en Europa
Recibir aviso de liturgias de ensayo, ...II.3.6.g (69)
Representación en la Cámara de Diputados, ...Art. I.4 (2)
Asesores en asuntos disciplinarios. *Ver* **Disciplina Eclesiástica**
Auditoría financiera por contador público certificado, ...I.4.3 (35)
Auditorías de Provincias, Diócesis, Congregaciones e Instituciones de la Iglesia, ...I.7.1.a (42), I.7.1.f-g (43)
Ausencia de la Diócesis por el Clero, ...III.9.3.e.3 (98), III.12.4.b (126), IV.4.1.h.4 (148)
Autoridad Eclesiástica
De Diócesis Misioneras, ...III.11.9.c.5 (125)
De los Obispos Sufragáneos, ...Art. II.5 (4)
El Comité Permanente actuará como, ...Art. IV (5)
En ausencias prolongadas del Obispo, ...III.12.4.c (127)
En casos de incapacidad de un Obispo Diocesano, ...III.12.11 (134)
Reportar sobre asistencia a las Diócesis recibida de la Convención General, ...I.4.7.b (38)
Y Cartas Dimisorias, ...III.9.4 (98)

- B -

Bautismo. *Ver también* **Ministerio de todas las personas bautizadas**
Anotación de los Bautismos en el Registro de la Parroquia, ...III.9.6.c (102)
Como membresía en la Iglesia
    Definición, ...I.17.1 (59)
    Derechos o estado, ...I.17.5 (61)
    Transferencia de membresía, ...I.17.4 (61)
Informe parroquial, ...I.6.1.1 (41)
Padrinos y patrocinadores, preparación, ...III.9.6.b.3 (101)
Preparación
    Deberes del Presbítero para asegurar, ...III.9.6.b.3 (101)
    Función de un Catequista, ...III.4.8 (76)
Y Confirmación, ...I.17.1.c-d (61)
Y el Matrimonio, ...I.18.3.b (62)
Y la Sagrada Comunión, ...I.17.7 (62)
Biblia, Traducciones Autorizadas, ...I.1.2.n.2.iv (18), II.2 (67)

ÍNDICE C

- C -

Calendario Eclesiástico, ...I.1.2.n.2.v (18), II.3.5 (68)
Calendario de la Iglesia, ...I.1.2.n.2.v (18), II.3.5 (68)
Cámara de Diputados de la Convención General. *Ver también* Convención General;
Reglas de Orden: Cámara de Diputados de la Convención General
    Archivos y expedientes, ...I.1.1.d (12)
    Calificaciones para Diputados, ...Art. I.4 (2)
    Capellán, ... RHD V.E (223)
    Comités Legislativos, ... RHD VIII (228)
    Como miembro ex oficio de las Comisiones Permanentes, ...I.1.2.e (14)
    Composición, ...Art. I.4 (2)
    Confirmación de la elección de los Obispos Misioneros, ...III.11.9.c.4 (124)
    Cómo se elige y acomoda a los miembros, ...I.1.4.a-b (21)
    Decoro, ... RHD V.F.3.iii (224)
    Diputados Provisionales, ...I.1.3.c (21)
    El Obispo Presidente puede proponer, ...I.2.4.a.5 (30)
    Elecciones y papeletas de votación, ...RHD XV (245)
    Informes de los Diputados a sus jurisdicciones, ...I.1.4.c (22)
    Legislación, que requiere revisión, ... RHD IX.A.1.ii.a (236)
    Organización, ...I.1.1.a (11)
    periodos de ejercicio del Presidente y Vicepresidente, ...I.1.1.b (11)
    periodos de ejercicio, ...I.1.1.b (11)
    Podrán autorizar conjuntamente modificaciones a las liturgias de ensayo, ...II.3.6.f (69)
    Presencia Juvenil, ...RHD IV.B.2 (222)
    Presidente de, ...I.1.1.a (11)
        Canciller, ...I.1.1.b (11)
        Comité Asesor, ...I.1.1.b (11)
        Como Vicepresidente del Consejo Ejecutivo, ...I.4.2.b (34)
        Nombrará a ciertos funcionarios, ...I.4.2.f-h (34)
        Designa comités especiales y de otro tipo, ... RHD IX.A.1.i (236), RHD X.A (237)
        Elección y periodo de ejercicio, ...I.1.1.b (11)
        Gastos, ...I.1.8.a (24)
        Nombra miembros a organismos interinos, ...I.1.2.c (14), I.4.4 (36)
        Vacante en la oficina, ...I.1.1.a (11), I.1.1.h (13)
    Quorum, ...Art. I.4 (2)
    Reglamentos generales respecto a funcionarios e invitados, ...RHD IV (221)
    Representación en reuniones especiales de la Convención, ...I.1.3.b (21)
    Secretario de la Cámara de Diputados (*Ver también* Convención General: Secretario)
        Como Secretario de la Convención General, ...I.1.1.j (13)
        Como Vicepresidente de DFMS, ...I.3 (DFMS Art. III) (31)
        Elección, ...I.1.1.a (11), I.1.1.j (13)
        En casos de discapacidad de los presidentes de la Cámara, ...I.1.1.h (13)
        Escaño y voz, ...I.1.1.f (13)
        Nombramiento de Secretarios Asistentes, ...I.1.1.d (12)
        Obligaciones
            Notifica sobre alteraciones al Libro de Oración, ...I.1.1.e (12)
            Prepara el resumen de las acciones de la Convención, ...JR III.1 (252)
            Registra procesos y los transmite al Secretario, ...I.1.1.d (12)
            Registra testimonios de los Diputados, ...I.1.1.a (11), I.1.1.c (12)
            Responsable del Diario de la Convención General, ...I.1.1.j (13)
            Recibe Diarios Diocesanos y otros documentos, ...I.1.1.c (12), I.6.5.a (42)
            Recibe Diarios Provinciales y actas, ...I.9.11 (50)
            Vacante en la oficina, ...I.1.1.i (13)
    Vicepresidente
        Elección y términos, ...I.1.1.b (11)
        Vacante en la oficina, ...I.1.1.a-b (11), I.1.1.h (13)

ÍNDICE C

Votación por Órdenes
    Alteraciones al Libro de Oración, ... Art. X.2 (9)
    Cambios o enmiendas a la Constitución, ... Art. XII (10)
    En cesión o retrocesión de una jurisdicción, ... Art. VI.2 (7)
    Procedimientos, ... Art. I.5 (2), RHD XIV.E (244)

Cámara de Obispos de la Convención General. *Ver también* **Convención General;**
Reglas de Orden: Cámara de Obispos
    Archivos y expedientes, ... I.1.5.a (22), I.1.5.f (22)
    Cartas Pastorales y Documentos de Opinión, ... III.9.6.b.7-8 (101), JR III.1 (252)
    Comité Asesor del Obispo Presidente, ... RHB V.K (211)
    Comité Permanente sobre Comunidades Religiosas, ... III.14.1.b (138),
      III.14.2.b (138), III.14.3 (139)
    Composición, ... Art. I.2 (1)
    Confirmación de la elección de los Obispos Misioneros, ... III.11.9.c.4 (124)
    Consentimiento para la elección de un Obispo electo, ... III.11.3.a.3 (119)
    Declaraciones de disociación, ... IV.17.7 (182), IV.20.3.d (197)
    Diario y actas, ... I.1.5.f (22), III.12.10.b-c (131, 132), III.12.10.e (132), RHB VIII.D (217)
    El Secretario entregará expedientes, ... I.1.5.f (22)
    Elección de Obispos Misioneros, ... III.11.9.c.3 (123), RHB VII.B (215)
    Elección directa de un Obispo Diocesano, ... III.11.1.b (118)
    En casos de abandono de la Iglesia por parte de un Obispo, ... IV.16.A (177)
    Escaño y voto de los miembros, ... Art. I.2 (1), I.9.6 (48), III.12.6.a (128), III.12.10.n (133)
    Facilita la educación continua a los miembros, ... III.12.2 (125)
    Funcionario presidente, ... I.2.4.a.5 (30)
    Obispos Misioneros como miembros, ... III.12.6.a (128)
    Obispos jubilados y que han renunciado
      Escaño y voto, ... Art. I.2 (1), III.12.10.n (133)
      Se registrará en el Diario, ... III.12.10.b-c (131, 132), III.12.10.e (132)
    Puede establecer o terminar Misiones de Área, ... Art. VI.1 (6), I.11.2.a (52), I.11.2.e (53)
      Y nombrar al Obispo, ... I.11.2.c (53)
    Quorum, ... Art. I.2 (1)
    Reuniones especiales para elegir a un Obispo Presidente, ... Art. I.3 (1)
    Se reúne cuando el Obispo Presidente la convoca, ... I.2.4.a.4 (30)

Cancilleres
    Del Obispo Presidente, ... I.2.5 (30)
    Del Presidente de la Cámara de Diputados, ... I.1.1.b (11)
    No pueden fungir como Abogados de la Iglesia, ... IV.19.19 (192)
    Será escuchado por Paneles disciplinarios, ... IV.7.11 (156)

Candidatura para Ordenación. *Ver* **Ordenación: de Diáconos, de Presbíteros**

Cánones
    Citación, ... V.2.2 (201)
    Conservador de, ... V.1.5 (200)
    De Diócesis Misioneras, ... I.11.3.a (52)
    Diócesis nuevas, ... Art. V.4 (6)
    Enmiendas y modificaciones
      Certificación de cambios canónicos por Comités, ... V.1.6 (200)
      Fecha efectiva de la promulgación o revocación, ... V.1.7 (200)
      Formulario de enmiendas y cambio de numeración, ... V.1.4 (199), JR II.2 (251),
        RHD VII.C (226)
      La revocación de revocación no restituye, ... V.1.3 (199)
      Momento de hacer propuestas a la Cámara de Obispos, ... RHB V.N.11.b (214)
      Promulgaciones separadas, tratamiento, ... V.1.2 (199)
      Revisado por el Comité de Revisión de la Constitución y los Cánones de la Cámara
        de Diputados, ... RHD VII.F (227)
      Revisado por los Comités Legislativos, ... V.1.1 (199), RHB V.D (207),
        RHD VII.F (227), RHD VIII.A.1.ii.b (228), RHD IX.A.1.ii.a (236)

Infracción como una Ofensa, ...IV.3.1.a (147)
Revisión de la Comisión Permanente, ...I.1.2.n.1.ii (16)
Versión anotada, ...I.1.2.n.1.iv (16)
Canterbury, Sede, Preámbulo de la Constitución, ... III.14.1.a (137), III.14.2.a (138)
Capacitación en el desmantelamiento del racismo
   Para la Ordenación, ... III.6.5.g.4 (81), III.8.5.h.4 (91), III.10.1.c.4 (110)
   Para regresar al Ministerio Ordenado después del Descargo y Destitución, ... III.7.12.a.2 (87),
     III.9.13 (106), III.12.9.a.2 (130)
Capellanes. *Ver también* **Junta General de Capellanes Examinadores**
   Fuerzas Armadas y Ministerios Federales
     En capacidad de servicio activo, ...III.9.3.d.2 (96)
     Endoso eclesiástico, ...III.9.3.d.1 (96)
     Obispo Sufragáneo, ... Art. II.7 (4), III.9.3.d.2 (96)
     Residencia canónica y supervisión, ...III.9.3.d.2 (96)
     Respecto a Cartas Dimisorias y puestos no eclesiásticos, ...III.9.3.d.3 (97)
     Los Diáconos pueden aceptar nombramientos, ... III.7.4.d (83)
Capellanes Examinadores. *Ver* **Junta General de Capellanes Examinadores**
Capillas. *Ver* **Iglesias Consagradas**
Cartas Dimisorias. *Ver* **Dimisorias, Cartas**
Cartas Dimisorias
   Clero de las Iglesias en comunión, ... III.10.2.a.2 (110)
   Diáconos, ... III.7.6.b (84)
   Obispo jubilado o que haya renunciado, ...III.12.10.i-j (133)
   Presbíteros, ...III.9.4 (98)
Cartas de Ordenación y Consagración de un Obispo, ...I.1.5.c (22)
Cartas Pastorales
   De la Cámara de Obispos, ...III.9.6.b.7 (101), JR III.1 (252)
   Del Obispo Presidente, ...I.2.4.b (30)
   Del Obispo, ...III.12.3.c (126)
Cartas de recomendación
   Cartas de Recomendación para oficiar en el extranjero, ...III.9.7.e (104)
   Cámara de Diputados de la Convención General, registro, ... I.1.1.a (11), I.1.1.c (12)
   Firmas de, ...I.12.3 (55)
   Para Diáconos
     Cartas Dimisorias, ... III.7.6.b (84)
     Ordenación al Diaconado, ... III.6.6.c (82), III.8.6.d-e (92, 93)
   Para Obispos a la Diócesis Misionera, ... III.11.9.c (123)
   Para Presbíteros
     Ordenación, ...III.8.7.c-d (94)
     Transferencia de la residencia canónica, ...III.9.4.a-b (98), III.9.5 (99)
   Para Presbíteros o Diáconos, autenticidad, ...III.5.2.a (77)
   Para el Consentimiento para la Ordenación de Obispos, ...III.11.1.b.2 (118),
     III.11.3.a.3 (119), III.11.3.b (120)
   Para la elección de Obispos Coadjutores, ... III.11.9.a.4 (122)
   Para la Recepción de Obispos de la Comunión Anglicana, ... III.10 (109)
Cartas sobre Témporas, ... III.6.3.e (79), III.6.5.h (81), III.8.3.e (89), III.8.5.i (91)
Cartas de Transferencia de los Miembros, ...I.17.4 (61)
Catequistas, autorizados, ...III.4.1.a (75), III.4.8 (76)
Centros Médicos para Veteranos, Capellanes, ...Art. II.7 (4), III.9.3.d (96)
Cesión y retrocesión de jurisdicción territorial, ... Art. V.6 (6), Art. VI.2 (7), I.4.6.j.2 (38)
Church Pension Fund
   Administra pensiones y seguros médicos de Cleros y laicos, ...I.8.1 (44)
   Alícuotas y regalías, ...I.8.3 (45)
   Beneficios de los supervivientes, ...I.8.1 (44), I.8.5 (45)
   Cartas Dimisorias que deben acompañar el registro de pagos, ... III.7.6.b.4 (84), III.9.4.a (98)
   Consolidaciones con fondos de ayuda para los clérigos, ...I.8.7 (46)
   Enmiendas al Canon, ...I.8.9 (47)

ÍNDICE C

Fideicomisarios, elección y vacantes, ...I.8.2 (44)
Mujeres ordenadas al Diaconado antes de 1971, ...I.8.8 (46)
Pensiones máximas y mínimas, ...I.8.5 (45)
Proporciona subsidios de jubilación a los Clérigos, ...I.8.5 (45)
Clérigos Extranjeros. *Ver* **Clero, Miembros**
Clérigos, miembros. *Ver también* **Obispos, Diáconos, Disciplina Eclesiástica, Ordenación, Presbíteros**
   Abandono por (*Ver* **Abandono de La Iglesia Episcopal**)
   Acusaciones, ... IV.19.31 (196)
   Ausencia de la Diócesis sin licencia, ...III.9.3.e.3 (98), IV.4.1.h.4 (148)
   Candidatura y Postulación, Presbíteros (*Ver* **Ordenación: Diáconos**)
      Destitución y Readmisión a la Candidatura, ...III.8.4.d-e (90)
      Requisitos de candidatura para la Ordenación de un Diácono,........ III.6.3-4 (78, 79), III.8.6 (92)
      Requisitos de candidatura para la Ordenación de un Presbítero, ...III.8.4 (89)
      Requisitos de postulación para la Ordenación de los Diáconos, ...III.6.5 (80)
      Requisitos de postulación para la Ordenación de los Presbíteros, ...III.8.3 (88)
      Retiro y Readmisión a la Postulación, ...III.8.3.c (89), III.8.3.f (89)
   Cartas Dimisorias de Presbíteros, ...III.9.4 (98)
   Clérigos Extranjeros
      Admisión para oficiar en La Iglesia Episcopal, ... Art. VIII (7)
      Ordenados por Obispos de Iglesias en comunión, ...III.10.2 (110)
   Clérigos Luteranos, ... Art. VIII (7)
   Clérigos de la Iglesia Morava, ... Art. VIII (7)
   Control de los inmuebles de la parroquia y culto por parte del Rector,.................. III.9.6.a.2 (100)
   Declaración de fe y avenencia, ... Art. VIII (7), III.6.6.d (83), III.8.6.3 (92), III.8.7.d (94)
   Denegación de los Sacramentos por parte de, ...I.17.6 (61), I.18.7 (63)
   Denegación de los Sacramentos, ...I.17.6 (61)
   Destituciones (*Ver* **Disciplina Eclesiástica: Sentencias**)
   Disciplina (*Ver* **Disciplina Eclesiástica**)
   Empleo secular, ... IV.4.1.h.3 (148)
   Confidencias, se respetarán y preservarán, ... IV.4.1.a (147), IV.19.27 (194)
   Lista de Ordenaciones y Clérigos solventes, ...I.1.6.a (23)
   Normas de conducta, ...IV.4 (147)
   Observación de las Rúbricas del Libro de Oración Común, ...IV.4.1.b (147)
   Oficio provisional en otras Iglesias en comunión, ...III.9.7.e (104)
   Ordenados en otras Iglesias, ...I.16.2-3 (59), III.10 (109)
      El Obispo puede permitir provisionalmente el servicio, ... Art. VIII (7),
      III.9.7.c.2 (103)
   Pensiones, ...I.8 (44)
   Permisos Administrativos de Ausencia, ... IV.7.3-13 (155, 156, 157)
      Puede solicitar revisión, ...IV.7.10-12 (156, 157)
   Procedimientos de Descargo, destitución y retorno, ... III.7.9-12 (86, 87),
   III.9.9-13 (104, 105, 106), III.12.8-9 (129, 130)
   Recibidos de Iglesias en comunión, ...III.10.2 (110)
   Recibidos de Iglesias en la Sucesión Histórica, ...III.10.3 (111)
   Renuncias y jubilaciones
      Diáconos, ...III.7.8 (85)
      Obispo Presidente, ... I.2.2 (29)
      Obispos Asistentes, ... III.12.5.e (128)
      Obispos, ... Art. II.9 (4), III.12.10 (131)
      Presbíteros, ... III.9.8 (104)
      Rectores, ... III.9.15 (107)
   Residencia canónica, ...III.7.6.b (84), III.9.4 (98), IV.19.5 (187)
   Responsabilidad por la conducta, ...IV.1 (143), IV.3 (147)
   Se requiere certificado para oficiar
      Para Clérigos de Iglesias en comunión o en el extranjero, ... III.10.2.a (110)
      Se requiere testimonio para oficiar en otras jurisdicciones, ...III.9.7.e (104)

ÍNDICE C

Se requiere consentimiento para oficiar en el Curato de otra persona,........................ III.9.7.b (102)
Se requieren exámenes y evaluaciones
    De Clérigos recibidos de otras Iglesias, ...III.10.1.a-d (109, 110)
    De Diáconos,...Art. VIII (7), III.6.5.j-k (81)
    De Obispos,..Art. VIII (7), III.11.3.a.2 (119)
        De Iglesias de la Comunión Anglicana,... III.10.5.c (116)
    De Presbíteros,..Art. VIII (7), III.8.5.j-l (91, 92)
Servicio de los Clérigos en el exterior
    Acusados de ofensas canónicas, ...I.15.10 (58)
    Autorización para oficiar temporalmente, ...I.15.2 (56)
    Servicio en congregaciones que desean afiliarse a la Iglesia, ...I.16.2-4 (59)
    Subsidio de jubilación,...I.8.5 (45)
    Transferencia a otras Iglesias en plena comunión,................. III.7.7 (84), III.9.5 (99), III.12.7 (128)
    Voto y escaño en las Convenciones Diocesanas,.......................................I.13.1 (55), I.16.4 (59)
Clero de la Iglesia Morava, ... Art. VIII (7)
Clero no parroquial, Informe, ...I.6.2 (41)
Clero, de Iglesias en comunión
    A cargo de una Congregación, ... III.10.2.a.2 (110)
    Iglesias específicas en plena comunión,..I.20 (64)
    Periodo de residencia canónica requerido para los Diáconos,..........................III.10.2.b (111)
    Requisitos para oficiar, ...Art. VIII (7), III.9.7.c (103), III.10.2.a (110)
    Se le asignará un Presbítero mentor,.. III.10.2.c (111)
Clero, de Iglesias que no están en Sucesión Histórica, requisitos de ordenación,......III.10.4 (114)
Clero, de las Iglesias en Sucesión Histórica pero no en comunión
    Capacitación y educación teológica, ...III.10.3.d (113)
    Declaración de avenencia, ...III.10.3.f (113)
    Requisitos de ordenación, ... III.10.3.f-l (113, 114)
    Se le asignará un Presbítero mentor,...III.10.3.m (114)
    Solicitud de recepción, ... III.10.3.a (111), III.10.3.e (113)
Clero, recibido de otras Iglesias
    Exámenes y evaluaciones,...........................III.10.1.b (109), III.10.1.d (110), III.10.5.c (116)
    Indagación de antecedentes,.. III.10.1.a (109)
    Prevención de la conducta sexual inapropiada y capacitación
        en el desmantelamiento del racismo, ... III.10.1.c (109)
    Se le asignará un Presbítero mentor,.. III.10.1.e (110)
Coadjutores. Ver Parroquias, Misiones y Congregaciones: Junta Parroquial,
    Coadjutores y Miembros
Comisiones Permanentes de la Convención General
    Desarrollo Ministerial, ... I.1.2.n.4 (19)
    Estructura, Gobierno, Constitución y Cánones,.. I.1.2.n.1 (15)
    Liturgia y Música,...I.1.2.n.2 (17), II.2.3 (67)
    Misión Mundial, ...I.1.2.n.3 (19)
    Por lo general,.. I.1.2.a-m (13, 14, 15)
        Avisos de reuniones, ...I.1.2.i (15)
        Comisiones nuevas, ... I.1.2.n.1.vi (17), JR VI.1 (252)
        Composición
            Cantidad y calificación de los miembros,..I.1.2.a (13)
            Enlaces con el Consejo Ejecutivo, ...I.1.2.d (14)
            Funcionarios,..I.1.2.g (14)
            Nombramientos, ...I.1.2.c (14), I.1.2.e-f (14), V.3.1 (201)
            Personal, asesores y coordinadores,..I.1.2.d (14)
            Presidentes como miembros ex officio, ...I.1.2.e (14)
        Informes para la Convención,..I.1.2.j-k (15)
        periodos de ejercicio, ... I.1.2.b (13), I.1.2.n.2.ix (18)
        Peticiones de presupuesto, ...I.1.2.m (15)
        Pueden aceptar o rechazar enmiendas de la Convención, ...I.1.2.l (15)
        Remisiones de cualquiera de las Cámaras, ...I.1.2.h (14)

ÍNDICE C

Resoluciones propuestas a la Convención,...I.1.2.k-l (15)
Vacantes,..I.1.2.c (14), V.4 (201)
Voceros,...I.1.2.l (15)
Relaciones Ecuménicas e Interreligiosas,.. I.1.2.n.5 (20)
Comisiones de la Convención General. *Ver* **Comisiones Permanentes
de la Convención General**
Comisiones sobre Ministerio. *Ver* **Diócesis: Comisiones sobre Ministerio**
Comisiones sobre el Ministerio. *Ver* **Diócesis**
Comité Asesor de los Archivos, *Ver también* **Archivos de La Iglesia Episcopal,**...........I.5.5 (40)
Comité Asesor del Obispo Presidente,.. RHB V.K (211)
Comité Asesor del Presidente de la Cámara de Diputados,.......................................I.1.1.b (11)
Comité Conjunto de Candidatura para Obispo Presidente, ...I.2.1 (26)
Comité de Auditoría del Consejo Ejecutivo,..I.4.3 (35)
Comité de Candidatura Conjunto para la Elección del Obispo Presidente
Miembros y Vacantes,.. I.2.1.a-b (26, 27)
Proceso para considerar a nominados calificados,............................I.2.1.d (27), I.2.1.g (28)
Comités Legislativos Conjuntos de la Convención General
Comité sobre Comités y Comisiones,..JR I (249), JR VI.1 (255)
Comités Legislativos de la Convención General
Comité sobre Comités y Comisiones,...JR VI.1 (255)
Comités Legislativos Conjuntos,..JR I (249)
En la Cámara de Diputados, ... RHD VIII (228)
En la Cámara de Obispos,...RHB IV (206), RHB V.D (207)
Comités Permanentes Conjuntos de la Convención General
Autorización y nombramiento,..JR I.1 (249)
Planificación y Arreglos
Membresía y tareas,...I.1.1.i (13), JR IV.1 (252)
Recomienda la fecha y el lugar de la Convención,...I.1.13 (25)
Sobre Nominaciones, ... JR V.1-6 (253, 254, 255)
Comités Permanentes de la Convención General. *Ver* **Comités Permanentes Conjuntos
de la Convención General**
Comités Permanentes de las Diócesis
Cartas de recomendación para Presbíteros o Diáconos, autenticidad,........................III.5.2.a (77)
Cartas de recomendación y certificados de los Obispos electos,..................................III.11.3 (119)
Como Autoridad Eclesiástica,..Art. IV (5)
De Diócesis Misioneras, ...III.11.9.c.5 (125)
Como Consejo Asesor del Obispo,..Art. IV (5), I.12.1 (54)
Consentimientos requeridos,...III.8.6.d (92), III.15.4 (140)
Clero que obtenga empleo no eclesiástico, ...III.9.3.e.1 (97)
Creación del puesto de Obispo Asistente, ... III.12.5.a (127)
Elección de un Obispo Coadjutor,............ III.11.1 (118), III.11.3-4 (119), (121), III.11.9.a. (122)
Elección de un Obispo Misionero,...III.11.9.c.3-4 (123, 124)
Elección especial de un Obispo Presidente, ...Art. I.3 (1)
Elección y ordenación de un Obispo electo,........................... Art. II.2 (3), III.11.2-4 (119), (121)
En casos de ministerio restringido del Obispo, ...IV.19.7 (188)
Gravamen o enajenación de la propiedad, ...II.7.2 (72)
No residencia de los obispos, ... III.12.4.a (126)
Ordenación de un Diácono,..III.6.6.c (82)
Ordenación de un Presbítero,..III.8.4.b (89), III.8.7.c (94), III.15.4 (140)
En casos de abandono de La Iglesia Episcopal, ... IV.16.B (178), V.4.1.a.5 (202)
Establecimiento, ...Art. IV (5)
Funcionarios, reuniones y expedientes, ...I.12.1 (54)
Los expedientes originales pueden firmarse en contrapartes,..I.12.3 (55)
Quorums,...I.12.2 (54)
Se notificará de la renuncia del Obispo, ... III.12.8.c (130), III.12.10.b-e (131, 132)
Tareas
Certificación de candidatos para el Diaconado, ...III.8.6.c-d (92)
Certificación del proceso de ordenación,..III.6.6.c (82)

ÍNDICE C

Desacuerdos que afectan la relación pastoral
    Consultar y recomendar sobre sentencias piadosas, ...III.9.15.d (108)
    Disolución de la relación pastoral,...III.9.15 (107)
    Iniciar el proceso para conciliar desacuerdos, ...III.9.14 (107)
    Nombramiento de un mediador para la reconciliación, ...III.9.14-15 (107), III.12.12 (134)
    Informe del mediador, ...III.9.15.b (107)
    Elección de un Obispo, ...III.11.3 (119)
    Y formación de nuevas parroquias,...I.13.2.b (55)
Comités de Finanzas de las Diócesis,................................I.7.1.f (43), I.7.1.i (43), I.7.2 (43)
Comités de la Convención General. *Ver* **Comités Legislativos Conjuntos,**
   Comités Permanentes Conjuntos, Comités Legislativos
Comités, grupos *ad hoc* **y grupo en misión especial del Consejo Ejecutivo,**................I.4.4 (36), V.3.1 (201)
Comulgantes. *Ver también* **Bautizo; Miembros de la Iglesia**
    Anotado en el registro de la parroquia,..III.9.6.c (102)
    Búsqueda de afiliación de una Iglesia en plena comunión,.............................I.17.4.d (61)
    Como Ministros Autorizados,..III.2.a (74), III.4.1.a (75)
    Definición, ...I.17.2 (60)
    Denegación de los sacramentos,..I.17.6 (61), I.18.7 (63)
    Derechos, estado y acceso a un lugar equitativo en la Iglesia,......I.17.5 (61), III.1.2-5 (73)
    En Buena Posición, ...I.17.3 (60)
    Informe anual, ...I.6.1.1 (41)
    Informe parroquial,...I.6.1 (41)
    Procedimiento para transferencia de membresía,..I.17.4 (61)
Comunicación Privilegiada. *Ver también* **Disciplina Eclesiástica**
    Definición,..IV.2 (143)
    Las confidencias se protegen,......................................IV.4.1.a (147), IV.19.26-27 (194)
Comunidades cristianas. *Ver* **Órdenes Religiosas y otras Comunidades Cristianas**
Comunidades. *Ver* **Órdenes Religiosas y otras Comunidades Cristianas**
Comunión Anglicana
    Autoridad jurisdiccional de los Obispos,.....................................I.11.4 (54), I.15.1 (56)
    La Iglesia Episcopal como miembro constituyente, ... Preámbulo de la Constitución
    Representación en organismos, ...I.4.2.k (35)
Comunión. *Ver* **Sagrada Comunión**
Conciliador y conciliación en asuntos disciplinarios. *Ver también* **Disciplina Eclesiástica**
    Confidencialidad,..IV.10.4 (160)
    Definición, ...IV.2 (143)
    Nombramientos,...IV.10.2 (159)
    Proceso de conciliación,...IV.10 (159)
    Y Acuerdos,..IV.10.3 (159), IV.14.2 (169)
Conducta sexual inapropiada
    Capacitación para la prevención,......................III.6.5.g (81), III.8.5.h (91), III.10.1.c.1 (109)
    Definición, ...IV.2 (143)
    Limitación de procesos, ...IV.19.4.b (187)
    Normas de conducta para el Clero, ...IV.4.1.h.1 (148)
    Respuesta pastoral e informes, ...IV.8.1 (157)
    Sentencias,...IV.2 (143)
Confidencias, se respetarán y preservarán, ...IV.4.1.a (147), IV.19.27 (194)
Confirmaciones, Recepciones y Reafirmaciones
    Anotadas en el registro de la parroquia y reportadas,..................I.6.1.1 (41), III.9.6.c (102)
    De los Clérigos que provengan de otras Iglesias,...III.10.3.g.1-2 (113)
    Preparación,...III.9.6.b.4 (101)
    Que se esperan en todos los Miembros Adultos, ...I.17.1.c (60)
    Reafirmación y Recepción equivalentes a la Confirmación,........................I.17.1.d (60)
Congregaciones en el extranjero, ...I.15 (56)
    Bajo la dirección de la Convención General, ...I.15.3-6 (56, 57)

ÍNDICE C

Clero
    Cartas de Recomendación para oficiar en el extranjero, ...III.9.7.e (104)
    Nombramiento, ...I.15.2 (56)
    Consejo Asesor que asistirá al Obispo, ... I.15.9 (57), III.5.1.b (77)
    Diferencias entre Congregación y Clero, ...I.15.12 (59)
    Jurisdicción episcopal, ...I.15.7 (57)
    Limitación para Congregaciones nuevas, ...I.15.11 (58)
    Obispos, ...Art. III (4)
Congregaciones que desean afiliarse a esta Iglesia
    Admisión y estado de Ministros, ...I.16.2-4 (59)
    Solicitud y estado, ...I.16.1 (59)
    Supervisión, ...I.16.5 (59)
Congregaciones. *Ver* **Parroquias, Misiones y Congregaciones**
Consagración de Obispos. *Ver* **Obispos**
Consejo Ejecutivo, ...I.4.2.a-j (34)
    Comité de Auditoría, ...I.4.3 (35)
    Comités, grupos ad hoc y grupos en misión especial, ... I.4.4 (36), V.3.2 (201)
    Como Junta Directiva de DFMS, ...I.3 (DFMS Art. II) (31), I.4.1.a (32)
    Coordinadores con las Comisiones Permanentes, ...I.1.2.d (14)
    Director Jurídico, ...I.4.1.d (32), I.4.2.h-i (34)
    Director de Finanzas, ... I.4.1.d (32), I.4.2.g (34), I.4.2.h (34)
    Director de Operaciones, ... I.4.1.d (32), I.4.2.f (34), I.4.2.i (34)
    Director y Presidente, ...I.4.2.a (34)
    Elección y periodos de ejercicio, ...I.4.1.f-g (33)
    Elige a ACC y a representantes ecuménicos, ...I.4.2.k (35)
    Evaluación de Ministerio Mutuo, ...I.4.2.j (34)
    Funcionarios, ...I.4.1.d (32)
    Función, ...I.4.1.a (32)
    Informan ante la Convención General, ...I.4.1.b (32), I.4.8 (39)
    Membresía, ...I.4.1.d (32)
    Nombramiento de misioneros y otros trabajadores, ...I.4.9 (39)
    Para asesorar sobre la nominación de miembros nuevos, ...I.4.1.e (33)
    Poderes, ... I.4.2.a (34), I.4.2.c (34)
    Reciben informes Diocesanos, ...I.4.6.i-j (38)
    Reciben informes Provinciales, ...I.9.12 (50)
    Responsabilidad ante la Convención General, ...I.4.1.b (32)
    Reuniones y quorum, ...I.4.5.a-b (36)
    Secretario, ... I.4.1.d (32), I.4.2.c (34)
    Tesorero, ... I.4.1.d (32), I.4.2.d (34)
    Vacantes, ...I.4.1.h-i (33, 34)
    Vicepresidente, ...I.4.2.b (34)
    Y Presupuesto de La Iglesia Episcopal, ...I.4.6 (36)
    Y admisión de nuevas Diócesis, ...Art. V.1 (5), I.10.4 (50)
Consejos Asesores. *Ver* **Obispos; Congregaciones en el extranjero**
Consejos Diocesanos. *Ver* **Convenciones y Consejos Diocesanos**
Consejos Regionales, ...I.11.3.f (54), III.11.9.c.2 (123)
Consejos de Conciliación para Obispos y Congregaciones, ...III.12.3.b.2 (126)
Consentimiento
    Agenda de Consentimientos de la Cámara de Diputados, ...RHD VI.C (225)
    Agenda de Consentimientos de la Cámara de Obispos, ...RHB III.F (205)
    Ausencia de un Clérigo sin, ...IV.4.1.h.4 (148)
    Ausencia de un Obispo sin, ...III.12.4.b (126)
    Comités Permanentes de las Diócesis, ...III.6.6.c (82), III.8.6.d (92), III.15.4 (140)
        Clero que obtenga empleo no eclesiástico, ...III.9.3.e.1 (97)
        Creación del puesto de Obispo Asistente, ...III.12.5.a (127)
        Elección de un Obispo Coadjutor, ... III.11.1 (118), III.11.3-4 (119), (121), III.11.9.a.1 (122)
        Elección de un Obispo Misionero, ...III.11.9.c.3-4 (123, 124)

ÍNDICE C

Elección especial de un Obispo Presidente, ...Art. I.3 (1)
Elección y ordenación de un Obispo electo, ...Art. II.2 (3), III.11.2-4 (118, 119), (121)
En casos de ministerio restringido del Obispo, ...IV.19.7 (188)
Gravamen o enajenación de la propiedad, ...II.7.2 (72)
No residencia de los obispos, ...III.12.4.a (126)
Ordenación de un Presbítero, ...III.8.4.b (89), III.8.7.c (94), III.15.4 (140)
Para la Ordenación de un Diácono, ...III.6.6.c (82)
Del Obispo para segundas nupcias, ...I.19.3.c-e (64)
Para Elección
   De Obispos Sufragáneos, ...III.11.3-4 (119), (121), III.11.9.b.2 (123), III.11.9.b.3.ii (124)
   De Obispos, ...Art. II.2 (3), III.11.1-9 (118, 119), (121, 122)
      En caso de no haber consentimiento, ...III.11.4 (121)
   Del Obispo Coadjutor, ...III.11.3-4 (119), (121), III.11.9.a.1-3 (122)
Para Obispos jubilados y que han renunciado, ...Art. II.6 (4)
Para el empleo en entornos no eclesiásticos, ...III.9.3.e.1 (97)
   Incumplimiento, ...III.9.3.e.3 (98)
Para la Consagración de Obispos, ...Art. II.2 (3), RHB VIII.A (216)
Para la ordenación
   De Obispos
      En casos de no haber consentimiento, ...III.11.4 (121)
      Testimonios para el consentimiento, ...III.11.3.a.3 (119)
   De los Diáconos
      Comité Permanente, consentimiento para la ordenación, ...III.6.6.c (82), III.8.6.c-d (92)
   De los Presbíteros
      Comité Permanente, revisión y consentimiento, ...III.8.4.b (89), III.8.7.c (94)
Rectores
   Dar consentimiento y responder por Clérigos visitantes, ...III.9.7.b-c (102, 103)
   La renuncia requiere el consentimiento de la Junta Parroquial, ...III.9.15 (107)
   Se requiere consentimiento para la renuncia y la jubilación, ...III.9.15 (107)
   Se requiere para que un Obispo no residente oficie, ...III.12.3.f (126)
Constitución de la Convención General
   Cambios o enmiendas, ...Art. XII (10), I.1.1.e (12)
   Certificación de cambios, ...V.1.6 (200)
   Revisado por el Comité de Revisión de la Constitución y
      los Cánones de la Cámara de Diputados, ... RHD VII.F (227)
   Revisado por los Comités Legislativos, ...V.1.1 (199), RHB V.D (207),
      RHD VII.F (227), RHD VIII.A.1 (228), RHD IX.A.1 (236)
   Conservador de, ...V.1.5 (200)
   De Diócesis Misioneras, ...I.11.3.a (52)
   Infracción como una Ofensa, ...IV.3.1.a (147)
   Revisión de la Comisión Permanente, ...I.1.2.n.1.ii (16)
   Versión anotada, ...I.1.2.n.1.iv (16)
Constitución de la Sociedad Misionera Nacional y Extranjera (DFMS), ...I.3 (31)
Constitución y Cánones. *Ver* **Estructura, Gobierno, Constitución y Cánones,**
   Comisión Permanente
Convención General. *Ver también* **Cámara de Obispos; Cámara de Diputados**
   Acciones, se resumirán y pondrán a disposición, ...JR III.1 (252)
   Aprobación de cesión y retrocesión de jurisdicción territorial, ...Art. VI.2 (7)
   Archivos, ...I.1.5.a (22), I.1.5.f (22), I.5.1 (39)
   Clausura, ...Art. I.6 (3)
   Comisiones (*Ver* **Comisiones Permanentes de la Convención General**)
   Comisiones Permanentes, (*Ver* **Comisiones de la Convención General**)
   Comité sobre el Estado de la Iglesia, ...I.6.5.b (42)
   Comités, especiales y otros, ...RHD IX (236), RHD X (237)
   Comités, Legislativos, ...RHB IV (206), RHB V.D (207), RHD VIII (228)
   Comités Legislativos Conjuntos, ...JR I (249)
      Comité Conjunto sobre Comités y Comisiones, ...JR VI.1 (255)

ÍNDICE C

Comités Permanentes Conjuntos (*Ver* **Comités Permanentes Conjuntos de la Convención General**)
Composición, ... Art. I.1-2 (1), Art. I.4 (2)
Consejo Consultivo Anglicano se reporta ante, ... I.4.2.k (35)
Cuerpos Canónicos, vacantes y causas de destitución, ... V.4 (201)
Diario y actas que se entregan al Secretario, ... I.1.5.f (22)
Elección de Obispos
    No dentro de los 30 días previos a la Convención General, ... III.11.1.d (119)
    Obispo Presidente, ... Art. I.3 (1), I.2.1.d-g (27, 28)
    Obispos Misioneros, ... III.11.9.c.4 (124)
    Proceso de consentimiento y requisitos de elección, ... III.11.1-4 (118), III.11.7-9 (121, 122)
Expedientes, ... I.1.1.c (12), I.1.5.a-c (22), I.1.5.f (22), I.1.6.a (23), I.6.5.a (42), IV.19.30 (194)
Fecha y lugar de las reuniones, ... Art. I.7 (3), I.1.13 (25)
Gastos, ... I.1.8.a (24), IV.17.8.d (184), IV.19.23.c (193)
Gerente, ... I.1.12.b (25)
Grupos en misión especial, ... JR VII.1 (255)
Legislación (*Ver también* **Reglas de Orden**)
    Adoptada y autentificada por ambas Cámaras, ... Art. I.1 (1)
    Recomendaciones del Obispo Presidente, ... I.2.4.a.5 (30)
    Sobre enmiendas a la Constitución o a los Cánones, ... I.1.2.n.1 (15)
Nuevas Diócesis, ratificación, ... I.10.1-3 (50)
Oficial del Orden, ... RHD V.F (224)
Oficina Ejecutiva
    Coordina los organismos de la Convención y supervisa a los funcionarios, ... I.1.12.b (25)
    Da aviso de nombramientos en la Comisión, ... I.1.2.f (14)
    Director Ejecutivo, ... I.1.12 (25)
    Recibe informes de las listas de organismos interinos, ... V.3.1 (201)
Planificación y arreglos (*Ver* **Comité Permanente Conjunto**)
Presencia Juvenil, ... RHD IV.B.2 (222)
Promulgación, enmienda o revocación de Cánones, ... V.1 (199)
Registrador de ordenaciones
    Elección y tareas, ... I.1.6.a (23)
    Gastos, ... I.1.6.e (24)
    Informa a la Convención sobre el estado del Clero, ... I.1.6.d (23)
    Mantiene la Lista de Ordenaciones y Clérigos solventes, ... I.1.6.a (23)
    Proporciona información previa solicitud, ... I.1.6.c (23)
    Se le proporcionará información, ... I.1.6.b (23)
    Vacante, ... I.1.6.f (24)
Resoluciones
    Fechas límite de presentación de, ... RHD VII.E (227)
    Formulario, ... JR II.2 (251), RHB V.C (207), RHD IX.A.1.ii.a (236)
    Implementación e informe de las Diócesis, ... I.6.4 (42)
    Implementación, ... I.4.1.b (32)
    Propuestas por las Comisiones Permanentes, ... I.1.2.k-l (15)
    Que afectan el sistema de gobierno de la Iglesia, ... RHD IX.A.1.ii.a.1 (236)
    Que afectan la Constitución o los Cánones, ... I.1.2.n.1 (15), V.1 (199),
        RHB V.D (207), RHD VII.F (227), RHD VIII.A.1.ii.b (228)
    Recomendaciones de Comités Legislativos, ... RHB V.D.b (207), RHD VIII.C (234)
    Remisión a Comités Legislativos, ... JR II.1 (250)
Resumen de acciones, ... JR III.1 (252)
Reuniones especiales, ... Art. I.7 (3), I.1.3.a-b (21)
Secretario de la Convención General
    Como Historiógrafo, ... I.1.5.d (22)
    El Secretario de la Convención servirá, ... I.1.5.a (22)
    Gastos, ... I.1.5.e (22)
    Mantiene y autentifica el registro del episcopado, ... I.1.5.b-c (22)
    Recibe y transmite las actas de ambas Cámaras, ... I.1.5.a (22), I.1.5.f (22)

ÍNDICE C

Tareas, ...I.1.5.a-c (22)
Vacante, ...I.1.5.g (23)
Secretario de la Convención General (*Ver también* **Cámara de Diputados**)
    Elección, ...I.1.1.j (13)
    Obligaciones
        Colabora en la publicación de liturgias, ... I.1.2.n.2.ix (18)
        Da aviso de enmiendas al Libro de Oración y a la Constitución, ...I.1.1.e (12)
        Publica cambios en la Constitución y los Cánones, ...V.1.6 (200)
        Publica el Diario de la Convención General, ...I.1.1.j (13)
        Recibe documentos sobre las Diócesis nuevas, ...Art. V.1 (5)
        Como Secretario de la Cámara de Diputados, ...I.1.1.j (13)
        Como Secretario del Consejo Ejecutivo, ...I.4.2.c (34)
    Sesiones Conjuntas (*Ver también* **Cámara de Obispos; Cámara de Diputados**)
        El Obispo Presidente puede convocar y presidir, ...I.2.4.a.5 (30)
        Para considerar a los nominados para Obispo Presidente, ...I.2.1.g (28)
        Para considerar el presupuesto, ...I.4.6.c (37)
    Sesiones de la Cámara, ... RHD XI (238)
    Tesorero de la Convención General, Autoridad para pedir prestados fondos
    para la Convención, ...I.1.9 (25)
    Deberá proporcionar fianzas, ...I.1.10 (25), I.7.1.d (43)
    Deberá ser Tesorero del Consejo Ejecutivo y de DFMS, ...I.1.7.a (24), I.4.2.d (34)
    Elección, ...I.1.7.a (24)
    Escaño y voz, ...I.1.1.f (13)
    Paga los gastos de los Tribunales Eclesiásticos, ...IV.17.8.d (184), IV.19.23.c (193)
    Puede nombrar a un Tesorero Adjunto, ...I.1.11 (25)
    Sirve bajo la supervisión del Director Ejecutivo, ...I.1.12.b (25)
    Tareas, ...I.1.7.a (24)
    Vacante, ...I.1.7.b (24)
Vacantes en la representación Diocesana, ...I.1.3.c (21)
Verificación de antecedentes de los nominados a cargos, ...JR V.5-6 (254, 255)
Vicepresidente
    Elección y términos, ...I.1.1.b (11)
    Vacante en la oficina, ...I.1.1.a-b (11), I.1.1.h (13)
Votación por Órdenes
    Alteraciones al Libro de Oración, ...Art. X.2 (9)
    Cambios o enmiendas a la Constitución, ...Art. XII (10)
    En cesión o retrocesión de una jurisdicción, ...Art. VI.2 (7)
    Procedimientos, ... Art. I.5 (2), RHD XIV.E (244)
    Y Libro de Oración Común, ...II.3 (67)
    Y Presupuesto de La Iglesia Episcopal, ...I.1.8 (24), I.4.6 (36)
Convenciones. *Ver* **Convenciones Diocesanas; Convención General**
Convenciones y Consejos Diocesanos
    Elección y ordenación de Obispos, ...III.11.1-2 (118, 119)
    Primera convención de una nueva diócesis, ...I.10.1 (50)
    Secretario
        Depositar Diarios en los Archivos de Iglesia Episcopal, ...I.6.5.a (42)
        Enviar Diarios al Secretario de la Cámara, ...I.1.1.c (12), I.6.5.a (42)
        Enviar testimonios de Diputados, ...I.1.1.c (12)
        Notificar de la elección de un Obispo, ...III.11.1.c (119)
        Recibir aviso de Acuerdos y Órdenes, ...IV.14.12.a (172)
        Recibir aviso de propuestas de enmiendas a la Constitución
        por la Convención General, ...Art. XII (10)
        Registrar disolución de relación pastoral, ...III.9.15.d.7 (108)
Cristiana, Educación, ...III.9.6.b.1 (100)
Culto. *Ver también* **Libro de Oración Común**
    El Rector es responsable, ...III.9.6.a.1 (100)
    En idiomas diferentes al inglés, ...II.5 (71)
    Formas especiales, ...Art. X.5 (10)

ÍNDICES

ÍNDICE C-D

Tribunal de Apelación sobre asuntos, ... Art. IX (8), IV.15.3 (174)
Y celebración del Día del Señor, ... II.1 (67)
Y música, ... II.6 (72)
Curato Parroquial, ... I.13.3.b (55)
Curatos Vacantes. *Ver* **Parroquias, Misiones y Congregaciones**
Curatos, Parroquiales, ... I.13.3.b (55)
Curatos Vacantes. *Ver* **Parroquias, Misiones y Congregaciones: Curatos Vacantes**
Custodio del Modelo del Libro de Oración Común
   Autoriza copias del Modelo y traducciones, ... II.3.5 (68)
   Comunica correcciones o modificaciones, ... II.3.3 (68), II.3.6.g (69)
   Deberes relativos a la publicación de textos de ensayo, ... II.3.6.e (69)
   Nombramiento de, ... II.3.7 (70)

- D -

Declaraciones de desvinculación por la Cámara de Obispos, ... IV.17.7 (182), IV.20.3.d (197)
Declaración de fe y avenencia, ... Art. VIII (7), III.6.6.d (83), III.8.6.e (93),
   III.8.7.d (94), III.10.3.d.ii (113)
   Por Clérigos procedentes de otras Iglesias, ... III.10.3.f (113)
   Por Obispos electos, ... III.11.7 (121)
   Requisitos para la ordenación, ... Art. VIII (7)
Declaración
   De testigos en Disciplina Eclesiástica, ... IV.5.a (148), IV.13.10 (167)
   Falsa, como causa de proceso contra Miembros del Clero, ... IV.3.1.c (147)
Demandados en asuntos disciplinarios. *Ver* **Disciplina Eclesiástica**
Demandantes en un asunto disciplinario. *Ver* **Disciplina Eclesiástica**
Denegación de los Sacramentos, ... I.17.6 (61), I.18.7 (63)
Derechos laborales, ... I.17.5 (61), II.1.2 (67)
Descargo y destitución del Ministerio ordenado
   Aviso, ... III.7.11 (86), III.9.12 (105), III.12.8.c (130)
   De Presbíteros y Diáconos
      Por abandono de La Iglesia Episcopal, ... IV.16.B (178)
   De los Obispos
      En casos disciplinarios, ... III.12.8.b (130)
      En casos no disciplinarios, ... III.12.8.a (129), III.12.8.c (130)
      Por abandono de La Iglesia Episcopal, ... IV.16.A (177)
      Retorno al Ministerio ordenado, ... III.12.9 (130)
Desmantelar el racismo. *Ver* **Capacitación en el desmantelamiento del racismo**
Destituciones. *Ver* **Disciplina Eclesiástica: Sentencias**
Destitución del Ministerio. *Ver* **descargo y destitución del Ministerio ordenado**
DFMS. *Ver* **Sociedad Misionera Nacional y Extranjera (Sociedad Misionera Nacional y Extranjera, DFMS)**
Día del Señor, Observación, ... II.1 (67)
Diáconas, plan de pensiones, ... I.8.8 (46)
Diáconos. *Ver también* **Clero, Miembros; Ordenación**
   Acceso equitativo al discernimiento del ministerio, ... III.1.2-3 (73)
   Admisión a la Postulación, ... III.6.3 (78)
   Asignación y responsabilidades, ... III.7.4 (83)
   Candidatura y requisitos, ... III.6.3-5 (78, 79, 80), III.8.6 (92)
   Capacitación en el desmantelamiento del racismo y prevención
      de la conducta sexual inapropiada, ... III.6.5.g (81), III.10.1.c (109)
   Cartas Dimisorias, ... III.7.6.b (84)
   Comunidad, ... III.7.2 (83)
   Consejo, ... III.7.3 (83)
   Declaración de fe y avenencia, ... Art. VIII (7), III.6.6.d (83)
   Descargo y destitución del Ministerio ordenado, ... III.7.9-11 (86)
      Regreso al Ministerio ordenado, ... III.7.12 (87)
   Destitución como Postulante o Candidato, ... III.6.3.f (79), III.6.4.d-e (80)

ÍNDICE D

Educación continua, ...III.7.5 (84)
Formación, ... III.6.5.c-e (80)
Jubilación y renuncia, ...III.7.8 (85)
Licencia para oficiar en otra Diócesis, ...III.7.6.a (84)
Mujeres en el Diaconado antes de 1971, ...I.8.8 (46)
No puede estar a cargo de una Congregación, ...III.7.4.c (83)
Ordenación, ... Art. VIII (7), III.6 (78)
Para servir en un cargo apropiado antes del presbiterio, ...III.8.7.e (94)
Requisito de edad, ...III.6.6.a.2 (82), III.10.3.j (114)
Requisitos de postulación para la Ordenación, ...III.6.5 (80)
Responsables ante el Obispo, ...III.7.1 (83)
Se requieren exámenes y evaluaciones, ...Art. VIII (7), III.6.5.j-k (81), III.15.2-4 (140)
Solicitud de indagación por falta de conducta imputada, ... IV.19.31 (196)
Tergiversación en la solicitud, ... IV.3.1.d (147)
Transferencia a otras Iglesias en plena comunión, ...III.7.7 (84)
Diarios
  De la Convención General
    Los publicará el Secretario de la Convención, ...I.1.1.j (13)
    Se entregarán al Secretario, ... I.1.5.f (22)
  De las Convenciones y Consejos Diocesanos
    Se enviarán al Secretario de la Cámara de Diputados, ... I.1.1.c (12), I.6.5.a (42)
    Se incluirá el informe anual del Obispo, ... III.12.3.e (126)
Diócesis. *Ver también* **Misiones de Área; Convenciones Diocesanas;**
Disciplina Eclesiástica; Diócesis Misioneras; Diócesis Nuevas;
Comités Permanentes de las Diócesis
  Archivos
    Actos oficiales del Obispo, ...III.12.3.d (126)
    Descargos y destituciones del Ministerio Ordenado, ...III.7.11 (86), III.9.12 (105), III.12.8.c (130)
    Expedientes de fallos en la disolución de matrimonios, ... I.19.2.b (64)
    Preservación de los expedientes disciplinarios, ...IV.19.30.a-b (194, 195)
    Registros y expedientes permanentes, ... III.6.4.b (79), III.6.5.k (81), III.8.3.d (89), III.8.4.b (89)
    Se conservarán evaluaciones de Ordenación, ... III.6.5.i (81), III.8.5.1 (92)
  Asuntos de propiedad en casos de Ministerio suspendido o restringido, ... IV.19.7 (188)
  Auditoría anual de cuentas, ...I.7.1.f-g (43)
  Ausencia de un Clérigo sin consentimiento, ...IV.4.1.h.4 (148)
  Ausencia de un Obispo sin consentimiento, ...III.12.4.b (126)
  Cesión y retrocesión de territorio, ...Art. V.6 (6), Art. VI.2 (7)
  Comisiones de Ministerio
    Ayudar en la preparación de los Diáconos para ordenación, ...III.6.5.a (80), III.6.5.i (81)
    Cada Diócesis seleccionará o compartirá una Comisión, ...III.2.1 (74)
    Conocer y evaluar los nominados para la Postulación, ...III.8.3.b (89)
    Consultar sobre guías para Ministerios Autorizados, ...III.4.1.a (75)
    Deberes y poderes, ...III.2.2-4 (74)
    Educación de los miembros, ...III.2.5 (74)
    Fomentar la atención a la diversidad, ...III.3.1 (74)
    Orientación a Postulantes y Candidatos, ... III.6.4.b (79), III.6.5.a (80), III.8.5.a (90)
    Reclutar a líderes, ...III.3.3 (74)
    Responsable de la Formación
      De Diáconos, ...III.6.4.a-b (79), III.6.5 (80), III.7.5 (84)
      De Presbíteros, ...III.8.4-5 (89), III.8.7 (93)
      De todas las Personas Bautizadas, ...III.2.2 (74)
  Comité Permanente **(***Ver* **Comités Permanentes)**
  Comité de Finanzas, ...I.7.1.i (43), I.7.2 (43)
  Conciliación de la relación entre Obispos y, ...III.12.12 (134)
  Convención *Ver* **(Convenciones y Consejos Diocesanos)**
  Cánones
    Para proporcionar un sistema de recusación a Juntas Disciplinarias, ... IV.19.15 (192)
    Que afectan la disolución de la relación pastoral, ... III.9.15.e (109)

ÍNDICE D

Deber fiduciario de los representantes, ...I.17.8 (62)
Definición utilizada en la Constitución y Cánones, ...Art. XI (10), 76), V.2.1 (201)
Diarios y documentos que se presentarán y archivarán, ...I.1.1.c (12), I.6.5.a (42)
Diputados de la Convención General, ...Art. I.4 (2), I.1.4 (21)
División, ...Art. V (5), I.10.3 (50)
Diócesis nuevas, creación, ... Art. V (5), I.10 (50)
Elección de un Obispo
   De un Obispo Misionero, ...III.11.9.c (123)
   No dentro de los 30 días previos a la Convención General, ...III.11.1.d (119)
   Por una. Cámara de Obispos, ...III.11.1.b (118), III.11.9.c.2-3 (123)
   Proceso de consentimiento y proceso de elección, ...III.11.1-4 (118, 119), (121),
     III.11.7-9 (121, 122)
Estructuras y requisitos disciplinarios **(Ver también Disciplina Eclesiástica)**
   Cuando no hay Obispo disponible en la Diócesis, ...IV.19.25 (194)
   Gastos, ... IV.19.10.f (190), IV.19.23 (193)
   La Junta Disciplinaria sirve como tribunal, ...IV.5.1 (148)
   Los recursos se pueden compartir con otras Diócesis, ...IV.5.3.i (150)
   Miembros de Juntas Disciplinarias, ...IV.5.3.j (150)
     Vacantes a llenar, ...IV.5.3.d (149)
Expedientes de actas episcopales y oficiales, ...III.12.3.d (126)
Informes
   Informe anual sobre Congregaciones, ...I.4.6.k (38)
   Informe anual sobre el estado de la Iglesia, ...I.6.4 (42)
   Informe financiero anual para el Consejo Ejecutivo, ...I.4.6.i (38)
   Trabajo apoyado con ayuda de la Convención General, ...I.4.7.b (38)
Informes anuales, ...I.4.6.i-j (38), I.6.1 (41), I.6.4 (42)
Las Diócesis Asistidas se reportarán al Consejo Ejecutivo, ...I.4.7.b (38)
Los diarios incluirán el informe anual del Obispo, ...III.12.3.e (126)
Membresía provincial, ...Art. VII (7), I.9.1 (47)
Métodos administrativos, ...I.7 (42)
Representación ante el Sínodo Provincial, ...I.9.8 (49)
Sin Obispos
   Cometido provisional por un Obispo de otra Diócesis, ...III.13.1 (137), III.13.3 (137)
   En asuntos de Disciplina Eclesiástica, ...III.13.2 (137), IV.19.25 (194)
   Obispo Visitantes, ...III.13.3 (137)
Transferencia a otra Provincia, ...I.9.3.b (48)
Y Presupuesto de La Iglesia Episcopal, ...I.4.6.d-f (37)
Y gastos de la Convención General, ...I.1.8.a (24)
Diócesis Misioneras, *Ver también* Misiones de Área, ... Art. VI.1-3 (6, 7)
Autonomía, ...I.11.3.f (54)
Comité Permanente, ...I.11.3.c (53)
Constitución y cánones, ...I.11.3.a (52)
Convención anual, ...I.11.3.c (53)
Discapacidad del Obispo, ...III.12.6.b-c (128)
El aviso de establecimiento se enviará a todos los Primados, ...I.11.4 (54)
Elección de Diputados y Obispos, ...I.11.3.c (53), I.11.3.e (53)
Incluido en el término "Diócesis", ...Art. XI (10)
Organización, ...Art. VI.3 (7), I.10.6 (51), I.11.3 (52)
Presupuesto, ...I.11.3.d (53)
Vacante en la oficina episcopal, ...III.11.9.c.5 (125), III.12.6.b (128)
Diputados Provisionales, ...I.1.3.c (21)
Diputados. *Ver* Cámara de Diputados
Dirección Pastoral de un Obispo. *Ver* Disciplina Eclesiástica
Director Ejecutivo de la Convención General, ...I.1.12 (25)
Director Jurídico, ...I.4.1.d (32), I.4.2.h-i (34)
Director de Finanzas, ...I.3 (DFMS Art. III) (31), I.4.1.d (32), I.4.2.g (34), I.4.2.i (34)
Director de Operaciones, ...I.3 (DFMS Art. III) (31), I.4.1.d (32), I.4.2.f (34), I.4.2.i (34)

ÍNDICE D

Disciplina Eclesiástica
Abandono de La Iglesia Episcopal
  Por un Obispo, ...IV.16.A (177), V.4.1.a.4 (202)
  Por un Presbítero o Diácono, ... IV.16.B (178), V.4.1.a.5 (202)
  Remisión de Órdenes, ... IV.18.5 (185)
Abogados de la Iglesia
  Asuntos jurisdiccionales, ... IV.19.5.c.3 (188)
  Cancilleres o Vicecancilleres no califican, ... IV.19.19 (192)
  Deberá ser escuchado por Paneles disciplinarios, ...IV.7.11 (156), IV.12.5 (162), IV.13.6 (166)
  Deberá ser escuchado por tribunal de revisión, ... IV.15.9 (175)
  Definición, ... IV.2 (143), IV.17.2.d (180)
  En la demora de procesos, ... IV.15.1 (173)
  Función durante el periodo de transición a los nuevos Cánones del Título IV, ... IV.20.3.g (197), IV.20.3.i-k (198)
  Gastos, ...IV.17.8.d (184), IV.19.23.a (193)
  No pueden servir en un Panel disciplinario, ...IV.5.3.c (149)
  Preparar declaraciones para Paneles disciplinarios, ... IV.12.1 (161), IV.13.2 (163)
  Pueden apelar la Orden de un Panel de Audiencia, ... IV.15.2 (174)
  Pueden nombrar y supervisar al investigador, ... IV.11.1 (160), IV.11.5 (160)
  Pueden objetar a la Orden del Panel de Conferencia, ...IV.12.12 (163), IV.14.11 (172)
  Pueden recusar la imparcialidad de los miembros del Panel, ... IV.19.14.c (191)
  Recibir informes del Gestor sobre supuestas Ofensas, ...IV.6.4 (152)
  Solicitudes de exención de descalificación, ...IV.19.14.d (192)
  Sujetos al proceso de revisión, ... IV.19.15 (192)
  Tienen el peso de la prueba de una Ofensa, ...IV.17 (179)
  Y Acuerdos y Órdenes, ...IV.14.3-5 (170), IV.14.3.8 (170, 171)
  Y acuerdos por el Obispo sobre términos disciplinarios, ...IV.9.1 (158)
  Y revisiones de ministerio restringido o Permisos Administrativos de Ausencia, ...IV.7.10-11 (156)
Acuerdos
  Acuerdos de disciplina que afectan a un Obispo, ... IV.17.9 (184)
  Acuerdos entre el Obispo y el Demandado, ... IV.6.12 (154), IV.9 (158)
  Aviso a los agentes y organismos de la Iglesia, ... IV.14.12 (172)
  Como Sentencias, ... IV.14.5 (170)
  Definición, ... IV.2 (143), IV.14.1 (169)
  Divulgación de información, ... IV.7.9 (156), IV.8.3 (158), IV.14.13-14 (173)
  El Obispo Diocesano puede aceptar o alterar los Acuerdos, ... IV.14.5 (170)
  En el proceso de conciliación, ... IV.10.3 (159)
  Expedientes
    Copia conservada en los archivos Diocesanos, ...IV.19.30.a-b (194, 195)
    Copia original entregada a Archivos de La Iglesia Episcopal, ... IV.19.30 (194)
  Forma apropiada y fecha efectiva de los acuerdos, ...IV.14.9-10 (172)
  Que involucran a clérigos en el extranjero, ...I.15.10 (58)
  Resultante de un Panel de Conferencia, ... IV.12.9 (162), IV.12.11 (163), IV.14.3 (170)
  Resultante de una conciliación, ... IV.14.2 (169)
  Suspensión o destitución de un Obispo, ... IV.17.6 (181)
  Sustituye restricciones sobre el ministerio o Licencias Administrativas, ... IV.7.13 (157)
Apelaciones (*Ver bajo* Disciplina Eclesiástica_Revisiones y Apelaciones)
Asesores
  Confidencialidad de las comunicaciones, ... IV.19.10.e (190)
  Definición, ...IV.2 (143)
  Derecho de estar presente en procesos disciplinarios, ... IV.7.11 (156), IV.19.10.g (190)
  Inelegibilidad de algunos para fungir, ...IV.19.10.c (190)
  La Diócesis proporcionará, ... IV.19.10 (189)
    Al Demandado, ...IV.19.10.a (189), IV.19.10.d (190)
    Al Demandante, ... IV.6.5 (153), IV.19.10.b (190), IV.19.10.d (190)
    Gastos, ... IV.19.10.f (190)
Base de datos, ... IV.19.30.d (195)

ÍNDICE D

Coacción o influencia indebida, ... IV.19.11 (190)
Comunicaciones Privilegiadas, definición, ... IV.2 (143)
Conciliador y conciliación en asuntos disciplinarios
    Confidencialidad y privacidad, ... IV.10.4 (160)
    Definición, ... IV.2 (143)
    Nombramiento por el Obispo Diocesano, ... IV.10.2 (159)
    Proceso de conciliación, ... IV.10 (159)
    Y Acuerdos, ... IV.14.2 (169)
Confidencialidad y protección para quienes denuncian ofensas, ... IV.3.1.e (147)
Demandados
    Abogado, ... IV.7.11 (156), IV.12-14 (161), (163), (169), IV.19 (186)
    Apelaciones a un Tribunal de Revisión, ... IV.15.9 (175)
    Apelaciones de una Orden de un Panel Disciplinario o de Audiencias, ... IV.15.2 (174)
        Incomparecencia en una audiencia de apelación, ... IV.15.11 (176)
    Asesores
    Derecho de estar presente en audiencias disciplinarias, ... IV.12 (161), IV.15.9 (175), IV.19.10.g (190)
    Gastos, ... IV.19.10.f (190)
    Proporcionados por la Diócesis, ... IV.19.10.a (189)
    Deberán presentar una respuesta a un Panel de Audiencia, ... IV.13.2.a.3 (163)
    Deberán recibir notificación de la supuesta Ofensa, ... IV.6.7 (153)
    Deberán ser escuchados por los Paneles, ... IV.7.11 (156), IV.12.4 (162), IV.13.2.a.3 (163), IV.13.3.b (164), IV.13.8.b.6 (166), IV.19.18 (192)
    Incomparecencia o falta de respuesta a un Panel, ... IV.19.6 (188)
    Definición, ... IV.2 (143)
    Derecho de ser representados por abogados, ... IV.19.12 (190)
    No ser objeto de prejuicio por requisitos de proceso, ... IV.19.28 (194)
    Obispos, ... IV.17 (179)
    Presunción de no haber cometido una Ofensa, ... IV.19.16 (192)
    Protegidos contra cargos abarcados por un proceso previo, ... IV.19.13 (191)
    Pueden oponerse a una Orden del Panel de Conferencia, ... IV.12.12 (163), IV.14.11 (172)
    Pueden proponer los términos disciplinarios, ... IV.9.1 (158)
    Pueden solicitar remisión o modificación de una Orden, ... IV.18.1-2 (184, 185)
    Pueden solicitar revisión de ministerio restringido o Permisos Administrativos de Ausencia, ... IV.7.10 (156)
Demandantes (*Ver también* Disciplina Eclesiástica: Personas Perjudicadas)
    Asesores
    Derecho de estar presente en audiencias disciplinarias, ... IV.19.10.g (190)
    Gastos, ... IV.19.10.f (190)
    Proporcionados por la Diócesis, ... IV.19.10.b (190)
    Confidencialidad de las comunicaciones, ... IV.19.10.e (190)
    Definición, ... IV.2 (143)
    Derecho de estar presente en una audiencia de Panel, ... IV.13.8 (166)
    Pueden tener un Asesor, ... IV.13.8 (166), IV.19.10.b (190), IV.19.10.d (190)
    Pueden apelar una decisión de desestimación, ... IV.6.5-6 (153)
    Pueden asistir a un Panel de Conferencia, ... IV.12.6 (162)
    Pueden recusar la imparcialidad de los miembros del Panel, ... IV.19.14.c (191)
Directivas pastorales de un Obispo
    Condiciones, ... IV.7.2 (155)
    Definición, ... IV.2 (143)
    Divulgación de información referente, ... IV.7.9 (156), IV.8.3 (158)
    Duración y fecha efectiva, ... IV.7.5 (155), IV.7.7 (156)
    En relación con otras restricciones sobre el Ministerio, ... IV.7.6 (155)
    Pueden ser emitidas en cualquier momento por el Obispo Diocesano, ... IV.7.1 (155)
Disciplina de la Iglesia, definición, ... IV.2 (143)
Gastos de todos los procesos disciplinarios, ... IV.17.8.d (184), IV.19.10.f (190), IV.19.23 (193)
Gestor
    Confidencialidad de las comunicaciones y la información, ... IV.6.13 (154)
    Definición, ... IV.2 (143), IV.17.2.b (180)

ÍNDICE D

En casos que dan lugar a posible Ofensa, ...IV.6.7 (153)
En casos que no constituyen Ofensa, ...IV.6.5 (153)
Enviar aviso de la supuesta Ofensa al Demandado, ...IV.6.7 (153)
Los alegatos recibidos marcan el comienzo del proceso, ...IV.19.4.f (187)
Se aceptará información sobre Ofensas de cualquier forma o manera, ...IV.6.2 (152)
Se investigará y reportará sobre asuntos disciplinarios, ...IV.6.4-5 (152, 153)
Será escuchado por Paneles disciplinarios, ... IV.7.11 (156)
Integridad de las Juntas Disciplinarias, ... IV.19.15 (192)
Investigador, ... IV.2 (143), IV.11 (160), IV.17.2.e (180)
Jurisdicción y lugar, ... IV.19.5 (187)
Ministerio restringido (Ver también Disciplina Eclesiástica: Permisos Administrativos de Ausencia)
 De un Obispo por causa disciplinaria, ... IV.17.6 (181)
 Duración y fecha efectiva, ... IV.7.5 (155), IV.7.7 (156)
 El Obispo Diocesano puede utilizar en cualquier momento, ...IV.7.3 (155)
  Deben cumplirse ciertas condiciones, ...IV.7.4 (155)
  Puede divulgar información, ... IV.7.9 (156), IV.8.3 (158)
 En relación con otras restricciones sobre el ministerio, ...IV.7.6 (155)
 Mientras están pendientes las apelaciones, ... IV.14.8 (171)
 Peticiones del Clérigo para revisión, ...IV.7.10-13 (156, 157)
 Por abandono de La Iglesia Episcopal, ...IV.16 (177)
 Puede constituir el informe de una Ofensa, ...IV.7.8 (156)
Ofensas
 Abandono de La Iglesia Episcopal, ...IV.16 (177)
 Aceptación y remisión de información, ... IV.6 (152), IV.11.3 (160), IV.12.1 (161)
 Acusaciones, ... IV.19.31 (196)
 Ausencia de la Diócesis o el trabajo del Ministerio, ...III.9.3.e.3 (98), IV.4.1.h.4 (148)
 Casos de Doctrina, Fe o Culto, ...IV.4.1.h.2 (148), IV.15.3 (174)
  Que involucran a Obispos, ... IV.17.5 (181), IV.17.7 (182)
 Cometidos en virtud de los Cánones precursores del Título IV, ... IV.19.32 (196)
 De clérigos en el extranjero, ...I.15.10 (58)
 Divulgación de información, ... IV.7.9 (156), IV.8.3 (158), IV.10.4 (160), IV.11.6 (161), IV.14.13-14 (173)
 E intereses de privacidad, ...IV.8.4 (158, 159)
 El demandando puede proponer los términos de la disciplina, ...IV.9.1 (158)
 En que intervienen menores de edad, ... IV.19.4.a-b (186, 187)
 En que participan Clérigos que no son canónicamente residentes, ... IV.19.5.b-c (187)
Informes
 Al Gestor, ... IV.6.2 (152), IV.7.8 (156)
 Deber de informar de las personas, ...IV.6.3 (152)
 La Diócesis publicará métodos y formas, ...IV.6.1 (152)
 Limitación de tiempo para iniciar una denuncia, ... IV.19.4 (186)
 Los alegatos presentados al Gestor inician el proceso, ... IV.19.4.f (187)
 Nivel de prueba para un Panel de Audiencias, ... IV.19.16 (192)
 No se pueden considerar cargos dos veces para la misma Ofensa, ... IV.19.13 (191)
 Plazos prescritos y forma de calcularlos, ... IV.19.8 (189)
Órdenes
 Aviso a los agentes y organismos de la Iglesia, ... IV.14.12 (172)
 Como Sentencias, ... IV.14.8 (171)
 Definición, ...IV.2 (143)
 Divulgación de información, ... IV.7.9 (156), IV.8.3 (158), IV.14.13-14 (173)
 Errores técnicos o innocuos sin efecto, ... IV.15.10 (176)
 Expedientes
  Copia conservada en los archivos Diocesanos, ...IV.19.30.a-b (194, 195)
  Original enviado a Archivos de La Iglesia Episcopal, ...IV.19.30.b-c (195)
 Forma apropiada y fecha efectiva de los acuerdos, ...IV.14.9-10 (172)

ÍNDICE D

Modificación o remisión
   Afectan a Obispos, ... IV.18.1 (184), IV.18.4 (185)
   En casos de abandono de la Iglesia, ... IV.18.5 (185)
   Que afectan a Presbíteros y Diáconos, ... IV.18.1-3 (184, 185)
Objeciones, ... IV.12.12 (163), IV.14.8 (171), IV.14.11 (172)
Que involucran a clérigos en el extranjero, ... I.15.10.a (58)
Recomendaciones disponibles, ... IV.14.6 (171)
Resultante de un Panel de Audiencias, ... IV.13.12-13 (169), IV.14.6-7 (171)
   Apelaciones, ... IV.15 (173)
Resultante de un Panel de Conferencia, ... IV.12.10-12 (162, 163), IV.14.6-7 (171)
Suspensión o destitución de un Obispo, ... IV.17.6 (181)
Sustituye restricciones sobre el Ministerio o Permisos Administrativos
   de Ausencia, ... IV.7.13 (157)
Pacto Restaurativo, ... IV 2 (143), IV.8.6 (158)
Paneles, Juntas y Tribunales Disciplinarios
  En general
    Actas del actuario como conservador, ... IV.5.3.g-h (149, 150)
    Actuarios, ... IV.5.3.g-h (149, 150), IV.5.4.n (152)
    Confidencialidad y privacidad, ... IV.8.3-4 (158), IV.10.4 (160), IV.11.6 (161),
       IV.12.8 (162), IV.13.4 (165), IV.19.10.e (190), IV.19.26-27 (194)
    Cuando el Obispo de la Diócesis no está disponible, ... IV.19.25 (194)
    Definición de Juntas, ... IV.2 (143), IV.7.2.f (155), IV.17.2.a (180)
    Determinación de una posible Ofensa, ... IV.6.5-12 (153, 154)
    Disposiciones
      Avisos en debida forma, ... IV.19.20 (193)
      Competencia para actuar en cualquier asunto, ... IV.19.9 (189)
      Cuando comienza a correr el tiempo de un proceso, ... IV.19.4.f (187)
      Cálculo del tiempo para procesos enjuiciables, ... IV.19.8 (189)
      Imparcialidad de los directivos, ... IV.19.14 (191)
      Limitación de acciones disciplinarias, ... IV.19.4 (186)
      Ofensas cometidas en virtud de los precursores Cánones del Título IV, ... IV.19.32 (196)
      Requisitos de procedimiento y derechos del Demandando, ... IV.19.28 (194)
      Tribunales seculares sin autoridad en asuntos del Título IV, ... IV.19.1-3 (184, 185)
    Información privilegiada, ... IV.13.5.b (165), IV.19.27 (194)
    Integridad en un sistema de recusación, ... IV.19.15 (192)
    Jurisdicción y lugar, ... IV.19.5 (187)
    Los recursos se pueden compartir con otras Diócesis, ... IV.5.3.i (150)
    Membresía en Juntas Diocesanas, ... IV.5.1 (148), IV.5.3 (149)
    Precedencia en asuntos de disciplina de la Iglesia, ... IV.19.1-3 (184, 185)
    Presidente, ... IV.2 (143), IV.5.1 (148), IV.5.4.h (151)
    Pruebas inadmisibles ni revelables, ... III.9.15.g (109), IV.5.3.f (149), IV.13.5 (165)
    Quorums, ... IV.19.9 (189)
    Reglas de pruebas y hallazgos, ... III.9.15.g (109), IV.5.3.f (149), IV.13.5 (165)
    Reglas que rigen la operación y procedimiento, ... IV.5.3 (149), IV.17.1 (179)
    Remisión de asuntos a un Panel de Audiencias, ... IV.13.1 (163), IV.14.11 (172)
    Remisión de asuntos a un Panel de Conferencia, ... IV.12.1 (161)
    Remisión de asuntos al Obispo para su Acuerdo, ... IV.6.12 (154)
    Renuncias y declinaciones de servir, ... IV.5.3.b (149)
    Revisión de ministerio restringido de Permisos Administrativos de Ausencia, ... IV.7.10 (156)
    Se pueden imponer sanciones con causa, ... IV.13.11 (168)
    Solicitudes de modificación o remisión de Órdenes, ... IV.18.6 (185)
  Junta Disciplinaria para Obispos
    Apelaciones de restricciones o Permisos Administrativos de Ausencia, ... IV.17.3 (180)
    Aprueba Acuerdos concertados con un Obispo, ... IV.17.9 (184)
    En casos de abandono de la Iglesia, ... IV.16.A.1 (177)
    Establecida como un Tribunal, ... IV.17.3 (180)
    Gastos, ... IV.19.23.c (193)

ÍNDICE D

La certificación del abandono crea una vacante, ... V.4.1.a.4 (202)
Membresía y términos, ... IV.17.3 (180)
Modificación o remisión de una Orden, ... IV.18.4 (185)
Presidente
    Decidirá las competencias impugnadas, ... IV.19.5.c (187)
    Elección, ... IV.17.4 (181)
    Pronunciará Sentencias, ... IV.17.6 (181)
    Quorums, ... IV.19.9 (189)
    Si el Obispo Presidente no está disponible para actuar, ... IV.19.24 (193)
Paneles de Audiencia
    Abogados, ... IV.19.22 (193)
    Aviso de audiencias y procesos, ... IV.13.2 (163)
    Deben proporcionar actas de apelación, ... IV.15.6 (175)
    Deber de testificación de los miembros de la Iglesia, ... IV.19.18 (192)
    Deberá concluir con la emisión de una Orden, ... IV.13.12-14 (169)
    Declaración de los testigos, ... IV.13.10 (167)
    Definición, ... IV.2 (143)
    Demandado
        Deber de comparecer, ... IV.19.18 (192)
        Deberá responder o ser escuchado, ... IV.7.11 (156), IV.13.2.a.3 (163),
        IV.13.10.b.6 (167), IV.18.6 (185)
        Incomparecencia o falta de respuesta, ... IV.19.6 (188)
    Demora de procesos, ... IV.15.1 (173)
    Expedientes
        Copia de procesos conservada en los archivos Diocesanos, ... IV.19.30.a-b (194, 195)
        Deberá entregarse copia electrónica, ... IV.19.30.c (195)
        Transcripción original enviada a Archivos de La Iglesia Episcopal, ... IV.19.30 (194)
        Transcripción precisa y certificada del proceso, ... IV.19.30.a.1 (194)
    Formación de paneles, ... IV.6.7 (153)
    Hallazgos, pruebas y divulgación, ... IV.13.2-8 (163, 164, 165, 166)
    Imparcialidad, ... IV.19.14-15 (191, 192)
    Membresía, ... IV.17.5 (181)
    Mociones y recusaciones previas a la audiencia, ... IV.13.7 (166)
    Nivel de prueba para determinar una Ofensa, ... IV.19.16 (192)
    Órdenes emitidas, ... IV.14.9 (172), IV.14.6-7 (171)
        Apelaciones, ... IV.15 (173)
        Errores técnicos e inocuos del Panel, ... IV.15.10 (176)
        Modificación y remisión, ... IV.18 (184)
        Para Obispos por Ofensas de Doctrina, ... IV.17.5 (181), IV.17.7.b (183)
        Procesos públicos y cerrados con transcripción, ... IV.13.8 (166)
        Pueden imponer sanciones, ... IV.13.11 (168)
        Quorums, ... IV.19.9 (189)
        Revisiones de ministerio restringido o Licencias Administrativas, ... IV.7.11-12 (156, 157)
        Traslado del proceso a otra Diócesis, ... IV.15.1.d (174)
Paneles de Conferencia
    Acuerdos, ... IV.12.9 (162), IV.12.11 (163), IV.14.3 (170)
    Confidencialidad y pruebas, ... IV.12.8 (162)
    Definición, ... IV.2 (143)
    El demandado debe comparecer, ... IV.12.3 (161), IV.7.11 (156)
    Imparcialidad, ... IV.19.14-15 (191, 192)
    Incomparecencia, ... IV.19.6 (188)
    No pueden llamar a testigos, ... IV.12.8 (162)
    Órdenes emitidas, ... IV.14.6-7 (171), IV.12.10-12 (162, 163)
    Para Obispos, ... IV.17.5 (181)
    Proceso, ... IV.12.2-8 (161, 162)
    Quorums, ... IV.19.9 (189)
    Remisiones a un Panel de Audiencias, ... IV.13.1 (163)
    Revisiones de ministerio restringido o Licencias Administrativas, ... IV.7.11-12 (156, 157)

ÍNDICE D

Paneles de Referencia
  Acciones de remisión a disposición del Panel, ...IV.11.3 (160), IV.6.8-12 (153, 154)
  Casos que dan lugar, ...IV.6.5-6 (153)
  Definición, ...IV.2 (143)
  Formación de paneles y determinación, ...IV.6.7-12 (153, 154)
  Imparcialidad, ...IV.19.14-15 (191, 192)
  Informes del investigador, ...IV.11.3-6 (160, 161)
  Monitoreo del avance de las remisiones, ...IV.6.10 (154)
  Notificar al Demandante de una desestimación, ... IV.6.5 (153), IV.6.12 (154)
  Quorums, ...IV.19.9 (189)
  Reciben informes sobre Ofensas de parte del Gestor, ... IV.6.4 (152), IV.6.7 (153)
  Selección y membresía, ...IV.6.7 (153)
Tribunales de Revisión
  Abogados, ...IV.19.22 (193)
  Audiencia de una apelación, ...IV.15.7-9 (175)
  Casos de demora del proceso, ...IV.15.1 (173)
  Competencias impugnadas, ...IV.19.5.c (187)
  Decisiones, ...IV.15.15 (177)
  Definición, ...IV.2 (143), IV.17.2.f (180)
  Expedientes
    Actuario como conservador, ...IV.5.4.n (152)
    Deberá entregarse copia electrónica, ...IV.19.30.c (195)
    Durante la apelación, ...IV.15.4 (174)
    Transcripción original enviada a Archivos de la Iglesia Episcopal, ... IV.19.30 (194)
    Transcripción precisa y certificada del proceso, ...IV.19.30.a.1 (194)
  Gastos, ...IV.19.23.b (193)
  Imparcialidad, ...IV.19.14-15 (191, 192)
  Incomparecencia del demandado para continuar con la apelación, ...IV.15.5.a (174), IV.15.11 (176)
  Membresía, términos y vacantes, ...IV.5.4.a-m (150, 151, 152)
  Modificación o remisión de Órdenes, ...IV.18 (184)
  Presidente, ...IV.5.4.h (151)
  Pruebas restringidas durante la apelación, ...IV.15.4 (174)
  Quorums, ...IV.19.9 (189)
  Reglas de proceso para apelaciones, ...IV.15 (173), IV.5.4.o (152)
Tribunales de Revisión para Obispos
  Abogados, ...IV.19.22 (193)
  Definidos en términos de Cánones disciplinarios, ...IV.17.2 (179)
  Expedientes, ...IV.19.30 (194)
  Gastos, ...IV.17.8.d (184), IV.19.23.c (193)
  Imparcialidad, ...IV.19.14-15 (191, 192)
  Membresía y término, ...IV.17.8.a (184)
  Quorum, ...IV.19.9 (189)
Permisos Administrativos de Ausencia (**Ver también** Disciplina Eclesiástica: **Ministerio restringido**)
  De un Obispo por causa disciplinaria, ...IV.17.6 (181)
  Definición, ...IV.2 (143)
  Duración y fecha efectiva, ... IV.7.5 (155), IV.7.7 (156)
  El Obispo Diocesano puede emitir en cualquier momento, ...IV.7.3 (155)
  Deben cumplirse ciertas condiciones, ...IV.7.4 (155)
  Puede divulgar información, ... IV.7.9 (156), IV.8.3 (158)
  En relación con otras restricciones sobre el ministerio, ...IV.7.6 (155)
  Mientras están pendientes las apelaciones, ... IV.14.8 (171)
  Peticiones del Clérigo para revisión, ...IV.7.10-13 (156, 157)
  Puede constituir el informe de una Ofensa, ...IV.7.8 (156)
Personas Perjudicadas (**Ver también** Disciplina Eclesiástica: **Demandantes**)
  Atención pastoral, ...IV.8.2 (158)
  Definición, ...IV.2 (143)

Limitaciones en el descubrimiento de actos supuestos, ...IV.19.4.a-b (186, 187)
Se consultan sobre acuerdo disciplinarios, ...IV.9.1 (158)
Relaciones Pastorales, definición, ...IV.2 (143)
Respuesta pastoral a los afectados por informes de Ofensas, ...IV.8 (157)
Revisiones y apelaciones en general
    Apelaciones de desestimaciones, ...IV.6.6 (153)
    Apelaciones de Órdenes del Panel de Audiencias, ... IV.15.2 (174), IV.15.5 (174)
    Casos de demora del proceso, ... IV.15.1 (173)
    Casos de Doctrina, Fe o Culto, ... IV.15.3 (174)
    En virtud de los Cánones precursores del Título IV, ... IV.20.3.i (198), IV.20.3.k (198)
    Escuchados en actas del Panel de Audiencias, ... IV.15.4 (174)
    Normas y condiciones de apelaciones, ... IV.15.5 (174)
    Reglas del proceso de apelaciones, ... IV.5.4.o (152)
    Se prepararán y archivarán expedientes, ...IV.15.8 (175), IV.15.16 (177)
    Y errores técnicos o innocuos, ... IV.15.10 (176)
Sentencias
    Abuso sexual y conducta sexual inapropiada, ...IV.2 (143)
    Admoniciones
        Resultante de un Acuerdo u Orden, ... IV.14.6 (171)
        Solo por un Obispo, ... Art. IX (8)
    Declaraciones de desvinculación por la Cámara de Obispos, ... IV.17.7 (182), IV.20.3.d (197)
    Definidas como admoniciones, suspensiones o destituciones, ...IV.2 (143)
    Destitución
        Como una sentencia de Destitución, ... IV.19.29 (194)
        De un Obispo, ... IV.16.A.2 (177)
        De un Presbítero o Diácono, ... IV.16.B.4 (179)
        Resultante de Acuerdos, ... IV.14.5 (170)
        Resultante de Órdenes, ... IV.14.6-8 (171)
        Retenidos durante apelaciones, ... IV.14.8 (171)
        Suspensión de un Obispo, ... IV.17.6 (181)
            Efecto sobre la autoridad, ... IV.19.7 (188)
        Suspensión o Restricción del Ministerio del Clérigo, ... IV.19.7 (188)
    Destitución de un Obispo
        Acuerdos u Órdenes inaplicables a destitución, ... IV.17.6 (181)
        Como efecto de la destitución, ... IV.16.A.2 (177), IV.19.29 (194)
        Por abandono de la Iglesia, ... IV.16.A.2 (177)
        Pronunciados por el Presidente de la Junta Disciplinaria, ... IV.17.6 (181)
    Destitución de un Presbítero o Diácono
        El Acuerdo u Orden puede ser suficiente, ... IV.17.6 (181)
        Por abandono de la Iglesia, ... IV.16.B.4 (179)
        Resultante de un Acuerdo u Orden, ... IV.14.1 (169)
        Y efecto de la destitución, ... IV.19.29 (194)
    Disposiciones de transición del Título IV
        Apelaciones, ... IV.20.3.h-i (198), IV.20.3.k (198)
        Cargos y Acusaciones contra un Obispo, ... IV.20.3.c (197), IV.20.3.e-f (197)
        Cargos y Acusaciones contra un Presbítero o Diácono, ... IV.20.3.b-c (197), IV.20.3.f (197)
        Casos Pendientes Tribunal de Primera Instancia, ... IV.20.3.g (197), IV.20.3.j (198)
        Declaraciones de desvinculación, ... IV.20.3.d (197)
        Inhibiciones Transitorias, ... IV.20.3.a (196)
        Ofensas cometidas en virtud de un Canon predecesor, ... IV.19.32 (196)
    Modificación o remisión de Órdenes disciplinarias, ... IV.18 (184)
        En la destitución de un Presbítero o Diácono, ... IV.18.1-3 (184, 185)
        En relación con un Obispo, ... IV.18.1 (184), IV.18.4 (185)
    Normas de conducta para el Clero, ... IV.2 (143), IV.4 (147)
    Pronunciados por un Obispo Diocesano, ... III.7.11 (86), III.9.12 (105),
        IV.14.5 (170), IV.14.8 (171)
    Que involucran a Clérigos en el extranjero, ... I.15.10 (58)
    Terminología utilizada y definida, ... IV.2 (143), IV.17.2 (179), IV.20.1 (196)

ÍNDICE D-E

Disolución de la relación pastoral. *Ver* **Relación pastoral**
Doctrina, Disciplina, Fe y Culto
   Apelación de Órdenes relacionadas, ... IV.15.3 (174)
   Composición de Paneles de Audiencia por Ofensas, ... IV.17.5 (181)
   Declaraciones de disociación relacionadas, ... IV.17.7 (182)
   Direcciones Pastorales sobre asuntos, ... IV.7.2 (155)
   Disciplina de la Iglesia, definició, ... IV.2 (143)
   Doctrina, definición para fines de disciplina, ... IV.2 (143), IV.4.1.h.2 (148)
   Tribunal de Apelación sobre asuntos, ... Art. IX (8), IV.15.3 (174)
   Y Ofensas alegadas contra un Obispo, ... IV.17.7 (182)
   Y abandono de La Iglesia Episcopal, ... IV.16.A.1 (177), IV.16.B.1 (178)
   Y normas de conducta para el Clero, ... IV.4.1.h.2 (148)
Documentos de Opinión de la Cámara de Obispos, ... III.9.6.b.8 (101)
Domingos, Debida Celebración, ... II.1 (67)

- E -

Educación cristiana, ... III.9.6.b.1 (100)
Educación del Clero, continua, ... III.7.5 (84), III.9.1 (95), III.12.2 (125)
Ejecutivo, Consejo. *Ver* **Consejo Ejecutivo**
Elecciones
   Confirmación de la elección de los Obispos Misioneros, ... III.11.9.c.4 (124)
   Consejo Ejecutivo, ... I.4.1.f-g (33)
   De los Diputados y Obispos de las Diócesis Misioneras, ... I.11.3.c (53), I.11.3.e (53)
   Fideicomisarios del Church Pension Fund, ... I.8.2 (44)
   Junta Parroquial, Coadjutores y Miembros, ... I.14.1 (56)
   Obispo Coadjutor
      Consentimiento de un Obispo y asignación de obligaciones, ... III.11.9.a.2-3 (122)
      Consentimientos requeridos antes de la elección, ... III.11.3-4 (119, 121), III.11.9.a.2 (122)
      Discapacidad de un Obispo, ... III.11.9.a.3 (122)
      Elección de un Obispo Coadjutor, ... III.11.3-4 (119), (121), III.11.9.a.1-3 (122)
      Elegibilidad para elección en otra jurisdicción, ... Art. II.8 (4)
      Proceso de elección, ... III.11.1 (118)
      Recomendaciones y certificados que se requieren, ... III.11.9.a.4 (122)
      Solamente uno puede servir en una Diócesis, ... III.11.9.a.5 (122)
   Obispo Presidente, ... Art. I.3 (1), I.2.1.g (28), RHB VI.A (215)
      Cámara de Diputados, confirmación, ... RHD XVI (247)
      Comité Conjunto para nominar, ... I.2.1 (26)
   Obispo Sufragáneo para las Fuerzas Armadas, ... Art. II.7 (4)
   Obispos
      A otra jurisdicción, ... Art. II.8 (4)
      Cámara de Obispos, Elección directa de un Obispo Diocesano, ... III.11.1.b (118)
      Convenciones y Consejos Diocesanos, ... III.11.1-2 (118, 119)
      Elección a otra jurisdicción, ... Art. II.8 (4)
      En casos de no haber consentimiento, ... III.11.4 (121)
      En casos de objeción del proceso de elección, ... III.11.8 (121)
      En lugar de una elección, ... III.11.1.b (118)
      No dentro de los 30 días previos a la Convención General, ... III.11.1.d (119)
      Notificaciones al Obispo Presidente, ... III.11.1.c (119)
      Obispo Diocesano, ... Art. II.1 (3), III.11.1-8 (118, 119), (121)
      Obispos Misioneros, ... III.11.9.c.1-4 (123, 124)
   Obispos electos
      Certificados y documentos obligatorios, ... III.11.3 (119)
      Proceso de consentimiento y requisitos para la elección, ... Art. II.2 (3),
         III.11.1-9 (118, 119), (121, 122)
      Por el Sínodo Provincial o la Cámara de Obispos, ... III.11.1.b (118), III.11.9.c.2-3 (123)
      Requisito de edad, ... Art. II.2 (3)

Se requieren testimonios de la elección, ... III.11.3.a.3 (119)
Traslado al cargo de Elección en otra, ... Art. II.8 (4)
Trato equitativo de Candidatos según su sexo, ...I.17.5 (61), III.1.2 (73)
Votación, ...RHB V.M 1-2 (211)
Obispos Misioneros
    A una Diócesis Misionera, ...Art. II.1 (3), III.12.6.a (128)
    Por Consejo Regional, ... III.11.9.c.2 (123)
    Por la Cámara de Obispos, ... III.11.9.c.3 (123)
    Por Sínodo Provincial, ... III.11.9.c.2 (123)
    Por una Convención Diocesana, ... I.11.3.e (53), III.11.9.c.4 (124)
Obispos Sufragáneos, ... Art. II.4 (3)
    Consentimientos requeridos antes de la elección, ... III.11.3-4 (119), (121), III.11.9.b.2 (123), III.11.9.b.3.ii (123)
    Nominación, ... III.11.1.a (118)
    Para las Fuerzas Armadas, ... Art. II.7 (4)
Presidente de la Junta Disciplinaria para Obispos, ... IV.17.4 (181)
Rectores, ...III.9.3.a
    Aprobación del Obispo, ...III.9.3.a (95)
Registrador de Ordenaciones de la Convención General, ... I.1.6.a (23)
Secretario de la Convención General, ... I.1.1.j (13)
Tesorero de la Convención General, ... I.1.7.a (24)
Vicepresidente de la Convención General, ... I.1.1.b (11)
Empleo Secular. *Ver* **Clero, Miembros: empleo no eclesiástico**
Enajenación de la propiedad. *Ver* **Parroquias, Misiones y Congregaciones**
Enmiendas y revisiones
    A la Constitución de DFMS, ... I.3 (Art. IV de DFMS) (32)
    A la Constitución de la Convención General, ... Art. XII (10), I.1.1.e (12)
        Comisión Permanente sobre Estructura, Gobierno, Constitución y Cánones, debe revisar y proponer, ... I.1.2.n.1.i (16)
        Revisado por el Comité de Revisión de la Constitución y los Cánones de la Cámara de Diputados, ... RHD VII.F (227)
        Revisado por los Comités Legislativos, ...V.1.1 (199), RHB V.D (207), RHD VII.F (227), RHD VIII.A.1 (228), RHD IX.A.1.ii.a (236)
    A la Cámara de Diputados, Reglas de Orden, ... RHD XIX (247)
    A la Cámara de Obispos, Reglas de Orden, ... RHB V.O.2 (215)
    Cánones
        Certificación de cambios canónicos por Comités, ... V.1.6 (200)
        Comisión Permanente sobre Estructura, Gobierno, Constitución y Cánones, debe revisar y proponer, ... I.1.2.n.1.i (16)
        Fecha efectiva de la promulgación o revocación, ... V.1.7 (200)
        Formulario de enmiendas y cambio de numeración, ... V.1.4 (199), JR II.2 (251), RHD VII.C (226)
        La revocación de revocación no restituye, ... V.1.3 (199)
        Momento de hacer propuestas a la Cámara de Obispos, ... RHB V.N.11.b (214)
        Promulgaciones separadas, tratamiento, ... V.1.2 (199)
        Revisado por el Comité de Revisión de la Constitución y los Cánones de la Cámara de Diputados, ... RHD VII.F (227)
        Revisado por los Comités Legislativos, ...V.1.1 (199), RHB V.D (207), RHD VII.F (227), RHD VIII.A.1.ii.b (228), RHD IX.A.1.ii.a (236)
        Sobre el Church Pension Fund, ... I.8.9 (47)
    Las Comisiones permanentes de la Convención General pueden aceptar o rechazar enmiendas de la Convención, ... I.1.2.l (15)
    Leccionario, ... Art. X.4.a (9), I.1.2.n.2.iii (17), II.4 (70)
    Libro de Oración Común, ... Art. X.2-4 (9)
        Posibles revisiones futuras, ... I.1.2.n.2.ii (17)
        Se notificará, ... I.1.1.e (12)
Entierros, se anotarán, ... I.6.1.1 (41), III.9.6.c.1 (102)

Escrituras
   Traducciones Autorizadas, ... I.1.2.n.2.iv (18), II.2 (67)
   Y el Libro de Oración, ... II.3.5 (68)
Estado de la Iglesia, Comité de la Cámara de Diputados, Informe, ... I.6.5.b (42)
Estructura, Gobierno, Constitución y Cánones, Comisión Permanente
   Evaluación y actualización de la Constitución y los Cánones Anotados, ... I.1.2.n.1.iv (16)
   Evaluar y proponer nuevas enmiendas, ... I.1.2.n.1.i (16)
   Hacer recomendaciones sobre la estructura de la Iglesia, ... I.1.2.n.1.vi (17)
   Llevar a cabo una evaluación completa de la Constitución y los Cánones, ... I.1.2.n.1.ii (16)
   Sugerir cambios en los estatutos de la DFMS, ... I.1.2.n.1.iii (16)
Estructuras Disciplinarias. *Ver* Diócesis
Eucaristía. *Ver* Sagrada Comunión
Europa. *Ver* Asamblea de las Iglesias Episcopales de Europa
Evangélicos, autorizados, ... III.4.1.a (75), III.4.9 (76)
Examen de Ordenación General, ... III.15.2 (140)
Exámenes y evaluaciones, se requieren. *Ver también* Clero, Miembros; Ordenación
   De Clérigos recibidos de otras Iglesias, ... III.10.1.a-d (109, 110)
   De Diáconos, ... Art. VIII (7), III.6.5.j-k (81)
   De Obispos, ... Art. VIII (7), III.11.3.a.2 (119)
   De Iglesias de la Comunión Anglicana, ... III.10.5.c (116)
   De Presbíteros, ... Art. VIII (7), III.6.5.j-k (81)
   De Sacerdotes, ... Art. VIII (7), III.8.5.j-l (91, 92)

- F -

Fe. *Ver* Doctrina, Disciplina, Fe y Culto
Fideicomiso, propiedad de la Iglesia, ... I.7.4-5 (44), II.7.4 (72)
Fideicomisos. *Ver* Métodos Administrativos en asuntos de la Iglesia
Fiestas y Ayunos Menores, ... I.1.2.n.2.v (18), II.3.5 (68), II.4.2.c.2 (70)
Fondo de Pensión. *Ver* Church Pension Fund
Fondos Discrecionales donados como contribuciones, ... III.9.6.b.6 (101)
Fuerzas Armadas
   Capellanes
      Recomendación para servicio, ... III.9.3.d.1 (96)
      Residencia canónica y supervisión de quienes están en servicio activo, ... III.9.3.d.2 (96)
      Respecto a Cartas Dimisorias y puestos no eclesiásticos, ... III.9.3.d.3 (97)
   Ministerio autorizado de comulgantes, ... III.4.1.b (75)
   Obispo Sufragáneo
      Elección, ... Art. II.7 (4)
      Puede autorizar a Ministros laicos, ... III.4.1.b (75)

- G -

Gestores. *Ver* Disciplina Eclesiástica
Gobierno. *Ver* Estructura, Gobierno, Constitución y Cánones, Comisión Permanente

- H -

Himnario
   Modificaciones futuras, ... I.1.2.n.2.vi (18)
   Y Comisión Permanente de Liturgia y Música, ... I.1.2.n.2.vi (18)
   Y el Libro de Oración, ... II.3.5 (68)
Historiógrafo, ... I.1.5.d (22)

- I -

Idioma extranjero, formas especiales de servicio, ... II.5 (71)
Iglesia Episcopal, La, ... Preámbulo de la Constitución

ÍNDICE I-L

Iglesia Evangélica Luterana de Baviera, plena comunión, ...I.20.1 (64)
Iglesia Evangélica Luterana de Canadá, plena comunión, ...I.20.1 (64)
Iglesia Evangélica Luterana de Estados Unidos
    Estado del Clero para oficiar o adquirir, ... III.10.2.a.3 (111)
    Plena comunión, ...I.20.2 (65)
    Se permite a los clérigos oficiar en La Iglesia Episcopal, ... Art. VIII (7)
Iglesia Independiente de Filipinas, plena comunión, ...I.20.1 (64)
Iglesia Luterana. *Ver* Iglesia Evangélica Luterana de Estados Unidos,
Iglesia Evangélica Luterana de Canadá
Iglesia Morava de Estados Unidos, plena comunión, ...I.20.3 (65)
Iglesia Siria Mar Thoma de Malabar, en lena comunión, ...I.20.1 (64)
Iglesia de Suecia, plena comunión, ...I.20.4 (65)
Iglesias Consagradas
    Destitución, eliminación y desconsagración, ... II.7.3 (72)
    En depósito para la Iglesia, ... I.7.4 (44), II.7.4 (72)
    Garantía en propiedad, ... II.7.1 (72)
    Gravamen o enajenación de propiedad consagrada, ... II.7.2 (72)
Iglesias Dedicadas. *Ver* Iglesias Consagradas
Iglesias Episcopales de Europa, Asamblea, ...Art. I.4 (2)
Iglesias en plena comunión, ...Art. VIII (7), I.20 (64), III.9.5 (99), III.10.2.a.3 (111)
Informes Diocesanos, ...I.4.6.i (38), I.6.4 (42)
Informes financieros y auditorías, se requieren, ...I.7.1.a (42), I.7.1.f-g (43)
Informes parroquiales, ...I.6.1 (41)
Inhibiciones e Inhibiciones Temporales, ... IV.20.3 (196)
Inhibiciones Transitorias. *Ver* Disciplina Eclesiástica
Inmuebles de la Iglesia. *Ver* Propiedades e inmuebles
Instrucción en la Fe, ...III.9.6.b.1 (100)
Intereses de privacidad y divulgación en casos disciplinarios, ...IV.7.9 (156), IV.8.3-4 (158), IV.14.13-14 (173)
Investigadores. *Ver* Disciplina Eclesiástica

- J -

Junta General de Capellanes Examinadores
    Informe anual, ... III.15.5 (141)
    Miembros y funcionarios, ... III.15.1 (140)
    Prepara directrices e informa sobre resultados, ...III.15.3-4 (140)
    Supervisa el Examen de Ordenación General, ... III.15.2.a (140)
Junta para el Ministerio de Transición
    Membresía y tareas, ...III.16.1-2 (141, 142)
    Oficina, ...III.16.2.a (142), III.16.2.f-g (142)
Juntas Disciplinarias. *Ver* Disciplina Eclesiástica
Juntas Parroquiales. *Ver* Parroquias, Misiones y Congregaciones:
Junta Parroquial, Coadjutores y Miembros
Jóvenes
    En el Comité Nominador Conjunto para la Elección del Obispo Presidente, ...I.2.1.a (26)
    Presencia Oficial en la Cámara de Diputados, ...RHD IV.B.2 (222)
    Reclutamiento para el liderazgo, ...III.3.3 (74)

- L -

Laicado, reglamentos
    Acceso a la Sagrada Comunión, ...I.17.6 (61)
    Como Comulgantes, ... I.17.2-4 (60, 61)
    Como Miembros de la Iglesia, ...I.17.1 (59)
    Denegación de los sacramentos, ...I.17.6 (61), I.18.7 (63)
    Derechos, estado y acceso a un lugar equitativo en la Iglesia, ...I.17.5 (61), III.1.2-5 (73)

ÍNDICE L-M

El Bautismo es requisito para recibir la Sagrada Comunión, ...I.17.7 (62)
Ministerio de todas las personas bautizadas, ...III.1.1 (73), III.9.6.b.1 (100)
Procedimiento para transferencia de membresía, ...I.17.4 (61)
Responsabilidad fiduciaria, ...I.17.8 (62)
Responsable, junto con el Clero, del informe parroquial anual, ...I.6.1 (41)
Y discernimiento del ministerio, ...III.1 (73), III.3.4 (75)
Laicos, autorizados. *Ver* **Ministerios autorizados**
Leccionario, enmiendas, ... Art. X.4.a (9), I.1.2.n.2.iii (17), II.4 (70)
Liberia, representantes de La Iglesia Episcopal, ...RHD IV.B.1 (222)
Libro de Oración Común. *Ver también* **Custodio del Modelo
del Libro de Oración Común**
   Alteraciones y Enmiendas, ...Art. X.2-4 (9)
      Posibles modificaciones futuras, ...I.1.2.n.2.ii (17)
      Se notificará, ...I.1.1.e (12)
   Correcciones, ...II.3.3 (68)
   Ediciones no autorizadas, ...II.3.8 (70)
   Las copias concordarán con el Modelo del Libro, ...II.3.2 (68)
   Leccionario, ...Art. X.4.a (9)
   Modelo del Libro de 1979, ...II.3.1 (67)
   Se enviarán copias del Modelo del Libro a las Diócesis, ...II.3.4 (68)
   Traducciones y ediciones, ...II.3.5 (68)
   Uso experimental de modificaciones propuestas, ...Art. X.3 (9), Art. X.4.b (9), II.3.6 (68)
   Versiones en idiomas extranjeros, ...II.3.5 (68), II.5 (71)
Libro de Ritos Ocasionales. *Ver* **Ritual para Ocasiones Especiales**
Liderazgo
   Reclutamiento, ...III.3.3 (74)
   Y Ministerios Autorizados, ...III.4.3-9 (76)
Limosnas de la Comunión, aplicación, ...III.9.6.b.6 (101)
Lista de Clérigos solventes, ...I.1.6.a (23)
Liturgia y Música, Comisión Permanente
   Extensión del plazo para la publicación litúrgica, ...I.1.2.n.2.ix (18)
   Podrá recomendar revisiones a las liturgias de ensayo, ...II.3.6.f (69)
   Tareas, ...I.1.2.n.2 (17), II.2.3 (67)
Liturgia. *Ver* **Textos litúrgicos, tipos adicionales**
Liturgias, publicación de nuevas o revisadas, ...I.1.2.n.2.ix (18)
Líderes Pastorales autorizados, ...III.4.3 (76)
Líderes de culto autorizados, ...III.4.4 (76)
Límites de las Parroquias, ...I.13.2 (55), I.13.3.a (55)

- M -

Matrimonio
   Anulación y disolución, ...I.19.2.a (63)
      El fallo se conserva como registro permanente, ...I.19.2.b (64)
   Bendición de un matrimonio civil, ...I.18.6 (63)
      Los miembros del clero pueden rehusarse a bendecir, ...I.18.7 (63)
   Condiciones para segundas nupcias, ...I.19.3 (64)
      Consentimiento del Obispo, ...I.19.3.c-e (64)
      Enseñanza sobre responsabilidades continuas, ...I.19.3.b (64)
   Deber de los asociados de esforzarse por lograr la reconciliación, ...I.19.1 (63)
   Mismo sexo, en los casos de posición teológica que no apoya el matrimonio
      entre personas del mismo sexo, ...I.19.3.e (64), III.1.3-4 (73), III.12.3.a (125)
   Solemnización
      Concordar con las leyes Estatales y Canónicas, ...I.18.1 (62)
      Condiciones que las partes deberán cumplir, ...I.18.2 (62)
      El Clérigo puede rehusarse a solemnizar, ...I.18.7 (63)
      Liturgias, ...I.18.1 (62)

ÍNDICE M

Procedimientos
    Aviso con 30 días de anticipación, ...I.18.2 (62)
    Declaración de Intención, ...I.18.4 (63)
    Dos testigos presentes, ...I.18.5 (63)
    Se anotará en el registro, ... I.18.5 (63), III.9.6.c.1 (102)
    Uno de los cónyuges debe estar bautizado, ...I.18.3.b (62)
Mayordomía
    Instrucción, ...III.9.6.b.2 (100)
    Ofrendas y contribuciones, ...III.9.6.b.6 (101)
Mediación
    Conciliación de Desacuerdos que Afectan la Relación Colegial
    entre Obispos de la misma Diócesis, ... III.12.13 (135)
    Conciliación de Desacuerdos que Afectan la Relación Pastoral
    entre un Obispo y la Diócesis, ... III.12.12 (134)
    Disolución de relación pastoral entre un Obispo y la Diócesis, ...III.12.14 (135)
    En desacuerdos que afectan la relación pastoral, ... III.9.14-15 (107), III.12.12 (134)
        Informe, ...III.9.15.b (107)
        Puede nombrar a un comité de mediación, ...III.9.15.c (108)
    Impedimento de un Obispo, ...III.12.11 (134)
Miembros de la Iglesia
    Carta de Transferencia, ...I.17.4 (61)
    Como miembros de DFMS, ... I.3 (DFMS Art. I) (31)
    Derechos, ...I.17.5 (61)
    Personas bautizadas debidamente registradas, ...I.17.1.a (59)
    Responsabilidad y disciplina, ...IV.1 (143)
Miembros del Consejo Consultivo Anglicano, ...I.4.2.k (35)
Ministerio Ordenado. *Ver* **Ordenación**
Ministerio de Transición, Junta
    Membresía y términos, ...III.16.1 (141)
    Oficina, ... III.16.2.a (142), III.16.2.f-g (142)
    Tareas, ...III.16.2 (142)
Ministerio de todas las personas bautizadas
    Acceso equitativo al discernimiento del ministerio, ...III.1.2-3 (73)
    Deber del Rector de asegurar el ejercicio, ...III.9.6.b.1 (100)
    La Diócesis tomará medidas para la ratificación, ...III.1.1 (73)
    Las Comisiones Diocesanas sobre el Ministerio asesorarán, ... III.2.2.b (74)
Ministerio restringido o suspensión, *Ver también* **Disciplina Eclesiástica,** IV.7 (155),
    IV.14.8 (171), IV.19.7 (188)
Ministerios autorizados
    Clérigos autorizados para oficiar, ...III.9.7.a (102)
    Miembros de las Fuerzas Armadas, ...III.4.1.b (75)
    Ministerios específicos, ...III.4.3-9 (76)
    Renovación de la licencia, ...III.4.2.b (75)
    Selección y autorización de comulgantes, ...III.4.1-2 (75)
Ministro, Laico. *Ver* **Ministerios Autorizados**
Ministros Eucarísticos, autorizados, ...III.4.6 (76)
Misioneros, aptitudes, ...I.4.9.a (39)
Misiones. *Ver* **Parroquias, Misiones y Congregaciones**
Misiones de Área. *Ver también* **Diócesis Misioneras**
    Admisión como Diócesis o Diócesis Misionera, ...I.11.3.a (52)
    Cesión de territorio, ...Art. VI.2 (7)
    Como labor ecuménica, ...I.11.2.b (52)
    El aviso de establecimiento se enviará a todas las Misiones de Área de Primados, ...I.11.4 (54)
    Elecciones si se reorganiza como Diócesis, ...I.10.5 (51)
    Establecimiento y terminación de Misiones de Área, ...I.11.2.a (52), I.11.2.e (53)
    Establecimiento y terminación, ...Art. VI.1 (6)

ÍNDICE M-O

Obispos de
    Asignación, ...I.11.2.c (52)
    El Obispo Presidente puede nombrar, ...I.11.2.g (52)
    Pueden autorizar formas de culto, ... I.11.2.d (52)
    Pueden nombrar un Comité Permanente y una Comisión sobre el Ministerio, ...I.11.2.c (52)
    Vacante en la oficina episcopal, ... III.11.9.c.5 (125), III.12.6.b (128), RHB VII.A (215)
    Organizadas como Misiones de Área de Diócesis Extraprovinciales, ...I.11.2.e (52)
    Transferencia a otras Provincias o Misiones de Área de la Iglesia, ...I.11.3.b (53)
Métodos administrativos en asuntos de la Iglesia, ...I.7 (42)
    Auditorías de cuentas diocesanas, parroquiales e institucionales, ...I.7.1.f-g (43)
        Informe para la Convención Diocesana, ...I.7.1.i (43)
    Año fiscal, ...I.7.1.j (43)
    Fideicomisos, depósito y registros, ... I.4.8 (39), I.7.1.b-c (42, 43)
    Informes financieros anuales de las Diócesis, ...I.4.6.i (38)
    Las Diócesis se regirán por los Cánones correspondientes, ...I.7.2 (43)
    Los tesoreros deberán dar fianza, ...I.1.10 (25), I.7.1.d (43)
    Seguro de inmuebles y su contenido, ...I.7.1.h (43)
Música Eclesiástica
    Autoridad del Clero, ... II.6 (72)
    Modificaciones al Himnario de la Iglesia, ...I.1.2.n.2.vi (18)
    Y Comisión Permanente de Liturgia y Música, ...I.1.2.n.2.vi-viii (18)
Música de la Iglesia
    Bajo autoridad del Clero, ... II.6 (72)
    Modificaciones al Himnario de la Iglesia, ...I.1.2.n.2.vi (18)
    Y Comisión Permanente de Liturgia y Música, ...I.1.2.n.2.vi-viii (18)

- N -

Nombre de la iglesia, Preámbulo de la Constitución
Nominaciones, Comité Permanente Conjunto de *Ver* **Comités Permanentes Conjuntos**
de la Convención General
Normas de conducta para el Clero, ... **IV.4** (147)
Nuevas Diócesis
    Admisión a la unión con la Convención General, ... Art. V.1 (5), I.10.4 (50)
    Cesión y retrocesión de territorio diocesano, ...Art. V.6 (6), Art. VI.2 (7), I.4.6.j (38)
    Constitución y Cánones, ... Art. V.4 (6)
    Derechos y jurisdicción de los Obispos, ...Art. V.2-3 (5, 6)
    División de una Diócesis existente, ... Art. V.2 (5), I.10.3 (50)
    Formación, ...Art. V.1 (5), Art. V.5 (6)
    Formada de dos o más Diócesis existentes, ... Art. V.3 (6)
    Membresía provincial, ...I.9.3.a (48)
    Primera convención, ...I.10.1-2 (50)
    Reunión de Diócesis, ...I.10.6-7 (51)

- O -

Obispo Presidente, *Ver también* **Obispos, Cámara de Obispos,** IV.16.A.2 (177)
    Canciller, ...I.2.5 (30)
    Comité Asesor, ... RHB V.K (211)
    Como Presidente de DFMS, ...I.3 (DFMS Art. III) (31)
    Como Presidente del Consejo Ejecutivo, ...I.4.2.a (34)
    Como funcionario presidente de la Convención General, ...I.2.4.a.5 (30)
    Como miembro ex oficio de las Comisiones Permanentes, ...I.1.2.e (14)
    Delegación de autoridad, ...I.2.4.c (30)
    Director y Presidente del Consejo Ejecutivo, ...I.4.2.a (34)
    Discapacidad o ausencia, ...Art. I.3 (1), I.2.7-8 (31), IV.19.24 (193)
    Elección, ... Art. I.3 (1), I.2.1.g (28), RHB VI.A (215)
        Comité Conjunto para Nominar, ...I.2.1 (26)
        Cámara de Diputados, confirmación, ...RHD XVI (247)

ÍNDICE O

En caso de discapacidad de un Obispo, ...III.12.11 (134)
Informes y Cartas Pastorales, ...I.2.4.b (30)
Jurisdicción sobre Congregaciones en países extranjeros,.......................................I.15 (56)
Pastor Principal y Primado,..I.2.4.a (29)
periodo de ejercicio, ...Art. I.3 (1), I.2.2 (29)
Podrá asignar a Obispos para Congregaciones extranjeras,...................................I.15.7 (57)
Podrá autorizar conjuntamente modificaciones a las liturgias de ensayo, ...II.3.6.f (69)
Podrá dirigirse a la Cámara de Diputados, ...I.2.4.a.5 (30)
Presupuesto y gastos, ...I.1.8.a (24), I.2.6 (30)
Renuncia a la jurisdicción anterior,..I.2.3 (29)
Sucesión, ...Art. I.3 (1)
Tareas
　Comunicar la lista de Obispos que han resignado a la Cámara de Diputados, ...III.12.10.f (132)
　Conciliar las relaciones pastorales y colegiales,..................................III.12.12-13 (134, 135
　Dar aviso de la elección de un Obispo, ... III.11.3.a (119)
　En caso de abandono de la Iglesia por parte de un Obispo, ...IV.16.A (177)
　En caso de vacante en la supervisión episcopal de los Capellanes,.........................III.9.3.d.2 (96)
　En caso de vacantes en el Episcopado Misionero, ...RHB VII.A (215)
　Hacerse cargo de una Misión de Área en caso de vacante,.................................I.11.2.g (52)
　Nombrar a miembros de organismos interinos,................................. I.1.2.c (14), I.4.4 (36)
　Nominar a ciertos funcionarios, ...I.4.2.f-h (34)
　Por lo general,..Art. I.3 (1), I.2.4 (29)
　Presidir y convocar la Cámara de Obispos, ... I.2.4.a.4-5 (30)
　Recibir la orden de consagración de un Obispo,..........I.2.4.a.4 (30), III.11.2 (119), III.12.5 (127)
　Recopilar datos sobre la Iglesia e informar al respecto,..I.2.4.a.7 (30)
　Reportar actos oficiales, ...RHB III.C (205)
　Respecto a la renuncia de Obispos,...III.12.10.a-e (131, 132)
　Sentenciar a los Obispos,... IV.16.A.2 (177), IV.17.7 (182)
　Visitar todas las Diócesis, ...I.2.4.a.6 (30)
Vacante en la oficina,..I.2.1.h (28)
Y Disciplina Eclesiástica
　Acuerdos con Obispos por ser aprobados,.. IV.17.9 (184)
　Acuerdos y órdenes pertinentes a Obispos,...IV.14.12.b (172)
　Descargo y retorno de un Obispo, ...III.12.8-9 (129, 130)
　Descargo, destitución y retorno de un Obispo, ... III.12.8-9 (129, 130), IV.16.A.2 (177)
　En casos de abandono de la Iglesia por parte de un Obispo,........IV.16.A (177), V.4.1.a.4 (202)
　Nombrar a un Gestor,..IV.17.2.b (180)
　Si no está disponible para actuar en un asunto disciplinario,.......................... IV.19.24 (193)
Y Diócesis Misioneras,... I.11.3.b (53)
Y renuncia o incapacidad de un Obispo,.......................................III.12.10.a-f (131, 132), III.12.11 (134)
Obispo Visitante o Protector, ...III.14.1.c (138), III.14.2.c (139)
Obispos. *Ver también* Obispos Asistentes; Obispos Coadjutores;
Obispos Sufragáneos; Autoridad Eclesiástica; Obispos Misioneros
　Abandono de La Iglesia Episcopal,...IV.16.A (177)
　Apelaciones de Órdenes en casos de Doctrina, Fe o Culto, ... IV.15.3 (174)
　Ausencia de una Diócesis sin licencia,..III.12.4.b (126)
　Autoridad para ordenar,..III.5.1.a (76)
　Autorización para formas especiales de culto, ...Art. X.5 (10)
　Autorización para que oficie el Clero de otras Iglesias,....................Art. VIII (7), III.9.7.c.2 (103)
　Cartas Pastorales y Encargos para los Clérigos, ... III.12.3.c (126)
　Cartas de Ordenación y Consagración,..I.1.5.c (22)
　Conciliación de desacuerdos que afectan la Relación Colegial,.............................III.12.13 (135)
　Conciliación de la relación entre la Diócesis y,..III.12.12 (134)
　Consagrados para el extranjero, ...Art. III (4)
　Consejeros Asesores
　　Como Comités Permanentes,................................. Art. IV (5), I.12.1 (54), III.5.1.b (77)
　　Y las Iglesias Episcopales en el extranjero, ...I.15.9-10 (57, 58), I.15.12 (59)

ÍNDICES 291

ÍNDICE O

Consejo de Diáconos, ...III.7.3 (83)
Consejos de Conciliación para resolver diferencias, ...III.12.3.b.2 (126)
Consentimiento para la Consagración,................................... Art. II.2 (3), RHB VIII.A (216)
Decretos episcopales oficiales,..III.12.3.d (126)
    En casos de la suspensión del Obispo,... IV.19.7 (188)
    Limitado a la jurisdicción del Obispo a menos que proceda salvedad,......................Art. II.3 (3)
    Los Obispos dimitidos pueden actuar con permiso,.....................................III.12.10.h (133)
    Se conservará el registro como propiedad de la Diócesis,................................III.12.3.d (126)
    Se requiere consentimiento para que un Obispo no residente oficie,............III.12.3.f (126)
Derechos en casos de cesión de territorio,... Art. V.6 (6)
Descargo y destitución del Ministerio ordenado, ... III.12.8 (129)
    Regreso al Ministerio ordenado,... III.12.9 (130)
Directivas Pastorales, Restricciones y Licencias Administrativas emitidas, ...IV.7 (155)
Discapacidad de un Obispo
    En el caso de discapacidad de un Obispo Diocesano,....................................III.12.11 (134)
    En el caso de un Coadjutor, ...III.12.11 (134)
    Y la elección de un Coadjutor,...III.11.9.a.3 (122)
Diáconos que servirán directamente, ...III.7.1 (83)
Educación continua, ...III.12.2 (125)
Elección (*Ver también* Ordenación: de Obispos)
    A otra jurisdicción,..Art. II.8 (4)
    En caso de no haber consentimiento,..III.11.4 (121)
    En caso de objeción del proceso de elección,..III.11.8 (121)
    En lugar de una elección, ...III.11.1.b (118)
    No dentro de los 30 días previos a la Convención General, ...III.11.1.d (119)
    Notificaciones al Obispo Presidente,..III.11.1.c (119)
    Obispo Coadjutor,.. III.11.1 (118), III.11.3-4 (121), III.11.9.a.1-3 (122)
    Obispo Diocesano,..Art. II.1 (3), III.11.1-4 (118, 119), (121)
    Obispo Sufragáneo,....... III.11.1 (118), III.11.3-4 (119), (121), III.11.9.b.2 (123), III.11.9.b.3.ii (123)
    Obispos Misioneros, ...III.11.9.c.1-4 (123, 124)
    Obispos electos
        Aceptación o declinación del Obispo electo, ... III.11.1.c (119)
        Certificados y documentos obligatorios,.. III.11.3 (119)
        Proceso de consentimiento y requisitos para la elección, ...Art. II.2 (3), III.11.1-9 (118, 119), (121, 122)
        Por el Sínodo Provincial o la Cámara de Obispos,................III.11.1.b (118), III.11.9.c.2-3 (123)
        Requisito de edad, ...Art. II.2 (3)
        Se requieren testimonios de la elección, ... III.11.3.a.3 (119)
        Trato equitativo de Candidatos según su sexo,...I.17.5 (61), III.1.2 (73)
        Vocación,..RHB V.M 1-2 (211)
    Escaño, voz y voto
        En la Cámara Provincial de Obispos, ...I.9.6 (48)
        En la Cámara de Obispos,...Art. I.2 (1), III.12.6.a (128), III.12.10.n (133)
        En una Convención Diocesana si es Obispo dimitido,............. III.12.10.i (133), III.12.10.o (134)
Fuerzas Armadas, Obispo Sufragáneo. (*Ver* **Fuerzas Armadas**)
Inhibiciones, ministerio restringido. (*Ver* **Disciplina Eclesiástica: Permisos Administrativos de Ausencia**)
Jubilados y que han renunciado
    A la edad de setenta y dos años,..Art. II.9 (4), III.12.10.a (131)
    Actos oficiales, ...III.12.10.h (133)
    Cartas Dimisorias,..III.12.10.i-j (133)
    Como miembros del Clero Diocesano,............................ III.12.10.i (133), III.12.10.n (133)
    Con sujeción a los Cánones y la autoridad de la Convención General, ... III.12.10.g (132)
    El Obispo Presidente certificará y ordenará un registro, ...III.12.10.b-c (131, 132), III.12.10.e (132)
    Escaño y voto en la Cámara de Obispos,.............................Art. I.2 (1), III.12.10.n (133)
    No observar la jubilación a la edad de setenta y dos años,............................ III.12.10.c (132)

ÍNDICE O

No requiere el consentimiento de la Cámara de Obispos, ...Art. II.6 (4)
Procedimiento, ...III.12.10.a-e (131, 132)
Puede ser elegido Rector o aceptar otro puesto pastoral, ...III.12.10.k (133)
Pueden volverse Obispos Asistentes, ...III.12.5.b (127)
Se notificará a la Cámara de Diputados, ...III.12.10.f (132)
Juicio (Ver Disciplina Eclesiástica: Juntas y Tribunales Disciplinarios)
Junta Disciplinaria para Obispos (Ver Disciplina Eclesiástica)
Jurisdicción, ...Art. II.3 (3)
   En casos de división o reunión de Diócesis, ...Art. V.2-3 (5, 6)
Licencia para oficiar en otra Diócesis, ...III.12.3.f (126)
Mentores para los recién ordenados, ... III.12.1 (125)
Obispos Asistentes de una Diócesis (Ver Obispos Asistentes)
Obispos Coadjutores (Ver Coadjutores, Obispos)
Obispos Sufragáneos (Ver Sufragáneos, Obispos)
Obligaciones
   Aceptar Cartas Dimisorias, ... III.9.4.d (98)
   Aprobar empleo no eclesiástico de Presbíteros, ...III.9.3.e (97)
   Aprobar la elección de Rectores, ...III.9.3.a (95)
   Asentar actos oficiales, ...III.12.3.d (126)
   Asignar Presbíteros mentores, ...III.9.2 (95)
   Autorizar una Autoridad Eclesiástica en ausencias prolongadas, ... III.12.4.c (127)
   Conciliación de desacuerdos, ...III.12.12-13 (134, 135)
   Dar aviso de descargo y destitución de Presbítero o Diácono, ...III.7.11 (86), III.9.12 (105)
   Dar aviso de ediciones no autorizadas del Libro de Oración Común, ... II.3.8 (70)
   Dar fallo y consentimiento en caso de segundas nupcias, ... I.19.2-3 (63, 64)
   En asuntos de Disciplina Eclesiástica
      Aceptar o modificar Acuerdos en un tiempo, ... IV.14.5 (170)
      Al proponer términos disciplinarios a un Demandado, ...IV.9.1 (158)
      Asignar Licencia Administrativa o ministerio restringido al clero, ...IV.7.3-4 (155), IV.7.9 (156)
      Cierta terminología aplicable, ...IV.17.2 (179)
      En la emisión de una Directiva Pastoral, ... IV.7.1-2 (155), IV.7.6-7 (155, 156), IV.8, (157), IV.9 (158)
      Entregar copias de Acuerdos y Órdenes a Archivos de la Iglesia, ... IV.14.12.a (172), IV.19.30.b (195)
      Investigar acusaciones por petición de Clero, ... IV.19.31 (196)
      Jurisdicción y lugar del proceso, ... IV.19.5 (187)
      Las disposiciones para el Clero también se aplican a los Obispos, con excepciones, ... IV.17.1 (179)
      Llenar vacantes en Juntas Disciplinarias, ... IV.5.3.d (149)
      Nombrar Asesores para Demandantes y Demandados, ...IV.19.10.a-b (189, 190)
      Nombrar al Conciliador para la conciliación, ... IV.10.2 (159)
      Pronunciar Sentencias sobre Órdenes o aceptar Acuerdos, ... IV.14.5 (170), IV.14.8 (171)
      Proporcionar respuesta pastoral en casos disciplinarios, ...IV.8 (157)
      Si se cuestiona la imparcialidad en asuntos disciplinarios, ... IV.19.14.a (191)
      Y Acuerdos que conducen, ... IV.6.12 (154)
   En desacuerdos que afectan la Relación pastoral
      Emitir sentencia piadosa si no se resuelve, ...III.9.15.d (108)
      Iniciar el proceso para conciliar desacuerdos, ...III.9.14 (107)
      Nombrar un mediador o asesor, ...III.9.14-15 (107), III.12.12 (134)
      Ofrecer servicios de apoyo a presbítero y parroquia, ...III.9.15.d.8 (109)
      Puede nombrar a un comité de mediación, ...III.9.15.c (108)
   En el establecimiento de nuevas Parroquias, ...I.13.2.b (55)
   En el nombramiento de Obispos Asistentes, ...III.12.5.c (128)
   En el nombramiento de Presbíteros Asistentes, ...III.9.3.c (96)
   En la consideración de Candidatos previamente rechazados, ...III.8.3.c (89)
   Examinar pruebas de ministerio parroquial, ...III.12.3.b.1 (125)
   Fomentar la diversidad en el ministerio, ...III.3.1 (74)

ÍNDICE O

Hacer informe anual a la Convención Diocesana,... III.12.3.e (126)
Indagar cuando se hayan rehusado los Sacramentos,.. I.17.6 (61)
Preparación de Postulantes y Candidatos para Ordenación, ... III.6.3-5 (78, 79, 80), III.8.3-5 (88, 89, 90)
Presentar la renuncia a la edad de setenta y dos años,...................Art. II.9 (4), III.12.10.a (131)
Presidir el culto durante las visitas parroquiales,...III.12.3.b.1 (125)
Reportar sobre asistencia a las Diócesis recibida de la Convención General, ...I.4.7.b (38)
Residencia,... III.12.4.a (126)
Transmitir las Listas de Clérigos al Registrador, ...I.1.6.b (23)
Visitar cada Congregación una vez cada tres años,...III.12.3.b (125)
Ordenación (*Ver* **Ordenación: de Obispos**)
Proceso de formación,.. III.12.1 (125)
Puede autorizar a comulgantes para que sean Ministros, ...III.4.1.a (75)
Puede autorizar a un Presbítero para que oficie en la Diócesis,................ III.7.a (83), III.9.4.b (98)
Requisitos para el cargo de Obispo Asistente,......................................III.12.5.b (127), III.12.5.e (128)
Se requieren exámenes y evaluaciones,.....................Art. VIII (7), III.11.3.a.2 (119), III.11.9 (122)
Suspensión o destitución,... IV.17.6 (181)
Traslado al cargo de Elección en otra,..Art. II.8 (4)
Tribunales para el juicio,...Art. IX (8)
Obispos Asistentes *Ver también* **Obispos**
Calificaciones para el puesto,...III.12.5.b (127)
Consentimiento de la Cámara de Obispos para la recepción,..................................III.10.5.d-e (117)
Control y dirección,...III.12.5.d (128)
En asuntos de Disciplina Eclesiástica,... IV.19.21 (193)
En la Cámara de Obispos,...Art. I.2 (1)
Nombrados por Iglesias en Comunión Anglicana, ...III.12.5.b.3 (127)
Nombramiento, ...III.12.5 (127)
Renuncia y jubilación, ...III.12.5.e (128)
Y visitas a las Congregaciones,..III.12.3.b (125)
Obispos Coadjutores. *Ver también* **Obispos**
Califica para elección en otra jurisdicción,...Art. II.8 (4)
Como Autoridad Eclesiástica en la ausencia del Obispo,..................................... III.12.4.c (127)
Consentimientos requeridos antes de la elección, ...III.11.3-4 (119), (121), III.11.9.a.2 (122)
De una Diócesis Misionera,... III.12.6.c (128)
Derechos en casos de cesión de territorio,.. Art. V.6 (6)
Derechos en la creación de una Diócesis nueva,..Art. V.2-3 (5, 6)
Elección
   Consentimiento de un Obispo y asignación de obligaciones, ...III.11.9.a.2-3 (122)
   Recomendaciones y certificados que se requieren,..III.11.9.a.4 (122)
   Solamente uno puede servir en una Diócesis,..III.11.9.a.5 (122)
En caso de discapacidad,...III.12.11 (134)
Escaño y voto en la Cámara de Obispos,...Art. I.2 (1)
Tareas, ...III.11.9.a.2 (122)
   En asuntos de Disciplina Eclesiástica,... IV.19.21 (193)
   Visitas a las Congregaciones,..III.12.3.b (125)
Obispos electos. *Ver*: **Obispos: elección**
Obispos Misioneros
Coadjutor, en caso de discapacidad del Obispo,.. III.12.6.c (128)
Elección
   A una Diócesis Misionera,..Art. II.1 (3), III.12.6.a (128)
   Por Consejo Regional,...III.11.9.c.2 (123)
   Por Sínodo Provincial,..III.11.9.c.2 (123)
   Por la Cámara de Obispos,...III.11.9.c.3 (123)
   Por una Convención Diocesana,... I.11.3.e (53), III.11.9.c.4 (124)
Escaño y voto en la Cámara de Obispos,...III.12.6.a (128)
Impedimento, ...III.12.6.b-c (128)
Informes anuales al Consejo Ejecutivo si reciben ayuda,................................I.4.7.a (38)

ÍNDICE O

Vacante en Diócesis Misionera o Misión de Área,..III.11.9.c.5 (125),
III.12.6.b (128), RHB VII.A (215)
Obispos Sufragáneos. *Ver también* **Fuerzas Armadas**
    Actuará como Obispo asistente,..III.11.9.b.3.i (123)
    Consentimientos requeridos antes de la elección,................ III.11.3-4 (119), (121), III.11.9.b.2 (123),
    III.11.9.b.3.ii (123)
    Ejercicio en el cargo,..III.11.9.b.4 (123)
    Elección,...Art. II.4 (3)
    Para las Fuerzas Armadas,...Art. II.7 (4)
    Escaño y voz en la Cámara de Obispos,..Art. I.2 (1), Art. II.4 (3)
    Nominación y elección,..III.11.1.a (118)
    Podrá asumir Autoridad Eclesiástica,..Art. II.5 (4), III.12.4.c (127)
    Puede estar a cargo de una Congregación,...III.11.9.b.5 (123)
    Tareas,..III.11.9.b.3 (123)
    En asuntos de Disciplina Eclesiástica,..IV.19.21 (193)
    Visitas a las Congregaciones,..III.12.3.b (125)
Ofensas. *Ver* **Disciplina Eclesiástica**
Oficina Federal de Prisiones, Capellanes,... III.9.3.d (96)
Ofrendas. *Ver* **Limosnas y contribuciones**
Ofrendas y contribuciones,...III.9.6.b.6 (101)
Ordenación condicional,...III.10.3.i (114), III.10.3.g.3 (113)
Ordenación. *Ver también* **Clero, Miembros**
    Acceso a la candidatura y discernimiento sin discriminación,...III.1.2-5 (73)
    Autoridad del Obispo para ordenar,..III.5.1.a (76)
    Capacitación en el desmantelamiento del racismo como preparativo,....................... III.6.5.g.4 (81),
    III.8.5.h.4 (91)
    De los Diáconos
        Candidatura
            Asignación de Candidatos,...III.6.5.b (80)
            Capacitación en el desmantelamiento del racismo y prevención
            de la conducta sexual inapropiada,... III.6.5.g (81), III.10.1.c (109)
            Cartas sobre Témporas,..III.6.5.h (81)
            Destitución y reconsideración de Candidatos,..III.6.4.d-e (80)
            Dominios de competencia,...III.6.5.f (80)
            Formación y preparación de Candidatos,..III.6.5 (80)
            Informes de progreso de los Candidatos,..III.6.5.i (81)
            Por lo general,..III.6.4-5 (79, 80)
            Proceso de nominación,...III.6.2 (78)
            Residencia canónica del Candidato,..III.6.4.c (80)
            Se requieren exámenes y evaluaciones,...III.6.5.j-k (81)
            Solicitud y admisión,..III.6.4.a-b (79)
            Comité Permanente, consentimiento para la ordenación,................... III.6.6.c (82), III.8.6.c-d (92)
            Declaración de fe y avenencia,..Art. VIII (7), III.6.6.d (83)
            Documentos requeridos para la solicitud,..III.8.6.c (92)
            Dominio en el Examen General de Ordenación,...III.15.2.b (140)
            Llamados al Presbiterio, criterios para la ordenación,......................III.8.6.a-c (92), III.8.7.f (94)
            Para ejercer un cargo apropiado del presbiterio,..III.8.7.e (94)
            Postulación, requisitos de admisión,..III.6.3 (78)
            Requisito de edad para la ordenación,.................. III.6.6.a.2 (82), III.8.6.b (92), III.10.3.j (114)
            Selección,..III.1.2-5 (73), III.6.1-2 (78)
    De los Miembros de Órdenes y Comunidades Religiosas,...III.5.2.d (77)
    De los Obispos
        Acceso equitativo al ministerio,..III.1.2-5 (73)
        Declaración de conformidad del Obispo electo,.............................Art. VIII (7), III.11.7 (121)
        El Obispo Presidente recibirá la orden para la consagración,...III.11.5 (121), RHB VIII.A (216)
        En casos de falta de consentimiento,..III.11.4 (121)
        Obispos Misioneros,...III.11.9.c.3 (123)

ÍNDICE O

Proceso de formación, ... III.12.1 (125)
Requisito de edad, ... Art. II.2 (3)
Se requieren exámenes y evaluaciones, ... III.11.3.a.2 (119)
Se requieren tres Obispos, ... Art. II.2 (3), III.11.5 (121)
Servicio de ordenación, ... III.11.6 (121)
Testimonios para el consentimiento, ... III.11.3.a.3 (119)
De los Presbíteros, ... III.8.7.a (93)
    Candidatura
        Comité Permanente, revisión y consentimiento, ... III.8.4.b (89), III.8.7.c (94)
        Definición, ... III.8.4 (89)
        Destitución y reconsideración de Candidatos, ... III.8.4.d-e (90)
        Dominio en el Examen General de Ordenación, ... III.15.2.b (140)
        Requisitos de solicitud y admisión, ... III.8.4.a (88)
        Residencia canónica, ... III.8.4.c (89)
        Se deberán mantener actas, ... III.8.4.b (89), III.8.5.l (92)
        Transferencia a otra Diócesis, ... III.8.4.c (90)
    Capacitación en el desmantelamiento del racismo y prevención
        de la conducta sexual inapropiada, ... III.8.5.h (91), III.10.1.c (109)
    Cartas sobre Témporas, ... III.8.3.e (89), III.8.5.i (91)
    Consentimiento del Comité Permanente para la ordenación, ... III.8.7.c (94)
    Criterios para la ordenación, ... III.8.6.a (92), III.8.7.e-f (94)
    Declaración de fe y avenencia, ... Art. VIII (7), III.8.7.d (94)
    Documentos que se requieren para la ordenación, ... III.8.7.b (93)
    Examen médico y psicológico, ... III.8.5.k.2 (91), III.8.7.a.3 (93)
    Indagación de antecedentes obligatoria, ... III.8.7.a.3 (93)
    Mentoría de los recién ordenados, ... III.9.2 (95)
    Postulación
        Definición, ... III.8.3 (88)
        Destitución, ... III.8.3.f (89)
        El Obispo confirmará las aptitudes y apoyo de los Postulantes, ... III.8.3.a (88)
        Evaluación del nominado, ... III.8.3.b (89)
        Formación, preparación y áreas de estudio, ... III.8.5 (90)
        Reconsideración de Postulantes rechazados, ... III.8.3.c (89)
        Requisitos de admisión, ... III.6.5.j (81)
        Se deberán mantener actas, ... III.8.3.d (89), III.8.5.l (92)
    Proceso de nominación para la ordenación, ... III.8.2 (88)
    Readmisión a la Candidatura en otra Diócesis, ... III.8.4.e (90)
    Requisito de edad, ... III.8.7.a.2 (93), III.10.3.j (114)
    Selección, ... III.8.1 (88)
    Tiempo de formación, ... III.8.7.a.1 (93)
Del Clero en Iglesias que no están en la Sucesión Histórica, ... III.10.4 (114)
Disposiciones Generales, ... III.5 (76)
Exámenes y evaluaciones
    De Clérigos recibidos de otras Iglesias, ... III.10.1.b (109), III.10.1.d (110)
    De Diáconos, ... III.6.5.j-k (81)
    De Presbíteros, ... Art. VIII (7), III.8.5.k-l (91, 92)
    De los Obispos Asistentes que provengan de otras Iglesias, ... III.10.5.c (116)
    De los Obispos Misioneros electos, ... III.11.9.c.3 (123)
    Examen de Ordenación General, ... III.15.2-4 (140)
Formación preteológica, ... III.6.2.b.6 (78)
Lista de Ordenaciones, ... I.1.6.a (23)
Proceso de discernimiento
    Acceso equitativo, ... III.1.2-3 (73)
    Dispensación de los requisitos, ... III.5.3 (77)
    Función de la congregación, ... III.3 (74)
    Y Comisiones Diocesanas sobre el Ministerio, ... III.2 (74), III.6.4.b (79), III.8.5.a (90)
Tergiversación en la solicitud, ... IV.3.1.d (147)

ÍNDICE O-P

Órdenes. *Ver* Disciplina Eclesiástica
Órdenes Religiosas y otras Comunidades Cristianas
  Comité Permanente sobre Comunidades Religiosas, ... III.14.1.b (138), III.14.2.b (138), III.14.3 (139)
  Comunidades Cristianas
    Definición, ... III.14.2.a (138), III.14.2.g (139)
    Dispensación del compromiso, ... III.14.2.d (139)
    Miembros que buscan la Ordenación, ... III.5.2.d (77)
    Obispo Visitante o Protector, ... III.14.2.c (139)
    Permiso para establecer una casa, ... III.14.2.e (139)
    Propiedad, ... III.14.2.f (139)
    Reconocimiento oficial, ... III.14.2.b (138)
  Vocacionales Especiales, ... III.14.3 (139)
  Órdenes Religiosas
    Definición, ... III.14.1.a (137), III.14.1.g (138)
    Dispensación de los votos, ... III.14.1.d (138)
    Miembros que buscan la Ordenación, ... III.5.2.d (77)
    Obispo Visitante o Protector, ... III.14.1.c (138)
    Permiso para establecer una casa, ... III.14.1.e (138)
    Propiedad, ... III.14.1.f (138)
    Reconocimiento oficial, ... III.14.1.b (138)
Órdenes, Votación. *Ver* Votación por Órdenes
Organismos ecuménicos, representantes, ... I.4.2.k (35)
Orientación sexual. *Ver* Acceso equitativo al discernimiento del ministerio

- P -

Pacto Restaurativo, ... IV.2 (143), IV.8.6 (158)
Padrinos. *Ver* Bautismo
Paneles de Audiencia. *Ver* Disciplina Eclesiástica_ Juntas y Tribunales Disciplinarios
Paneles de Conferencia. *Ver también* Disciplina Eclesiástica:
  Juntas y Tribunales Disciplinarios
  Acuerdos, ... IV.12.9 (162), IV.12.11 (163), IV.14.3 (170)
  Confidencialidad y pruebas, ... IV.12.8 (162)
  Definición, ... IV.2 (143)
  El demandado debe comparecer, ... IV.12.3 (161), IV.7.11 (156)
    Incomparecencia, ... IV.19.6 (188)
  Imparcialidad, ... IV.19.14-15 (191, 192)
  No pueden llamar a testigos, ... IV.12.8 (162)
  Para Obispos, ... IV.17.5 (181)
  Proceso, ... IV.12.2-8 (161, 162)
  Quorums, ... IV.19.9 (189)
  Remisiones a un Panel de Audiencias, ... IV.13.1 (163)
  Revisiones de ministerio restringido o Licencias Administrativas, ... IV.7.11-12 (156, 157)
  Órdenes emitidas, ... IV.14.6-7 (171), IV.12.10-12 (162, 163)
Paneles de Referencia. *Ver* Disciplina Eclesiástica: Juntas y Tribunales Disciplinarios
  Disposición para los servicios durante una vacante, ... III.9.3.b (96)
Parroquias, Misiones y Congregaciones. *Ver también* Congregaciones en el extranjero
  Agentes y representantes legales, ... I.14.2 (56)
  Auditorías de las cuentas, ... I.7.1.f-g (43)
  Cantidad requerida para la formación diócesis nuevas, ... Art. V.5 (6)
  Clérigo encargado, nombramiento, ... III.9.3.b (96), III.11.9.b.5 (123)
  Como comunidades de discernimiento, ... III.3 (67)
  Consejo de Conciliación con el Obispo, ... III.12.3.b.2 (126)
  Culto
    Bajo control del Rector, ... III.9.6.a.1 (100)
    Idioma extranjero, formas especiales de servicio, ... II.5 (71)

ÍNDICE P

Curato Parroquial, definición,..I.13.3.b (55)
Discapacidad del Presbítero a Cargo,....................................III.9.7.b.1 (102), III.9.7.d (103)
Enajenación de la propiedad,..I.7.3 (43), II.7.2 (72)
Informe anual para el Consejo Ejecutivo,..I.6.1 (41)
Junta Parroquial, Coadjutores y Miembros
    Carta de recomendación para ordenación
        Autenticación,...III.5.2.c-d (77)
        Para Diáconos,...III.6.2.a (78), III.8.6.c.2 (92)
        Para Presbíteros,...III.8.2.a (88), III.8.7.b.2 (93)
    Como agentes y representantes legales,...I.14.2 (56)
    El Rector como presidente,...I.14.3 (56)
    Elección,...I.14.1 (56)
    Reglamentos de las leyes estatales o diocesanas,......................................I.14.1 (56)
    Tareas
        Aprobar el informe parroquial anual,..I.6.1 (41)
        Informar al Obispo de las visitas,...III.9.6.b.5 (101)
        Permitir que los Clérigos oficien,..III.9.7.c (103)
    Los tesoreros deberán dar fianza,..I.7.1.d (43)
    Disposición para los servicios durante una vacante,............................III.9.3.b (96)
Límites,..I.13.2.a (55), I.13.3.a (55)
Métodos administrativos,...I.7 (42)
Nominación y apoyo de Diáconos,...III.6.2.a (78)
Nuevas Parroquias
    Admitidas de otras tradiciones cristianas,..I.16 (59)
    Formación,..I.13.2.b (55)
Ofrendas y contribuciones,..III.9.6.b.6 (101)
Patrocinio de personas para el Presbiterio,...III.8.2 (88)
Presbítero Asistente,...III.9.3.c (96)
Propiedades e inmuebles
    Autoridad del Rector,...III.9.6.a.2 (100)
    Si se suspenden o se restringe su ministerio,.............................. IV.19.7 (188)
    Consagrados,...II.7 (72)
    Destitución de una Iglesia o Capilla Consagrada,................................II.7.3 (72)
    En fideicomiso para la Iglesia,...................................I.7.4 (44), II.7.4 (72)
    Gravamen o enajenación,.......................................I.7.3 (43), II.7.2 (72)
    Comunidades religiosas exceptuadas,..................III.14.1.g (138), III.14.2.g (139)
    Seguro de inmuebles y su contenido,..I.7.1.h (43)
Rectores
    Acceso equitativo a nombramientos,...III.9.3.a.3 (95)
    Autoridad y responsabilidad
        Acceso a los expedientes y espacios de la Iglesia,.......................III.9.6.a.2 (100)
        Realización del culto,..III.9.6.a.1 (100)
    Carta de acuerdo,..III.9.3.a.4 (95)
    Dar consentimiento y responder por Clérigos visitantes,..............III.9.7.b-c (102, 103)
    Denegación de los Sacramentos por parte de,....................I.17.6 (61), I.18.7 (63)
    Discapacidad,..III.9.7.d (103), III.9.7.b.1 (102)
    Elección,...III.9.3.a (95)
    Funcionario presidente de la Junta Parroquial,...................................I.14.3 (56)
    La renuncia requiere el consentimiento de la Junta Parroquial,..............III.9.15 (107)
    Los Diáconos y Obispos Sufragáneos no pueden ser,..............III.7.4.c (83), III.11.9.b.5 (123)
    Nombramiento,..III.9.3.a (95)
    Obispos jubilados y que han renunciado,.................................III.12.10.k (133)
    Puede ser suspendido en desacuerdos sin resolver,...................III.9.15.e.1 (109)
    Tareas
        Anunciar e informarle al Obispo de la visita,..............................III.9.6.b.5 (101)
        Distribuir ofrendas y contribuciones,..III.9.6.b.6 (101)
        Instruir a los feligreses en la Fe,...III.9.6.b.1 (100)

ÍNDICE P

    Instruir a los padres y padrinos antes del bautismo, ...III.9.6.b.3 (101)
    Instruir a todas las personas sobre la mayordomía cristiana, ...III.9.6.b.2 (100)
    Leer Cartas Pastorales y Documentos de Opinión, ... III.9.6.b.7-8 (101), III.12.3.c (126)
    Mantener expedientes en el Registro de la Parroquia, ... III.9.6.c.3 (102)
    Mantener registros parroquiales y registrar a los miembros, ...I.17.4.b (61), III.9.6.c.3 (102)
    Preparación de candidatos a confirmación, ...III.9.6.b.4 (101)
    Preparar el informe anual de la parroquia, ...I.6.1 (41)
    Seleccionar y orientar a los asistentes, ...III.9.3.c (96)
    Verificar la autorización para oficiar de los Clérigos asistentes, ...III.9.7.c (103)
  Registros de las Parroquias
    Actas de Entierro, ... I.6.1.1 (41), III.9.6.c.1 (102)
    Actas de Matrimonio, ... I.6.1.1 (41), I.18.5 (63), III.9.6.c.1 (102)
    Permanecerán en custodia de la Congregación, ...III.9.6.c.3 (102)
    Registro de miembros y destituciones, ... I.6.1.1 (41), I.17.4 (61), III.9.6.c.3 (102)
    Se le presentarán al Obispo, ...III.9.6.b.5 (101)
    Se registrarán Bautismos, Confirmaciones y Comulgantes, ...III.9.6.c (102)
    e informe al Comité sobre el Estado de la Iglesia, ...I.6.1.1 (41)
  Relación Pastoral
    Conciliación, ... III.9.14 (107)
  Desacuerdos que afectan
    Aviso a la Autoridad Eclesiástica, ... III.9.14 (107)
    Nombramiento de un mediador o asesor, ...III.9.14-15 (107), III.12.12 (134)
    Informe, ...III.9.15.b (107)
  Disolución
    Consecuencias por incumplimiento con un fallo, ...III.9.15.e (109)
    Implicaciones para procesos disciplinarios, ...III.9.15.g (109)
    Renuncias o destituciones de Clérigos, ...III.9.15.a (107)
    Terminación con suspensión de un Rector, ...IV.19.7 (188)
  Visitas del Obispo, ...III.12.3.b (125)
Parroquias, Misiones y Congregaciones, Tesoreros deberán dar fianza, ...I.7.1.d (43)
Países extranjeros. *Ver* **Congregaciones en el extranjero; Obispos Misioneros**
Permisos Administrativos de Ausencia del Ministerio. *Ver* **Disciplina Eclesiástica**
Personas Discapacitadas. *Ver* **Acceso equitativo al discernimiento del ministerio**
Planes de Seguro Médico para Clérigos y Laicos, ...I.8.1 (44)
Planificación y Arreglos, Comité Permanente Conjunto. *Ver* **Comités Permanentes Conjuntos**
Planteles universitarios, discernimiento para el ministerio, ...III.3.2-3 (74)
Postulación. *Ver también* **Clero, Miembros: Candidatura y Postulación;**
  Ordenación: De Diáconos, De Presbíteros
  Comisiones Diocesanas sobre el Ministerio
    Conocer y evaluar los nominados para la Postulación, ... III.8.3.b (89)
    Orientación a Postulantes y Candidatos, ...III.6.4.b (79), III.6.5.1 (80), III.8.5.a (90)
  De Diáconos
    Admisión, ...III.6.3 (78)
    Destitución como Postulante o Candidato, ... III.6.3.f (79), III.6.4.d-e (80)
    Requisitos de admisión, ...III.6.3 (78)
    Requisitos para la Ordenación, ...III.6.5 (80)
  De Presbíteros
    Definición, ... III.8.3 (88)
    Destitución, ...III.8.3.f (89)
    El Obispo confirmará las aptitudes y apoyo del Postulante, ...III.8.3.a (88)
    Evaluación del nominado, ...III.8.3.b (89)
    Formación, preparación y áreas de estudio, ...III.8.5 (90)
    Reconsideración de Postulantes rechazados, ...III.8.3.c (89)
    Requisitos de admisión, ...III.6.5.j (81)
    Requisitos para la Ordenación, ...III.8.3 (88)
    Se deberán mantener actas, ... III.8.3.d (89), III.8.5.1 (90)

ÍNDICE P

Los seminarios reportarán el progreso, ...III.6.6.b.4 (82), III.8.5.j (91)
Registro de Postulantes, ...III.6.4.b (79), III.8.3.d (89)
Tergiversación en la solicitud, ... IV.3.1.d (147)
Predicadores autorizados, ...III.4.5 (76)
Presbíteros. **Ver Clero, Miembros**
Presbíteros. **Ver también Ordenación; Parroquias, Misiones y Congregaciones: Rectores**
   Acceso equitativo al ministerio, ...III.1.2-5 (73), III.9.3.a.3 (95)
   Autorización para oficiar, ... III.9.7 (102)
   Capacitación en el desmantelamiento del racismo y prevención
      de la conducta sexual inapropiada, ...III.8.5.h (91), III.10.1.c (109)
   Cartas Dimisorias, ...III.9.4 (98)
   Como mentores, ...III.9.2 (95)
   Declaración de fe y avenencia, ... Art. VIII (7), III.8.6.e (93), III.8.7.d (94)
   Descargo y destitución del Ministerio ordenado, ...III.9.8-11 (104, 105)
      Regreso al Ministerio ordenado, ...III.9.13 (106)
   Discapacidad que conduce al abandono de una Congregación, ...III.9.7.d (103)
   Educación continua, ...III.9.1 (95)
   Empleo en lugares no eclesiásticos
      Ejercicio continuo del oficio de Presbítero, ...III.9.3.e (97)
         Incumplimiento, ...III.9.3.e.3 (98)
      Reportar anualmente, ...I.6.2 (41), III.9.3.e.1 (97)
      Se requiere consentimiento del Obispo y el Comité Permanente, ...III.9.3.e.1 (97),
         IV.4.1.h.3 (148)
         Incumplimiento, ...III.9.3.e.3 (98)
      Traslado a otra jurisdicción, ...III.9.3.e.2 (97)
   Formación, por lo general, ...III.8.3-5 (88, 89, 90)
   Jubilación y renuncia, ...III.9.8 (104)
   Nombramiento como Presbítero Encargado, ...III.9.3.b (96)
   Nombramiento como Rector, ...III.9.3.a (95)
   Ordenación, ... Art. VIII (7), III.8 (88)
   Presbíteros Asistentes, selección y supervisión, ...III.9.3.c (96)
   Requisito de edad, ...III.8.7.a.2 (93)
   Requisitos de la Candidatura, ...III.8.4 (89)
   Requisitos de postulación para la Ordenación, ...III.8.3 (88)
   Se requieren exámenes y evaluaciones, ... Art. VIII (7), III.8.5.j-l (91, 92), III.15.2-4 (140)
   Se transfiere a Iglesias en comunión, ...III.9.5 (99)
   Solicitud de indagación por falta de conducta imputada, ... IV.19.31 (196)
   Tareas
      Bendición del matrimonio civil, ...I.18.6-7 (63)
      En casos de matrimonios en riesgo, ...I.19.1 (63)
      En casos de segundas nupcias, ...I.19.3 (64)
      Obtener licencia para oficiar, ...III.9.7.a (102)
      Preparar el informe anual, ...I.6.1-2 (41)
      Reportar asuntos que puedan constituir una Ofensa, ...IV.4.1.f (148)
      Salvaguardar la propiedad y los fondos de la Iglesia, ...IV.4.1.e (148)
      Solemnización del matrimonio, ...I.18.1-5 (62, 63)
      Usar y supervisar la música en el culto, ...II.6 (72)
   Transferirse a una Diócesis cuando se denegó la Candidatura, ...III.9.4.f (99)
   Vida y obra, por lo general, ...III.9 (95)
Presbíteros Asistentes, selección y supervisión, ...III.9.3.c (96)
Presbíteros a Cargo, nombramiento, ... III.9.3.b (96)
Presidente de la Cámara de Diputados. Ver Cámara de Diputados
   de la Convención General
Presidente de la Sociedad Misionera Nacional y Extranjera, ...I.3 (DFMS Art. III) (31)
Presidente del Consejo Ejecutivo. Ver Consejo Ejecutivo

ÍNDICE P-R

Presupuesto de La Iglesia Episcopal
Ajustes,..I.4.6.h (38)
Alícuotas y exenciones,..I.4.6.b (37), I.4.6.e-f (37)
Coalición Episcopal para la Equidad y la Justicia Racial, financiación de,.........I.1.8.b (24), I.4.6.k (38)
Diócesis,...I.4.6.d-f (37)
Preparación,..I.4.6.a (36), I.4.6.c (36)
Presupuesto de gastos,...I.1.8 (24)
Prioridades,..I.4.6.b (37)
Proceso de discernimiento para el Ministerio,..III.3 (67)
Propiedad desconsagrada,...II.7.3 (72)
Propiedades e inmuebles
Autoridad del Rector,..III.9.6.a.2 (100)
Si se suspenden o se restringe su ministerio,..IV.19.7 (188)
Consagrados,..II.7 (72)
Destitución de una Iglesia o Capilla Consagrada,..II.7.3 (72)
En fideicomiso para la Iglesia,...I.7.4 (44), II.7.4 (72)
Gravamen o enajenación,..I.7.3 (43), II.7.2 (72)
Comunidades religiosas exceptuadas,...........................III.14.1.g (138), III.14.2.g (139)
Seguro de inmuebles y su contenido,..I.7.1.h (43)
Protección de denunciantes,...IV.3.1.e (147)
Provincias
Auditoría anual,..I.7.1.a (42)
Establecimiento y composición,..Art. VII (7), I.9.1 (47)
Nuevas Diócesis y transferencia de Diócesis,...I.9.3 (48)
Presidente y Vicepresidente,..I.9.7 (49)
El Presidente le informará anualmente al Consejo Ejecutivo,......................I.9.12 (50)
Propósitos,...I.9.2 (48)
Sínodos Provinciales
Cámara de Diputados,...I.9.8 (49)
Cámara de Obispos
El presidente podrá ordenar en casos de vacantes episcopales,.............III.5.1.c (77)
Membresía y organización,..I.9.5-6 (48)
Podrá elegir a obispos previa petición,................III.11.1.b (118), III.11.9.c.2 (123)
Derechos y privilegios sinodales,..I.9.4 (48)
Elección de los Obispos Misioneros,..III.11.9.c.2 (123)
Expedientes,...I.9.11 (50)
Organización,..I.9.5 (48)
Poderes,...I.9.9 (49)
Representantes ante el Consejo Ejecutivo,..................I.4.1.d (32), I.4.1.i (34)
Tribunales de Revisión, gastos,...IV.19.23.b (193)

- Q -
Quorum
Comités Permanentes de las Diócesis,..I.12.2 (54)
Consejo Ejecutivo,..I.4.5.b (36)
Cámara de Diputados,...Art. I.4 (2)
Cámara de Obispos,..Art. I.2 (1)
Juntas y Tribunales Disciplinarios,..IV.19.9 (189)
Organismos de la Convención General a menos que sean exceptuados,...........V.3.2 (201)

- R -
Racismo. *Ver* Capacitación en el desmantelamiento del racismo
Raza. *Ver* Acceso equitativo al discernimiento del ministerio
Reafirmación y Recepción. *Ver* Confirmación, Recepción y Reafirmación
Reconciliación de la relación pastoral. *Ver* Relación pastoral

ÍNDICES 301

ÍNDICE R

Rectores. *Ver* Parroquias, Misiones y Congregaciones: Rectores, Clérigo encargado
Registrador de ordenaciones. *Ver* Convención General
Registros de las Parroquias. *Ver* Parroquias, Misiones y Congregaciones
Reglas de Orden
  Cámara de Diputados
    Actas, ...RHD II.E (220), RHD VIII.A.1.iii.b (230)
    Agenda y Calendario, ... RHD VIII.A.1.iii.a (230)
    Calendario de Consentimiento
      Partidas incluidas automáticamente, ... RHD VI.C.3 (225)
      Primera orden legislativa, ... RHD VI.C.1 (225)
    Capellán, ... RHD V.E (223)
    Cláusula de supremacía y vigencia, ... RHD XVIII (247)
    Comité de la Conferencia, ...RHD IX.C (237)
    Comités
      Comités Especiales para los trabajos de la Cámara, ... RHD X (237)
      Legislativo Especial, ... RHD VIII.A.1.iii (229)
      Legislativo, ... RHD VIII (228)
      Otros, ... RHD IX (236)
    Comités Legislativos
      Audiencias, ... RHD VIII.B (232)
      Comités legislativos especiales, ...RHD VIII.A.1.iii (229)
      El secretario mantendrá actas, ... RHD VIII.A.7-8 (232)
      Fechas límite de los informes de, ... RHD VIII.C.3 (236)
      Función y autoridad, ... RHD VIII.A.5 (230)
      Informes de Minoría, ... RHD VIII.C.2 (235)
      Informes y recomendaciones, ... RHD VIII.C (234)
      Listados, ... RHD VIII.A.1.ii (228)
      Miembros y funcionarios, ... RHD VIII.A.2-3 (230)
      Nombramientos y creación, ... RHD VIII.A.1.i (228)
      Reuniones cerradas, ... RHD VIII.A.6.x (231)
      Reuniones, ... RHD VIII.A.6 (231)
      Se requieren acciones en asuntos a los que se hace referencia, ... RHD VIII.C.1 (234)
      Y comités paralelos en la Cámara de Obispos, ...RHD VIII.A.6.vii (231)
    Comités especiales y otros, ...RHD IX (236), RHD X (237)
    Decoro, ... RHD V.F.3.iii (224)
    Diputaciones
      Admisión al seno, ...RHD IV (221)
      Certificación y asignación de asientos, ... RHD III.B (220)
      Diputados Suplentes, ... RHD III.B (220)
      Presidente, ... RHD III.A (220), RHD IV.D (222), RHD VIII.A.1.iii.d (230)
    Diputados, tareas, ... RHD II.A (219)
    Dispositivos de comunicación, ... RHD II.B (219)
    Distribución de materiales, ... RHD II.C (219)
    Elecciones y papeletas de votación, ... RHD XV (245)
    Enmiendas, ... RHD XIX (247)
    Funcionarios, ... RHD V (223)
    Homenajes, forma y presentación, ...RHD VII.B-E (226, 227)
    Mociones, tipos, ... RHD XIII.B (240)
    Nominaciones para elecciones, ... RHD XV.A (245)
    Obispo Presidente, confirmación de la elección, ... RHD XVI (247)
    Oficial del Orden, ...RHD V.F (224)
    Orden Especial de Actividades, ...RHD VI.B (225), RHD XI.B (238)
    Orden Normal de Actividades, ... RHD VI.A (224)
    Parlamentarias, ...RHD V.D (223)
    Presidente
      Autorizará privilegios para la sala y la plataforma, ...RHD IV.A.2-6 (221, 222)
      Deberá presidir, ...RHD V.A.1 (223)

ÍNDICE R

Designa comités especiales y de otro tipo, ... RHD IX.A.1 (236), RHD X.A (237)
Funcionarios nombrados, ... RHD VIII.A.3 (230)
Podrá asignar asientos a las diputaciones, ... RHD IV.D.3 (222)
Y Comités Legislativos, ... RHD VIII.A.2 (230)
Privilegios de la sala y arreglos, ... RHD IV (221)
Quorum, ... RHD II.D (219)
Resoluciones
    Comité de Revisión, ... RHD IX.A.1.ii.a (236)
    Definición y presentación, ... RHD VII.A (226), RHD VII.C-F (226, 227)
    Informes y recomendaciones del Comité, ... RHD VIII.C (234)
Sagradas Escrituras y Oraciones, ... RHD I (219)
Secretario y Asistentes, ... RHD V.C (223)
Sesiones Cerradas, ... RHD V.F.3 (224), RHD XI.C (238)
Sesiones de la Cámara, ... RHD XI (238)
Vicepresidente, ... RHD V.B (223)
Votación, ... RHD XIV (243), RHD XV.B-C (245, 246)
Cámara de Obispos
    Actos oficiales del Obispo Presidente, ... RHB III.C (205)
    Calendario de Actividades, ... RHB III.E (205)
    Calendario de consentimientos, ... RHB III.F (205)
    Comité Asesor, ... RHB V.K (211)
    Comité Plenario, ... RHB V.N.6 (213)
    Comité de la Conferencia, ... RHB V.H (210)
    Comité sobre el Pastoral de los Obispos, ... RHB V.L (211)
    Comités Legislativos
        Listados, ... RHB IV.A (206)
        Recomendaciones e informes, ... RHB V.D-E (207), (209)
    Debate, reglas, ... RHB V.N (213)
    Diarios, procesos y Registro Oficial, ... RHB VIII.D-E (217)
    Elección de funcionarios, ... RHB II.B (203)
    Elección del Obispo Presidente, ... RHB VI (215)
    Elección y papeletas de votación para consentimiento
        a elecciones episcopales, ... RHB V.M.1-2 (211)
    Enmiendas a las Reglas de Orden, ... RHB V.O.2 (215)
    Llenado de vacantes en el Episcopado Misionario, ... RHB VII (215)
    Mensajes para y de la Cámara de Diputados, ... RHB V.F-G (209, 210)
    Miembros colegiales, ... RHB V.M.3 (211)
    Miembros honorarios e invitados con asiento, ... RHB V.M.3 (211)
    Nuevas actividades legislativas, ... RHB V.N.11 (214)
    Oficios religiosos y Oraciones, ... RHB I (203)
    Ordenación y consagración de Obispos, ... RHB VIII.A (216)
    Órdenes del día, ... RHB III (204)
    Resoluciones Permanentes, ... RHB IX (218)
    Resoluciones que afectan la Constitución y los Cánones, ... RHB V.D (207)
    Resoluciones y mociones, ... RHB V.C (207)
    Sesión Ejecutiva, ... RHB V.N.7 (213)
Reglas Conjuntas
    Carta Pastoral, ... JR III.1 (252)
    Comité Conjunto sobre Comités y Comisiones, ... JR VI.1 (252)
    Comité Permanente Conjunto sobre Nominaciones, ... JR V.1-6 (253, 254, 255)
    Comité Permanente Conjunto sobre Planificación y Arreglos, ... JR IV.1 (252)
    Grupos en Misión Especial, ... JR VII.1 (255)
    Las Resoluciones tendrán la forma apropiada, ... JR II.2 (251)
    Los documentos endosados deben estar disponibles, ... JR II.2.f (251)
    Podrá autorizar Comités Legislativos y Permanentes Conjuntos, ... I.1 (11)
    Resumen de acciones de la Convención General, ... JR III.1 (252)

ÍNDICE R

Relación pastoral
  Entre un Obispo y la Diócesis
    Conciliación, ... III.12.12 (134)
    Disolución, ... III.12.14 (135)
  Entre un Presbítero y la Congregación
    Conciliación, ... III.9.14 (107)
    Disolución, ... III.9.15 (107)
Relación Pastoral con individuos, definición, ... IV.2 (143)
Remisión, modificación o Sentencias, ... IV.18 (184)
Renuncia al Ministerio. *Ver* **Descargo y destitución del Ministerio ordenado,**
  Renuncias y jubilaciones
    De Diáconos, ... III.7.8 (85)
    De Obispos, ... III.12.10 (131)
      Comités Permanentes de las Diócesis a las que se notificará, ... III.12.8.c (130),
        III.12.10.b-e (131, 132)
      Elección a otra jurisdicción, ... Art. II.8 (4)
      Obligatorias a los 72 años, ... Art. II.9 (4)
    De Presbíteros, ... III.9.8 (104)
    De Rectores, ... III.9.15 (107)
      Disolución de la relación pastoral y Renuncias o destituciones de Clérigos, ... III.9.15.a (107)
      Se requiere el consentimiento de la Junta Parroquial, ... III.9.15 (107)
    Declinaciones de servicio, ... IV.5.3.b (149)
    Del Obispo Presidente, ... I.2.2 (29)
    Presidente y Vicepresidente de Cámara de Diputados
      Asunción de tareas del Secretario de la Cámara de Diputados, ... I.1.1.h (13)
Renuncias y jubilaciones
  De Obispos Asistentes, ... III.12.5.e (128)
  De Obispos, ... Art. II.9 (4)
Residencia canónica, ... III.7.6.b (84), III.9.4 (98), IV.19.5 (187)
  De los Laicos, ... I.17.4 (61)
  Del Clero, ... III.7.6.b (84), III.9.4 (98), IV.19.5 (187)
Resoluciones de la Convención General
  Fechas límite de presentación de, ... RHD VII.E (227)
  Formulario, ... JR II.2 (251), RHB V.C (207), RHD IX.A.1.ii.a (236)
  Implementación e informe de las Diócesis, ... I.6.4 (42)
  Implementación, ... I.4.1.b (32)
  Propuestas por las Comisiones Permanentes, ... I.1.2.k-l (15)
  Que afectan la Constitución y los Cánones, ... I.1.2.n.1 (15), V.1 (199), RHB V.D (207),
    RHD VII.F (227), RHD VIII.A.1.ii.b (228)
  Que afectan el sistema de gobierno de la Iglesia, ... RHD IX.A.1.ii.a.1 (236)
  Recomendaciones de Comités Legislativos, ... RHB V.D.b (207), RHD VIII.C (234)
  Remisión a Comités Legislativos, ... JR II.1 (250)
Responsabilidad
  De todos los miembros Bautizados de la Iglesia, ... IV.1 (143)
  Del Clero para las normas de conducta, ... IV.3 (147), IV.4 (147)
Responsabilidad fiduciaria de los funcionarios de la Iglesia, ... I.17.8 (62)
Resumen de acciones de la Convención General, ... JR III.1 (252)
Retrocesión y cesión de jurisdicción territorial, ... Art. V.6 (6), Art. VI.2 (7)
Revisiones y apelaciones en casos disciplinarios, *Ver también* **Disciplina Eclesiástica,** ... IV.15 (173)
Rito de Reconciliación. *Ver también* **Comunicación Privilegiada**
  El secreto es moralmente absoluto, ... IV.19.27 (194)
  Las confidencias se protegen, ... IV.4.1.a (147), IV.4.1.f (148)
Ritual para Ocasiones Especiales
  Ediciones autorizadas, ... II.3.5 (68), II.4.2.c.1 (70)
  Para votos Vocacionales Especiales, ... III.14.3 (139)

ÍNDICE S-T

- S -

Sacerdocio. *Ver* **Clero, Miembros: Presbíteros**
Sacramentos, Denegación y readmisión, ... **I.17.6** (61)
Sagrada Comunión
   Administración de los elementos consagrados, ... III.4.6-7 (76)
   Comulgante se define como quien la recibe tres veces al año, ... I.17.2 (60)
   Denegación, repulsión y readmisión, ... I.17.6 (61)
   Limosnas de la Comunión, ... III.9.6.b.6 (101)
   Se requiere el bautismo, ... I.17.7 (62)
Sagradas Escrituras, ... I.1.2.n.2.iv (18), II.2 (67)
Sagradas Órdenes. *Ver* **Ordenación**
Sagrado Bautismo. *Ver* **Bautismo**
Secretario de la Cámara de Diputados. *Ver* **Cámara de Diputados**
Secretario de la Convención Diocesana. *Ver* **Convención Diocesana: Secretario**
Secretario de la Convención General. *Ver* **Convención General**
Seminarios, reportarán sobre el progreso de los Postulantes o
   los Candidatos, ... III.6.6.b.4 (82), III.8.5.j (91)
Sentencias. *Ver* **Disciplina Eclesiástica**
Sistema de pensión para el Clero y el Laicado, ... I.8.1 (44)
Sociedad Misionera Nacional y Extranjera (DFMS)
   Constitución, ... I.3 (31)
   Enmienda, ... I.3 (DFMS Art. IV) (32)
   Empleados, ... I.3 (DFMS Art. III) (31), I.4.5.c (36), I.4.8 (39)
   Junta Directiva, ... I.3, (DFMS Art. II) (31)
   Membresía, ... I.3 (DFMS Art. I) (31)
   Se evaluarán los estatutos para conformidad, ... I.1.2.n.1.iii (16)
Sucesión Histórica
   Ordenación del Clero de las Iglesias que forman parte, ... III.10.3 (111)
   Ordenación del Clero de las Iglesias que no forman parte, ... III.10.4 (114)
Sucesión
   De los Obispos Sufragáneos, ... Art. II.4 (3)
   Del Obispo Presidente, ... Art. I.3 (1)
   Derecho de los Obispos Coadjutores, ... III.9.3.a.1 (95)
   Renuncia al derecho, elección a otras jurisdicciones, ... Art. II.8 (4)
Suecia, Iglesia de. *Ver* **Iglesia de Suecia, plena comunión**
Suspensiones. *Ver* **Disciplina Eclesiástica: Permisos Administrativos de Ausencia,**
   ministerio restringido

- T -

Tesoreros. *Ver también* **Convención General**
   De la Convención General, ... I.1.7 (24), RHD IV.A.1 (221)
   De la Sociedad Misionera Nacional y Extranjera, ... I.3 (DFMS Art. III) (31)
   Del Consejo Ejecutivo, ... I.1.7 (24), I.4.1.d (32), I.4.2.d (34)
   Se requiere que den fianza, ... I.7.1.d (43)
Textos litúrgicos, tipos adicionales, ... II.4 (70)
   Acceso digital, ... II.4.2.f (71)
   Autorización de, ... II.4.2.a (70)
   Autorización de uso de prueba, ... II.4.2.h (71)
   Traducción requerida, ... II.4.2.e (71)
Traducciones de la Biblia que se autorizan para lectura en la Iglesia, ... II.2 (67)
Transferencia a otras Iglesias en plena comunión, ... III.12.7 (128)
Traslado de Obispos
   Elección en otra jurisdicción, ... Art. II.8 (4)
   En caso de incapacidad, ... III.12.11 (134)
Tribunal de Revisión. *Ver* **Disciplina Eclesiástica: Juntas y Tribunales Disciplinarios**

ÍNDICE T-V

Tribunales. *Ver también* **Disciplina Eclesiástica: Juntas y Tribunales Disciplinarios**
De Apelación en asuntos de Doctrina, Disciplina, Fe y Culto, ... Art. IX (8), IV.15.3 (174)
Establecimiento y Organización, ...Art. IX (8)
La Junta Disciplinaria sirve como tribunal en Diócesis, ...IV.5.1 (148)
Tribunales, Eclesiásticos de Primera Instancia. *Ver* **Disciplina Eclesiástica: Juntas y Tribunales Disciplinarios**
Tribunales de Primera Instancia. *Ver* **Disciplina Eclesiástica**
Tribunales Provinciales de Revisión. *Ver* **Disciplina Eclesiástica**
Tribunales de Revisión. *Ver también* **Disciplina Eclesiástica: Juntas y Tribunales Disciplinarios**
Tribunales, Seculares, ...IV.19.1-3 (143), 147)

- U -
Uso experimental de textos litúrgicos alternativos, ...Art. X.4.c (9)

- V -
Vacantes en Órganos Canónicos, ... V.4 (147)
Verificación de antecedentes
Clérigos recibidos de otras Iglesias, ... III.10.1.a (109)
De nominados para ocupar cargos en la Convención General, ... JR V.5-6 (254, 255)
Para la Ordenación de Presbíteros, ... III.6.5.j.1 (81), III.8.5.k.1 (91), III.8.7.a.3 (93)
Para nominados a Obispo Presidente, ... I.2.1.d (27)
Por el Comité Permanente Conjunto sobre Nominaciones, ... JR V.5-6 (254, 255)
Retorno al Ministerio Ordenado después del Descargo y Destitución, ... III.7.12.a.2 (87), III.12.9.a.2 (130)
Vicepresidente de la Cámara de Diputados, ... I.1.1.a-b (11), I.1.1.h (13)
Visitantes Eucarísticos, autorizados, ... III.4.7 (76)
Visitas
De Obispos a las Congregaciones, ... III.12.3.b (125)
Del Obispo Presidente a las jurisdicciones, ... I.2.4.a.6 (30)
Vocaciones Especiales, votos, ... III.14.3 (139)
Votación por Órdenes
Cambios al Libro de Oración, ... Art. X.2 (9)
Cambios o enmiendas a la Constitución, ... Art. XII (10)
En cesión o retrocesión de una jurisdicción, ... Art. VI.2 (7)
Procedimientos, ... Art. I.5 (2), RHD XIV.E (244)

www.ingramcontent.com/pod-product-compliance
Ingram Content Group UK Ltd.
Pitfield, Milton Keynes, MK11 3LW, UK
UKHW021833140426
5217IPUK00021B/1418